Kinder mit Behinderungen in der Volksschule
des 19. und frühen 20. Jahrhunderts

STUDIEN ZUR BILDUNGSREFORM - NEUE FOLGE

Herausgegeben von Katharina Gather, Norbert Grube und Ulrich Schwerdt

BAND 1

PETER LANG

Ulrich Schwerdt

Kinder mit Behinderungen in der Volksschule des 19. und frühen 20. Jahrhunderts

Historische Modelle der Integration und ihre zeitgenössische Diskussion

PETER LANG

Bibliografische Information der Deutschen Nationalbibliothek
Die Deutsche Nationalbibliothek verzeichnet diese Publikation in der Deutschen Nationalbibliografie; detaillierte bibliografische Daten sind im Internet über http://dnb.d-nb.de abrufbar.

Umschlagabbildung:
Gemeinsamer Unterricht blinder und sehender Kinder
in einer Schulklasse in Milwaukee (USA) vor dem Ersten Weltkrieg.
In: Fern, E. (1908/09), Blinde und taubstumme Schulkinder,
In: Über Land und Meer: Allgemeine Illustrirte Zeitung 51(35), S. 823.
(http://www.bbf.dipf.de/cgi-opac/bil.pl?t_direct=x&f_IDN=b0079650hild,
Pictura Paedagogica Online).

ISSN 0721-4154
ISBN 978-3-631-79648-1 (Print)
E-ISBN 978-3-631-79659-7 (E-PDF)
E-ISBN 978-3-631-79660-3 (EPUB)
E-ISBN 978-3-631-79661-0 (MOBI)
DOI 10.3726/b15913

Peter Lang – Berlin · Bern · Bruxelles ·
New York · Oxford · Warszawa · Wien

Diese Publikation wurde begutachtet.

www.peterlang.com

Zur „Neuen Folge“ der „Studien zur Bildungsreform“

Die „Neue Folge“ der „Studien zur Bildungsreform“ knüpft an eine fast 40-jährige Tradition an. Im Jahr 1980 erschien der erste von Wolfgang Keim herausgegebene Band der „Studien“ im Peter Lang-Verlag, dem bis heute insgesamt 51 weitere folgten. Das Programm der ersten Jahre fokussierte zunächst wichtige Aspekte der zeitgenössischen Bildungsreform, in deren Zentrum vor allem die Gesamtschule stand. Mitte der 1980er Jahre – im Zeichen der Wahrnehmung des Stillstands von Schulreformen in der Bundesrepublik – wurden aktuelle Fragen der Erneuerung von Universität und Lehrerbildung kritisch erörtert; angesichts atomarer Hochrüstung und „Nachrüstungsdebatte“ aber auch Möglichkeiten der Friedenserziehung im internationalen Kontext diskutiert. Seit den 1990er Jahren verschob sich der Schwerpunkt der Reihe dann immer stärker auf historische Studien. Zwar waren zuvor bereits zwei Bände der Reihe konservativer Kontinuität und den Wechselbeziehungen von Traditionen und Innovationen in der Bildungspolitik nach 1945 kritisch nachgegangen. Doch nun rückten vor allem zwei aufeinander beziehbare Themen ins Zentrum, welche die „Studien zur Bildungsreform“ über Jahrzehnte in besonderer Weise prägen und profilieren sollten: die Verflechtungen der deutschen Pädagogik mit dem Nationalsozialismus sowie Pfade und Ausprägungen ihrer demokratischen Traditionen.

So stand der 1991 von Wolfgang Keim herausgegebene Band zu „Pädagogen und Pädagogik im Nationalsozialismus“ mit am Beginn einer äußerst kontrovers und nun zunehmend breit geführten Debatte um die Rolle der Erziehungswissenschaft in der NS-Diktatur und deren vernachlässigter Aufarbeitung innerhalb der Disziplin nach 1945. Die Frage nach Kontinuitäten und Brüchen in Bezug auf den Nationalsozialismus wurde in einer beeindruckenden Reihe bis heute grundlegender Studien mit Blick auf das höhere Schulwesen, die Erwachsenenbildung und besonders die (geisteswissenschaftlich geprägte) universitäre Pädagogik sowie die Reformpädagogik bearbeitet. Dass es sich hierbei nicht um abgeschlossene Gegenstände historischer Forschung handelt, zeigt eine weitere Gruppe von Bänden der Reihe, die den pädagogischen Umgang mit den Erfahrungen aus der Nazidiktatur innerhalb und außerhalb Deutschlands aufgriffen. Lange Zeit von der Forschung unbeachtet gebliebene Ansätze demokratischer Erziehung konnten durch die Darstellung von Reform- und Versuchsschulen der Weimarer Republik, vor allem jedoch durch biografische Studien erschlossen werden. Als Standardwerke können inzwischen eine Reihe von in den „Studien“ veröffentlichte Arbeiten gelten, die die Reformpädagogik im Umfeld der Arbeiterbewegung vor 1933 sowie ihre Kontinuität zwischen Marginalisierung und Weiterwirken bis in die Bundesrepublik und DDR untersuchten. Biografisch ausgerichtete Veröffentlichungen widmeten sich bekannten Schulreformer*innen der Weimarer Zeit, die im Kanon der traditionellen Reformpädagogik-Geschichtsschreibung jedoch kaum noch eine Rolle spielten, aber auch Wissenschaftler*innen und Pädagog*innen, die nach 1945 (in Ost- wie in Westdeutschland) quer zum Mainstream des bildungspolitischen und erziehungswissenschaftlichen Diskurses standen.

Durchweg waren die in der Reihe veröffentlichten Publikationen einem – im weitesten Sinne – kritischen Verständnis von Erziehungswissenschaft verpflichtet, das den Zusammenhang von Gesellschaft und Bildungsreform betont und damit die Komplexität und Widersprüchlichkeit pädagogischen Denkens und Handelns wie der Institutionalisierung von Bildung und Erziehung im Prozess historischen Wandels in den Blick nimmt. Eine Perspektive, die die Reihe nach dem Wechsel der Herausgeberschaft ausdrücklich aufnimmt. Die „Neue Folge“ der „Studien zur Bildungsreform“ führt die historische Ausrichtung der Reihe weiter und versteht sich auch zukünftig als Publikationsforum für bildungshistorisch angelegte Studien, wissenschaftliche Debatten innerhalb der Historischen Bildungsforschung und interdisziplinär angelegte Diskurse zu Problemen der historischen Entwicklung von Bildung und Erziehung. Die geplante Veröffentlichung von Quellen zur Bildungs- und Erziehungsgeschichte soll diese Akzentuierung noch einmal besonders betonen. Die Reihe soll Möglichkeiten eröffnen, neue Blicke auf langlebige erziehungswissenschaftliche und bildungshistorische Narrative und stereotypisierte Deutungen von Zeitepochen zu werfen. So können vergessene Verflechtungen von tradierten und gleichwohl sich anpassenden Diskursmustern kritischen Analysen unterzogen werden, z. B. wenn große bildungspolitische Reformentwürfe von nationalen und transnationalen Akteuren auch in regionalgeschichtlicher Orientierung mit Wahrnehmungen, Praktiken und Aushandlungen vor Ort in Beziehung gesetzt werden. Den Schwerpunkt der Reihe wird weiterhin die Geschichte von Bildung und Erziehung im deutschsprachigen Raum bilden. Im Kontext eines zunehmend international ausgerichteten Austauschs innerhalb der historischen Forschung sollen über den deutschen Sprachraum hinausgehende Fragestellungen und Diskussionen zukünftig verstärkt ihren Ort finden können.

Wie schon in den vergangenen Jahrzehnten ist die Reihe auch zukünftig keinem methodologischen Paradigma verpflichtet, sondern soll offen sein für unterschiedliche Zugänge der Sozial-, der Kultur-, der Institutionen-, der Ideengeschichte wie der historischen Biografieforschung. Insbesondere soll sie die Möglichkeit bieten, innovative forschungsmethodische Ansätze und bisher unbearbeitete Forschungsgegenstände vorzustellen sowie kritische Positionen zu bestehenden Forschungszugängen zu beziehen.

Als neue Herausgeber*innen danken wir Wolfgang Keim und dem Verlag Peter Lang für das in uns gesetzte Vertrauen, an die lange und erfolgreiche Tradition der „Studien zur Bildungsreform“ anknüpfen zu können.

Katharina Gather, Norbert Grube und Ulrich Schwerdt
Paderborn und Zürich, im März 2019

Vorwort zu Band 1

Das gemeinsame Lernen von Kindern mit und ohne Behinderung wird in der Folge der UN-Konvention über die Rechte von Menschen mit Behinderung in erziehungswissenschaftlichen, politischen und gesellschaftlichen Bildungsreformdebatten strittig diskutiert. In diesen Debatten bleiben historische Modelle der Integration und deren Diskussion zumeist unberücksichtigt. Dies mag auch daran liegen, dass das gemeinsame Lernen von Kindern mit und ohne Behinderung in der Historischen Bildungsforschung bisher kaum thematisiert wurde.

Die vorliegende Studie ist mit dem Ziel verbunden, Ansätze des gemeinsamen Lernens aus dem 19. und frühen 20. Jahrhunderts sowie die damit verbundenen kritisch-kontroversen Debatten darzustellen. Dabei sind trotz verschiedener Bezugnahmen von historischen Entwicklungen auf gegenwärtige Entwicklungen keine legitimierenden oder begründenden Indienstnahmen historischer Perspektiven und Erkenntnisse für gegenwärtige Inklusionsdebatten beabsichtigt. Ausgangspunkt der Studie sind auch nicht spezifische Förderschwerpunkte und darauf bezogene schulische Institutionen. Vielmehr wird von der allgemeinen Volksschule als dem aspirierten Ort des gemeinsamen Lernens aus gefragt, wie in institutioneller, normativer, didaktischer und pädagogischer Hinsicht gemeinsames Lernen argumentativ konzipiert und von verschiedenen Akteursgruppen diskutiert wurde.

Unter Einbindung der je spezifischen schulgeschichtlichen Kontextbedingungen, die Bezugspunkt der Modelle gemeinsamen Lernens waren, werden in vergleichender Perspektive drei ausgewählte Zeiträume untersucht, die punktuell die Spanne von der Etablierung und Ausdifferenzierung des niederen Schulwesens im 19. Jahrhundert bis zur Weimarer Republik abdecken. Hierbei werden immer auch paradoxe Verflechtungen sichtbar, die einer eher einseitig ausgerichteten Modernisierungsgeschichte widersprechen.

In der Verallgemeinerungsbewegung in der ersten Hälfte des 19. Jahrhunderts wurde der Bildungsanspruch gehörloser Kinder vor dem Hintergrund des Ausbaus der Volksschule verhandelt. Die Entwürfe einer für alle Bürger gleichen Volksschule Heinrich Stephanis (1761–1850) und Johann Baptist Grasers (1766–1841) zeigen Schichtungen verschiedener Argumentationsmuster, das gemeinsame Lernen von Kindern mit und ohne Behinderung entweder menschen- bzw. bürgerrechtlich oder theologisch zu legitimieren.

Vor dem Hintergrund des Ausbaus und der Ausdifferenzierung des Schulsystems im Kaiserreich verdeutlicht das vom Mannheimer Stadtschulrat Anton

Sickinger (1858–1930) entwickelte und in kommunalen Volksschulen Mannheims umgesetzte Organisationsmodell einer „psychologisch gegliederten Einheitsvolksschule", dass trotz des hohen Grades der Beschulung in der zweiten Hälfte des 19. Jahrhunderts ein großer Teil der Schülerinnen und Schüler die Ziele der Volksschule nicht erreichte. Die Konzeption Sickingers führt zu der kritischen Frage nach den Effekten der Volksschule sowie zu der Suche nach Möglichkeiten, Leistungsdifferenzen kriterial zu diagnostizieren und schulisch aufzugreifen.

Die Studie zeigt ein komplexes und paradox anmutendes Nebeneinander von schulischen Entwicklungen, die bildungshistorisch häufig als Fortschritt gewertet wurden, und fortdauernden Defiziten. So war am Ende des 19. Jahrhunderts der Schulbesuch zwar vollständig umgesetzt, doch zwei Drittel aller Schülerinnen und Schüler verließen die Schule vorzeitig ohne ordentlichen Abschluss. Der Autor macht dafür eine verfehlte Ausrichtung der Volksschule verantwortlich. Zu Beginn der Weimarer Republik wurde zwar die vierjährige gemeinsame Grundschule für Kinder ohne Behinderung geschaffen. Doch, so lautet die kritische Beurteilung Schwerdts, verursachten die Aufrechterhaltung des vertikalen Schulsystems, ein verschärfter schulischer Leistungsgedanke und der damit verbundene Therapeutisierungs- und Medikalisierungsdiskurs die deutliche Ausdehnung des separaten Hilfsschulsystems in der Weimarer Republik. Daher blieben reformpädagogisch legitimierte Versuchsschulen lediglich lokale Testfelder von Ansätzen gemeinsamen Lernens. So zeigt Schwerdt, inwiefern in der Hamburger Schule „Berliner Tor", in der „Jena-Plan-Schule" Peter Petersens sowie in der „individualpsychologischen Versuchsschule" in Wien Schülerinnen und Schüler mit Förderbedarf berücksichtigt wurden.

Insgesamt macht die breite und differenzierte kontextbezogene Analyse der verschiedenen Modelle und Kontroversen deutlich, dass die Versuche, das gemeinsame Lernen an Volksschulen zu etablieren, nicht als Erfolgsgeschichte beschrieben werden können. Die konturierten Modelle und Kontroversen zeigen eindrücklich, dass die Konzeptionen, etwa Petersens dann in den 1930er Jahren NS-affiner Gemeinschaftsbegriff, kritikabel waren und nicht flächendeckend umgesetzt wurden. Darin wird deutlich, mit welchen spezifischen Herausforderungen die Intention verbunden war, ein auf Allokation und Selektion fokussiertes Schulsystem in einer Weise zu öffnen, das gemeinsames Lernen möglich wird. Man könnte angesichts der facettenreichen Darstellung des Autors sogar sagen, dass die teils in sich noch ungeklärten Konzepte gemeinsamen Lernens umstrittener und umkämpfter waren, je mehr die auf eine bessere Zukunft ausgerichteten Entwürfe zugleich und widerstreitend gesellschaftspolitische Implikationen enthielten, die nicht auf eine Veränderung des vorherrschenden politisch-wirtschaftlichen Systems zielten, sondern dieses eher im Sinne der Humankapitaltheorie zum Maßstab für die Integration machten. Weitere Paradoxien in den hier vorgestellten Modellen gemeinsamen Lernens zeigen sich in den ihnen zugrunde liegenden Normen: so sahen sie stets auch den Ausschluss sogenannter schwer erziehbarer bzw. pathologisierter Schülerinnen und Schüler vor, die an Sondereinrichtungen überwiesen wurden. Solche Grenzziehungen in integrativen Konzepten des Lernens waren mit zumeist etablierten Normalisierungen bzw. Normsetzungen verbunden, an denen sich die betreffenden Schülerinnen und Schüler zu orientieren hatten. So sah die Verallgemeinerungsdebatte die Sprech-Sprache der Hörenden und nicht Gebärden als Maßstab für die gehörlosen Kinder vor. Schwerdts Darstellung betont neben den inhärenten Widersprüchen stets auch mögliche Widerstände gegen die Reformkonzepte, z.B. ungeklärte Ressourcenfragen und vor allem die um 1900 zunehmende fast lobbyhafte und interessengeleitete Diskurshoheit von Hilfsschullehrern, wodurch das Hilfsschulsystem eher stabilisiert wurde. Auch die an erfolgreichen Bildungsabschlüssen orientierten Eltern konnten sich nicht immer mit Veränderungsambitionen zu einem gemeinsamen Lernen arrangieren, während unterprivilegierte Eltern sich durchaus aufgeschlossen zeigten, jedoch nicht immer öffentliches Gehör verschaffen konnten. Eltern waren demnach, so stellt Schwerdt heraus, nicht per se ablehnend gegenüber integrativen Modellen und keineswegs nur konservative Verfechter einer etablierten „grammar of schooling". Sie wurden gerade in ihrer Kritik an der Hilfsschule vielmehr von Schulbehörden als uneinsichtig und verstockt diskreditiert.

Indem die Arbeit auf einem differenzierten Reformbegriff beruht und diskursive historische Paradoxien benennt und entfaltet, besteht ihr Anspruch nicht darin, historische Fallvignetten als Argumentarien für aktuelle Inklusionsdebatten bereitzustellen. Vielmehr ist mit der Analyse eine Orientierungsfunktion verbunden, die in der Verdeutlichung der Komplexität der Frage nach dem gemeinsamen Lernen behinderter und nicht behinderter Kinder, nach Handlungsspielräumen und Alternativen liegt.

Die vorliegende Studie bildet den Auftakt der „Neuen Folge" der traditionsreichen Reihe „Studien zur Bildungsreform". Damit steht sie auch für den Anspruch der Reihe, Bildungsreformdebatten und -prozesse in ihren Ambivalenzen und in ihrer Komplexität zu erschließen, indem bisher nicht berücksichtigte Quellen bearbeitet werden. Dadurch können Forschungsperspektiven eröffnet werden, die auf blinde Flecken und Desiderate in der pädagogischen Historiographie hinweisen. Die Studie verweist nicht nur auf ein bisher kaum bearbeitetes Forschungsfeld, auch motiviert sie, das Thema Integration in historischer Perspektive von den strukturellen und spannungsreichen Bedingungen des allgemeinbildenden

Schulwesens aus zu betrachten. Gerade weil er stark auf Debatten und Diskurse fokussiert, macht schon der erste Band der wieder aufgenommenen Buchreihe auch die Bedeutung von Öffentlichkeit bzw. sozio-kulturell verbreiteten Vorstellungen von Schule, Lernen und Lehren für die Durchsetzung von Bildungsreformen deutlich. Somit öffnet die vorliegende Studie über ihr eigentliches Thema hinaus den Blick auf kulturgeschichtlich vielfältig analysierbare Zusammenhänge von Reformen und öffentlichen Erwartungen.

Katharina Gather und Norbert Grube
Paderborn und Zürich im März 2019

Inhalt

I. Einleitung

Das gemeinsame Lernen von Kindern mit und ohne Behinderungen in der Regelschule erscheint in den aktuellen bildungspolitischen und pädagogischen Kontroversen um die Inklusion vielfach als etwas gänzlich Neues. Befürworter wie Skeptiker nehmen diesen von der UN-Behindertenrechtskonvention angestoßenen Bruch mit der überkommenen Organisationsform von getrennten Regel- und Förderschulen je nach Standort als Ausweis einer besonders fortschrittlichen oder fragwürdigen Neuausrichtung des Schulsystems wahr. Der Mehrheit der Pädagoginnen und Pädagogen dürfte immerhin bewusst sein, dass es seit den 1970er Jahren in der Bundesrepublik vor allem in der Primarstufe zahlreiche Versuche mit sog. „Integrationsklassen" gegeben hat. Sehr viel weiter reicht das historische Gedächtnis aber in der Regel nicht.[1] Dies gilt mit gewissen Abstrichen auch für die erziehungswissenschaftliche Debatte, für die Clemens Hillenbrand schon vor fast zwei Jahrzehnten feststellte, dass die Geschichte „keineswegs als Herausforderung für die wissenschaftliche Bearbeitung des Integrationsgedankens angesehen" wird.[2] In einem Überblick über den damaligen Forschungsstand konstatierte Hillenbrand, dass die umfangreiche Integrations-Literatur historische Aspekte „nur marginal", oft nur als „Negativfolie der geschichtlichen Ausgrenzung" und als „sekundäre Rezeption und Re-Interpretation bereits vorliegender historiographischer Erkenntnisse" thematisiert habe.[3] Sichtet man die bildungshistorische Forschung der vergangenen Jahre, dann hat sich an dieser Situation kaum etwas geändert. Inklusion wäre dann, um ein weiteres Zitat Hillenbrands zu variieren, „ein pädagogisches Motiv (...) ohne Vorläufer, eine Bewegung ohne Vorgeschichte"[4].

Übersehen wird hierbei meiner Einschätzung nach zweierlei: 1.) Kinder mit besonderen pädagogischen Förderbedürfnissen hat es in der Volks- oder Elementarschule, die mit der weitgehenden Durchsetzung der Schulpflicht im letzten Drittel des 19. Jahrhunderts die überwältigende Mehrheit der Jungen und

1 Vgl. den einschlägigen Befund für Deutschland bei Ellger-Rüttgardt (2016a, S. 13). Ähnlich auch international, siehe z.B. Shakespeare (2006, S. 157ff.).

2 Hillenbrand (2001, S. 119).

3 Ebd.

4 Ebd. Er spricht damals noch von „Integration". Siehe auch die Bewertung, die Groppe u.a. (2016, S. 1) über die Differenzkategorie „Behinderung" hinausgehend für das gesamte historische Forschungsfeld „Bildung und Differenz" vorgenommen haben.

Mädchen ab dem sechsten Lebensjahr aufnahm, seit ihren Anfängen immer gegeben.[5] Unter ihnen waren Kinder, die auffielen: aufgrund von körperlichen oder motorischen Einschränkungen, weil sie langsamer oder weniger als andere lernten, weil sie Schwierigkeiten mit dem Sehen, dem Hören oder der Artikulation hatten oder auch den Verhaltensregeln einer auf Ordnung und Disziplin pochenden Einrichtung nicht gehorchten. Insofern ist das gemeinsame Lernen von Schülerinnen und Schülern, die wir heute zusammenfassend als Kinder „mit Behinderungen" oder mit sonderpädagogischem „Förder-" bzw. „Unterstützungsbedarf" bezeichnen, und denen, die ohne offensichtliche Schwierigkeiten im Unterricht mithalten können, historisch betrachtet keine neue Erscheinung.[6] Anders als in heutigen integrativen bzw. inklusiven Klassen blieben die Kinder, von denen man feststellte, dass sie besonderer Förderung bedurften, in der Regelschule des 19. Jahrhunderts jedoch ohne jede kompetente pädagogische Hilfe. Die Folge war dann fast durchweg, dass sich die Lern- und Verhaltensprobleme verschärften und soziale Ausgrenzungs- und Stigmatisierungsprozesse zuspitzten. Zeitgenössische Quellen zeigen daher auch häufig, dass das Lehrpersonal der Volksschule die betroffenen Kinder zwar durchaus mit Gefühlen des Mitleids und der Sorge wahrnahm, aber auch als Belastung für den Rest der Klasse und als Bürde für die Bewältigung des eigenen Alltags. 2.) Gegenüber diesem historischen Normalfall, den man als zufällige Integration ohne

5 Eine ausdrückliche Schulpflicht für Kinder mit besonderem Förderbedarf wurde allerdings erst spät und in charakteristischen Etappen festgeschrieben: für Gehörlose und Blinde (Sachsen 1873, Preußen 1911), für Schüler_innen mit dem Förderschwerpunkt geistige Entwicklung, je nach Bundesland, in den 1960er und 1970er Jahren, in Ostdeutschland sogar erst nach 1989. Ein erheblicher Anteil der Kinder mit Behinderungen blieb daher lange ganz ohne schulische Förderung.

6 Im Rahmen dieser Arbeit wird „Behinderung" als „das Ergebnis eines Wahrnehmungs- und Deutungsprozesses angesichts von erwartungswidrigen Merkmalen oder Eigenschaften eines Individuums" (Dederich 2009, S. 37) verstanden. Der Begriff markiert eine „von Kriterien abhängige Differenz" und damit eine „an verschiedene Kontexte gebundene Kategorie, die eine Relation anzeigt" (ebd., S. 15). Dieses Verständnis scheint für die historische Forschung besonders geeignet, da es die Geschichtlichkeit von „sozial und kulturell geprägten wissenschaftlichen, pädagogischen, therapeutischen und anderen ‚Optiken' und ‚Paradigmen'" besonders betont und diese „Deutungs-, Interpretations- und Handlungsfolien" (ebd.) zum Gegenstand wissenschaftlicher Analyse macht. Die zeitgenössischen Begriffe („taubstumm", „schwachsinnig", „schwererziehbar" usf.) werden in diesem Sinne im Folgenden als historische Termini benutzt und aus Gründen der besseren Lesbarkeit nicht in Anführungszeichen gesetzt.

pädagogisches Konzept bezeichnen kann, lassen sich in der Schulgeschichte auch eine Reihe von Ansätzen finden, Kinder, die den üblichen Maßstäben an Lern- und Leistungsfähigkeit nicht gerecht werden konnten, in der Regelschule durch besondere Fördermaßnahmen zu unterstützen bzw. spezifische organisatorische und didaktisch-methodische Arrangements bereitzustellen, um die als problematisch wahrgenommene Überführung in gesonderte heil- bzw. sonderpädagogische Einrichtungen zu vermeiden. Ziel der vorliegenden Arbeit ist es, einige dieser Bemühungen in der deutschen Schulgeschichte des 19. und frühen 20. Jahrhunderts in ihrem je spezifischen historischen Entstehungszusammenhang zu konturieren sowie die zeitgenössischen Debatten, die um diese Ansätze geführt wurden, nachzuzeichnen.[7]

1. Forschungssituation

Bei der Bearbeitung ihrer Fragestellung kann die vorliegende Studie an einige wenige bereits vorliegende Publikationen anknüpfen, die jedoch eher als erste Skizzen denn als Versuche einer differenzierten Analyse einzuordnen sind.[8] Während die Historiografie der Sonder- oder Heilpädagogik nach dem Zweiten Weltkrieg für lange Zeit aus der Perspektive der sonderpädagogischen Fachdisziplinen – der Blinden-, Körperbehinderten-, Lernbehindertenpädagogik usf. – geschrieben wurde[9] und, so die Einschätzung Sieglind Luise Ellger-Rüttgardts, „in

---

7 Als Oberbegriff für diese Ansätze wird der der schulischen „Integration" benutzt. Gemeint ist hiermit die Einbeziehung von als beeinträchtigt und deshalb besonders förderungsbedürftig wahrgenommenen Kindern und Jugendlichen in die allgemeine Regelschule, innerhalb derer Formen äußerer Differenzierung jedoch nicht ausgeschlossen sind. Davon unterscheide ich das „Gemeinsame Lernen" bzw. den „Gemeinsamen Unterricht" von behinderten und nichtbehinderten Schüler_innen in einer gemeinsamen Lerngruppe. Den Begriff der schulische „Inklusion" nutze ich im Sinne eines weiten Verständnisses, das sich auf der Basis bürgerrechtlicher Ansprüche gegen jede gesellschaftliche Marginalisierung und Exklusion (aufgrund von sozialer, kultureller, ethnischer Herkunft, Geschlecht, Sprache, Behinderung etc.) wendet und einen „uneingeschränkten Zugang und die unbedingte Zugehörigkeit zu allgemeinen (…) Schulen des sozialen Umfeldes" (Hinz 2006, S. 98) beinhaltet. Vgl. als aktuellen Überblick über die verschiedenen Facetten der terminologischen Debatten Hedderich u.a. (2016).

8 An dieser Stelle beschränke ich mich auf einschlägige Veröffentlichungen, die den Gesamtzusammenhang historischer Ansätze gemeinsamen Lernens thematisieren. Auf Studien, die einzelne Ansätze bzw. Debattenbeiträge untersucht haben, werde ich in den entsprechenden Kapiteln der Arbeit eingehen.

9 So noch Solarova (1983).

der Regel die Funktion einer Rechtfertigung bestehender Institutionen"[10] besaß, hat sich das Bild in den letzten drei Jahrzehnten deutlich verändert. Mit den Überblicksdarstellungen von Wolfgang Jantzen (1982), Andreas Möckel (1988/2007) und Sieglind Luise Ellger-Rüttgardt (2008) liegen inzwischen Grundlagenwerke vor, die den Bezug zur Allgemeinen Pädagogik ausdrücklich betonen. Bereits sehr früh hat Andreas Möckel auf verschiedene historische Bemühungen um die Integration von behinderten Kindern in die Regelschule hingewiesen, diese allerdings noch sehr stark von der Geschichte der Heilpädagogik und von ihrem Scheitern her interpretiert.[11] Vor dem Hintergrund der Notwendigkeit einer „Neudefinition des Verhältnisses von allgemeiner und spezieller Pädagogik im Sinne einer stärkeren Integrierung der speziellen in die allgemeine Pädagogik"[12] geht dagegen Ellger-Rüttgardt im Jahr 1995 den „historischen Wurzeln der Integrationsbewegung" nach. In einem kurzen, aber ausgesprochen anregungsreichen Aufsatz weist sie hierbei auf eine Vielzahl von „Vorläufern der gegenwärtigen Integrationsdebatte" und Kritiker eines gesonderten Schulwesens für Kinder mit Behinderung hin.[13] Trotz des überschaubaren Umfangs des Beitrags kann Ellger-Rüttgardt vielfältige Forschungsperspektiven aufzeigen und darüber hinaus zentrale Problemfelder der historischen Integrationsversuche identifizieren.[14] Im Rahmen ihrer umfangreichen Gesamtdarstellungen nehmen Möckel und vor allem Ellger-Rüttgardt immer wieder Bezug auf einzelne historische Ansätze gemeinsamen Lernens, können diese jedoch angesichts des sehr viel weiter gesteckten Darstellungsgegenstandes jeweils nur knapp kennzeichnen.[15] Clemens Hillenbrand (2001) gibt wichtige Hinweise auf die (defizitäre) Forschungssituation und fokussiert seine eigenen Ausführungen dann auf die Weimarer Republik und den Jena-Plan Peter Petersens, den er als eine „zu unrecht verdrängte Episode sonderpädagogischer Geschichte" bewertet.[16] Ähnlich auch

---

10 Ellger-Rüttgardt (2010, S. 78). Hier auch ein instruktiver Überblick; vgl. auch Musenberg (2012).

11 Vgl. Möckel (1988 und 1990).

12 Ellger-Rüttgardt (1995, S. 483). Vgl. auch Ellger-Rüttgardt (2000, 2011).

13 Ebd., S. 478. Siehe auch Liebermeister/Hochhuth (1999), die deshalb auch von der „neuen Integrationsbewegung" seit den 1980er Jahren sprechen.

14 Insbesondere ihre Hinweise auf mögliche Gegenstände einschlägiger Untersuchungen sind in die vorliegende Studie eingegangen. Als Problemfelder benennt sie die Frage der Akzeptanz der behinderten Kinder in der Regelschule, Bewusstsein und Kompetenz des Lehrpersonals, die mangelnde Verbindung von Maßnahmen innerer und äußerer Schulreform und die Ausgrenzung ganzer Gruppen von Behinderten.

15 Sie auch den historischen Rückblick bei Bleidick (1988, S. 48–57).

16 Hillenbrand (2001, S. 137).

Erwin Rohr und Manfred Weiser, die ihren sondierenden Blick auf historische Integrationsversuche in die noch ungeschriebene „Geschichte der Außenseiter in der Pädagogik“[17] einordnen und hierbei auf konzeptionelle Überlegungen der Aufnahme gehörloser und blinder Kinder in die Volksschule des 19. Jahrhunderts (Graser, Hill, Klein), auf Georgens und Reinhardts Heilpflege- und Erziehungsanstalt Levana und Bernfelds Kinderhaus Baumgarten hinweisen. Eine theoretisch anspruchsvolle Reflexion der Voraussetzungen einer Historiografie pädagogischer Inklusion findet sich bei List (2000a).[18]

Kann man festhalten, dass es seit dem Ende der 1980er bis Anfang der 2000er Jahre eine Reihe von Anstößen für die Erforschung historischer Ansätze gemeinsamen Lernens gegeben hat, so muss im gleichen Atemzug konstatiert werden, dass diese Anregungen von der historischen Bildungsforschung seitdem nicht aufgegriffen worden sind. Die Geschichte von Integration bzw. Inklusion wird zwar in einigen der aktuellen Handbücher und Einführungen sehr knapp angesprochen,[19] neue quellenerschließende Studien sind jedoch bis heute ausgesprochen rar und bleiben durchgängig beschränkt auf begrenzte historische Zeiträume bzw. Problemstellungen.[20]

Auffällig ist hierbei vor allem, dass die historische Bildungsforschung, die institutionell nicht an sonderpädagogische Institute und Lehrstühle angebunden ist, das Thema bis heute fast vollkommen unberücksichtigt gelassen hat. Sie knüpft damit an eine Tradition an, die bruchlos bis in das 19. Jahrhundert zurückreicht.[21] Nimmt man die Überblicksdarstellungen zur Geschichte des Bildungswesens zum Maßstab, dann kann man ohne Einschränkung davon sprechen, dass von der Allgemeinen Pädagogik lange Zeit eine Schulgeschichte ohne

---

17 Rohr/Weiser (1999, S. 370).

18 List plädiert für eine gründliche Analyse der anthropologischen Definitionen von „Abweichung“ im historischen Kontext und damit der Konstrukte, die die „Entdeckung der Behinderung durch die Pädagogen“ (List 2000a, S. 10) erst möglich machen.

19 So z.B. in Hedderich (2016). Dies ist jedoch keineswegs die Regel (vgl. etwa Textor 2015). Siehe auch die Publikation von Rohrmann (2013), die zwar die historische Perspektive auf die inklusive Bildung ausdrücklich stark macht, in der Zusammenstellung der Beiträge aber eher ein Forschungsfeld erkennen lässt, dessen Bearbeitung noch immer in den Anfängen steckt.

20 Siehe die Ausführungen zu entsprechenden Arbeiten in den Hauptkapiteln der Arbeit.

21 Ich beschränke mich hier auf einige wenige Hinweise zur pädagogischen Historiografie für die Zeit nach 1945. Siehe die detaillierten Darstellungen zur historischen Aufarbeitung einzelner Gegenstände und Phasen in den Hauptkapiteln der Arbeit.

Kinder mit Behinderungen geschrieben wurde.[22] Dies gilt sowohl für ältere, in geisteswissenschaftlicher Tradition stehende Studien der Nachkriegszeit[23] als auch für gesellschaftsgeschichtlich ausgerichtete Arbeiten seit den 1970er Jahren.[24] Selbst das sechsbändige „Handbuch der deutschen Bildungsgeschichte" spart die Geschichte der Sonderschule(n) vor 1945 fast vollkommen aus,[25] und auch die in der DDR entstandene „Geschichte der Erziehung" berücksichtigt Schulen für behinderte Kinder nicht.[26] Noch in Gert Geißlers mehr als 1000 Seiten umfassenden „Schulgeschichte in Deutschland" aus dem Jahr 2011 beschränkt sich die Darstellung des Sonderschulwesens auf ein vierseitiges Kapitel zum Kaiserreich.[27] Ähnlich sieht es in Arbeiten zu ausgewählten Sektoren des Bildungssystems aus, etwas besser dagegen in regionalgeschichtlich ausgerichteten Publikationen.[28] Angesichts des Befundes, dass die traditionelle Historische Pädagogik wie die moderne historische Bildungsforschung Kinder

22 Von den 27 einschlägigen erziehungs- und pädagogikgeschichtlichen Gesamtdarstellungen, die die Bibliografie von Wiegmann u.a. (2008) für die Jahre 1945–1989 verzeichnet, behandelt nur die von Johannes von den Driesch und Josef Esterhues bereits in den frühen 50er Jahren veröffentlichte „Geschichte der Erziehung und Bildung" Schulen für behinderte Kinder und Jugendliche vor dem Zweiten Weltkrieg in einem eigenen, etwas ausführlicheren Kapitel. In den übrigen Werken bleibt es bei sehr knappen Erwähnungen bzw. sie kommen nicht vor.

23 vgl. z.B. Spranger (1949), Blättner (1951).

24 vgl. z.B. Herrlitz u.a. (1981), Blankertz (1982), Friedeburg (1992), Becker/Kluchert (1993). Ebenso die umfangreiche Quellensammlung zur deutschen Schulgeschichte von Michael/Schepp (1993).

25 Berg u.a. (1987–2005). Zwei kurze eigenständige Artikel gibt es erst in den Bänden zur DDR und Bundesrepublik.

26 Günther u.a. (1987). In dem von Robert Alt 1971 publizierten Bilderatlas zur Schul- und Erziehungsgeschichte finden sich immerhin einige Abbildungen zum Unterricht blinder und gehörloser Kinder in der ersten Hälfte des 19. Jahrhunderts.

27 Geissler (2011).

28 In den Darstellungen von Sienknecht (1968) und Oppermann (1982) zur Geschichte des Einheitsschulgedankens wird die Frage der Einbeziehung behinderter Kinder nicht thematisiert. Das Mannheimer Schulsystem (vgl. Kap. III) wird zwar von beiden erwähnt, allerdings nicht mit Blick auf die potenziellen Hilfsschüler_innen diskutiert. Im Band zur Geschichte des katholischen Schulwesens des „Handbuchs Katholische Schule" (Kronabel 1992) wird das Sonderschulwesen nur kursorisch angesprochen. Die „Berliner Schulgeschichte" von Wilhelm Richter (1981) beinhaltet einige kurze Abschnitte zum Sonderschulwesen. Im „Handbuch der Geschichte des Bayerischen Schulwesens" wird es dagegen systematisch eingebunden (Liedtke 1991–1997).

mit Behinderungen in ihren schulgeschichtlichen Darstellungen fast vollständig ausblenden, ist es alles andere als erstaunlich, dass auch historische Bemühungen um deren Integration in die Regelschule bisher kaum thematisiert worden sind.[29]

2. Auswahl der historischen Gegenstände und Präzisierung der Fragestellung

Die systematische Einbeziehung behinderter Kinder in das moderne Bildungssystem nimmt ihren Anfang in der Blinden- und Taubstummenpädagogik des späten 18. Jahrhunderts. Die aufsehenerregende „Entdeckung der Bildsamkeit"[30] Blinder und Gehörloser wird in der durch Ideen der Aufklärung geprägten Öffentlichkeit mit großer Aufmerksamkeit wahrgenommen, und in zahlreichen Ländern Europas kommt es zur Gründung erster öffentlicher Taubstummen- und Blindeninstitute: 1763 beginnt der Abbé de l'Epée mit der Unterrichtung gehörloser Schüler in Paris, im gleichen Jahr wird in Edinburgh die erste Gehörlosenschule eröffnet, 15 Jahre später in Leipzig das erste Taubstummeninstitut in Deutschland. Dass auch sinnesbehinderte Kinder einen Anspruch auf Bildung besitzen, wird angesichts der Erfolge der Taubstummen- und Blindenpädagogik von ernst zu nehmenden Teilnehmern der öffentlichen Debatte um 1800 nicht mehr in Frage gestellt. Heftig umstritten ist allerdings schon bald, ob allgemeine Schulen oder spezielle Einrichtungen die geeigneten Orte sind, diesen Anspruch einzulösen.

Den historischen Ausgangspunkt der vorliegenden Darstellung bilden daher erste Versuche der Aufnahme gehörloser und blinder Kinder in die Volksschule der ersten Hälfte des 19. Jahrhunderts, die von der pädagogischen Historiografie unter dem Begriff der „Verallgemeinerungsbewegung" zusammengefasst worden sind. Zu dieser Zeit ist die staatliche Regelschule in fast allen Territorien des deutschen Reiches noch eher Programm als Realität. Zahlreiche Entwürfe für eine allgemeine Volksbildung konkurrieren miteinander, nur wenige von ihnen finden Eingang in die staatliche Bildungspolitik, die mit der Kodifizierung von Bildungsabschlüssen, der Regelung der Lehrerausbildung und dem Aufbau

29 Eine bemerkenswerte Ausnahme stellt das DFG-Projekt „Bildsamkeit und Behinderung. Die Erweiterung der Idee und Praxis der Bildsamkeit durch die ‚Entdeckung' der Bildbarkeit Behinderter" dar, das in Zusammenarbeit von Historischen Bildungsforschern aus der Allgemeinen und der Sonderpädagogik bearbeitet wurde. Siehe auch Anmerkung 39.

30 Vgl. Tenorth (2006).

einer Schuladministration selbst erst langsam beginnt, Instrumente und Organisationsformen für die Steuerung eines modernen öffentlichen Schulwesens zu entwickeln. Gleichzeitig unternehmen vor allem die großen deutschen Bundesstaaten Preußen und Bayern schon in den 1820er Jahren Versuche, Kinder mit Sinnesbehinderungen in der Volksschule zu unterrichten.

Zwischen 1880 und 1914, dem zweiten historischen Zeitraum, der im Rahmen dieser Arbeit genauer betrachtet werden soll, scheint diese Kontroverse in Bezug auf die blinden und gehörgeschädigten Kinder bereits zugunsten eigenständiger Schulen und Internate entschieden zu sein. Der Aufbau eines differenzierten staatlichen Schulsystems ist im wilhelminischen Kaiserreich weit vorangeschritten. Nicht nur die strikte Trennung von Volks-, Mittel- und höherer Schule, von Jungen- und Mädchenschule ist juristisch und verwaltungstechnisch weitgehend festgezurrt, auch der Aufbau eines Sonderschulwesens hat erhebliche Fortschritte gemacht. Neben den Einrichtungen für Blinde und Gehörlose sind es nun vor allem sog. „Hilfsschulen", die seit den 1880er Jahren in großer Zahl in ganz Deutschland gegründet werden, um Kinder, die in der Volksschule gescheitert sind, aufzunehmen. Die Hilfsschule entwickelt sich schnell zum quantitativ wichtigsten Teil des Systems gesonderter Schulen, so dass ihre Entstehungsphase an dieser Stelle besondere Aufmerksamkeit verdient. Auch ihre Etablierung verläuft jedoch nicht kritiklos und ohne praktische Versuche, konkurrierende Wege zu gehen. Breite öffentliche Aufmerksamkeit findet vor allem das sog. „Mannheimer Schulsystem", das – anders als die Hilfsschule – den einheitlichen Rahmen der allgemeinen Volksschule beibehalten will, innerhalb dieser Organisationseinheit aber Möglichkeiten der (Leistungs-)Differenzierung vorsieht. Vor dem Ersten Weltkrieg findet das vom Mannheimer Stadtschulrat Anton Sickinger entwickelte Modell zahlreiche Unterstützer und Nachahmer, kann sich als Alternative zum viergliedrigen Schulsystem aber letztlich nicht durchsetzen.

In der Weimarer Republik, der dritten historischen Phase, die diese Studie fokussiert, kommt es stattdessen zu einer Stabilisierung der Viergliedrigkeit und zu einem weiteren Ausbau getrennter schulischer Einrichtungen für Kinder mit besonderen Förderbedürfnissen. Nach dem Abschluss der Verfassungsberatungen, die in den „Weimarer Schulkompromiss" münden, der erstmals eine vierjährige gemeinsame Grundschule für alle Kinder ohne Behinderungen vorsieht, endet die kurze Phase der Strukturreformen. Die Zahl der Hilfsschülerinnen und -schüler nimmt noch einmal deutlich zu, und mit den sog. „schwererziehbaren Kindern" gerät eine neue Schülergruppe in den Blick, die von Teilen der Lehrerschaft und Schuladministration verstärkt als Problem wahrgenommen wird. Alternative Ansätze gemeinsamen Lernens werden in den 1920er Jahren nicht mehr vor dem Horizont einer umfassenden Umgestaltung des staatlichen

Schulsystems diskutiert, sondern nur noch mit Blick auf einzelne Reformschulen und deren pädagogische Konzepte. Für die in großer Zahl entstehenden Versuchsschulen der Weimarer Republik existiert allerdings ein erstaunlich großer Freiraum, den einige der reformpädagogischen „Gemeinschaftsschulen" nutzen, auf „Abschulungen" an Sondereinrichtungen zu verzichten und stattdessen pädagogische Ansätze zu entwickeln, auch die weniger leistungsstarken und schwierigen Schülerinnen und Schüler zu fördern. Da die historische Reformpädagogik für aktuelle Ansätze der schulischen Inklusion eine wichtige Referenz bildet, scheint ihre Berücksichtigung im Rahmen dieser Studie unverzichtbar. Neben der Hamburger Schule „Berliner Tor" und der „Jena-Plan-Schule" Peter Petersens wird hierbei die „Individualpsychologische Versuchsschule" in Wien im Mittelpunkt der Darstellung stehen, die aufgrund ihres besonderen Profils einbezogen wurde, obwohl sie als eine der interessantesten Reformeinrichtungen in Nachkriegsösterreich nicht als Teil der deutschen Schulgeschichte angesprochen werden kann, dem reformpädagogischen Diskurs in Deutschland aber ausgesprochen nahestand.

Die Auswahl der in dieser Studie untersuchten Modelle beruht neben den bereits angesprochenen Gründen auf einigen Vorannahmen, folgt aber auch pragmatischen Gesichtspunkten: Zum einen ist es die Absicht der Studie, den historischen Zeitrahmen von der Etablierung der allgemeinen Volksschule bis zum Ende der Weimarer Republik möglichst in seiner Gesamtheit – wenn auch natürlich nur an ausgewählten Beispielen – in den Blick zu nehmen, da, so die Vermutung, sich gerade aus dem historischen Längsschnitt interessante Einsichten in Bezug auf Kontinuitäten und Brüche in der Debatte um den angemessenen Ort der pädagogischen Förderung behinderter Kinder erwarten lassen, und zwar sowohl hinsichtlich der beteiligten Akteursgruppen als auch in Bezug auf die Ausformung spezifischer Argumentationsmuster. Die Ausweitung des Untersuchungszeitraums über den Zweiten Weltkrieg hinaus erscheint nicht als sinnvoll, da die Zeitgeschichte der schulischen Integration nach 1945 bereits mehrfach beschrieben worden ist.[31] Zum anderen ist es angesichts des aktuellen Forschungsstands notwendig, die Untersuchung auf den deutschsprachigen Raum zu konzentrieren. Dem Verfasser ist durchaus bewusst, dass es sich hierbei um eine Verengung der Perspektive handelt, denn vor allem die Debatte des 19. Jahrhunderts um die Beschulung gehörloser und sehbehinderter Kinder war eine internationale, und die Frage ihrer Einbeziehung in das Schulsystem stellte sich z.B. in Frankreich und England in ganz ähnlicher Weise wie

31 Vgl. Schnell (2003), Liebermeister/Hochhuth (1999).

in Deutschland. Es wäre daher wünschenswert, institutionelle und diskursive Entwicklungen auch außerhalb Deutschlands in die Analyse einzubeziehen, um Gemeinsamkeiten, aber auch Spezifika nationaler Prozesse erkennbar machen zu können. Angesichts fehlender Vorarbeiten ist eine solch anspruchsvolle Ausrichtung jedoch gegenwärtig noch nicht umsetzbar. Vielmehr soll die vorliegende Publikation dazu beitragen, den Quellenkorpus für weitere Untersuchungen in transnationaler bzw. komparativer Perspektive zu erweitern und auf mögliche Forschungsperspektiven hinzuweisen.[32] Eine weitere Vorentscheidung betrifft die Auswahl der dargestellten Versuche gemeinsamen Lernens in der Volksschule des 19. und 20. Jahrhunderts. Es ist bereits betont worden, dass es sich hierbei um ausgewählte Beispiele handelt, die nicht den Anspruch auf Vollständigkeit erheben können. Auf hochinteressante weitere Ansätze ist von der Forschung bereits aufmerksam gemacht worden, auch wenn differenzierte Untersuchungen bisher noch eine Ausnahme darstellen.[33] Ein zentrales Kriterium für die gewählten Fokussierungen bestand in der Quellenlage. Den im Folgenden dargestellten Beispielen ist gemeinsam, dass elaborierte Begründungen für die Praxisversuche vorlagen, die es erlaubten, systematisch entwickelte Legitimationszusammenhänge und Argumentationsmuster zu identifizieren. Darüber hinaus wurden alle Ansätze gemeinsamen Lernens behinderter und nicht behinderter Kinder im zeitgenössischen Umfeld intensiv und in der Regel ausgesprochen strittig diskutiert, nicht zuletzt, weil diese selbst sich als Modelle für ein neu aufzubauendes Volksschulwesen begriffen. Gerade aus der Aufarbeitung der historischen Kontroversen, die sich in einer umfangreichen und vielfältigen Zeitschriften-Literatur spiegeln, wurden aufschlussreiche Einsichten erwartet.[34]

---

32 Grundsätzlich für die historische Bildungsforschung vor allem Fuchs (2006) und (2010) sowie Bagchi u.a. (2014). Ein früher Versuch einer vergleichenden Analyse der schwedischen und deutschen Geschichte der Lernbehindertenpädagogik bei Altstaedt (1977) sowie die umfangreiche Übersicht, auch über Europa hinaus, bei Klauer/Mitter (1987). Für die Inklusion aus der Sicht der Heil- und Sonderpädagogik Sehrbrock/Erdélyi/Gand (2013); aber auch hier unter weitgehender Ausblendung historischer Aspekte.

33 Vgl. vor allem Ellger-Rüttgardt (1995 und 2008). Die bisher zweifellos gründlichste Analyse betrifft die regionalgeschichtliche Untersuchung der Verallgemeinerung der Taubstummenbildung in der preußischen Provinz Brandenburg (Wolff 2013).

34 Nähere Informationen zur Typologie der Zeitschriften unterschiedlichster disziplinärer Provenienz in den einzelnen Kapiteln. Archivalische Dokumente, die über die Praxis der Versuche weitere Auskunft geben könnten, wurden im Rahmen dieser Arbeit nicht herangezogen. Exemplarische Sondierungen im Bereich der Verallgemeinerungsbewegung des 19. Jahrhunderts zeigen jedoch, dass es durchaus lohnend erscheint,

Anders als traditionelle Geschichten der Sonder- bzw. Heilpädagogik nimmt die vorliegende Untersuchung ihren Ausgangspunkt nicht von spezifischen Problemlagen (der „Taubstummen", „Schwachsinnigen" oder „Schwererziehbaren") oder von sonderpädagogischen Institutionen, sondern von der allgemeinen Schule. Sie fragt danach, in welcher Weise die historischen Ansätze das gemeinsame Lernen von Kindern mit und ohne Behinderungen in der Regelschule begründen und in Bezug auf organisatorische bzw. pädagogische Settings ausformulieren. Hierbei werden drei Ebenen unterschieden, denen einzelne Leifragen zugeordnet sind:

1. Normative Orientierungen
   - In welche normativen und systematischen Begründungszusammenhänge sind die Argumente für das gemeinsame Lernen eingebunden?
   - Welche Vorstellungen vom (behinderten) Kind beinhalten die Ansätze?
2. Institutioneller Rahmen
   - Welche Kinder sollen in der allgemeinen Schule unterrichtet werden, welche nicht?
   - Wie soll die Schule organisiert sein (Größe und Zusammensetzung von Lerngruppen, Gestaltung von Zeiten und Räumen)?
   - Welches Personal soll in der allgemeinen Schule arbeiten und welche Kompetenzen werden von ihm erwartet?
3. Pädagogische und didaktische Leitideen
   - Welche pädagogischen Intentionen werden mit der gemeinsamen Lerngruppe behinderter und nichtbehinderter Schülerinnen und Schüler verbunden?
   - Welche Vorstellungen über Arrangements des gemeinsamen Lernens werden entwickelt?
   - Welche Formen spezifischer Förderung soll es geben?

Die oben genannten Leitfragen werden im Verlauf der Darstellung durchgängig thematisiert, je nach Ausprägung der verschiedenen Ansätze jedoch in unterschiedlicher Akzentuierung und Tiefe. Soweit die Quellenlage dies zulässt, wird darüber hinaus ein Blick auf die praktische Arbeit der Schulversuche geworfen.

Der zweite Schwerpunkt der Arbeit liegt in dem Versuch der Rekonstruktion der historischen Debatten über die zuvor dargestellten Ansätze. Hierbei geht es

---

entsprechende Materialien zu sichten und auszuwerten. Vgl. z.B. für die dem Lehrerseminar im lippischen Detmold von 1847 bis 1904 angeschlossene Taubstummenschule (Landesarchiv NRW Abteilung Ostwestfalen-Lippe. L 106 A Seminardirektion).

zunächst darum, die in den öffentlichen Kontroversen beteiligten Akteursgruppen zu identifizieren, um anschließend die Argumente von Befürwortern und Gegnern zusammenzutragen und zu systematisieren.

3. Zur Notwendigkeit einer historischen Kontextualisierung: Historische Ansätze der Integration in den Widersprüchen und Paradoxien der Schulgeschichte des 19. und 20. Jahrhunderts

Schon ein flüchtiger Blick auf die hochproblematischen Bedingungen, unter denen die Volks- bzw. Elementarschule aufgebaut wurde, lässt erkennen, dass sich die in den 1820er Jahren einsetzenden Versuche um die Integration behinderter Kinder in die Regelschule nicht als Erfolgsgeschichte rekonstruieren lassen. Dies nicht nur, weil man diese Ansätze durchweg als historisch gescheitert bewerten muss, da sie in der Regel nur wenige Jahre Bestand hatten und letztlich so gut wie keinen Einfluss auf die Ausformung des Bildungssystems als Ganzes besaßen, sondern vor allem, weil sie selbst eingebunden waren in die Widersprüche und Paradoxien der modernen Schulgeschichte.

Die Etablierung und Ausdifferenzierung des sog. „niederen Schulwesens" im 19. und frühen 20. Jahrhundert ist von der sozialgeschichtlich orientierten Bildungsforschung als ausgesprochen ambivalenter Prozess der „partiellen Modernisierung"[35] beschrieben worden, in dem die Realisierung eines Bildungsminimums für die große Mehrheit der Bevölkerung mit deren sozialer Disziplinierung und religiös-politischen Indoktrination sowie einer rigiden Abschottung gegenüber dem höheren Bildungswesen aufs Engste miteinander verwoben war.[36] Die Alphabetisierung erweiterte auch für die benachteiligten Bevölkerungsgruppen die Chancen, überkommene soziale, wirtschaftliche, politische und psychologische Bindungen in Frage zu stellen, und eröffnete (zumindest potenziell) neue Möglichkeiten gesellschaftlicher Teilhabe und Mitwirkung. Die Etablierung eines nun für alle Heranwachsenden verbindlichen Bildungssystems ermöglichte aber auch den verstärkten Zugriff des Staates und mit ihm verbundener Interessengruppen auf den Einzelnen, machte es möglich, in einem bis dahin nicht gekannten Umfang auf Denk- und Verhaltensweisen der nachwachsenden Generationen

35 Kuhlemann (1992, S. 345).

36 Vgl. zuletzt auf einer eindrucksvollen empirischen Datenbasis der Band III des „Datenhandbuchs zur Deutschen Bildungsgeschichte" (Nath/Titze 2016). Unter der Perspektive des Umgangs mit Gleichheit und Verschiedenheit Wenning (1999).

Einfluss zu nehmen. Jüngere kulturwissenschaftlich orientierte Studien haben vor allem im Anschluss an die machtanalytischen Arbeiten Foucaults die Wahrnehmung für die disziplinierenden Momente einer durch die Schule geprägten Kindheit – jenseits der gezielten Einflussnahme einzelner Interessengruppen – weiter vertieft. Sie haben den Blick geschärft für die diskursiven Praktiken und Machttechniken, die der neuzeitlichen Institution Schule grundsätzlich inhärent sind und letztendlich dazu führen, sämtliche Körpertätigkeiten der Heranwachsenden einer Kontrolle zu unterwerfen und gesellschaftlich erwünschte Bedürfnisstrukturen und Mentalitäten zu erzeugen. Einerseits, so die These Foucaults, zwingt die moderne Schule als „Disziplinaranstalt“ und „Normalisierungsmacht“ zur Homogenität, andererseits wirkt sie individualisierend, da sie „Abstände mißt, Niveaus bestimmt, Besonderheiten fixiert und die Unterschiede nutzbringend aufeinander abstimmt“.[37] Über ein ausgeklügeltes System von Techniken erzeugt sie ein „System von Normalitätsgraden, welche die Zugehörigkeit zu einem homogenen Gesellschaftskörper anzeigen, dabei jedoch klassifizierend, hierarchisierend und rangordnend wirken“.[38] Wie stark die emanzipatorischen und disziplinierenden Dimensionen der modernen Schule gewichtet werden, ist in der bildungshistorischen Forschung allerdings umstritten.

Nicht in Frage gestellt wird dagegen, dass es sich bei der Volksschule, in welche die Kinder mit Behinderungen integriert werden sollten, in ihren Effekten um eine ausgesprochen widersprüchliche Einrichtung handelte, und es liegt auf der Hand, dass sich für Kinder und Jugendliche, die den gängigen Ansprüchen der Schule nicht entsprachen, Fragen der pädagogischen Förderung und der Eröffnung von Teilhabemöglichkeiten auf der einen sowie der sozialen Disziplinierung, der Normalisierung und des Ausschlusses auf der anderen Seite in ganz besonderer Weise stellten. Von zentraler Bedeutung ist hierbei ein Paradoxon, das in der für Theorie und Praxis moderner Pädagogik grundlegenden Idee der „Bildsamkeit“ bis heute aufgehoben ist.[39]

---

37 Foucault (2015, S. 237).

38 Ebd. Vgl. hier vor allem die theoretisch anspruchsvolle und zugleich quellengesättigte Studie „Biopolitik im Klassenzimmer. Zur Ordnung der Führungspraktiken in den Bayerischen Volksschulen (1869–1918)“ (Caruso 2003). Mit Blick auf die Entstehung der Hilfsschule Moser (2013 und 2016). Zur Einordnung und Kritik kulturgeschichtlicher Ansätze in der historischen Bildungsforschung der instruktive Beitrag von Depaepe (2006). Siehe darüber hinaus zur Erforschung der Paradoxien der Pädagogisierung Depaepe u.a. (2006).

39 Siehe ausführlich zu dem hier skizzierten Problemzusammenhang die Publikationen im Kontext des DFG-Projekts „Bildsamkeit und Behinderung. Die Erweiterung der

Der Begriff der Bildsamkeit wird als „Bezeichnung der Erziehbarkeit und Selbstbestimmungsfähigkeit des Menschen“[40] in der europäischen Aufklärung intensiv erörtert und schon damals mit Blick auf behinderte Menschen, hier vor allem Gehörlose und Blinde, diskutiert.[41] Die aufgeklärte Idee der Bildsamkeit schließt, und darin liegt ihre bis in die Gegenwart tragende Bedeutung, aus anthropologischer Perspektive alle Menschen ein, also auch die behinderten – sie gilt universell. Die pädagogische Praxis der Förderung von Kindern mit speziellen Bedürfnissen kann der universellen Gültigkeit der Idee jedoch nur durch „Prozesse der Partikularisierung“[42] genügen. Die Pädagogik der Aufklärung lebt, wie Heinz-Elmar Tenorth konstatiert hat, „im Gedanken der Bildsamkeit mit einem Anspruch, den sie zwar sehr früh theoretisch artikulieren, praktisch zunächst aber in keiner Weise einlösen kann“[43]. Sie formuliert eine Ambition, aber ihr fehlt noch die Form, „in der der Einheit und Universalität der pädagogischen Aufgabe zugleich gedacht werden können.“[44] In der im Verlauf des 19. Jahrhunderts zunehmend subtiler werdenden Identifikation von pädagogischen Herausforderungen des Umgangs mit behinderten Kindern, in der Entfaltung immer ausgeklügelterer Methoden ihrer Bearbeitung, in der Schaffung einschlägiger Organisationen und Professionen einschließlich der reflexiven Wendung ihrer Arbeit wird die Partikularisierung verschärft und die „Differenz und Separierung der Klientel erzeugt, die der an Gleichheit von Bildung und Bildsamkeit orientierte Diskurs an sich verbietet.“[45] Auf der institutionellen Ebene setzt sich diese Logik – zumindest auf dem in Deutschland eingeschlagenen Entwicklungspfad – dann bis in die 1960er Jahre hinein als ständig verfeinerter Prozess der Ausdifferenzierung eines eigenständigen Systems spezialisierter Schulen fort.[46]

Idee und Praxis der Bildsamkeit durch die ‚Entdeckung‘ der Bildbarkeit Behinderter“, vor allem Ellger-Rüttgardt (2008), Tenorth/Ellger-Rüttgardt (1998), Tenorth (2006 und 2010a).

40 Benner/Brüggen (2004, S. 174).

41 Vgl. Moser (1995), Hofer-Sieber (2000), Wolff (2013).

42 Ellger-Rüttgardt (2008, S. 334).

43 Tenorth (2006, S. 498).

44 Ebd.

45 Ebd.

46 Das 1960 von der Kultusministerkonferenz vorgelegte „Gutachten zur Ordnung des Sonderschulwesens“ schlug insgesamt zwölf eigenständige Sonderschulformen vor, wobei die spätere Schule für Geistigbehinderte noch nicht berücksichtigt war: Blindenschule, Sehbehindertenschule, Gehörlosenschule, Schwerhörigenschule, Sprachheilschule, Körperbehindertenschule, Krankenschule und Hausunterricht, Hilfsschule, Beobachtungsschule, Erziehungsschwierigenschule, Gefängnisschule (Schule im

Dass die Realisierung des Bildungsanspruchs behinderter Kinder und die zunehmende Professionalisierung ihrer pädagogischen Förderung jedoch keineswegs zwangsläufig mit deren Separierung in eigenen Schulen einhergehen musste, dass Alternativen diskutiert und erprobt wurden, zeigen die im Folgenden dargestellten Modelle. Aber auch für sie gilt, dass es vor dem Hintergrund eines für alle Schüler_innen gemeinsamen Bezugspunktes von Bildsamkeit in Reflexion und Praxis auch immer um die Wahrnehmung und Deutung von Differenz sowie um die Organisation und die Gestaltung von Differenzierungsprozessen gehen musste. Eine wesentliche Perspektive der Studie richtet sich daher auf die Frage, in welcher Weise die soziale Differenzkategorie „Behinderung" (in der konkreten Ausformung als taubstummes, schwachsinniges oder schwererziehbares Kind) in den historischen Argumentationen konstruiert wird und welche Konsequenzen sich hieraus für die Gestaltung von Schulorganisation und pädagogischer Praxis ergeben.[47]

Die oben formulierten Überlegungen dürften deutlich gemacht haben, dass es für das Verständnis der Ansätze gemeinsamen Lernens und der von ihnen ausgelösten Debatten unverzichtbar ist, historische Kontextualisierungen vorzunehmen, die es erlauben, die Argumentation der beteiligten Akteure zu verorten.[48] Hierbei scheinen mir die folgenden Kontexte besonders bedeutsam:

Jugendstrafvollzug), Sonderberufsschule (als eigene Schule oder in Verbindung mit anderen Sonderschulen).

47 In sozial- und erziehungswissenschaftlichen Analysen wird Differenz in der Regel als ein „grundlegendes Ordnungsmuster des Sozialen betrachtet, sei es im Sinne einer faktischen Gegebenheit, sei es im Sinne des in sozialer Praxis Erzeugten" (Groppe u.a. 2016, S. 3). Ich schließe mich Positionen an, die Differenz als „Ungleichheit – in der Verfügung über gesellschaftlich produzierte Güter, im Zugang zu gesellschaftlichen Ressourcen und in Teilhabemöglichkeiten an gesellschaftlichen Entscheidungen – und damit als Grundlage für gesellschaftliche Über- und Unterordnungs- oder (…) für Herrschaftsverhältnisse" (ebd.) verstehen. Gegenstand der historischen Analyse ist also nicht „Ungleichheit zwischen Individuen", sondern die „Ungleichheit zwischen gesellschaftlichen Gruppen, die in unterschiedlicher Weise kategorial gefasst werden: als Klassen, Schichten und Milieus, als Geschlechter, nach ‚rassischer' oder ethnisch-kultureller Zugehörigkeit" (ebd.). Vgl. grundlegend für die Erziehungswissenschaft Lutz/Wenning (2001), für die historische Bildungsforschung Groppe u.a. (2016), mit Blick auf die Sonderpädagogik Ellger-Rüttgardt (2008 und 2016).

48 Das Problem der historischen Kontextualisierung ist von der Bildungsforschung vor allem im Zusammenhang mit der Rezeption der „neuen Ideengeschichte" der sog. Cambridge School (John G.A. Pokock, Quentin Skinner) diskutiert worden; vgl. besonders Tröhler (2001), Bellmann/Ehrenspeck (2006), zuletzt Schneider (2013). Mit anderen theoretischen Referenzen zuvor schon Langewand (1999). Ich folge Bellmann/

- Ohne eine Einbindung der vorgestellten Debatten in den Prozess der „Systembildung“[49] der modernen Schule im Verlauf des 19. und frühen 20. Jahrhunderts würde der institutionelle Rahmen, auf den sich die Diskursbeiträge beziehen, unverständlich bleiben. In den drei Hauptkapiteln der Arbeit wird es daher notwendig sein, zentrale Momente der Ausformung des Schulsystems für den jeweiligen historischen Zeitraum darzustellen und hierbei sowohl die Volksschule als auch die Einrichtungen zu berücksichtigen, die das schulische Angebot für Kinder mit Behinderungen betreffen.
- Einen zweiten Bezugspunkt stellt die im Verlauf des 19. Jahrhunderts begonnene Ausdifferenzierung verschiedener Lehr-Professionen dar: der systematische Aufbau einer staatlich getragenen Volksschullehrer-Ausbildung in der ersten Hälfte des 19. Jahrhunderts auf der einen und der spezieller Ausbildungsgänge für Taubstummen- (nur kurz darauf) und Hilfsschullehrer_innen (deutlich später); jeweils verbunden mit der Organisation der Lehrerschaft in eigenen Verbänden und der Etablierung eigener publizistischer Foren des Austauschs und der Interessenartikulation.
- Eine dritte Ebene der Kontextualisierung bezieht sich auf die historischen Akteurinnen und Akteure selbst. Um die jeweilige Sprecherposition (als Volksschullehrer, Gehörlosenpädagoge, Hochschullehrer, Verwaltungsbeamter, Politiker, Verbandsvertreter etc.) im historischen Diskussionszusammenhang präziser kenntlich zu machen, werden jeweils wesentliche biografische Informationen eingebunden. Mit dem Ziel, die wichtigsten Protagonist_innen der Debatte um das gemeinsame Lernen etwas deutlicher zu profilieren,

---

Ehrenspeck (2006, S. 248ff.) in der Auffassung, dass die historiographische Arbeit angesichts der prinzipiellen Unendlichkeit möglicher Kontextualisierungen ohne eine „Selektion und Gewichtung als *relevant* erachteter Kontexte“ nicht auskommt und dass diese soweit wie möglich transparent zu machen sind. Zunächst muss hierbei gelten, dass die Auswahl relevanter Kontexte entscheidend vom Gegenstand der historischen Analyse abhängig ist. Insofern scheint mir ein allgemeingültiges Muster fragwürdig. Gegenüber der von Pokock und Skinner vertretenen Fokussierung der sprachlichen Kontexte (der historischen „languages“) plädiere ich jedoch für ein breiteres Verständnis von Kontextualisierung historischer Ideen und Argumente, bei dem vor allem gesellschafts- und politikgeschichtliche Zusammenhänge berücksichtigt werden. Vgl. hierzu aus geschichtswissenschaftlicher Perspektive Hellmuth/von Ehrenstein (2001). Die Diskussion einer angemessenen Kontextualisierung der Geschichte der Heilpädagogik im 19. und 20. Jahrhundert bei Möckel (2007, S. 17–21).

49 Vgl. Müller/Zymek (1987), im Zusammenhang der Debatten zum Stellenwert sozial-, politik- und kulturgeschichtlicher Forschungsansätze noch einmal Zymek (2006). Vgl. auch Fendt (2006).

werden soweit wie möglich auch deren Beiträge in anderen Arbeits- und Diskurszusammenhängen skizziert.

Bei der geschichtlichen Verortung historischer Positionen kann es eine wissenschaftliche Studie jedoch nicht belassen. Es stellt sich die Frage nach der Funktion der Auseinandersetzung mit historischen Modellen der Integration und des gemeinsamen Lernens von Schüler_innen mit und ohne Behinderungen. Meiner Einschätzung nach kann sie nicht darin bestehen, bestimmte Positionen in gegenwärtigen pädagogischen Debatten mit vermeintlichen „Argumenten aus der Geschichte" zu unterfüttern oder gar aktuelle bildungspolitische Entscheidungen zu rechtfertigen oder zu kritisieren. Solche Formen der unmittelbaren Indienstnahme historischer Erkenntnis werden der Komplexität geschichtlichen Wandels meiner Überzeugung nach nicht gerecht.[50] Der mit der vorliegenden Arbeit verfolgte Anspruch ist bescheidener: Ich folge dem von Ellger-Rüttgardt schon vor mehr als 20 Jahren formulierten Gedanken, dass es bei der Suche nach den historischen Ansätzen der Integration bzw. des Gemeinsamen Lernens zunächst einmal darum geht, an „gedachte und gelebte Alternativen" zu erinnern, „die angesiedelt sind in der pädagogisch und politisch motivierten Kritik an der Allgemeinen Schule, aber auch der Sonderschule der Vergangenheit", und zugleich den Blick zu schärfen für die grundlegenden Probleme und Konfliktfelder, die bei der gemeinsamen Beschulung behinderter und nichtbehinderter Kinder entstehen und damit auch dazu beizutragen, vor „falschen Illusionen" zu bewahren.[51] Hierzu gehört nicht zuletzt, was Heinz-Elmar Tenorth für die Orientierungsfunktion historischer Bildungsforschung insgesamt formuliert hat, nämlich, ein Bewusstsein zu schaffen für die „Dialektik von Freisetzung und Kontrolle und die Ambivalenz der Institutionalisierung von Bildung und Erziehung":

> „Sie beschert uns in Schulen und Bildungseinrichtungen zwar die Gehäuse der Hörigkeit, die nach Max Weber den Prozess der Rationalisierung bestimmen, aber sie eröffnet zugleich die Möglichkeiten, die mit der Disziplinierung als der notwendigen, wenn auch nicht hinreichenden Form der Bildung und Erziehung als den Formen der Individualisierung des Menschen gegeben sind. In der Erinnerung an diese in sich spannungsreiche Geschichte destruiert die Historiographie (…) nicht nur alte Hoffnungen oder unbegründete ideologische Ambitionen, sie zeigt in ihren Geschichten auch den Handlungsspielraum, den die Moderne eröffnet. Nicht die Natur, sondern die Kultur definiert den Raum, in dem die Erziehung lebt, und die Historie zeigt uns ihre Gestalt."[52]

50 Vgl. für den auch heute noch gültigen Stand der disziplinären Debatte Schuch u.a. (2010).

51 Ellger-Rüttgardt (1995, S. 478).

52 Tenorth (2010, S. 149).

II. Versuche der Integration gehörloser Kinder in die Volksschule der ersten Hälfte des 19. Jahrhunderts – die Verallgemeinerungsbewegung

1. Der Aufbau eines flächendeckenden Systems der Volksschulbildung und der Bildungsanspruch Gehörloser

Die Frage, ob und in welcher Form Kinder mit Behinderungen in die staatliche Regelschule aufgenommen werden sollten, stellte sich erstmals in der Phase der Konstituierung des modernen staatlichen Schulwesens Anfang des 19. Jahrhunderts. Die militärische Niederlage gegen die napoleonischen Armeen und das Ende des „Heiligen Römischen Reiches Deutscher Nation" (1806) hatten die Rückständigkeit der gesellschaftlichen und politischen Verhältnisse in den Territorien des ehemaligen Reiches endgültig offengelegt. Vor allem in Preußen wurden in dieser Krisensituation Reformen möglich, die im Bereich von Wirtschaft (Einführung der Gewerbefreiheit, Vereinheitlichung der Steuergesetzgebung), Gesellschaft (Aufhebung der Erbuntertänigkeit der Bauern, Emanzipation der Juden), Politik (Vereinheitlichung von Justiz und staatlicher Bürokratie, Durchsetzung des Fachprinzips, Sicherung der städtischen Selbstverwaltung) und Armee (Heeresreform) überkommene ständische Strukturen überwinden, Politik und Verwaltung effektivieren und die Dynamiken einer liberalen bürgerlichen Marktgesellschaft freisetzen sollten.[53]

Ein unverzichtbarer Faktor dieser Politik der „defensiven Modernisierung" von Staat und Gesellschaft war der Aufbau eines Bildungs- und Erziehungssystems, welches die Voraussetzungen dafür schaffen sollte, dass die Bürger selbstverantwortlich und aktiv im politischen, wirtschaftlichen und gesellschaftlichen Leben agieren konnten. Die Pläne, die Wilhelm von Humboldt (1767–1835) und Johann Wilhelm Süvern (1775–1829) zur Reform des Bildungswesens vorlegten, basierten auf dem Gedanken der „allgemeinen Menschenbildung", also auf der Abkehr von den bis dato prägenden Einrichtungen ständischer Erziehung und der Vorstellung der unmittelbaren Vorbereitung auf einen Beruf.[54]

---

53 Zu den strukturellen Merkmalen der Krisensituation im ausgehenden 18. Jahrhundert und zur Politik der defensiven Modernisierung noch immer grundlegend Wehler (1987 und 1987a) sowie Nipperdey (1984).

54 In den zitierten Quellentexten wurde die zeitgenössische Rechtschreibung und Zeichensetzung beibehalten. Hervorhebungen in Zitaten stammen, wenn nicht

> „Alle Schulen aber, deren sich nicht ein einzelner Stand, sondern die ganze Nation oder der Staat für diese annimmt, müssen nur allgemeine Menschenbildung bezwecken. – Was das Bedürfnis des Lebens oder eines einzelnen seiner Gewerbe erheischt, muß abgesondert, und nach vollendetem allgemeinen Unterricht erworben werden. Wird beides vermischt, so wird die Bildung unrein, und man erhält weder vollständige Menschen noch vollständige Bürger einzelner Klassen. (...) Der gesammte Unterricht kennt daher auch nur Ein und dasselbe Fundament. Denn der gemeinste Tagelöhner, und der am feinsten Ausgebildete muss in seinem Gemüth ursprünglich gleich gestimmt werden, wenn jener nicht unter der Menschenwürde roh, und dieser nicht unter der Menschenkraft sentimental, chimärisch, und verschroben werden soll."[55]

Die Konsequenz für den Schulaufbau war die Forderung nach einem horizontal gegliederten Bildungssystem von der Elementarschule bis zur Universität, das grundsätzlich allen Bürgern offenstehen sollte.

> „Der Elementarunterricht soll bloss in Stand setzen, Gedanken zu vernehmen, auszusagen, zu fixiren, fixirt zu entziffern, und nur die Schwierigkeit überwinden, welche die *Bezeichnung* in allen ihren Hauptarten entgegenstellt. Er ist noch nicht sowohl Unterricht, als er zum Unterricht vorbereitet, und ihn erst möglich macht. Er hat es also eigentlich nur mit Sprach-, Zahl- und Mass-Verhältnissen zu thun, und bleibt, da ihm die Art des Bezeichneten gleichgültig ist, bei der Muttersprache stehen. (...) Der Zweck des Schulunterrichts ist die Uebung der Fähigkeiten, und die Erwerbung der Kenntnisse, ohne welche wissenschaftliche Einsicht und Kunstfertigkeit unmöglich ist. (...) Wenn also der Elementarunterricht den Lehrer erst möglich macht, so wird er durch den Schulunterricht entbehrlich. Darum ist auch der Universitätslehrer nicht mehr Lehrer, der Studirende nicht mehr Lernender, sondern dieser forscht selbst, und der Professor leitet seine Forschung und unterstützt ihn darin. (...) So wie es nun bloss diese drei Stadien des Unterrichts giebt, jedes derselben aber unzertrennt ein Ganzes macht, so kann es auch nur drei Gattungen *auf einander folgender* Anstalten geben, und ihre Gränzen müssen mit den Gränzen dieser Stadien zusammenfallen, nicht dieselben in der Mitte zerschneiden."[56]

In der Schulpolitik im Zuge der politischen Restauration nach dem Wiener Kongress (1815) hatten die ambitionierten Programme der liberalen Reformer weder in Preußen noch in anderen Staaten des Deutschen Bundes eine Chance, umgesetzt zu werden.[57] Dennoch blieben die in der Reformepoche formulierten Ansprüche auch nach dem Scheitern Humboldts und Süverns präsent und

ausdrücklich vermerkt, aus dem Original. Auslassungen im Ursprungstext werden mit ... angegeben, Kürzungen des Verfassers dieser Studie mit (...).

55 Humboldt (1964 [1809], S. 188f.).

56 Ebd., S. 169–171.

57 Vgl. zusammenfassend Holtz/Rathgeber (2010).

bildeten wichtige Bezugspunkte für die bildungspolitische Debatte in Deutschland bis ins 21. Jahrhundert hinein.

Wie anspruchsvoll dieses Programm angesichts der schulischen Realitäten zu Beginn des 19. Jahrhunderts war, lässt sich an einigen wenigen Fakten illustrieren: Trotz bereits bestehender Schulpflichtgesetze gingen im Jahr 1816 in Preußen de facto erst 60% der Kinder und Jugendlichen überhaupt zur Schule. In Teilen des Landes lag die Schulbesuchsquote sogar erheblich niedriger: im Rheinland bei 50%, in Westpreußen bei 40%, in Posen noch darunter. Die Lehrer-Schüler-Relation betrug 1820 durchschnittlich 1:68, variierte jedoch regional ebenfalls erheblich, so dass in Königsberg auf einen Lehrer 170 Kinder kamen, im stark wachsenden Berlin sogar 180.[58] Waren die Schülerzahlen auf dem Land auch geringer, so gab es hier vielfach noch nicht einmal ein eigenes Schulgebäude, die einklassige Dorfschule war die Regel.[59] Soziale Lage und gesellschaftlicher Status der Elementarschullehrer sind vor der Reformzeit noch als prekär zu bezeichnen. Zumindest auf dem Land war es vielfach noch üblich, dass das karge Einkommen durch Nebenverdienste, z.B. als Küster, Organist, Dorfmusiker, z.T. sogar durch entwürdigende Bettelei, aufgebessert werden musste. In der Selbstwahrnehmung vieler Lehrer führte das zu dem Eindruck, einen „verachteten Beruf"[60] auszuüben. Eingestellt wurde der Lehrer üblicherweise von der Pfarrgemeinde, nachdem grundlegende Fähigkeiten des Lesens und Schreibens sowie bei „Sicherheit im Repetieren des Katechismus und im Singen der bekanntesten Choräle"[61] überprüft worden waren. Eine systematisch angelegte Lehrerausbildung war noch die Ausnahme. Die Qualifizierung für den Beruf war stark abhängig von den lokalen Verhältnissen, genügte jedoch in der Regel nur minimalen Anforderungen eines Angelerntwerdens durch einen älteren Kollegen. In ganz Preußen existierten 1806 erst 11 Lehrerseminare.[62]

Die Realisierung einer flächendeckenden Elementarbildung lag seit den 1820er Jahren im Zeichen der politischen Restauration endgültig in den Händen der konservativen Gegner liberal-emanzipatorischer Vorstellungen. Für sie bot die Volksschule vor allem die Möglichkeit, ein Bildungsminimum (grundlegende

58 Vgl. Wehler (1987a, S. 485) und Friederich (1987, S. 127).

59 Zu den Schulrealitäten des frühen 19. Jahrhunderts sehr anschaulich Geissler (2011, S. 71–158).

60 Wehler (1987a, S. 488).

61 Geissler (2011, S. 92).

62 Wehler (1987a, S. 486). Frühe Gründungen von Volksschullehrerseminaren, die dann zum Modell für die großen Flächenstaaten wurden, gab es 1783 in Gotha, 1787 in Dresden und 1794 in Weißenfels (vgl. Tenorth 1987, S. 252).

Lese- und Rechenfähigkeiten) für die breite Masse der Bevölkerung und die Einübung von Arbeits- und Verhaltenstugenden zu gewährleisten, die für die wirtschaftliche Weiterentwicklung, aber auch die Modernisierung der Armee im Konkurrenzkampf der europäischen Mächte unverzichtbar erschienen. Den Kindern sollten „Ordnung, Regelmäßigkeit, Gehorsam, Sittsamkeit, anständiges Betragen, Fleiß und Ausdauer angewöhnt und der Sinn (...) für diese Tugenden beigebracht werden."[63] Nicht zuletzt diente die Elementarbildung als zentrales Instrument der politischen Integration der Bevölkerung im Sinne der „Erhaltung und Erzeugung einer ‚zuverlässigen' Gesinnung."[64] Nirgendwo sonst konnten die Untertanen von der Obrigkeit „so kontinuierlich für den Royalismus und ein ‚positives Christentum', gegen ‚künstliche Gleichheit' und verführerische Revolutionserwartung beeinflußt werden".[65]

Der im internationalen Vergleich erstaunlich erfolgreiche Aufbau eines Elementarschulsystems im Verlauf des 19. Jahrhunderts kann jedoch nicht durch die einseitige Durchsetzung der konservativ-restaurativen Politik erklärt werden. Die jüngere Forschung hat deutlich zeigen können, dass liberal-demokratische und obrigkeitsstaatliche Positionen in der Realisierung konkreter Maßnahmen durchaus eine Reihe von Schnittmengen aufweisen konnten. Verstärkt wurde diese temporäre Interessenkongruenz durch die Tatsache, dass unterhalb der politischen Führungsebene weiterhin eine Vielzahl durch Aufklärung und Neuhumanismus geprägte Verwaltungsbeamte und Lehrerbildner tätig war, denen sich angesichts eines erst im Aufbau befindlichen Bildungssystems zahlreiche Möglichkeiten eröffneten, Vorgaben der Zentralbehörden nach eigenen Vorstellungen auszulegen oder sogar zu autonomem Handeln zu nutzen.[66] Im Vergleich zu vorrevolutionären Zuständen ist der Prozess der Etablierung einer elementaren Volksschulbildung daher ambivalent zu bewerten. Er beinhaltete Momente der Modernisierung – gegenüber den partikularen Ansprüchen der überkommenen lokalen Milieus setzte er schrittweise das Bewusstsein durch, dass „der

---

63 Reskript des Kultusministeriums vom 24.7.1822, zit. n. Holtz/Rathgeber (2010, S. 33).

64 Wehler (1987a, S. 480f.).

65 Ebd.

66 Zu den prominenten Liberalen in der preußischen Schulverwaltung gehörte z.B. der vor allem für die Provinz Westfalen bedeutsame Ludwig Natorp, der in der Frage des Aufbaus des Elementarschulwesens eng mit Süvern zusammengearbeitet hatte. In der Lehrerbildung profilierte sich besonders Adolph Diesterweg, der trotz seiner offen vertretenen demokratischen Haltung über 27 Jahre als Seminarleiter in Moers und in Berlin tätig war.

Bildungsanspruch tatsächlich generell verstanden" wurde und dass das „Lernen für die Heranwachsenden sowohl gegenüber der Familie als auch gegenüber den Erwartungen ländlicher Arbeit eigenes Recht besitzt"[67] –, andererseits aber diente diese Politik spezifischen gesellschaftlichen Interessen nach sozialer Disziplinierung, nach politischer Indoktrination und Integration in ein bestehendes System sozialer Ungleichheit.[68]

Im Rahmen dieses Spannungsverhältnisses zwischen Einlösung grundlegender Bildungsansprüche und Instrumentalisierung des Schulsystems bewegte sich notwendigerweise auch die zeitgenössische Diskussion um die Beschulung von Kindern und Jugendlichen, die den üblichen Erwartungen an Lern- und Leistungsfähigkeit nicht gerecht werden konnten. Die Debatte wurde am Modellfall der gehörlosen Kinder und Jugendlichen geführt, deren lange kaum wahrgenommenes Bildungspotenzial am Beispiel aufsehenerregender Lernbiografien sog. „Taubstummer" besonders spektakulär demonstriert werden konnte.

Bis weit in das 18. Jahrhundert hinein hatte der Unterricht gehörloser Kinder in der Hand von Privatpersonen gelegen, die sich ihre (oft zweifelhaften) Fähigkeiten autodidaktisch angeeignet hatten oder familiären Traditionen verdankten, die sorgfältig bewahrt und nach außen hin abgeschirmt wurden, da sie der Sicherung der Existenz der Taubstummenlehrer dienten. Dies führte dazu, dass nur vereinzelt adelige oder wohlhabende Familien des Bürgertums in der Lage waren, ihre gehörlosen Kinder unterrichten zu lassen. Erst mit der Gründung der ersten öffentlichen Taubstummenanstalten des Abeé de l'Epée in Paris und Samuel Heinickes in Leipzig (1778), bald darauf auch in Berlin (1788/98) und München (1798), setzte ein Prozess ein, der die Monopolisierung der Lehrkompetenzen auf dem Gebiet der Gehörlosenbildung aufzulösen begann.[69] Es entstand ein breiter, international geführter pädagogischer Diskurs über die

---

67 Tenorth (1988, S. 150).

68 Der Versuch einer zusammenfassenden Systematik von Momenten der Modernisierung und Rückständigkeit in Bezug auf Preußen bei Kuhlemann (1992, S. 346f.). Die neuere transnationale Geschichtsschreibung hat deutlich gemacht, dass Alphabetisierung und Verschulung weltweit zu den wichtigsten „kulturellen Basisprozessen des 19. Jahrhunderts" gehörten (Osterhammel 2011, S. 1117). Preußen galt nicht nur innerhalb der deutschen Grenzen, sondern auch international vielfach als Vorreiter und Modell für den Aufbau und die Durchsetzung eines umfassenden Systems schulischer Ausbildung (vgl. ebd., S. 1128ff.) und erreichte eine Alphabetisierungsrate von annähernd 100% mehrere Jahrzehnte vor Frankreich und Italien oder gar Spanien, Russland und außereuropäischen Staaten.

69 Vgl. Möckel (1988, S. 32–49).

grundsätzlichen Möglichkeiten der Taubstummenbildung und über die geeigneten Methoden des Unterrichts, wobei Kontroversen über die Vorzüge und Probleme von Gebärden-, Schrift- oder Lautsprache die professionellen Debatten bereits früh prägten. Das Interesse an der Gehörlosenbildung ging Ende des 18. Jahrhunderts jedoch weit über den zunächst noch kleinen Kreis von Fachleuten hinaus. Die Eröffnung der ersten Taubstummenanstalten erfolgte zu einer Zeit, als die Aufklärungsphilosophie den Zusammenhang von Sprache und Bildung intensiv diskutierte und die Frage der Bildungsfähigkeit gehörloser Menschen im Hinblick auf grundsätzliche Probleme des Sprachursprungs und der Bildsamkeit des Menschen ein ungewöhnliches Maß an öffentlicher Aufmerksamkeit erhielt.[70]

Die Intensität des öffentlichen Diskurses und die Erfolge der Taubstummenbildung beförderten die Forderungen nach Anerkennung des Bildungsanspruchs Gehörloser. Zugleich erschien der Taubstummenunterricht als besonders avancierter Teil der zeitgenössischen Pädagogik, von dem sich die im Aufbau befindliche Bildungsverwaltung im Hinblick auf die zukünftige Gestaltung der Elementarbildung wichtige Impulse erhoffte. Im selben Jahr (1809), in dem Wilhelm von Humboldt die Leitung der neu eingerichteten „Sektion für Kultus und Unterricht" im preußischen Innenministerium übernahm, wurde die Berliner Taubstummenanstalt der Sektion unterstellt und damit als Teil des staatlichen Bildungswesens anerkannt. Im ersten Bericht des für die Aufsicht über das Berliner Taubstummeninstitut zuständigen Obergeheimrats Nolte wurde die Erwartung formuliert, dass

> „die Darstellung der bey der Bildung der Taubstummen gewonnenen Gangart und der dabei beobachteten Untersuchungsweise für die Elementarbildungskunde überhaupt einen wirklichen Gewinn bringen (werde, U.S.). Der Elementarlehrer wird daraus die

---

70 Vgl. für den zeitgenössischen sprachphilosophischen Diskurs Gessinger (1994), für die Vorstellungen zur Bildbarkeit gehörloser Menschen Hofer-Sieber (2000). Prominente Diskutanten im deutschsprachigen Raum waren Herder und Kant, mit deren Zweifel an der Bildungsfähigkeit Gehörloser sich Samuel Heinicke auseinandersetzte (vgl. Wolff 2013, S. 64ff.). Zur Bedeutung der Bildsamkeitsdebatte Tenorth (2006). Ein Indiz für das enorme Interesse, das die Gehörlosenbildung um die Jahrhundertwende auch in der breiteren Öffentlichkeit fand, ist die Tatsache, dass sie sogar zum Gegenstand des zeitgenössischen Theaters wurde. So im 1800 entstandenen historischen Drama „Der Taubstumme, oder: der Abbé de l' Épée" von August von Kotzebue. In einer Besprechung hieß es, dass es in Deutschland „gewiß kein Theater von einigem Belange" gäbe, „auf welchem es nicht schon vielfältig aufgeführt worden wäre" (Allgemeine Literaturzeitung 1802, S. 135).

wahren Elemente der Bildung ersehen, und er wird durch Benutzung der daraus für ihn hervorgegangenen Werke den Gang finden, den er auch bey der Elementarbildung (…) zu nehmen hat, auf eine wahrhaft elementare Weise zu verstehen und seine Unterweisung ebenso planmäßig als methodisch einzurichten. Die Institute daran würden, um dies nur beyläufig zu berühren, wichtige Beiträge zur Würdigung des pestalozzischen Systems der institutionellen Bildung werden."[71]

Das Berliner Taubstummeninstitut konnte jedoch nur einen verschwindend kleinen Teil der gehörlosen Kinder und Jugendlichen aufnehmen.[72] Aufgrund der erheblichen Kosten, die ein flächendeckender Ausbau von Anstaltseinrichtungen bedeutet hätte, erschien die neu entstehende Volksschule wichtigen Gruppen aus Pädagogik und Politik durchaus geeignet, die elementare schulische Förderung der Gehörlosen realisieren zu können und damit den je eigenen Ansprüchen und Interessen gerecht zu werden.

Tatsächlich wurde die Integration von taubstummen Schülerinnen und Schülern in die Volksschule während der 20er, 30er und 40er Jahren des 19. Jahrhunderts zum bildungspolitischen Programm in zahlreichen Staaten des Deutschen Bundes. Ansätze, neben den Gehörlosen auch Kinder und Jugendliche mit anderen Formen von Behinderungen in die Elementarschule aufzunehmen, gab es in der Blindenbildung,[73] erheblich später und offenbar in deutlich geringerem Umfang auch in der Sprachheil- und in der Schwerhörigenpädagogik.[74] Zu Beginn des 19. Jahrhunderts allerdings hatte sich die Einsicht in die Bildungsfähigkeit eines breiten Spektrums von Menschen mit Behinderungen noch längst nicht durchgesetzt. Zum „Pilotsektor des heilpädagogischen Systems"[75] wurde die Gehörlosenbildung, und an ihr entzündete sich unter dem Stichwort der Verallgemeinerung bald darauf auch die kontroverse Debatte um den angemessenen Ort der Beschulung behinderter Kinder.

Mit den Bemühungen um Verallgemeinerung[76] verband sich eine doppelte Absicht:

---

71 Zit. n. Ellger-Rüttgardt (2008, S. 80).

72 Nach Saegert (1875, S. 2) waren es 1811 ganze 23 Schüler, für die der Staat ganz oder teilweise die Kosten trug, sowie 11 Privatpensionäre.

73 Vgl. u.a. Klein (1836 und 1846), Knie (1837 und 1851), Gösch (1886), Matthies (1904). Siehe auch die leicht zugänglichen Beiträge in den „Studientexten zur Geschichte der Behindertenpädagogik" (Degenhardt/Rath 2001).

74 Vgl. Schorsch (1919).

75 List (2000a, S. 9).

76 Vermutlich erstmals Neumann 1827; vgl. Heese (1954, S. 342). Zum Begriff und seinen verschiedenen Bedeutungsvarianten im historischen und wissenschaftlichen Diskurs Wolff (2013, S. 205).

- Zum einen der quantitative Ausbau des Taubstummenunterrichts auf dem Weg der Öffnung der örtlichen Volksschulen für gehörlose Kinder und Jugendlicher, wo sie gemeinsam mit nicht behinderten Mitschülerinnen und Mitschülern unterrichtet werden sollten.
- Zum anderen die Erweiterung der Volksschullehrerausbildung um eine Zusatzqualifikation in der Methodik der Taubstummenbildung im Sinne einer Verallgemeinerung von Kompetenzen, die bisher nur Lehrerinnen und Lehrer in wenigen spezialisierten Anstalten besessen hatten.

Die Verallgemeinerung des Taubstummenunterrichts wurde in verschiedenen Staaten des Deutschen Bundes gefördert, so vor allem in Bayern (1818/1832), in Württemberg (1823), in Hessen-Nassau (1840) und Österreich (1842).[77] Die größte Breitenwirkung allerdings wurde in Preußen erzielt, wo die Integration der Gehörlosen in die allgemeine Volksschule für mehrere Jahrzehnte zum bildungspolitischen Regierungsprogramm wurde. Zwischen 1828 und 1840 wurden in Preußen zahlreiche Taubstummenschulen an Lehrerseminaren neu gegründet, so dass sich Einführungskurse in die Methodik der Taubstummenbildung an diesen Standorten im Rahmen der Volksschullehrerausbildung fest etablieren konnten.

Angesichts der beklemmenden Realitäten des Elementarschulwesens gerieten die frühen Ansätze der Integration taubstummer Schülerinnen und Schüler in den folgenden Jahrzehnten jedoch zunehmend in die Kritik und fanden ihren vorläufigen Abschluss in den 1870er Jahren, als die Ausbildung der Gehörlosenpädagogen in fast allen Ländern des Reiches von der der Volksschullehrer getrennt und damit der Weg für eine eigenständige Profession der Taubstummenpädagogen freigemacht wurde. Aber selbst nach 1870, als deutlich erkennbar war, dass die staatliche Schulpolitik die Verallgemeinerung nicht weiterverfolgen würde, wurden in Preußen noch immer mehr als ein Drittel der gehörlosen Schülerinnen und Schüler in Volksschulen unterrichtet.[78]

---

77 Zu Verallgemeinerungsbestrebungen außerhalb Deutschlands: Frankreich (Walther 1882, S. 187, Schumann 1940, S. 273f.), Schweiz (Walther 1882, S. 184, Schumann 1940, S. 273), USA (van Cleve 1993).

78 Vgl. Beiträge zur Geschichte und Statistik des Taubstummen-Bildungswesens in Preussen (1884, S. 571).

2. Die Verallgemeinerung als Forschungsgegenstand

Angesichts der Tatsache, dass die Verallgemeinerung in ihrer historischen Komplexität bis heute wissenschaftlich nur in ersten Ansätzen aufgearbeitet worden ist, kann es im folgenden Kapitel allein darum gehen, einen ersten sondierenden Blick in die mehrere Jahrzehnte umfassende, ungewöhnlich vielfältige und – was die heutige Bewertung angeht – ausgesprochen widersprüchliche Geschichte des Verallgemeinerungsdiskurses zu werfen. Hierbei sollen vor allem zentrale zeitgenössische Begründungsmuster in der Kontroverse um die Aufnahme von Kindern mit Behinderungen in die Regelschule während der ersten Phase der Verallgemeinerung rekonstruiert werden. Dies geschieht zunächst, indem die Argumentation zweier prominenter Befürworter der Eingliederung gehörloser Kinder in die Regelschule dargestellt wird. Anschließend sollen die Auseinandersetzungen um die Thesen des bayerischen Elementarschulpädagogen und Integrationsbefürworters Johann Baptist Graser nachgezeichnet werden, um die sich seit Ende der 1820er Jahre eine kontroverse Debatte entzündete. Die vorliegende Arbeit stützt sich dabei auf umfangreiche, allerdings häufig bereits recht alte Fachliteratur sowie auf zeitgenössisches Quellenmaterial, hier vor allem auf einschlägige Monografien und Zeitschriftenliteratur, aber auch auf Sammlungen von Gesetzen und Verordnungen staatlicher Gebietskörperschaften.

Hinsichtlich der Rezeption und wissenschaftlichen Aufarbeitung der Verallgemeinerung lassen sich bemerkenswerte Konjunkturen konstatieren, die letztlich die schulorganisatorische Entwicklung und zugleich den mehrfachen Paradigmenwechsel innerhalb der Geschichtsschreibung der Sonderpädagogik seit Mitte des 19. Jahrhunderts selbst abbilden:[79]

In den viel gelesenen und für ein breites pädagogisches Publikum vor allem in der Volksschullehrerschaft konzipierten Fachzeitschriften finden sich seit Beginn der 1820er Jahre regelmäßig Beiträge zum Gehörlosenunterricht.[80] Mit der 1854 erfolgten Gründung des „Organs der Taubstummen- und Blindenanstalten in Deutschland und den deutschredenden Nachbarländern" nimmt die Zahl der Veröffentlichungen zur Taubstummenbildung in den allgemeinen pädagogischen Periodika dann jedoch rapide und nachhaltig ab.[81] Ähnliches gilt (wenn auch mit einer gewissen zeitlichen Verzögerung) für die von den Elementarschullehrern breit rezipierten Handbücher,

79 Vgl. Moser (2010).

80 Dies gilt vor allem für die „Allgemeine Zeitung für Deutschlands Volksschullehrer", die „Allgemeine Schulzeitung", die „Freimüthigen Jahrbücher der allgemeinen deutschen Volksschule", den „Baierischen Schulfreund" und die „Jahrbücher des preußischen Volksschulwesens".

81 Erste Anregungen, eine eigene Fachzeitschrift ins Leben zu rufen, hatte es bereits zehn Jahre zuvor gegeben (vgl. Ein Wort im Interesse der Taubstummenbildung 1844).

Kompendien und Enzyklopädien der ersten Hälfte des 19. Jahrhunderts.[82] Auch hier werden die Bemühungen um die Verallgemeinerung von heilpädagogischen Kompetenzen in der Regel ausführlich dargestellt und als selbstverständlicher Bestandteil der Allgemeinen Pädagogik behandelt. In dem Moment jedoch, in dem die Verallgemeinerung scheitert und zu einem abgeschlossenen historischen Projekt wird, verengt sich der Blick: Stoys „Encyklopädie" aus dem Jahr 1878 erwähnt zumindest noch „Alumnate besonderer Art"[83], argumentiert jedoch scharf gegen die Aufnahme sinnesbehinderter Kinder in die Volksschule.[84] Schon Kehrs „Geschichte der Methodik des deutschen Volksschulunterrichtes" (1877–1882) behandelt den Gehörlosenunterricht dann nicht mehr. Dreißig Jahre später finden sich in Wilhelm Reins „Encyklopädischem Handbuch der Pädagogik" (1909) immerhin noch zwei ausführliche Artikel über die Stichworte „Taubstumm/Taubstummheit" und „Taubstummenbildung", aber die Phase der Verallgemeinerung wird hier nur noch kursorisch und als Epoche des Übergangs vor einer als geschichtlich notwendig eingeschätzten Trennung von Sonder- und Regelschule beschrieben.[85]

Historiografisch anspruchsvolle Darstellungen entstehen seit den 80er Jahren des 19. Jahrhunderts in der Regel aus spezifischen, auf abgegrenzte Behinderungsarten konzentrierten „Fachperspektiven" – insbesondere aus der der Gehörlosenpädagogik. Trotz eines durchweg erkennbaren professionspolitisch bestimmten Erkenntnisinteresses bieten diese Veröffentlichungen vor allem aufgrund des enormen Umfangs des hier verarbeiteten Materials, aber auch angesichts des Umstands, dass alle wichtigen Autoren als Gehörlosenpädagogen praktisch tätig waren, z.T. noch selbst Kontakte zur Verallgemeinerungsbewegung besaßen und damit ein hohes Maß an pädagogischem Problembewusstsein mitbrachten, eine Fülle wichtiger Informationen und Anregungen für die aktuelle Forschung.[86] Als zusammenfassender Abschluss dieser Phase der sonderpädagogischen Historiografie kann die „Geschichte der Taubstummenpädagogik" von Paul Schumann (1940) eingeschätzt werden, die trotz ihres Entstehungszeitpunkts im Hinblick auf die frühe Geschichte der Taubstummenpädagogik auch heute noch ausgesprochen informativ ist.[87]

---

82 Vgl. vor allem Harnisch (1829), Schwarz (1829), Diesterweg (1838 und 1844).

83 Stoy (1878, S. 288–304).

84 Vgl. ebd. (1878, S. 288–293).

85 Vgl. Brauckmann (1900 und 1909a).

86 Vgl. besonders Walther (1881a, 1882, 1888, 1891, 1895), Karth (1902) und die mehrbändige Quellensammlung von Wollermann u.a. (1912).

87 Siehe jedoch zur hoch problematischen Rolle Schumanns nach 1933, insbesondere im Hinblick auf seine Unterstützung des „Gesetzes zur Verhütung erbkranken Nachwuchses" Brill (1994, S. 214–217).

Nach dem Zweiten Weltkrieg bleibt ein bereits Mitte der 1950er Jahre entstandener Aufsatz von Gerhard Heese, „Über Verallgemeinerungsbestrebungen in der Geschichte der Schwerhörigenbildung“ (1954), der einzige originäre Forschungsbeitrag und bildet damit, gemeinsam mit der Darstellung Schumanns, die Grundlage für die in den folgenden drei Jahrzehnten sonderpädagogischer Geschichtsschreibung entstehenden Überblicksdarstellungen.[88]

Mit der „Geschichte der Heilpädagogik“ von Andreas Möckel (1988) wird ein erneuter Paradigmenwechsel eingeleitet, richtet sich doch die Darstellungsabsicht des Autors angesichts verstärkt einsetzender Bemühungen um die Integration von Kindern mit Behinderungen in die Regelschule erstmals nach mehr als einem Jahrhundert darauf, die Verallgemeinerungsphase nicht mehr als historisch überwundene Epoche und quasi als Sackgasse der Geschichte darzustellen, sondern als wichtiges historisches Erfahrungsfeld für aktuell zu bearbeitende Fragestellungen. Die wiedererwachte historische Aufmerksamkeit beschränkt sich allerdings zunächst darauf, lange Zeit unbeachtet gebliebene Traditionen integrativer Ansätze überhaupt wieder ins Bewusstsein zu rufen.[89] Eine Ausnahme bildet hier die biografische Studie von Gertrud Wyrsch-Ineichen über den Taubstummen- und Blindenlehrer Ignaz Scherr (1801–1871), bei der die Verallgemeinerungsbewegung in Württemberg ausführlicher beschrieben wird.[90]

In den letzten Jahren sind einige Studien entstanden, die sich dadurch auszeichnen, sowohl aktuelle inklusionspädagogische Diskurse als auch den Forschungsstand und die Methodik der historischen Bildungsforschung zu reflektieren.[91] Auf die interessante Position, die Christian Wilhelm Harnisch (1787–1864) als Vertreter der national-konservativen Richtung des Pestalozzianismus und als einer der prominentesten Befürworter der Verallgemeinerung in Preußen einnahm, hat Gunter List in einer Reihe von Beiträgen hingewiesen.[92] List interpretiert Harnischs Ausführungen zur Gehörlosenpädagogik im Zusammenhang der zunehmend restriktiven preußischen Sprachenpolitik, insbesondere gegenüber der polnisch-sprechenden Minderheit, und kann zeigen, dass

---

88 Vgl. Kröhnert (1966, 1982), Blau (1966, 1969), Löwe (1983).

89 Vgl. Merkens (1988), Möckel (1990), Ellger-Rüttgardt (1995).

90 Vgl. Wyrsch-Ineichen (1986).

91 Siehe in diesem Zusammenhang vor allem das bereits erwähnte DFG-Forschungsprojekt „Bildsamkeit und Behinderung“ (vgl. Ellger-Rüttgardt/Tenorth 1998). Kein originärer Forschungsbeitrag, aber ein knapper, instruktiver Überblick über die Geschichte der Verallgemeinerungsbewegung zuletzt bei Leonhardt (2009 und 2010).

92 Vgl. List (2000, 2000a, 2004).

die Taubstummenbildung geradezu zum Paradigma einer Minderheitenpolitik wurde, die auf eine „monolinguale Homogenisierung“[93] zielte. Der außerordentlich differenzierten Studie von Sylvia Wolff (2013) gelingt es, auf der Grundlage einer breiten Quellenbasis die Intentionen und praktischen Ausprägungen der Verallgemeinerung in Preußen darzustellen und hinsichtlich ihrer Funktionen für die weitere Entwicklung der Gehörlosenpädagogik, aber auch der allgemeinen Volksschule zu analysieren. Hierbei fokussiert auch sie die zentrale Rolle der Sprachbildung und die Zurückdrängung der Gebärdensprache im Verlauf der 1820er bis 40er Jahre.

Die Untersuchungen von List und Wolff haben deutlich gemacht, dass die Verallgemeinerung vor dem Hintergrund einer restaurativen Bildungs- und Minderheiten- bzw. Sprachenpolitik und spezifischer professioneller Standesinteressen[94] nicht einseitig als pädagogische Emanzipationsgeschichte rekonstruierbar ist. Gerade der kritische Blick auf die historischen Widersprüche, Brüche und Belastungen des gemeinsamen Lernens von Kindern mit und ohne Behinderungen in der Volksschule des 19. Jahrhunderts aber ist m.E. die Voraussetzung dafür, sie „in jenen allgemeinhistorischen Problemhorizont zurückzuholen, in den die aufklärerische Entdeckung der ‚Bildbarkeit‘ des ‚Taubstummen‘ sie gestellt hatte“.[95]

3. Volksschulpädagogen als Protagonisten der Verallgemeinerung

Schon wenige Jahre nach der Gründung der ersten Taubstummenanstalten hatte es Forderungen gegeben, Volksschullehrer zum Unterricht taubstummer Kinder heranzuziehen und sie für diese Aufgabe fachgerecht auszubilden.[96]

---

93 List (2000, S. 186). Zur Funktionalität des von Harnisch entwickelten Konzepts einer „volkstümlichen Bildung“ für die konservative Politik in der Restaurationszeit Friederich (1987) und Stübig (1999).

94 Vgl. hierzu besonders Brauer (2001 [1995]).

95 List (1991, S. 245).

96 Hierfür hatte sich bereits Samuel Heinicke, der Gründer des ersten Gehörloseninstituts in Deutschland, 1782 und 1784 eingesetzt (vgl. Wolff 2013, S. 106–109). In Baden (durch Hemeling und König seit 1785), in Österreich (vgl. Knoll 1788) und in Prag (durch Berger seit 1791) gab es erste Ansätze, Volksschullehrern grundlegende Fähigkeiten auf dem Gebiet der Gehörlosenbildung zu vermitteln (vgl. Schumann 1940, S. 250–252, Wolff 2004, S. 14–19). Praktische Unterrichtsversuche unternahm seit 1804 der Breslauer Lehrer Sigismund Bürgel (vgl. Schumann 1940, S. 266). Im Hinblick auf hörgeschädigte Kinder engagierte sich in diesem Sinne auch der prominente Gründer des Dessauer Philanthropins Christian Hinrich Wolke (vgl. Wolke 1804).

Bildungspolitische Relevanz erhielten diese Appelle jedoch erst im zweiten Jahrzehnt des 19. Jahrhunderts, als die Erfolge der Gehörlosenbildung in den öffentlichen Instituten bereits breit rezipiert worden waren und die Pläne für den Ausbau des allgemeinen Elementarschulwesens eine Stufe erreicht hatten, welche die offensichtliche Nichtberücksichtigung ganzer Gruppen bildungsfähiger Kinder und Jugendlicher unübersehbar werden ließ.[97]

Bedeutende, z.T. auch kritische Beiträge zum Verallgemeinerungsdiskurs lieferten zahlreiche *an den bereits bestehenden Gehörloseneinrichtungen tätige Pädagogen und Geistliche* wie Johann Leonhard Alle[98] (1777–1857) und Viktor August Jäger[99] (1794–1867, beide Schwäbisch-Gmünd), Heinrich Hauer[100] (1763–1838, Schadeleben/Quedlinburg), Gustav Adolph Riecke[101] (1798–1883, Esslingen), Carl Gottlob Reich[102] (1782–1852, Leipzig), Franz Hermann Czech[103] (1788–1847), Michael Venus[104] (1774–1852, beide Wien), Anton Schwarzer[105] (1780–1834, Waitzen/Ungarn), Jakob Schulz[106] (1801–1859, Erfurt), Ludwig Reimer[107] (Berlin), Otto Friedrich Kruse[108] (1801–1879, Schleswig), Carl Wilhelm Wirsel[109] (Büren) und Ignaz Thomas Scherr[110] (Schwäbisch-Gmünd/Zürich). Einige der genannten Gehörlosenlehrer betrachteten die Verallgemeinerung insgesamt skeptisch, beteiligten sich jedoch im Rahmen der Volksschullehrerausbildung

97 Beim Aufbau staatlich getragener pädagogischer Angebote für Kinder mit Behinderungen spielten frühe statistische Erhebungen offenbar eine maßgebliche Rolle, so z.B. in Preußen in den Jahren 1825 und 1828. Seit 1834 wurden dann im Abstand von drei Jahren regelmäßige Zählungen vorgenommen (vgl. SAEGERT 1856, S. 515 und 1858, S. 240).

98 ALLE (1820).

99 JÄGER (1829) und JÄGER/RIECKE (1832).

100 HAUER (1821).

101 RIECKE (1827) und JÄGER/RIECKE (1832).

102 REICH (1834).

103 CZECH (1836 und 1837).

104 VENUS (1826).

105 SCHWARZER (1828).

106 SCHULZ (1842).

107 REIMER/WILKE (1837).

108 KRUSE (1831 und 1853).

109 WIRSEL (1850, 1850a und 1860).

110 Scherr nimmt in diesem Kreis eine Ausnahmestellung ein, da er seine Schriften zur Taubstummenpädagogik zwar noch als Gehörlosen- und Blindenlehrer verfasste, später jedoch in der Schweiz, u.a. als Seminardirektor in Küssnacht, in der Volksschullehrerbildung tätig war. Vgl. zur Taubstummenbildung in der Elementarschule SCHERR (1825).

bzw. durch einschlägige Publikationen an der Umsetzung, um unter den gegebenen Rahmenbedingungen einen einigermaßen fundierten Unterricht zu gewährleisten.

Aus dem Kreis der *Lehrer an öffentlichen Regelschulen* wirkten u.a. Friedrich Otto (1806–1876), Rektor der Knabenbürgerschule Mühlhausen/Thüringen, und der Weimarer Armen- und Bürgerschullehrer Friedrich Christian Vollrath (1799–1870) am Verallgemeinerungsdiskurs mit.[111] Auf große Resonanz in der deutschen Verallgemeinerungsdebatte stießen Anfang der 1820er Jahre darüber hinaus die breit rezipierte Schrift des Schotten John P. Arrowsmith „Die Kunst, Taubstumme nach einer neuen auf Erfahrung begründeten Methode gemeinschaftlich in öffentlichen Schulen auf eine einfache Weise zu unterrichten“[112] und die in ihren didaktischen Grundsätzen an Pestalozzi anknüpfenden Publikationen des württembergischen Pfarrers Wilhelm Friedrich Daniel.[113]

Als besonders einflussreich erwiesen sich einige in der Fachöffentlichkeit weithin bekannte Volksschulpädagogen, Schulaufsichtsbeamte und Lehrerbildner, die sich in den großen Bundesstaaten Preußen und Bayern zu Wort meldeten, wo im Zuge der politischen Reformprozesse eine moderne Elementarschullehrerausbildung und Schulverwaltung aufgebaut wurde. Interessanterweise sind es gerade einige der *„Leitfiguren der neuen Lehrerbildung“*[114] der 1820er bis 40er Jahre, die sich als Protagonisten der Verallgemeinerung profilierten. Im Folgenden sollen mit Heinrich Stephani und Johann Baptist Graser zwei besonders bekannte Akteure des süddeutschen Verallgemeinerungsdiskurses vorgestellt werden, die aufgrund ihrer weltanschaulichen Grundanschauungen, ihres politischen Standorts sowie ihres Bildungs- und Integrationsverständnisses zwei Pole der Verallgemeinerung repräsentieren. Anschließend wird es darum gehen, wesentliche Elemente und spezifische Merkmale der Verallgemeinerungsdebatte der ersten Hälfte des 19. Jahrhunderts am Beispiel der Kontroversen um die besonders umstrittenen Initiativen Grasers zu konturieren.

---

111 Otto (1831) und Vollrath (1833).

112 Arrowsmith (1820; englisches Original 1819).

113 Daniel (1824 und 1825). Eine Sonderrolle nahm der Superintendent Menzmann aus Langenau bei Görlitz ein, der 1822 eine Denkschrift beim preußischen Kultusministerium einreichte, welche die preußische Schulpolitik im Sinne der Verallgemeinerung offenbar maßgeblich beeinflusste (vgl. Schumann 1940, S. 254f.).

114 Tenorth (1987, S. 252).

a) Heinrich Stephani: Blinde, taubstumme und vernachlässigte Kinder und das „System der öffentlichen Erziehung“

Abb. 1: *Heinrich Stephani*

Heinrich Stephani (1761–1850)
gehört zu dem Kreis von Pädagogen, die in der Zeit des Reformabsolutismus unter Minister und Staatskanzler Montgelas an führender Stelle beim Aufbau des bayerischen Schulwesens mitwirkten.[115] Geprägt durch die rationalistische Theologie, die philosophischen Schriften Kants und den unmittelbaren Austausch mit der Aufklärungspädagogik der Philanthropen Basedow und Salzmann war er ab 1794 zunächst für die Leitung des Kirchen- und Schulwesens in der Grafschaft Castell verantwortlich und wirkte nach deren Mediatisierung seit 1808 als Kreisschulrat in Augsburg, Eichstätt und vor allem im mittelfränkischen Ansbach. Im Konflikt mit restaurativen Tendenzen in Staat und Kirche nach dem Wiener Kongress wurde er 1817 seines Amtes enthoben und übernahm eine Pfarrstelle.[116]

---

115 Vgl. Liedtke (1993).

116 Abbildung: Bibliothek für Bildungsgeschichtliche Forschung http://www.bbf.dipf.de/cgi-opac/bil.pl?t_direct=x&f_IDN=b0080269berl.

Die Schwerpunkte seiner pädagogischen Arbeit lagen auf der Schaffung einer einheitlichen und für alle Bürger gleichen Elementarschule und hier vor allem auf der Sicherung räumlicher, organisatorischer und personeller Rahmenbedingungen, die einen geregelten Unterricht erst ermöglichten.[117] Er kritisierte die vorherrschende mechanische, auf bloßes Memorieren ausgerichtete Unterrichtsmethode und engagierte sich konsequent für die gesellschaftliche Anerkennung und Professionalisierung des Lehrerberufs, für eine demokratische Schulordnung und eine Unterrichtsmethodik, die die Selbsttätigkeit und Eigenverantwortlichkeit der Schülerinnen und Schüler in den Mittelpunkt stellte. Zu diesem Zweck bemühte er sich zugleich um die Etablierung einer fundierten Lehrerbildung. Erfolgreich war er hier u.a. bei der Einrichtung einer dreiklassigen „Musterschule" und der Errichtung von Fortbildungsanstalten für Volksschullehrer. Auch die Gründung des Nürnberger Lehrerseminars, das 1814 von seinem Nachfolger Georg Wilhelm Friedrich Hegel eröffnet werden konnte, geht auf seine Initiative zurück.[118] Als Vertreter des Konsistorialbezirks Ansbach wurde Stephani nach der Entlassung aus dem Schuldienst in die bayerische Ständekammer gewählt und setzte sich auch hier nachdrücklich für eine grundlegende Bildungsreform ein.[119] Nach erneuten Konflikten mit der kirchlichen Orthodoxie wurde Stephani 1834 aufgrund seiner aufgeklärt-liberalen Positionen schließlich auch seines Amtes als Pfarrer enthoben. Er starb 1850, fast neunzigjährig, im niederschlesischen Gorkau.[120]

Trotz seines Ausscheidens aus der staatlichen Schulverwaltung führte Stephani seine publizistische Tätigkeit auf bildungspolitischem, schulpädagogischem und unterrichtsmethodischem Feld fort. Zu seinen wichtigsten Schriften gehören der „Grundriß der Staats-Erziehungswissenschaft" (1797), das „System der öffentlichen Erziehung" (1805) – ein noch heute mit Gewinn zu lesender Versuch, die Notwendigkeit eines staatlichen Erziehungs- und Bildungssystems aus dem Geist eines an Kant geschulten Menschenbildes zu begründen und in einen komplexen Organisationsentwurf zu überführen – sowie die Handbücher der „Unterrichts-" (1835) bzw. der „Erziehungskunst nach der bildenden Methode" (1836). Einfluss auf eine breite pädagogische Öffentlichkeit, vor allem in der Volksschullehrerschaft, erhielt er als Herausgeber der Zeitschrift

---

117 Vgl. Ulbricht (1998, S. 152–213).

118 Vgl. ebd., S. 228.

119 Vgl. ebd., S. 83–87.

120 Eine erste eigene, recht ausführliche Lebensbeschreibung veröffentlichte Stephani selbst (vgl. Stephani 1829). Zur Biografie sind in jüngerer Zeit zwei ausführliche Studien von Günter Ulbricht (1998) und Ingrid Düppe (2001) erschienen. Eine kurze aber instruktive Einführung stammt von Max Liedtke (1986), eine interessante Darstellung seiner Bedeutung als Mittler zwischen Pädagogik der Aufklärung und der des Vormärz liefert Heinz Sünkel (1991). Differenzierte Inhaltsanalysen seiner programmatischen Schriften finden sich bei Helmut König (1960) und Karlheinz König (1985). Rezeption und Wirkungsgeschichte Stephanis werden ausführlich von Ingrid Düppe (2001, S. 349–390) dargestellt.

„Der baierische Schulfreund" (1811–1817).[121] Den größten Bekanntheitsgrad aber dürfte er durch seine Schulfibel „Elementarbuch zum Lesenlernen" erreicht haben, die später unter dem Titel „Handfibel zum Lesenlernen nach der Lautiermethode" veröffentlicht wurde und bis 1868 mehr als hundert Neuauflagen erlebte.[122]

Bereits 1805, in seinem großen konzeptionellen Entwurf, dem „System der öffentlichen Erziehung", forderte Stephani dezidiert, dass sich der Staat der taubstummen, blinden und „vernachlässigten" Kinder anzunehmen habe, und kennzeichnete die hierzu einzurichtenden Schulen als unverzichtbare Elemente eines zukünftig aufzubauenden staatlichen Elementarschulwesens.[123] Seine Ausführungen zur pädagogischen Verantwortung des Staates gegenüber Kindern mit Behinderungen werden in ihrer Tragweite allerdings erst verständlich, wenn man sie im Zusammenhang seiner Pläne für das zukünftige Schulsystem insgesamt betrachtet.

Diesem Konzept liegt ein Bildungsverständnis zugrunde, in dessen Zentrum die physische wie moralisch-sittliche Entwicklung des Individuums steht.

> „Alle in uns liegende Mittel zum höchsten Gute bezeichnet man mit dem Worte *Kräfte*. Diese sind uns von der Natur in keiner anderen Absicht mitgetheilt, als daß wir durch dieselben unsere Bestimmung zu erreichen suchen sollen. Sie dazu *wecken*, und ihnen diese *zweckmäßige Richtung* geben, heißt sie bilden."[124]
> „Das *Endziel*, welches der menschlichen Natur bei allen ihren Bestrebungen unaufhörlich vorschwebt oder in der philosophischen Sprache, das *höchste Gut* besteht in dem *Wohlseyn* (bene esse) unserer *physischen und moralischen Natur*, oder wie man sich auch ausdrücken kann, in *Sittlichkeit und Glückseligkeit* als seinen beiden Urbestandteilen."[125]

An die Institutionen der öffentlich einzurichtenden Erziehung stellte Stephani den Anspruch, die Entfaltung der jedem Menschen innewohnenden Potenziale nicht nur einer privilegierten Minderheit, sondern allen Bürgerinnen und Bürgern zu ermöglichen.

> „Der Verfolg unserer Untersuchung führt uns nunmehr zur nähern Erwägung der *positiven* Bedingung des Staatszweckes. Diese besteht in der *Aufstellung*, *Verbesserung* und *Gemeinmachung* aller *Mittel*, wodurch Sittlichkeit und Glückseligkeit bei einer Nation wirklich befördert werden kann. (...) Was dem Fleiße des isolirten Menschen unmöglich geblieben wäre, das hat der in Gesellschaft getretene zu leisten gewußt; zum offenbaren Beweise, daß der Verein der Menschen nicht bloß eine juridische, sondern eine den

121 Danach unter dem Titel „Schulfreund für die deutschen Bundesstaaten".
122 Vgl. Liedtke (1986, S. 225).
123 Vgl. Stephani (1805, S. 185–188).
124 Ebd., S. 18f.
125 Ebd., S. 9.

ganzen Menschheitszweck umfassende Tendenz haben sollte. Dennoch würde letzterer auch in Absicht seines positiven Theils sehr unvollkommen besorgt werden, wenn man sich in unseren Staatshaushaltungen damit begnügen wollte, einem begünstigten Theile der Nation zu einem großen Reichthume an solchen Mitteln zu verhelfen, während der unbegünstigte daran bitter Mangel leiden müßte. Eben deswegen muß zur vollkommenen Bestimmung dieses positiven Theils des Staatshaushaltes auch noch *Gemeinmachung* dieser Mittel hinzu kommen. Jedes Staatsmitglied hat den gerechten Anspruch auf die Theilnahme an diesen positiven Vortheilen des Bundesvereins zu machen. Ist irgendein Mittel in der Welt noch, wodurch das Wohlseyn aller durch die vereinten Kräfte kann befördert werden: so hat solches der Staat sich zuzueignen."[126]

Die konsequente Folge des von Stephani formulierten allgemeinen Bildungsanspruches ist die Forderung nach einer für alle Kinder gleichen Elementarschule, in der eine gemeinsame Grundbildung zu vermitteln sei:

„Die Elementarschulen sind sich in einem gut organisierten Staate, der keines seiner Kinder absichtlich vernachlässiget, völlig gleich, weil hier der für alle Staatsmitglieder gleich nothwendige Unterricht ertheilet wird. Das Kind des Tagelöhners hat eben so gut, wie das Kind des Fürsten, gerechten Anspruch darauf zu machen, daß man ihm in allem wohltätig zu Hülfe komme, was zu seiner Grundbildung gehört, um dereinst ein vortrefflicher Mensch und ein achtungswürdiges Mitglied der Staatsbürgerschaft zu werden."[127]

Ausdrücklich wandte sich Stephani gegen ständische Privilegien und die hieraus abgeleitete Forderung nach getrennten Schulen. Nicht die Schule habe die bestehenden gesellschaftlichen Ungleichheiten in ihrer Organisation abzubilden und damit weiter zu festigen, sondern im Gegenteil – eine gemeinsame, qualitativ hochwertige Elementarbildung habe die Funktion, gesellschaftliche Disparitäten zu überwinden:

„Sollen denn aber nicht die *vornehmen Stände* berechtigt seyn, für ihre Kinder abgesonderte Elementarschulen zu verlangen? So scheint es wegen der besseren Bildung, welche

---

126 Ebd., S. 17.

127 Ebd., S. 179. In seinem Organisationsplan unterschied Stephani zwischen „Schulen (…) für die Kindheit" (einheitliche Elementarschulen) und den „Schulen für Jünglinge" und „Jungfrauen", begründete die Differenzierung des Schulsystems also entwicklungspsychologisch, wobei die Pubertät den Einschnitt zwischen den beiden Schulstufen bilden sollte. Die „Schulen für Jünglinge" sollten der Berufsvorbereitung und der staatsbürgerlichen Erziehung dienen. Hier sah Stephani vier verschiedene Schultypen vor: „Gymnasien" (wissenschaftliche Vorbildung), „Gewerbeschulen" (Berufsqualifizierung in Handwerk und Gewerbe), „Staatsbeamtenschulen" (Berufsqualifizierung für den Staatsdienst) und „Jungfrauenschulen" (Vorbereitung auf Aufgaben in der Familie).

diese vor den Kindern der geringeren Stände schon von Haus aus empfangen. Aber wir antworten darauf, daß beide Klassen von Kindern doch nur einerlei Bildungsbedürfnis haben, und jedes mehr oder weniger gebildete Kind findet eben so, wie das von Natur fähigere und minder fähigere, in der Elementarschule Gelegenheit, alles zu erlernen, was es für sein Alter nöthig hat. Nur da, wo schlechte Elementarschulen sind, haben die gebildeteren Stände Ursache, sich nach besseren Bildungsanstalten für ihre Kinder umzusehen. Aber haben alsdann nicht auch die ungebildeten Stände gleiches, wo nicht noch dringenderes Recht, bessere Schulen zu verlangen? Der Staat muß daher in solchem Falle sorgen, daß *gemeinsame* gute Elementarschulen vorhanden seyen, damit endlich hierdurch mit der Zeit der große Abstand an humaner und civiler Bildung wegfalle, welcher zwischen den verschiedenen Klassen der Staatsbürger statt findet, und der in der schlechten Beschaffenheit jener Schulen seinen ersten Grund hat. Jeder Staat muß darauf hinarbeiten, diese Scheidewand einzureißen. *Alle Stände sollen und müssen möglichst humanisirt und civilisirt werden.* Dieses glorreiche Werk hängt lediglich von der Annahme und Befolgung des von uns aufgestellten Princips der Einförmigkeit für alle Elementarschulen ab."[128]

Dass Stephani bei der Formulierung eines ungeteilten Bildungsanspruchs aller Menschen diejenigen mit Behinderungen ausdrücklich einschloss, ist angesichts der Realitäten der öffentlichen Erziehungseinrichtungen zu Beginn des 19. Jahrhunderts mehr als bemerkenswert.[129] Mit der Formulierung des Bildungsrechts für Kinder beiderlei Geschlechts, jeglicher Herkunft und Leistungsfähigkeit, für Kinder mit körperlichen Einschränkungen (Gehörlose und Blinde) wie für solche mit sozialen Beeinträchtigungen („Vernachlässigte") nahm er die in der Philosophie der Aufklärung entwickelten Ansprüche auf und setzte sie im „System der öffentlichen Erziehung" konsequent in einen Plan für ein liberales Schul- und Bildungssystem um. Auf welchem Wege dieses Recht für die Kinder mit Behinderungen institutionell realisiert werden sollte, blieb 1805 jedoch noch undeutlich.

128 Ebd., S. 179f.

129 Wenn Stephani hierbei ganze Gruppen von behinderten Menschen, vor allem solche mit kognitiven Einschränkungen, nicht im Blick hatte, so macht dies deutlich, wie zeitgebunden auch die Sichtweisen dieses ansonsten außerordentlich weitschauenden und unabhängig denkenden Pädagogen blieben. Aufmerksamkeit verdient zudem die Tatsache, dass Stephani auch den Mädchen ausdrücklich das Recht auf „dieselbe allgemeine menschliche und bürgerliche Erziehung" (ebd., S. 165) zusprach wie den Jungen. Dies gilt allerdings nur für die Elementarschule. Während er hier für einen koedukativen Unterricht plädierte, beschränkte er die Bildungsmöglichkeiten der Frauen in der weiterführenden Schule auf solche Felder, die der ihnen später zugedachten Rolle als „Pflegerin und Gehülfin (…) im häuslichen Kreise" (ebd., S. 176) entsprachen (vgl. Düppe 2001, S. 312ff.).

Eine Klärung im Sinne eines Gemeinsamen Unterrichts in der Elementarschule erfolgte erst mit dem Aufsatz „Ueber die einfachste und natürlichste Weise, Taubstumme zu unterrichten", den Stephani 1815 im „Baierischen Schulfreund" publizierte.[130] Stephani stellte seine Forderung nach Aufnahme gehörloser Kinder in die Regelschule zunächst in den Kontext einer allgemeinen Kritik des Unterrichts seiner Zeit. Diesem warf er vor, spektakuläre, aber letztlich nur künstlich antrainierte Spitzenleistungen in den Vordergrund zu stellen:

> „Bei dem Unterrichte wird zur Zeit noch im allgemeinen weit mehr auf das Prunken mit demselben, als auf den einfachen Zweck gesehen, den man dabei fest im Auge behalten, und auf die natürlichen Mittel, die man dazu verwenden sollte. Das Publikum will von seinen Pädagogen nur Dinge hören und lesen, die sein Erstaunen erregen, z.B. Papageienkünste, lebendige Rechenmaschinen etc.; und der größte Theil der Pädagogen ist auch eitel genug, um dieses Beifalls willen mit dem Unterrichte allerlei Künsteleien zu treiben, anstatt behülflich zu seyn, daß das große Bildungswerk der Menschheit in allen seinen Theilen endlich einmahl auf einfache und natürgemäße Principien zurückgeführt werde. (...)
> Auch bei dem Taubstummen-Unterrichte wird aus gleichem Grunde bis jetzt noch zu viel geprunkt. Man gefällt sich in den Kunststücken, die hier anzubringen sind, und die mit Bewunderung belohnt werden. Und doch sollte man dabei keinen andern Zweck haben, als - *die Taubstummen für die Menschheit und die bürgerliche Gesellschaft auf die naturgemäßeste, einfachste und daher überall leicht auszuführende Weise gehörig auszubilden.*"[131]

Stephani betonte, dass nicht aufsehenerregende Fertigkeiten einzelner Behinderter das Ziel der staatlichen Schule zu sein hätten, sondern die Bildungsbeteiligung aller. Es sei daher verfehlt, einige wenige Taubstummeninstitute aufzubauen, die nur einer kleinen Zahl von Kindern und Jugendlichen zugute kämen, während die Mehrzahl ohne jegliche Förderung bleibe.[132] Seine

130 Die hier entwickelten Vorstellungen dienten allerdings weniger der weiteren Entfaltung und Differenzierung seiner systematischen Schulorganisationspläne als vielmehr der theoretischen Unterfütterung und publizistischen Unterstützung bereits zuvor unternommener praktischer Reformbemühungen. Zunächst war Stephani auf dem Schulverwaltungsweg aktiv geworden. Ende 1814 legte er in seiner Funktion als Kreisschulrat von Ansbach eine Denkschrift an die bayerische Regierung vor, in der er ein Konzept für die Reform des Taubstummenbildungswesens entwickelte, das weitgehend mit dem im „Baierischen Schulfreund" identisch ist (vgl. Schumann 1940, S. 257).

131 Stephani (1815, S. 1f.)

132 Wie wichtig dieses Argument für Stephani ist, wird vor allem daran deutlich, dass er in seinen Publikationen immer wieder betonte, dass die Zahl der Betroffenen sehr viel größer war als in der Öffentlichkeit angenommen wurde. Für Bayern schätzte er die Zahl der Gehörlosen zu Beginn des 19. Jahrhunderts auf etwa 1000.

Vorschläge zielten stattdessen darauf ab, einen schulorganisatorischen Entwicklungspfad einzuschlagen, der es ermöglichen sollte, alle gehörlosen Kinder in der Elementarschule ihrer Heimatgemeinde zu unterrichten. Jedem Geistlichen und Elementarschullehrer vor Ort seien die Fähigkeiten zu vermitteln,

> „die in seinem Bezirke befindlichen Taubstummen zu unterrichten, ohne daß es nöthig wäre, diese ihren Familien, den gewohnten Umgebungen, und ihrer meistens aus beiden schon hervorgehenden künftigen Bestimmung zu entreissen, und sie auf eine kostspielige Weise in besonderen Instituten zu erziehen."[133]

Hiermit sind zwei Argumente angesprochen, die bei der Entscheidung Stephanis, die Förderung der Kinder mit Behinderungen der Regelschule und nicht gesonderten Einrichtungen zuzuweisen, von ausschlaggebender Bedeutung sind: Zum einen der Gedanke, dass die Kinder durch den Unterricht vor Ort nicht ihr gewohntes soziales Umfeld verlieren sollten, in dem sie aller Voraussicht nach auch nach Beendigung der Schulzeit leben würden, zum anderen die Einschätzung, dass die Unterrichtung in der (im Regelfall bereits vorhandenen) Elementarschule für den Staat erheblich kostengünstiger sein würde als der Aufbau einer Vielzahl neuer Spezialeinrichtungen. Gerade diese Verschränkung der pädagogischen und der bildungsökonomischen Argumentationslinie kennzeichnet die Position Stephanis in allen Veröffentlichungen zur Frage des geeigneten Ortes der Förderung von Kindern und Jugendlichen mit Behinderungen.[134]

Im Mittelpunkt seiner Überlegungen zur Praxis des Unterrichts mit gehörlosen Kindern stand zunächst die Frage, welche Art und Weise des Spracherwerbs die geeignete sei. Er griff damit in einen Streit ein, der in der zeitgenössischen Diskussion mit großer Schärfe geführt wurde und für die Ausrichtung der Taubstummenpädagogik im 19. und 20. Jahrhundert von erheblichem Belang war.[135] Es lassen sich grundsätzlich zwei Hauptverfahren unterscheiden: der gebärdensprachliche Ansatz, bei dem, von den natürlichen Gebärden der

133 Ebd., S. 12.

134 Vgl. auch bereits im „System der öffentlichen Erziehung" (Stephani 1805, S. 186f.) Die Schwerpunktsetzungen variieren jedoch von Veröffentlichung zu Veröffentlichung. So dominiert in dem oben referierten Aufsatz von 1815 die bildungsökonomische Linie. Allerdings ist hierbei zu berücksichtigen, dass zu diesem Zeitpunkt noch keine Stellungnahme der bayerischen Regierung zur Denkschrift Stephanis vom Dezember 1814 vorlag und er mit der Betonung von Wirtschaftlichkeitserwägungen möglicherweise eine Entscheidung in seinem Sinne befördern wollte.

135 Ein knapper Überblick über die zentralen Konfliktlinien der historischen Kontroversen vom späten 18. bis ins 20. Jahrhundert bei Werner (2016).

Gehörlosen ausgehend, für einen oder mehrere Wortbegriffe ein Zeichen bzw. eine entsprechende Zeichenverbindung steht, und die lautsprachliche (oralistische) Methode, bei der das gehörlose Kind die Lautsprache der Hörenden und das Ablesen vom Mund erlernt. Jenseits aller methodischen und technischen Details wird die weitreichende Bedeutung dieses Streits erkennbar, wenn man die grundsätzlich unterschiedliche Funktion in den Blick nimmt, die bei den beiden Methoden den Pädagogen zugewiesen wird. „Was die pädagogische Gebärdensprachoption angeht, so zielt sie ja zumindest in dem Ausmaß, wie sie auf die natürliche Kompetenz und soziale Überlieferung des Gebärdens bei den Gehörlosen selber setzt, auf einen sozial und linguistisch einheitlichen Arbeitsprozeß: In ihm übernehmen die Gehörlosen die Spezialistenrolle von native speakers, während die hörenden Lehrer sich allenfalls zur hörenden Mehrheit hin als Gebärdenspezialisten profilieren können."[136] Dagegen weist die oralistische Methode der Lehrperson einen uneingeschränkten Kompetenzvorsprung gegenüber den Schülern und gleichzeitig eine professionspolitisch in späteren Jahrzehnten hoch bedeutungsvoll werdende pädagogische Spezialistenrolle zu.[137]

Stephani bezog in dieser Kontroverse eine ungewöhnliche Position, in der Effektivitätsgesichtspunkte erneut eine entscheidende Rolle spielten. Zunächst wandte er sich ausdrücklich dagegen, taubstummen Kindern das Sprechen beibringen zu wollen:

> „Wenn es auch möglich seyn könnte, Taubstumme dahin *zu* bringen, daß sie *ordentlich* und *vollständig* redeten, so kann man es doch durchaus durch keine Kunst dahin bringen, daß sie auch *hören lernen, was andere mit ihnen sprechen.* Die *Gehörsprache als wechselseitiges Mittheilungsmittel* bleibt daher *für sie auf immer verlohren* und man würde nur vergebliche Mühe anwenden, wenn man das von der Natur für unmöglich erklärte möglich machen wollte."[138]

Ebenso aber kritisierte er Bemühungen, die Lautsprache systematisch durch die Gebärdensprache ersetzen zu wollen:

---

136 Vgl. List (1991, S. 261).

137 Vgl. zur grundsätzlichen bildungstheoretischen und professionspolitischen Bedeutung dieses Konflikts List (1991), Tenorth (2001) und Wolff (2013). In der frühen Taubstummenpädagogik spielte die Gebärdensprache eine wichtige Rolle, wobei insbesondere gehörlose Pädagogen, wie der an der Gehörlosenanstalt in Berlin tätige Lehrer Carl Habermaß (1783–1826), bedeutende Funktionen einnahmen (vgl. Wolff 2013, S. 203–205).

138 Stephani (1815, S. 3f.).

> „Auch die *pantomimische Sprache*, welche man in den Taubstummen-Instituten der Gehörsprache zu substituieren suchte, eben weil man diese zu ihrer Bildung nicht für ausreichend fand, muß ich für *zweckwidrig* und damit eine bloße Künstelei erklären, ob ich gleich bereit bin, ihr als logischem Kunstwerke und pasigraphischem Versuche die gebührende Achtung zu zollen. (...) Schade nur, daß eine solche pantomimische Sprache sich *nur auf den Kreis der Taubstummen und ihrer Lehrer beschränkt*, aber für die Welt unbrauchbar ist, weil man den übrigen Menschen nicht zumuthen kann, um der einzelnen Taubstummen willen eine besondere, viele Zeit kostende Sprache zu erlernen."[139]

Stattdessen betonte er die zentrale Rolle der Schriftsprache innerhalb des Lern- und Bildungsprozesses der Gehörlosen ebenso wie im Blick auf die Kommunikation mit Vollsinnigen. Stephani sprach hier von einer „Gesichtssprache", womit gemeint ist, dass sie auf dem Gesichtssinn, d.h. auf der Fähigkeit zu sehen beruht. Um die hochkomplexe Schriftsprache erlernen zu können, bedürfe es einer zweiten, einfacheren „Gesichtssprache", die zudem den Vorteil besäße, ständig und überall eingesetzt werden zu können – der „Fingersprache". Stephani legte ein einfaches, aber vollständiges Fingersprachensystem vor,[140] das seinen Angaben zufolge innerhalb von nur 15 Minuten für jedermann erlernbar sein und in den Leselernlehrgang der Elementarschüler eingebaut werden sollte:[141]

> „Wenn man die Anordnung treffen will, daß die Fingersprache in allen Volksschulen als eine dem Schreibunterricht vorangehende Buchstabirübung zur belehrenden Unterhaltung getrieben werde, so kann sie aufs schnellste durch das ganze Reich verbreitet werden, und die Taubstummen finden überall Gelegenheit, durch solche sich verständlich zu machen."[142]

139 Ebd., S. 5.
140 Vgl. ebd., S. 13–15.
141 Vgl. ebd., S. 8.
142 Ebd., S. 8.

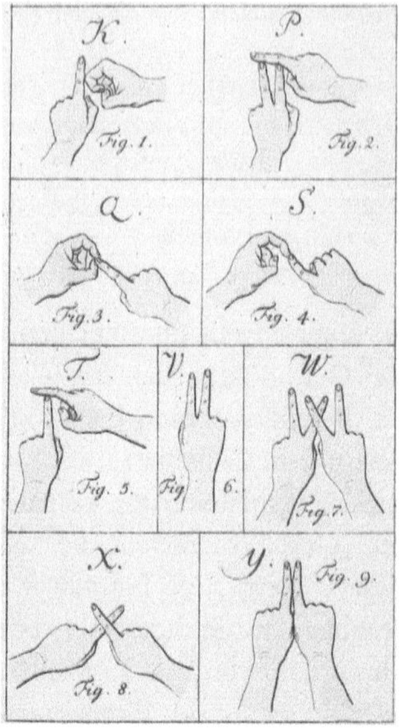

Abb. 2: *Fränkische Fingersprache*[143]

In seinen Veröffentlichungen zur Gehörlosenpädagogik gab Stephani den Elementarschullehrern darüber hinaus Hinweise für einen sachlogisch aufgebauten Lehrweg, auf dem der schwierige Prozess des Finger- bzw. Schriftspracherwerbs bewältigt werden sollte.[144] Eine Darstellung würde an dieser Stelle jedoch zu weit führen.

Nur wenige und verstreute Angaben machte Stephani dagegen zur Methodik eines Gemeinsamen Unterrichts von gehörlosen und vollsinnigen Kindern in der Elementarschule. Trotz fehlender systematisierter Aussagen lässt sich jedoch angesichts zahlreicher Ausführungen zur Unterrichtsmethodik insgesamt fest-

143 Die von Stephani empfohlene Fingersprache verweist auf das Buch von Georg Friedrich Donauer „Versuch über die im fränkischen Kreis bekannte sog. Fingersprache" (1796); vgl. Emmerig (1927, S. 69). Abbildung: Donauer (1796, Frontispiz, Bibliothek für Bildungsgeschichtliche Forschung http://www.bbf.dipf.de/cgi-opac/bil.pl?t_direct=x&f_IDN=b0014998berl).

144 Vgl. vor allem Stephani (1815, S. 9–12; 1834, S. 23–27). Siehe ergänzend den Aufsatz von Possekart (1816), einem Schwager Stephanis, der, anders als Stephani selbst, eigene Unterrichtserfahrungen mit gehörlosen Schüler_innen verarbeiten konnte.

halten, dass Stephani einen auf dem Prinzip der Selbsttätigkeit basierenden und verschiedenste Formen der inneren Differenzierung berücksichtigenden Unterricht anstrebte, in den die Kinder mit Behinderungen soweit wie möglich einbezogen werden sollten.[145] Hierbei hatte er ausdrücklich auch solche Lern- und Arbeitsformen vor Augen, die eine weitgehende Kooperation der Schülerinnen und Schüler untereinander vorsahen, bei der die gehörlosen Kinder durchaus nicht auf eine Rolle als Hilfsbedürftige festgelegt wurden. So betonte Stephani u.a., dass fortgeschrittene gehörlose Schüler angehalten werden sollten, „anderen Schülern mannichfaltigen Unterricht zu ertheilen; wobei auch diese letzteren Gelegenheit finden, der Schriftsprache mächtiger zu werden."[146]

Kurz nach seinem Plädoyer für die Integration der taubstummen Kinder in die Regelschule wurde Stephani seines Amtes als Schulrat in Ansbach enthoben. Dies dürfte eine der Ursachen dafür sein, dass nicht er, sondern der im oberfränkischen Bayreuth in gleicher Funktion wirkende Johann Baptist Graser in den folgenden Jahren zum prominentesten Vertreter der Forderung nach Aufnahme von Kindern mit Behinderungen in die staatliche Elementarschule wurde. Öffentliche Befürworter wie Gegner der Verallgemeinerung nahmen bis in die 50er Jahre des 19. Jahrhunderts, ja z.T. noch weit darüber hinaus, zu der von ihm entwickelten Position Stellung, so dass Grasers Buch „Der durch Gesicht- und Tonsprache der Menschheit wiedergegebene Taubstumme" von 1829, 14 Jahre nach der ersten wichtigen Stellungnahme Stephanis, als der zentrale Bezugspunkt eines für damalige Verhältnisse breiten bildungspolitischen und pädagogischen Diskurses angesehen werden kann.[147]

b) Johann Baptist Graser: Christliches Menschenbild und Elementarbildung für alle

Johann Baptist Graser (1766–1841)
war während seines Studiums von Philosophie, Pädagogik und Theologie in Bamberg und Würzburg zunächst stark durch die Aufklärungstheologie geprägt worden. Nach Promotion (1786) und Priesterweihe (1790) arbeitete er als Präfekt des Priesterseminars

145 Vgl. u.a. Stephani (1834, S. 27). Grundsätzlicher, bereits sehr früh Stephani (1805a). Zusammenfassend zu Stephanis didaktisch-methodischen Vorstellungen Ulbricht (1998, S. 286–319).

146 Stephani (1834, S. 27).

147 Eine sehr frühe und ausführliche Auseinandersetzung mit Stephanis Verallgemeinerungsideen dagegen durch den Leiter des Freisinger Taubstummen-Instituts: Ernsdorfer (1818).

Abb. 3: *Johann Baptist Graser*[148]

in Würzburg und ging dann als Erzieher an die erzbischöfliche Pagenanstalt nach Salzburg, wo er durch den Einfluss Johann Michael Seilers zunehmend kritische Positionen zu Theologie und Pädagogik der Aufklärung entwickelte. 1804 erhielt er einen Ruf als Professor für Philosophie und Pädagogik an der Universität Landshut, übernahm jedoch noch im selben Jahr eine neue Aufgabe als Landesdirektionsrat und Oberschulkommissär in Bamberg. 1810 wechselte er als Regierungs- und Kreisschulrat in das erst kurz zuvor bayerisch gewordene Bayreuth.
In den fünfzehn Jahren seiner Tätigkeit in Bayreuth setzte sich Graser vor allem für den Aufbau des Volksschulwesens ein: Er konnte erreichen, dass die Zahl der Lehrerstellen erheblich ausgeweitet und die Dotation der Pädagogen verbessert wurde, engagierte sich für den Schulbau (sog. „Graser-Schulen" – kleine praxisgerechte Schulhäuser) und konnte erste Strukturen in der Lehreraus- und -fortbildung wie in der Schulaufsicht aufbauen. Schon im ersten Jahr seiner Tätigkeit bemühte er sich um die Aufnahme Gehörloser in die Elementarschule. Über die Grenzen seines unmittelbaren Funktionskreises hinaus wurde Graser bekannt als Unterrichtsmethodiker. Mit seiner „Schreiblesemethode", bei der er einen Zusammenhang von Buchstabenform und Mundstellung

148 Abbildung: Bibliothek für Bildungsgeschichtliche Forschung http://www.bbf.dipf.de/cgi-opac/bil.pl?t_direct=x&f_IDN=b0095505hjld.

unterstellte, trat er in Konkurrenz zu der „Lautiermethode" des quasi in der Nachbarschaft wirkenden Heinrich Stephani.
Aufgrund der Tatsache, dass er 1812 geheiratet hatte, musste Graser immer wieder mit Schwierigkeiten von Seiten der katholischen Kirche rechnen, die trotz der ausdrücklich religiösen Fundierung seiner Schriften auch die undogmatische Tendenz seiner Argumentation besonders hinsichtlich des Religionsunterrichts kritisierte. Die zunehmend konservative Ausrichtung der bayerischen Politik in den Jahren nach den Karlsbader Beschlüssen führte 1825 dazu, dass sämtliche Schulratsstellen, die von bis dahin vergleichsweise unabhängigen Persönlichkeiten besetzt worden waren, aufgelöst wurden. Nach dem Ausscheiden aus dem Amt wirkte Graser vor allem publizistisch, u.a. als Schriftleiter der Zeitschrift „Pädagogischer Merkur", setzte sich aber auch professionspolitisch ein – so mit der 1833 geplanten Gründung eines pädagogischen Vereins für Gesamtdeutschland und dem Versuch, einen deutschen Lehrertag in Bayreuth einzuberufen. Beide Initiativen wurden jedoch vom bayerischen Ministerium gestoppt.
Grasers erstmals 1811 erschienenes Hauptwerk „Divinität oder das Prinzip der einzig wahren Menschenerziehung" wurde zu einer der bekanntesten und zugleich umstrittensten erziehungstheoretischen Schriften seiner Zeit; wurde beispielsweise von Schwarz und Niemeyer, später auch von Diesterweg ausdrücklich gelobt, u.a. von Herbart jedoch als eine der „neuesten Einbildungen religiöser Anschauungen"[149] scharf kritisiert. Unmittelbarere Wirkung in der pädagogischen Praxis erzielte Graser mit einer Reihe schulpädagogischer und didaktischer Veröffentlichungen.[150] In dieses Umfeld praxisnaher Schriften gehören auch seine Arbeiten zur Taubstummenbildung. Graser starb 1841 in Bayreuth.[151]

---

149 Herbart (1887, S. 167); vgl. Winkler (1991, S. 103f.).

150 U.a. „Ansichten über die HauptGesichtspunkte bey der Verbesserung des VolksSchulwesens" (1825), „Das Verhältnis des Elementarunterrichts zur Politik der Zeit: eine Kritik des bisherigen Unterrichts und Darstellung der einzig heilsamen Unterrichtsweise" (1835).

151 Eine erste kurze Lebensbeschreibung findet sich in der posthum herausgegebenen Schrift „Die Erziehung der Taubstummen in der Kindheit" (Graser 1843). Sieht man vom unmittelbaren Wirkungsfeld ab, wo sich sein Mitarbeiter Ludwig über viele Jahre um eine Weiterführung der Arbeit Grasers bemühte (vgl. besonders Ludwig 1840, 1876), so wurde Grasers erziehungstheoretisches Werk in der pädagogischen Publizistik nach seinem Tod nur noch vereinzelt intensiver rezipiert (vgl. vor allem Gräfe 1845). Der Versuch Heinrich Wiecks (1891), Graser durch die Neuherausgabe seiner Schriften einem breiteren Publikum ins Gedächtnis zu rufen, blieb ebenso ohne nachhaltige Resonanz wie die Graser gewidmeten Dissertationen von Hau (1930), Jäger (1932), Beck (1933) und Schön (1955). In den letzten Jahren sind neben kleineren ideengeschichtlichen Studien von Winkler (1991), Menze (1994) und Ebner (1997) einige regionalgeschichtlich ausgerichtete Aufsätze erschienen (vgl. vor allem Schmidt 1996 und Ebner 2001, 2003, 2008). An den Verallgemeinerer Graser erinnert Grosse (1992).

Grasers Vorstellungen zur schulischen Förderung von Kindern mit Behinderungen stehen in einem gänzlich anderen Begründungszusammenhang als diejenigen des Aufklärungspädagogen Heinrich Stephani. Grundlegend für Grasers Position ist ein christliches Menschenbild, das jeden Menschen, und damit auch den Behinderten, als „imago dei", als Abbild Gottes betrachtet:[152]

> „Die Idee der Menschheit kann nicht in der Betrachtung über das Wesen des Menschen gefunden werden, sondern nur in der Idee der Gottheit (...), denn der Mensch findet sein Wesen göttlicher Natur, und die unabweisbare Bestimmung ist, was an ihm potentia ist, soll actu werden. Sein Ziel muß es darum stets sein, zur Divinität seine Humanität zu erheben."[153]

Durch Bildung werde es dem Menschen möglich, sich seiner Bestimmung – der Ausprägung der „Divinität" in sich – bewusst zu werden und zugleich das Göttliche, „das er mit jedem Momente nun in sich selbst findet, und in jedem Wesen (...), auf das sein Auge sich wendet"[154], zu erkennen. Aus diesem Grund war für Graser die Schaffung von Bildungsmöglichkeiten für jeden Menschen, und damit auch für solche mit Behinderungen, eine ethische Verpflichtung:

Schon 1821 legte Graser der „Königlich bayerischen Akademie der Wissenschaften" Berichte über seine Versuche vor, gehörlose Kinder in der Volksschule zu unterrichten (vgl. Weiller 1824). Seine Erfahrungen wurden bald darauf auch in der pädagogischen Publizistik diskutiert und in der Regel zustimmend aufgenommen; vgl. Vom Taubstummenunterricht überhaupt (1821) und Sadalitschka (1821, 1821a, 1822, 1822a, 1823). Angesichts der ermutigenden Unterrichtsergebnisse beauftragte die Akademie Graser, eine erste ausführliche Unterrichtsanleitung für Elementarschullehrer zu verfassen (Graser 1829), die jedoch auf z.T. heftige Kritik von Gehörlosenlehrern an Taubstummeninstituten stieß (vgl. Kap. 4). Graser sah sich deshalb veranlasst, bereits ein Jahr später die Streitschrift „Dringender Nachruf an väterlich gesinnte Regierungen und einsichtsvolle Schulmänner um baldige Einführung des Taubstummenunterrichts in Schulen" (Graser 1830a) folgen zu lassen. Diesem Diskurszusammenhang sind auch einige kleinere Schriften zur Verallgemeinerung (Graser 1830b, 1831, 1831a) zuzuordnen. Bis kurz vor seinem Tod schrieb Graser an einer Arbeit zur vorschulischen Förderung von gehörlosen Kindern. Dieser unvollendete Text wurde posthum von Johann Lorenz Ludwig 1843 herausgegeben (Graser 1843), der auch die wichtigsten Schriften Grasers zur Gehörlosenbildung in einer weiteren Publikation zusammenfasste (Graser 1844).

152 Vgl. Menze (1994, S. 181).

153 Graser (1830 Bd. I, S. 9 Anmerkung).

154 Graser (1813, S. 45). Siehe weiterführend – mit zum Teil unterschiedlichen Bewertungen – Winkler (1991) und Menze (1994).

„Man kann, wenn man das traurige Loos eines taubstummen Kindes kennen lernt, gewiß sagen: es ist der Wille Gottes, daß die, die es vermögen, sich seiner besonders oder mehr annehmen, als der gesunden, damit auch sie als Ebenbilder der Gottheit gewonnen, und der Freuden des Lebens gleich den Vollsinnigen teilhaftig werden. Und es ist unter den menschenfreundlichen Christen gewiß eine größere Freude über die gelungene Bildung eines einzigen taubstummen Kindes, als über die Bildung von hundert vollsinnigen.“[155]

Wie gegen den Gedanken, den Menschen allein auf seine Nützlichkeit zu reduzieren, wandte sich Graser ausdrücklich gegen die Vorstellungen von einer Sonderanthropologie der Gehörlosen. Immer wieder beobachtete spezifische Verhaltensmerkmale Gehörloser beschrieb Graser als sekundäre Folgen ihrer physiologischen Beeinträchtigungen bzw. sich hieraus ergebender Entwicklungsdefizite, denen mit einer umfassenden Förderung bereits in der Familie zu begegnen sei.[156] Eine besondere Pädagogik, wie sie von der Taubstummenlehrerschaft mit Hinweis auf die vermeintlichen charakterlichen Besonderheiten der Gehörlosen immer wieder gefordert wurde, lehnte Graser daher ab.

„Ihr kennt also nur – die – Taubstummen, aber den – Menschen in dem Taubstummen kennt ihr nicht (ihr seht wahrhaft den Wald vor lauter Bäumen nicht); darum habt ihr nur eine – Taubstummenunterrichtsmethode, und verwerft die Unterrichtsmethode, welche nicht eure eigenthümlichste ist. Wir aber nehmen in den Taubstummen den Menschen, und wenden unsere, die allgemeine wahre Unterrichtsmethode auf ihn mit der Modification an, welche sein besonderes Verhältniß uns andeutet.“[157]
Ich schließe nun mit der zuversichtlichen Hoffnung, daß der Taubstummenunterricht bald ein Gemeingut werde (...), denn die edel gesinnten Fürsten und Staatsmänner, welche die Bildung der Taubstummen sich zur Angelegenheit nehmen, werden nun von dem bisherigen Wahne befreit werden, als seien die Taubstummen eine besondere Menschenclasse, die nur in eigenen Instituten durch eine besondere Kunst von den darin Eingeweihten gebildet werden könne (...).“[158]

Dass Graser den Bildungsanspruch der gehörlosen Kinder im gemeinsamen Elementarschulunterricht von Schülerinnen und Schülern mit und ohne Beeinträchtigungen realisiert sehen wollte, geht auf ein zweites zentrales Element seines Bildungsverständnisses zurück: Die Verwirklichung von „Divinität“ als Endzweck des menschlichen Lebens ist nach Graser immer nur unter konkreten Lebensbedingungen möglich – ist also kein Abstraktum, sondern an ein

155 Graser (1843, S. 15f.).
156 Vgl. Graser (1830a, S. 315f.) und Graser (1843, S. 17ff.).
157 Graser (1831a, S. 108).
158 Ebd., S. 118.

bestimmtes gesellschaftliches Umfeld gebunden.[159] Erziehung ist deshalb für ihn immer gerichtet auf die je eigene Lebenswelt der Kinder und Jugendlichen – „fürs Leben", wie es im Titel seiner grundlegenden Schrift zur Elementarschule heißt.[160]

Diese grundsätzlich für alle Schüler gültige Forderung bezog Graser auch auf die Gehörlosen und formulierte damit ein Kernargument gegen den Unterricht in speziellen Taubstummen-Instituten:

> „In diesem Orte, in dieser Umgebung, in dieser Flur wandelt der Schüler umher, in dieser Gemeinde wächst er heran, diese öffentlichen Gebäude bieten sich seiner Anschauung dar, diese Schule, diese Kirche, dieses Gemeinde- oder Amtshaus, dieses Arrest- oder Strafhaus – diese öffentlichen Personen lernt er kennen, diese Anstalten faßt er auf, von diesen Verhältnissen bildet er sich selbst Begriffe. – Auf all diese Gegenstände richtet der Lehrer des Schülers besondere Aufmerksamkeit – mit ihm durchwandelt er selbst wieder diese Gassen und Strassen, diese Gärten und Fluren, mit ihm hält er bei allen diesen Gebäuden an, mit ihm beobachtet er ihre Bestimmung, ihr Verhältniß; und an alle diese Anschauungen knüpft er seinen ersten Unterricht, auf sie kommt er unnachlässig im Verfolg derselben zurück. (...)
> Wo habt ihr denn im Institute diese Vortheile des Unterrichts? Wie könnt ihr in euern Ringmauern jedem Zögling seine Heimath (...) vor sein Auge führen, und ihre Bestimmung, ihr Verhältnis zu erklären, wie daraus die Folgerungen fürs Leben ziehen lassen. Wie vermögt ihr mit Leichtigkeit aus solchen Begriffen, die an heimische Anschauungen gefesselt sind, allgemeine Urtheile fürs Leben entwickeln, wie eurem Unterricht das Leben, und durch dieses den Eingang in das Gemüth zu gewähren? Ihr müdet euch und euren Zögling ab, um ihm durch allerlei Wendungen und Windungen der Worte – abgezogene Begriffe beizubringen, und die – Reden, die sie bezeichnen, lernen zu lassen; aber seyd ihr sicher des gelungenen Eingangs, sicher der erwünschten Bildung? Seyd ihr Pädagogen, seyd ihr wahre Lehrer, wenn ihr dieses Verhältnis nicht erkennt, seyd ihr Kinder- und Menschenfreunde, wenn ihr den Taubstummen den Unterricht an seinem Orte – von einem wohlbefähigten Lehrer entrücken, und in die Ringmauern eures Instituts verpflanzen wollt, – stolz wähnend, ihn auf die wahre Weise zu unterrichten?"[161]

Graser erweiterte das oben zunächst unterrichtsmethodisch akzentuierte Argument des unmittelbaren Lebenswelt-Bezuges mit Blick auf das Problem der außer- und nachschulischen Einbindung in die Familie und das soziale Umfeld und sprach sich auch aus diesem Grund nachdrücklich für den Unterricht in der Ortsschule aus:

> „Eben aus diesem Grunde ist es auch hauptsächlich zu wünschen, daß der Unterricht den Taubstummen überall in der Gemeindeschule und in Verbindung mit den

159 Vgl. Winkler (1991, S. 110ff.).
160 Graser (1817 und 1827).
161 Graser (1830a, S. 55f.).

hörenden Schülern ertheilt werde, (...) und eben von dieser Ansicht aus zeigt sich auch noch einer der hauptsächlichen Mängel der Taubstummeninstitute; denn es kann den Zöglingen im Institut das Bild der Gemeinschaft als Typus des Lebens im Staate und der Kirche nicht zum eignen Schauen und Auffassen gegeben werden. Überdies sind sie sich im Institute fremd im Anfang, und werden sich einander auch wieder entrückt im Austritt. Dagegen hat der taubstumme Schüler seine Mitschüler in der Gemeinde schon vor der Schule gesehen und kennen gelernt, und tritt aber auch mit ihnen wieder zum Leben in der Gemeinde. (...) Ohne Schwierigkeiten und Anstand muß derselbe wieder in der menschlichen Gesellschaft herumwandeln (...), gleiche Pflichten mit seinen Mitmenschen zu erkennen, aber auch gleiche Vortheile des Mitleids und der Mitfreude mit ihnen zu genießen."[162]

Grasers Verständnis einer – wie wir heute sagen würden – gelungenen sozialen Integration darf jedoch nicht missverstanden werden. Seine Überlegungen zielten, anders als bei Stephani, nicht auf die Emanzipation des Einzelnen in einer Gesellschaft gleicher und freier Individuen, sondern auf Eingliederung in eine streng hierarchisch gegliederte, göttlich legitimierte Ordnung. Der Bildungsanspruch und die Möglichkeiten der Ausprägung von Individualität enden an den traditionellen vormodernen Grenzen der ständischen Hierarchie.[163] So hielt er getrennte Elementarschulen für Mitglieder der „niedern und der höhern Menschenklassen"[164] und mit ihnen verbundene je spezifische „Standes-Erziehungen"[165] für unverzichtbar und sprach sich ausdrücklich für eine Begrenzung der Elementarbildung der niederen Stände aus.[166]

Die Widersprüchlichkeit des Graser'schen Bildungs- und Integrationsverständnisses spiegelt sich in seinen Ausführungen zur Didaktik. Graser gestand den Schülerinnen und Schülern innerhalb der Grenzen der streng voneinander

162 Graser (1829, S. 364f.). Grasers Einsicht in das Erfordernis des Zusammenwirkens von Elternhaus und Schule bei der Erziehung der behinderten Kinder und Jugendlichen öffnete ihm bereits ungewöhnlich früh den Blick für die Notwendigkeit einer vorschulischen Förderung der Gehörlosen (vgl. Graser 1830a, S. 72; mit ausführlichen Begründungen und Merkmalen Graser 1843).

163 Vgl. u.a. Graser (1813, S. 109ff.).

164 Ebd., S. 148.

165 Ebd., S. 90.

166 Vgl. z.B. ebd., S. 113f. Grasers Divinitäts-Schrift ist geradezu als Versuch der Überwindung der neuzeitlichen Pädagogiken der Aufklärung und des Neuhumanismus durch eine allgemeinverbindliche christliche Erziehung zu verstehen (vgl. Winkler 1991 und Menze 1994). Sein gesellschaftspolitischer Standort erweist sich auch in seinen durchweg radikal ablehnenden Äußerungen zur Französischen Revolution, zur Judenemanzipation und zur Mädchen- und Frauenbildung (vgl. Menze 1994, S. 199f.).

getrennten ständischen Erziehungsformationen ein ungewöhnlich hohes Maß an Eigenverantwortlichkeit bei der Gestaltung der Lernprozesse zu:[167]

> „Das Unterrichten hat denselben Zweck, als das Erziehen im Allgemeinen, nämlich, daß der Mensch sein Seyn zu begründen vermöge. Hieraus folget offenbar, daß der Mensch gar nicht unterrichtet werden dürfe, sondern *sich selbst unterrichten müsse*; denn wenn er vermittelst seines Verstandes-Vermögens sein Seyn nach und nach selbst zu begründen vermögen soll, so muß er es stets selbst zu diesem Zwecke gebrauchen; sonst gelangt er nicht zum Ziele. (...) Der erste Grundsatz über die Art und Weise des Unterrichts ist also: *Der Unterricht ist nur dann wahrer Menschenunterricht, wenn er den Selbstunterricht befördert.*“[168]

Aus diesem grundlegenden Unterrichtsverständnis, das in einer Reihe von Aspekten an aktuelle Ansätze einer subjektorientierten, z.T. sogar konstruktivistischen Didaktik erinnert, leitete Graser didaktische Prinzipien ab, die auf eine konsequente Individualisierung des Unterrichts zielten. So lautete eine seiner Kernforderungen:

> „Aller Unterricht muß sein Geschäft mit dem Ausforschen des vorgängigen Zustandes des Schülers in bezug auf sein Wissen beginnen, und damit dem Anreihen der neuen Vorstellungen an die vorgefundenen fortsetzen. (...) Wenn der Unterricht stets vor sich gehen soll, so darf der Unterricht von Außen keine neuen Vorstellungen an die innen vorhandenen – im strengen Sinne anreihen, sondern er muß den Menschen nur veranlassen, daß er von selbst mit eigener Thätigkeit die neue Vorstellung anreihe.“[169]

Die Aufgabe des Lehrers begriff er im Anschluss an Sokrates als eine mäeutische:

> „Das heißt: er reizet den Menschen mit Hülfe der vorhandenen Vorstellungen die neuen beabsichtigten zu erzeugen, und reicht ihm in diesem Geschäfte nur die hülfreiche Hand. Er ist, wie Sokrates schon behauptete, *geburtshelferisch* für den stets gebährenden Verstand.“[170]

Vor dem Hintergrund eines solchen Lern- und Lehrverständnisses ist es nur folgerichtig, dass Graser die Auseinandersetzung mit den besonderen Lernbedürfnissen der Kinder mit Beeinträchtigungen nicht als Erschwernis der Lehrtätigkeit, sondern als große Chance für die Unterrichtenden begriff, dringend benötigte diagnostische Fähigkeiten zu entwickeln:

> „Hier ist es eben, wo der Unterricht nur dann zurecht kommt, wenn er die Bedingungen des sich entwickelnden Erkenntnisvermögens fest ins Auge zu fassen trachtet, und die

---

167 Vgl. Winkler (1991, S. 112f.).
168 Graser (1813, S. 350).
169 Ebd., S. 292f.
170 Ebd., S. 293.

> Anstände erforscht, welche in allen Menschen sich ergeben – aber in diesem Individuum besonders obwalten. Derjenige Lehrer geringerer oder höherer Klasse, (...) wird daher seinen Unterricht für vollsinnige Schüler gewiß am zweckmäßigsten, sichersten und fruchtvollsten ertheilen, wenn er sich mit Beziehung auf die gedachte Bedingung in den Unterricht der Taubstummen besonders einstudiert, weil bei diesem Studium eben die Anstände des Unterrichts besonders hervortreten."[171]

Gemeinsamer Unterricht gehörloser und hörender Kinder zielte bei Graser zudem auf Kommunikation und Kooperation zwischen den Schülern:

> „Allein eben diese (nicht behinderten, U.S.) Schüler können auch bei dem Anfangsunterrichte gleichsam als die fragenden und mitverantwortenden gebraucht werden (...). Diese Vorbedingung ist hauptsächlich aus dem Grunde äußerst wichtig, weil bei diesem Unterrichte dem (gehörlosen, U.S.) Schüler die Idee beigebracht werden muß, daß es mit dem Unterricht nur darauf abgesehen sey, er soll mit den Menschen in Verkehr treten, und zwar auf dieselbe Weise, wie sie selbst miteinander im Verkehr sind, und es auch mit ihm seyn wollen."[172]

Diese Vorstellungen einer subjektorientierten und auf Kooperation angelegten Methodik werden jedoch durch die rigide Beschränkung der Lerninhalte für die Elementarschüler und durch deutliche Tendenzen politischer und religiöser Indoktrination konterkariert. Unterricht ist für Graser nur so lange an den Bildungsansprüchen und individuellen Bedürfnissen der Schülerinnen und Schüler orientiert, als die Grenzen der bestehenden politischen und sozialen Ordnung nicht in Frage gestellt werden.

Diese Feststellung gilt auch für die Kinder mit Behinderungen. Auch sie besitzen ein Recht auf Bildung, haben sich jedoch den gegebenen gesellschaftlichen Verkehrsformen möglichst reibungslos anzupassen. Besonders deutlich wird dies in Grasers Position im Methodenstreit der Taubstummenpädagogik. Hier bezog er eindeutig Stellung zugunsten der „Lautsprache" und ließ keinerlei Zweifel daran, dass die gehörlosen Kinder sich an die Kommunikationsweise der hörenden Mehrheit anzupassen haben. Zwar sollte der Unterricht Grasers Auffassung nach anfangs durchaus an die natürliche Gebärdensprache der gehörlosen Kinder anknüpfen; an die Stelle der Gebärde sollte jedoch möglichst schnell nicht nur die Fertigkeit treten, die Worte des Gegenübers aufgrund der Bewegungen des Mundes und der Sprechorgane zu erschließen (sog. „Sprechensehen"), sondern auch selbst lautsprachlich artikulieren zu lernen.[173]

---

171 Graser (1843, S. 16).

172 Graser (1829, S. 122).

173 Vgl. seine Ausführungen zur Methodik des Spracherwerbs Graser (1829, S. 18–207).

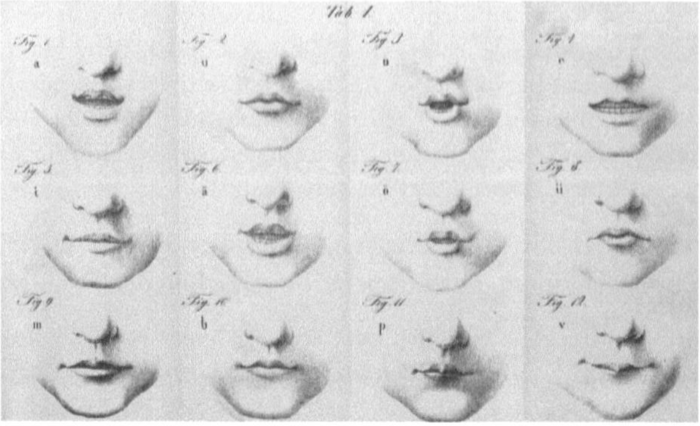

Abb. 4: *Mund-Alphabet Johann Baptist Grasers*[174]

Während Stephani die Problematik dieser erzwungenen Anpassung an die Sprache der Hörenden erkannte und mit der Fingersprache quasi eine für beide Gruppen neue „Fremdsprache" als Verständigungsmedium anbot, machte Graser das Erlernen der Lautsprache geradezu zur Voraussetzung dafür, dass die Gehörlosen vom Lehrer aus einem als animalisch qualifizierten Ursprungszustand erlöst und „der Menschheit wieder gegeben"[175] werden können.

> „Der Unterricht muß von der Art seyn, daß er nach seiner Vollendung *den taubstummen Menschen ganz wieder in die menschliche Gesellschaft bringt, von welcher ihn die Taubheit gleichsam ausgeschlossen hatte.* Dem zu Folge muß der Taubstumme zu einer Sprache gelangen, welche allen bekannt und verständlich ist; und diese kann denn natürlich nur die *Mund- oder Tonsprache* seyn."[176]

4. Die Graser-Debatte

In Anbetracht der Vielzahl von Stellungnahmen zur Verallgemeinerung stellt sich die Frage, warum gerade die Initiativen Grasers seit dem Ende der 1820er Jahre immer wieder zum Bezugspunkt der Diskussion über den richtigen Förderort gehörloser Kinder und Jugendlicher wurden. Einer der Gründe dürfte sein, dass Grasers Hauptschriften zur Taubstummenbildung zu einem Zeitpunkt erschienen, als in Bayern und Preußen der Ausbau der Lehrerseminare,

---

174 Graser (1834, Anhang).
175 Graser (1829, S. IX).
176 Ebd., S. 15f.

an denen die angehenden Volksschullehrer auch in die Methodik der Gehörlosenschulung eingeführt werden sollten, in vollem Gange war. Grasers Schriften dienten daher sowohl der fachlichen Legitimation der staatlichen Schulpolitik als auch dem Bedürfnis der Seminare nach praktischer Anleitung. Hinzu kam, dass Graser aufgrund seiner Publikationen als Methodiker des Leseunterrichts zu überregionaler Bekanntheit gekommen war. Nicht zuletzt dürfte die Tatsache bedeutsam gewesen sein, dass Graser die bestehenden Taubstummenanstalten äußerst scharf angriff und damit lebhaften Widerspruch der an Gehörloseninstituten arbeitenden Pädagogen auslöste.

Dieser Konflikt lässt sich anhand einiger in den 1820er und 30er Jahren vielgelesener Lehrerzeitschriften rekonstruieren, die die Auseinandersetzungen um die angemessene Förderung von Kindern mit Behinderungen für so bedeutsam hielten, dass sie ihnen erheblichen Platz einräumten.[177]

Analysiert man die z.T. erstaunlich polemischen, von beiden Seiten auch vor persönlichen Angriffen nicht zurückschreckenden Auseinandersetzungen, so lassen sich auf Seiten der Gegner der Integration Gehörloser in die Volksschule drei zentrale pädagogische Argumentationsstränge unterscheiden:[178]

---

177 Es handelt sich um die „Freimüthigen Jahrbücher der allgemeinen deutschen Volksschule", „J.P. Rossel's allgemeiner Monatsschrift für Erziehung und Unterricht" und die „Allgemeinen Schulzeitung". In diesen drei wichtigen Periodika lassen sich zwischen 1829 und 1832 immerhin zehn Beiträge nachweisen, die direkt auf Graser bezogen sind. Zehn weitere befassen sich mit Fragen der Gehörlosenbildung bzw. der Verallgemeinerung. Die Graser-Debatte erreichte damit ein ungewöhnlich breites pädagogisches Fachpublikum, insbesondere in Süd- und Westdeutschland. Vgl. zum Selbstverständnis und Leserkreis der drei Blätter: Schwarz u.a. (1819, „Freimüthige Jahrbücher"), Dilthey/Zimmermann (1824, „Allgemeine Schulzeitung") und Rossel (1824). Schon vor dem Erscheinen von Grasers Hauptschrift zur Verallgemeinerung hatte die „Allgemeine Zeitung für Deutschlands Volksschullehrer" mehrfach auf seine Bemühungen in der Schulpraxis aufmerksam gemacht (vgl. Vom Taubstummenunterricht überhaupt 1821 und Sadalitschka 1821, 1821a, 1822, 1822a, 1823).
Noch Ende der 1830er Jahre legten die Gehörlosenpädagogen Wert darauf, nicht in einer eigenen Fachzeitschrift zu publizieren, sondern am allgemeinen schulpädagogischen Diskurs mitzuwirken. 1838 wurde in der „Allgemeinen Schulzeitung" eine eigene Rubrik eingerichtet, in der regelmäßig über Angelegenheiten der Taubstummen- und Blindenbildung berichtet wurde (vgl. Jäger 1837).

178 Darüber hinaus wurden eine Vielzahl weiterer Aspekte berührt, die an dieser Stelle nicht wiedergegeben werden können. Hingewiesen werden soll jedoch zumindest darauf, dass auch die schon bei Stephani auftauchende Frage der Finanzierung in der

Ein erstes Argument zielte auf die fachliche Kompetenz des Elementarschulpädagogen Graser in Fragen der Taubstummenbildung. Ihm wurde vorgehalten, weder die einschlägige Fachliteratur noch die Praxis der Taubstummeninstitute hinreichend zu kennen. Der als Kritiker Grasers besonders profilierte Vorsteher der Königlich württembergischen Taubstummen- und Blindenanstalt zu Gmünd, Viktor August Jäger,[179] fasste daher seine Einschätzung folgendermaßen zusammen: „Von dem, was Sie lehren, ist das Anwendbare nicht neu und das Neue entweder nicht anwendbar oder doch unnütz."[180] Und Otto Friedrich Kruse,[181] in der Bremer Anstalt tätiger Gehörlosenpädagoge, später Leiter des Instituts in Schleswig, resümierte: „Wir scheiden demnach von dem Manne mit dem aufrichtigen aber auch gerechten Bekenntnisse, daß seine Schule Nichts tauge."[182] Jenseits der persönlichen Attacken verband sich von der Sache her mit diesen Vorwürfen vor allem der – aus heutiger Sicht sicherlich vollkommen berechtigte – Einwand, Graser habe die Bedeutung des Spracherwerbs für den Bildungsprozess der Gehörlosen verkannt:

> „Ohne vor der Hand darauf einzugehen, wie der Taubstumme befähigt werden könne, mit den aus dem Gesichte Anderer abgelesenen oder von ihm selbst gesprochenen Worten, auch Vorstellungen und Begriffe zu verbinden, begnügt sich der Vf. damit, darzulegen, wie der Taubstumme die von Anderen articulirt gesprochenen Laute und demnächst Worte auffassen, d.h. als bloße Mundstellungen seinem Gedächtnis

---

Graser-Debatte eine nicht unbedeutende Rolle spielte. Hier befanden sich die Gegner der Verallgemeinerung in der Defensive und sahen sich gezwungen, dem Kostenargument mit Rentabilitätsrechnungen zu begegnen (vgl. z.B. Jäger 1831, S. 49).

179 Jäger (1794–1872), zugleich Stadtpfarrer in Schwäbisch-Gmünd, leitete die Anstalt seit 1825. Mit seinem Werk „Anleitung zum Unterricht taubstummer Kinder" (Jäger/Riecke 1832–1836) ging er in der Historiografie der Gehörlosenpädagogik als einer der Pioniere der deutschen Taubstummen-Unterrichtstheorie, insbesondere als Methodiker des Sprachunterrichts ein (vgl. Walther 1882, S. 230–248, Karth 1902, S. 87–98 und Schumann 1940, S. 235–241). Siehe zur Person Jägers die Kurzbiografie in Emmerig (1927).

180 Jäger (1830, S. 44). Vgl. Grasers ausführliche Reaktion auf Jäger (Graser 1830b) und Jägers erneute Replik (Jäger 1831).

181 Kruse war selbst seit dem sechsten Lebensjahr gehörlos. Er wirkte seit 1817 u.a. in Altona und Bremen als Taubstummenlehrer, später dann über lange Jahre als Leiter der Anstalt im damals dänischen Schleswig. Mit seinem Reisebericht „Über Taubstumme, Taubstummen-Bildung und Taubstummen-Anstalten" (1853) lieferte er einen breiten Überblick über die internationale Entwicklung des Taubstummenbildungswesens in der ersten Hälfte des 19. Jahrhunderts. Zu seiner Person: seine Autobiografie (Kruse 1872) sowie Emmerig (1927, S. 80) und Vogel (2001 und 2001a).

182 Kruse (1831, S. 717f.). Ähnlich auch X. (1830) und besonders drastisch O. G. (1830).

einprägen könne (...). Vor allen Dingen fragen wir nun, da dieses Sprechensehen Mittel zum Unterricht sein soll, zu welchem Zwecke soll der Taubstumme vom Munde ablesen, also Zeichen sich einprägen, bevor er Werth und Bedeutung derselben erkannt, Begriffe und Urtheile auffassen und verstehen gelernt hat, um derentwillen diese Zeichen da sind?“[183]

Die eigentliche Schwierigkeit der Sprachschulung liege nicht, wie Graser annehme, in den Techniken des „Sprechensehens“ oder der Lautbildung, sondern darin, Denken und Wortsprache miteinander zu verbinden. Ohne ein Denken in Worten und Begriffen lernten die Gehörlosen „höchstens papageienmäßig“ nachzusprechen, verkomme der Sprechunterricht zur bloßen „Dressur“[184]:

„Der Taubstumme muß wenigstens zum Denken in Worten geführt werden, und hat dasselbe schon Wurzeln geschlagen, erst dann beginnt sich der Weg der Communication zwischen ihm und der hörenden Umgebung zu öffnen. Bis dahin bleibt ihm die Wortsprache ein undurchdringliches Geheimnis. Den Taubstummen aber dahin zu bringen, daß er sich beim Denken unmittelbar an die Wortsprache anschließt, dazu bedarf es natürlich einer Kunst (...) oder, wenn man lieber will – einer eigenen, von den Grundsätzen einer ordinären Schule unabhängigen Lehrmethode.“[185]

Ein zweites Argument der Graser-Kritiker richtete sich auf die pädagogische Kompetenz der Lehrer in der Praxis des Unterrichts in der Volksschule: Der mit zahlreichen anderen Aufgaben betraute Elementarschullehrer könne niemals die Fachkompetenz erwerben, die notwendig sei, eine angemessene Förderung der Gehörlosen zu gewährleisten. Dies gelte schon für die Ausbildung, erst recht aber für die spätere Unterrichtspraxis:

„In jedem Geschäfte und so auch in allem und jedem Unterrichte leistet bei gleichen Gaben derjenige mehr, welcher beständig Uebung darin hat, als derjenige, welcher dieser Uebung entbehrt, und so ist es denn wohl keinem Zweifel unterworfen, daß Lehrer, welche viele Jahre hindurch Taubstumme unterrichten, in ihren Erfolgen glücklicher seyn werden, als solche, welchen der Unterricht eines Taubstummen vielleicht nur einmal in ihrem Leben vorkomme und neben ihrem Hauptberuf nur Nebensache ist.“[186]

Drittens schließlich sei die Homogenität der Schülerschaft in Taubstummeninstituten der Unterschiedlichkeit der Schüler in der Volksschule vorzuziehen. Das

183 O. G. (1830, S. 738).
184 Kruse (1831, S. 771).
185 Ebd.
186 Jäger (1830, S. 51).

Homogenitätsargument wurde in zweierlei Weise ausgelegt – zunächst im Hinblick auf den Unterricht:

> „Wir wollen zu oberst den Grundsatz hinstellen, daß Gleiches zu Gleichem am besten paßt, also Taubstumme zuerst am vortheilhaftesten in Anstalten erzogen werden können, wo nur sie zu finden sind; denn die Art des Unterrichtes nicht nur, sondern auch die erzieherische Disciplin muß nothwendig von dem Unterrichte und der disciplinären Behandlung solcher Kinder, denen kein so wichtiger Sinn für die Erziehung fehlt, als es bei den Taubstummen der Fall ist, wesentlich verschieden sein, und es kann daher meiner Ansicht zufolge keine Vermischung mit den Vollsinnigen zugelassen werden, wenn dabei nicht die eine oder die andere Classe in Nachtheil kommen sollte.“[187]

Der gemeinsame Unterricht in der Volksschule habe zur Folge, dass „der Taubstumme und der Hörende, (…) im Lernen zurück(bleiben)“[188]. Bemühe sich der Lehrer um die Gehörlosen, so sei „die große Schülerzahl sich selbst überlassen (…). Die 99 Schafe lässt er wegen des hundertsten in der Wüste ohne Aufsicht.“[189] Unterrichte er die Hörenden, so seien die Taubstummen in der Regel überfordert. Auch das von Graser vorgeschlagene Helfersystem gehe auf Kosten der nicht behinderten Kinder:

> „Dr. Graser gedenkt also alle Schüler als Mittel zu gebrauchen, um dem Taubstummen auf der Bahn des Wissens fortzuhelfen. Das heißt doch in Wahrheit den mit gesunden und geraden Gliedern Versehenen sämmtlich zuzumuthen, die Lahmen und Krüppel zu begleiten.“[190]

Demgegenüber biete das Lernen und Zusammenleben größerer Gruppen Gehörloser im Taubstummeninstitut nicht nur unter unterrichtspraktischen, sondern auch unter sozialpsychologischen Aspekten entscheidende Vorteile:

> „Es ist bloß eine Erfahrung, welche in den Instituten täglich gemacht wird; die älteren Zöglinge zeigen und erklären vermittelst der Mimik den jüngeren Bilder, machen sie auf Spaziergängen bald auf dies, bald auf jenes aufmerksam und deuten ihnen die Beschaffenheit, den Gebrauch u.s.w an, sie erzählen ihnen Geschichten und theilen ihnen auch aus ihrem Unterrichte Vieles mit, mahnen sie zu Ordnung, Fleiß, Gehorsam und Aehnlichem und geben ihnen zugleich Beispiel. Das Letztere kann ihnen freilich auch von Vollsinnigen werden (...); allein es kann doch nie so einflußreich sein, als das Beispiel, welches ihm andere Taubstumme geben, weil er mit diesen in einem innigeren, vertrauteren Umgange steht, als es mit Vollsinnigen möglich ist. Der Mensch ist überhaupt zur Geselligkeit erschaffen, in der Gesellschaft Anderer soll er Geist und Gemüth bilden;

---

187 A. D. (1832, S. 1106).
188 X. (1830, S. 269).
189 Ebd., S. 271.
190 Ebd.

> muß es daher für den Geist und Charakter eines gleich uns zur Geselligkeit bestimmten Wesens nicht nachtheilig sein, wenn es mitten unter seinen Brüder vereinzelt aufwächst? Dies ist aber bei den Taubstummen in der Kindheit außerhalb des Instituts immer mehr oder weniger der Fall, indem die Communication zwischen ihm und Anderen beschränkt ist und andere Kinder sich nicht gern mit ihm abgeben, ja ihn nicht selten sogar mißhandeln. (...) Es befinden sich in dem hiesigen Institute Kinder aus Familien, in deren Mitte sie auf das zärtlichste behandelt wurden, – dennoch bekamen sie nach ihrem Eintritte kein Heimweh, ob sie gleich fortwährend die innigste Liebe zu den Ihrigen zeigen. Woher kommt wohl dieß? Daher, daß der Taubstumme erst unter seines Gleichen den Genuß des Umganges mit Anderen findet, sich deswegen erst in dem Institute heimisch fühlt. Ich kann daher die Meinung, daß die Erziehung taubstummer Kinder in einem Institute der an ihren Wohnorten vorzuziehen sei, nicht aufgeben."[191]

Jägers Begründung für eigenständige Taubstummeninstitute konnte jedoch unterschiedlich interpretiert werden. Er selbst betonte die Chancen, die darin lagen, dass sich gehörlose Kinder nicht ständig als „anders", als „minderwertig", als Objekte des Spotts wahrnehmen konnten, dass ihnen – in heutiger Begrifflichkeit formuliert – Möglichkeiten der personalen Identifikation und zum Lernen am Modell geboten wurden. Andere Autoren dagegen gingen in ihrer Beschreibung der Besonderheit der Gehörlosen sehr viel weiter. Sie glaubten eine spezifische Psychologie der Taubstummen erkennen zu können, ein „Mitteldding zwischen dem Thiere und Menschen", das erst durch die „Wohlthat der Lehre und Zucht"[192] zum Menschen und zum nützlichen Mitglied der Gesellschaft gemacht werde:

> „Betrachten wir den Taubstummen, wie er in seiner frühesten Periode ist, so finden wir ihn ganz roh, ohne alle Sprache, ohne Alles, wodurch der Mensch dem Menschen zugänglich ist. Er hat Nichts, als seine sinnlich-thierische Neigung, kaum den Willen zu etwas Besserem, nur die Nöthigung führt ihn zur Lehre; er soll und muß aber gelehret werden, erstlich und am meisten um seiner selbst und seiner Rechte als Mensch willen, und dann, welcher Staat wird so viele nutzbare Hände unbenutzt liegen lassen?"[193]

Einig waren sich die Kritiker Grasers darin, dass der Unterricht der Gehörlosen in der Volksschule immer nur als Notbehelf zu betrachten war, solange es nicht gelungen sei, eine ausreichende Anzahl von Taubstummeneinrichtungen zu schaffen.[194]

---

191 JÄGER (1831, S. 289f.).

192 KRUSE (1831, S. 713).

193 A. D. (1832, S. 1108).

194 Schon früh JÄGER (1829). Allerdings entwickelten die Vertreter der Taubstummeninstitute auch hier unterschiedliche Konzepte. Während Kruse dafür plädierte, die gehörlosen Schülerinnen und Schüler vom sechsten bis zwölften Lebensjahr im

5. Staatlicher Ausbau und Scheitern der Verallgemeinerung

Grasers Forderung nach Aufnahme gehörloser Schülerinnen und Schüler in die Volksschule erschien vor allem den Regierungen in den großen deutschen Flächenstaaten als organisatorisch und wirtschaftlich attraktive Alternative zum Aufbau eines Systems selbstständiger Gehörlosenanstalten. In Württemberg hatte man bereits 1817 damit begonnen, Volksschullehrer in die Taubstummenbildung einzubeziehen.[195] In Österreich wurden neben den Volksschullehrern zeitweise auch die Ortsgeistlichen zur Ausbildung der Gehörlosen herangezogen; der Widerstand der Taubstummenpädagogen verhinderte jedoch eine weitere Ausbreitung der vor allem in Anschluss an die Publikation von Czech (1836) entstehenden Initiativen.[196] In Bayern waren Grasers Bemühungen um einen Gemeinsamen Unterricht bereits seit Mitte der 20er Jahre kontrovers diskutiert worden.[197] Zeitweise konnten interessierte Volksschullehrer eine zusätzliche Gehörlosenqualifikation bei Graser in Bayreuth erwerben.[198] Mit besonderem Nachdruck wurde die Verallgemeinerung in Preußen betrieben, wo sie durch die Circularverfügung des Kultusministers von Altenstein 1828 zum amtlichen Regierungsprogramm erhoben wurde:[199]

Taubstummeninstitut und anschließend in der allgemeinen Schule ihres Heimatortes zu unterrichten, vertrat Jäger die Auffassung, dass die Kinder bis zum achten Lebensjahr in der Volksschule verbleiben und anschließend an eine Taubstummenanstalt wechseln sollten (vgl. Kruse 1832, S. 718). Als besonders wünschenswert sah es Jäger darüber hinaus an, die Einrichtungen für Taubstumme „mit Erziehungsanstalten für vollsinnige Kinder" zu verbinden, „damit ihnen Beides werde, sowohl der Umgang mit Ihresgleichen, als auch die Gesellschaft Vollsinniger" (Jäger 1831, S. 292). Er dachte hierbei vor allem an Verbindungen mit Waisen- oder Armenerziehungshäusern (vgl. Jäger 1850).

195 Vgl. Schumann (1940, S. 262f.) sowie die zeitgenössischen Veröffentlichungen von Alle (1820) und Daniel (1824a, 1825 und 1829).

196 Vgl. Wolff (2001).

197 Wichtigstes Dokument der Verallgemeinerungspolitik in Bayern ist das Ministerialreskript vom 24.5.1832, in dessen Folge es zur Gründung von Taubstummenschulen an Elementarschullehrerseminaren kam.

198 Vgl. Schumann (1940, S. 257–261).

199 Vgl. zur Entwicklung in den übrigen deutschen Bundesstaaten Karth (1902, S. 15–29) und Schumann (1940, S. 249–276).

„Die große Menge von Taubstummen, welche zwar noch ein bildungsfähiges Alter haben, aber in den wenigen vorhandenen Taubstummen-Anstalten nicht mehr unterzubringen sind, sowie der übergroße im Zunehmen begriffene Andrang zu diesen Instituten, hat das Ministerium veranlaßt, auf mehr umfassende und durchgreifende Maßregeln zum Besten dieser Unglücklichen Bedacht zu nehmen. Nach den angestellten Untersuchungen und eingegangenen Berichten sind in den königlichen Landen gegenwärtig über 8000 Taubstumme vorhanden und unter diesen über 1700 noch im bildungsfähigen Alter. Von den letzteren sind aber in den sämmtlichen öffentlichen und Privat-Instituten nur höchsten 170, also nicht einmal der zehnte Theil untergebracht. Eine Vermehrung der Institute nach Bedürfniß ist schon darum nicht ausführbar, weil die kostspielige Unterhaltung der Zöglinge in selbigen die Kräfte der meisten Eltern und selbst des Staates übersteigen würde. Das Ministerium findet es daher angemessen, einen neuen Weg einzuschlagen, wozu auch die Fortschritte des Zeitalters in der Taubstummen-Bildung auffordern, indem man den Unterricht nicht mehr als geheime, sehr complicirte Kunst, sondern als eine zwar eigenthümliche auf die besondere, mangelhafte Beschaffenheit des Schülers berechnete, aber mit jeder andern psychologisch begründeten, naturgemäßen Unterrichtsmethode sehr verwandte Lehr- und Behandlungsweise betrachtet und das Zusammenleben von Taubstummen und hörenden und sprechenden Kindern nicht nur für zulässig, sondern sogar für wünschenswerth und mehr sachförderlich erklärt, als das beständige Zusammenleben von blos Taubstummen mit einander in den Instituten (...).“[200]

Die Tabelle 1 zeigt, dass es zwischen 1825 und 1852 tatsächlich gelang, die Zahl der gehörlosen Kinder und Jugendlichen, die Unterricht erhielten, deutlich zu erhöhen. Von einer vollständigen Versorgung konnte jedoch auch Mitte des Jahrhunderts noch immer nicht die Rede sein.[201]

---

200 Circularverfügung vom 14.5.1828, zit. n. Saegert (1875, S. 20).

201 Daten für 1811: Saegert (1875, S. 2); für 1825: Taubstumme, Taubstummen-Anstalten und Taubstummen-Unterricht (1826); für 1852: Beiträge zur Geschichte und Statistik des Taubstummen-Bildungswesens in Preussen (1884, S. 565–571). Allerdings ging nur ein Teil dieses Zuwachses auf die Aufnahme der gehörlosen Schülerinnen und Schüler in die Volksschule zurück, da im gleichen Zeitraum auch die Zahl der Taubstummen-Institute von sieben auf fünfundzwanzig wuchs (vgl. ebd., S. 565–568). Der deutliche Anstieg der Zahl der gehörlosen Kinder und Jugendlichen insgesamt dürfte auf das allgemeine Bevölkerungswachstum und auf verbesserte demografische Erfassungsmethoden zurückzuführen sein.

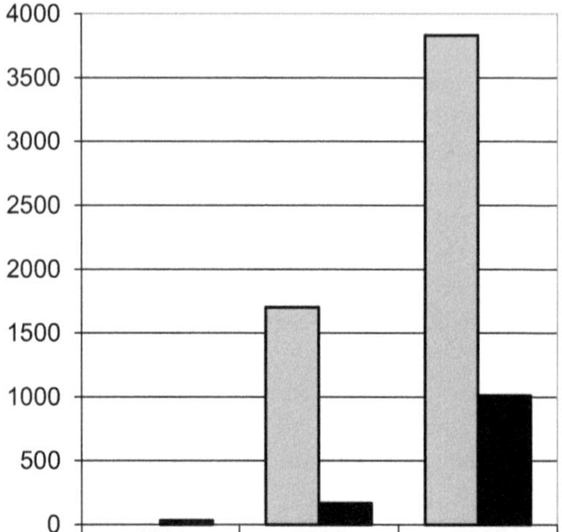

	1811	1825	1852
Gehörlose Kinder u. Jugendliche	0	1700	3833
davon unterrichtlich versorgt	34	170	1012

Tab. 1: *Gehörlose Schülerinnen und Schüler in Preußen 1811–1852*[202]

In großen Teilen Preußens wurde in der *Aufbauphase der Verallgemeinerung* ein System der Lehrerqualifikation aufgebaut, das die Gehörlosenbildung in die Struktur der seminaristischen Volksschullehrerbildung integrierte. Den Volksschullehrerseminaren wurden Taubstummen-Übungsschulen angegliedert, in denen ausgewählte Schulamtskandidaten eine Zusatzqualifikation in der Methodik der Taubstummenbildung erwerben konnten. Folgt man den Angaben der preußischen Schulstatistik, dann erhielten zwischen 1821 und 1849 immerhin 3.344 Lehramtskandidaten im letzten Jahr ihrer Ausbildung eine Einführung in den Taubstummenunterricht.[203] Unterrichtet wurden die angehenden Lehrer von Gehörlosenpädagogen, die selbst an einer der drei königlichen Taubstummenanstalten in Berlin, Königsberg oder Münster ausgebildet worden waren.[204]

202 Für das Jahr 1811 lagen noch keine Daten zur Zahl der Gehörlosen Kinder und Jugendlichen vor.

203 Vgl. Saegert (1849, S. 315).

204 Vgl. Abb. 5. Eine Variante der Ausbildung wurde noch bis 1880 in der Provinz Brandenburg praktiziert, wo Volksschullehrer in sechswöchigen Kursen an der königlichen

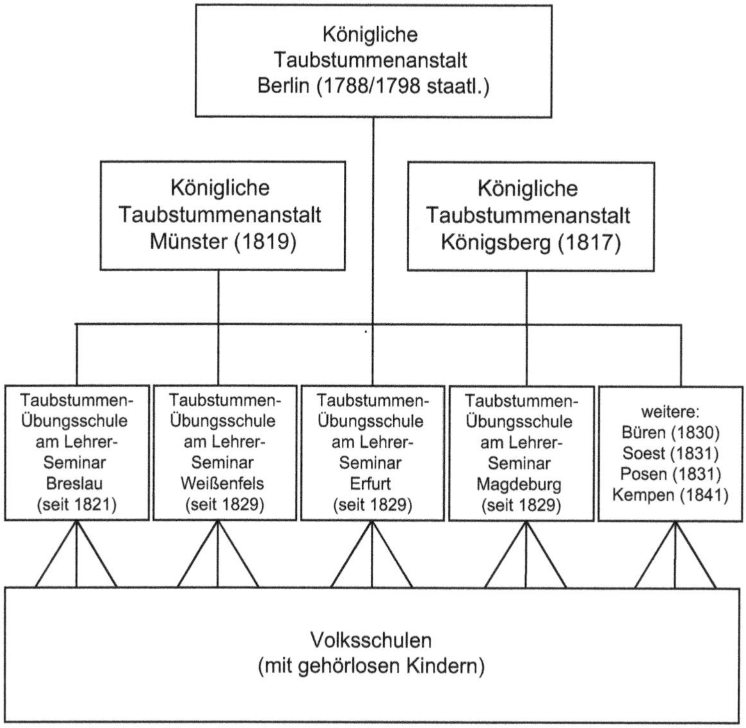

Abb. 5: *Aufbau des Taubstummenbildungswesens in Preußen zur Zeit der Verallgemeinerung*[205]

Mit der Einbindung des Taubstummenunterrichts in die seminaristische Volksschullehrerausbildung wurde die Gehörlosenpädagogik in eines der zentralen Modernisierungsprojekte des preußischen Staates in der Restaurationszeit integriert. Der Historiker Thomas Nipperdey sieht in der Gründung bzw. Neuorganisation von 35 Lehrerseminaren zwischen 1815 und 1840 die „eigentliche

Taubstummenanstalt Berlin auf ihre Aufgaben in der Gehörlosenbildung vorbereitet wurden (vgl. Schulz 1836 und 1836a, Saegert 1840a, Beiträge zur Geschichte und Statistik des Taubstummen-Bildungswesens in Preussen 1884, S. 555–557; ausführlich: Wolff 2013).

205 Die Jahreszahlen für den Beginn der Ausbildungskurse schwanken in der Literatur. In der Abbildung folge ich Saegert (1849). Vgl. auch Karth (1902) und Brauer (2001, S. 46).

Leistung des preußischen Staates“ in dieser Zeit.[206] Die Qualität der in Preußen auf zwei bzw. drei Jahre angelegten seminaristischen Lehrerbildung darf jedoch grundsätzlich nicht überschätzt werden. Mehr als eine „von Schulmeisterklugheit reflektierte Form beruflicher Qualifizierung“[207] war von ihr nicht zu erwarten. In allen Seminaren findet sich eine „enge Traditionsbindung und ein obrigkeitliches Ausbildungskonzept. Die Seminare werden von einem strikten Tagesablauf bestimmt, der die Seminaristen vom Morgenchoral bis zum Nachtgebet, in Unterricht und Freizeit kontrolliert. Nicht selbstbestimmtes, gar wissenschaftsnahes Lernen, sondern rigide Schulung und stark kontrollierte Einübung in die Berufspraxis dominieren.“[208] Die Beherrschung einer formalisierten Unterrichtstechnik, die einen weitgehend festgelegten Ablauf einer Unterrichtsstunde sicherte, konnte angesichts dieser Voraussetzungen bereits als Errungenschaft und professioneller Fortschritt wahrgenommen werden.

Angesichts dieser institutionellen Rahmung ist es nicht erstaunlich, dass es im Ausbildungsprogramm der Volksschullehrer zwischen 1820 und 1850 zu einer „Selbstreduktion der damaligen Taubstummenpädagogik“[209] kam. Die Gehörlosenpädagogik verlor, so die Einschätzung von Sylvia Wolff, zunehmend den Kontakt zum sprachphilosophischen Diskurs, aber auch zur zeitgenössischen bildungstheoretischen und psychologischen Debatte. Zum eindeutigen Mittelpunkt der Ausbildung entwickelte sich nun eine ausgesprochen pragmatisch angelegte Methodik der Lautsprachenentwicklung, während die Gebärdensprache, wie schon von Stephani, Graser und auch Wilhelm Harnisch gefordert, mehr und mehr zurückgedrängt wurde.[210] Betrachtet man die Praxis der

---

206 Nipperdey (1984, S. 465). Ganz ähnlich auch Wehler (1987a, S. 486). Die Zahl der Absolventen konnte innerhalb von 15 Jahren auf über 2.500 im Jahr 1840 fast verdoppelt werden. Zahlen bei Sauer (1987, S. 28) und bei Kuhlemann (1992, S. 269). Dennoch hatten auch Mitte des Jahrhunderts noch immer nicht alle Volksschullehrer eine reguläre Lehrerausbildung durchlaufen. Von den neu angestellten Lehrern besaßen noch Anfang der 1860er Jahre nur etwa zwei Drittel eine seminaristische Ausbildung (vgl. Sauer 1987, S. 68).

207 Tenorth (1987, S. 255).

208 Ebd., S. 254.

209 Wolff (2013, S. 293).

210 Wolff untersucht in ihrer Studie die Programme der Volksschullehrerbildung in Brandenburg. Eine Analyse der Ausbildungsinhalte und -verfahren in den übrigen Provinzen Preußens steht bis heute aus. Zielsetzung und Intensität der gehörlosenpädagogischen Zusatzausbildung stellten sich an den verschiedenen Standorten sehr unterschiedlich dar. Während an einzelnen Seminarschulen Lehrkonzepte mit Blick auf den gemeinsamen Unterricht in der Volksschule entwickelt wurden (vgl. z.B. Hill

seminaristischen Lehrerausbildung in ihrer Gesamtheit, dann ist Wolff zuzustimmen, die konstatiert, dass sich die durch den Verallgemeinerungsgedanken geprägte Volksschullehrerbildung „als treuer Transporteur eines an die Bedingungen der Volksschule angepassten Taubstummenunterrichts“[211] erwies. Den in der frühen Debatte um Bildsamkeit und Bildungsansprüche gesetzten Maßstäben konnte die Lehrerausbildung und erst Recht die Praxis der Volksschule nicht im Entferntesten gerecht werden.

Inwieweit gehörlose Kinder tatsächlich auch außerhalb der Seminareinrichtungen in regulären Volksschulen unterrichtet wurden, ist bisher nicht systematisch untersucht worden.[212] In der Realität der Volksschularbeit vor Ort wurden die Elementarschullehrer mit Lern- und Lehrbedingungen konfrontiert, die im eklatanten Widerspruch zu den Vorstellungen standen, die die Verallgemeinerer Stephani und Graser im Hinblick auf einen individualisierenden, dem Fördergedanken verpflichteten Unterricht entwickelt hatten. Lerngruppen von 80 und mehr Schülern in ein- bzw. zweiklassigen Elementarschulen machten eine individuelle Förderung von vornherein zur Unmöglichkeit.[213] Angesichts der Schülerzahl musste die Gewährleistung einer strengen Schuldisziplin, häufig unter Einsatz von körperlicher Gewalt, als bedeutendstes Ziel erscheinen. Lehr- und Lernmittel waren kaum vorhanden und wurden in der Regel nur von besonders

---

1841), beschränkten sich andere Einrichtungen schon frühzeitig auf die Vermittlung der Methodik der Lautsprachenschulung (vgl. z.B. Schulz 1836). Siehe die Übersicht über Ausbildungspläne für Gehörlosenlehrer an verschiedenen Taubstummeneinrichtungen in Preußen von 1812 bis 1872 bei Saegert (1875, S. 18–39). Die Unterschiede in den Ausbildungsprogrammen beschränkten sich jedoch nicht auf die Gehörlosenpädagogik, sondern sind ein Charakteristikum der seminaristischen Lehrerausbildung bis zur Jahrhundertmitte (vgl. Sauer 1987, S. 24–27).

211 Wolff (2013, S. 293).

212 Saegert (1849, S. 315) kommt in einer zeitgenössischen Erhebung zu dem Ergebnis, dass von den mehr als 3.000 Lehrern, die im Seminar eine Ausbildung für den Taubstummenunterricht erhalten hatten, nur 130 in ihren Schulen tatsächlich gehörlose Kinder unterrichteten. Für die preußische Rheinprovinz wird vom Provinzial-Schulkollegium zwischen 1841 und 1859 sogar nur von einem einzigen Fall berichtet (vgl. Bericht über die mit den Schullehrer-Seminaren der Rheinprovinz verbundenen Taubstummen-Anstalten 1861, S. 17).

213 Die durchschnittlichen Klassengrößen schwankten im Jahr 1861 in Preußen in den verschiedenen Provinzen zwischen 56 und 100 Schülern (Kuhlemann 1992, S. 456). 88% der öffentlichen Elementarschulen waren (meist einklassige) Landschulen (vgl. Sauer 1987, S. 62).

engagierten Lehrern oder Pfarrern angeschafft. Wichtigstes (und nicht selten einziges) Lehrbuch war für Jahrzehnte die Bibel. Erst um 1860 kann von einer durchgängigen Einführung des Lesebuchs und einer relativ flächendeckenden Ausstattung der Klassenräume mit Tafeln, Karten und kleinen Schülerbibliotheken gesprochen werden. Unregelmäßiger Schulbesuch, vor allem in ländlichen Regionen, und mit ihm verbundener, noch bis in die 1870er Jahre verbreiteter Analphabetismus selbst älterer Schülerinnen und Schüler standen einem geordneten und systematischen Unterricht zusätzlich im Wege.[214] Vor dem Hintergrund dieser Bedingungen des Volksschulunterrichts liegt es auf der Hand, dass die Versuche, gehörlose Kinder schulisch zu fördern, nur in wenigen Fällen erfolgreich verlaufen sein dürften.

Dennoch wertete eine im preußischen Kultusministerium ausgearbeitete Denkschrift aus dem Jahr 1836 die Verallgemeinerung als Erfolg:

> „Der Versuch, den Taubstummen-Unterricht mit dem gewöhnlichen Elementarunterrichte in solche nähere Verbindung zu bringen, daß der öffentliche Lehrer der gewöhnlichen Elementarschule in der Regel den Unterricht taubstummer Kinder in bildungsfähigem Alter mit übernimmt, ist als gelungen zu betrachten."[215]

Noch in der zweiten Hälfte der 1840 Jahre zeichnete Carl Wilhelm Saegert, der als Direktor der Berliner Taubstummenanstalt einer der wichtigsten Verantwortlichen der Verallgemeinerung in Preußen war, ein insgesamt positives Bild:

> „Gewöhnlich werden die taubstummen Kinder (…) in den Schulklassen neben den hörenden Kindern *beschäftigt*, nämlich in *Schreiben*, *Zeichnen*, *Rechnen* und durch Beantwortung schriftlicher Fragen (…); außerdem empfangen die Taubstummen täglich 1 bis 1½ Stunden besonderen Unterricht in der Articulation und in der Sprache, und wenn die Kinder weit genug vorgeschritten sind, auch im Christenthum. (…) Viele Lehrer haben ihre Schüler vollständig für die Confirmation selbst vorbereitet und überhaupt einen Eifer, eine Fähigkeit für den Taubstummenunterricht bekundet, der jedem eigentlichen Taubstummenlehrer zur Ehre gereichen würde."[216]

---

214 Vgl. Friederich (1987).

215 Zit. n. Beiträge zur Geschichte und Statistik des Taubstummen-Bildungswesens in Preussen (1884, S. 558).

216 Saegert (1847, S. 430). Saegert (1809–1879) avancierte 1852 zum Regierungs- und Schulrat und ein Jahr später zum General-Inspektor des Taubstummenbildungswesens in Preußen. Neben der Taubstummenbildung widmete er sich vor allem der Schaffung von Bildungsmöglichkeiten für Kinder mit erheblichen kognitiven Einschränkungen (vgl. z.B. Saegert 1845/46 und 1858), auch hier mit dem Blick auf deren Integration in das Volksschulwesen. Saegert gründete eine private Heil- und Bildungsanstalt für „Blödsinnige", der 1855 Korporationsrechte verliehen wurden.

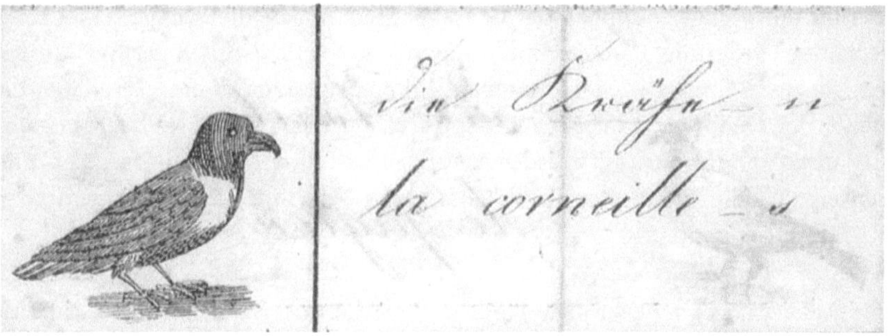

Abb. 6: *Aus einem in der Volksschule benutzten mehrsprachigen „Wörterbuch für Taubstumme" (1830)*[217]

Andere namhafte Protagonisten der Verallgemeinerung, wie Wilhelm Harnisch, mussten jedoch zugestehen, dass die von Graser geweckten Erwartungen an den gemeinsamen Volksschulunterricht von Kindern mit und ohne Behinderungen sich nicht verwirklicht hatten:

> „Gewiß ist es, daß nicht jeder Lehrer wird gleich gut Blinde und Taubstumme mit seinen vollsinnigen Schülern unterrichten können; gewiß, daß eine Nachhülfe oder Beihülfe dabei unentbehrlich ist, gewiß, daß Blinde sich eher dem allgemeinen Unterricht anschließen als Taubstumme, gewiß, daß bei dem Versuch, den Graser in Baireuth mit der Zusammenunterrichtung von Taubstummen und Vollsinnigen angestellt hat, nach Berichten mehrerer Reisenden, das nicht herausgekommen ist, was man nach seiner Schrift: *Der durch Gesicht- und Tonsprache der Menschheit wiedergegebene Taubstumme*, Baireuth 1829 (3 Thlr.) hätte erwarten sollen, aber man verlange auch nicht zu viel, lege die Hand vertrauensvoll an, bediene sich der vollsinnigen Mitschüler als Helfer, und es wird gehen. (...)
> Daraus geht die Regel hervor: ‚Überlege gar wohl, *wie viel du* aus jedem Mangelsinnigen machen willst, denn nicht jeden kannst du *vollständig* ausbilden.'"[218]

Mit umfangreichen Publikationen zur Geschichte des Taubstummen-Bildungswesens (Saegert 1875, 1878) prägte er darüber hinaus die frühe Historiografie zur Gehörlosenbildung wesentlich mit. Zu seiner Biografie Wolff (2005).

217 Wilke (1830, S. 36). Der gehörlose Autor des Buches, Karl Heinrich Wilke (1800–1876), war zunächst Schüler, später Lehrer am Berliner Taubstummeninstitut. Die Bildertafeln stellen die Teile des menschlichen Körpers, Gegenstände und Personen der Lebenswelt, Pflanzen und Tiere sowie Naturphänomene dar und werden auf Deutsch und Französisch bezeichnet; hier: Die Krähe, la corneille.

218 Harnisch (1839, S. 560ff.). Harnisch war von 1822 bis 1842 Leiter des Lehrerseminars in Weißenfels und damit verantwortlich für die dortige Taubstummenausbildung der

Wenige Jahre später räumte sogar Graser selbst ein, dass die Erfolge seines Konzepts der Förderung Taubstummer in der Volksschule deutlich geringer ausfielen, als zuvor immer wieder behauptet. Erstmals gestand er ein, dass kaum die Hälfte der Gehörlosen tatsächlich das Sprechen erlernt hatte.[219] Nach beinahe 20 Jahren der Erfahrung mit der Verallgemeinerung mussten Harnisch und Graser – als die wichtigsten Repräsentanten der preußischen bzw. bayerischen

---

Volksschullehrer. In einem ausführlichen Reisebericht (Harnisch 1832) schilderte er seine Eindrücke aus zahlreichen Taubstummenanstalten, die er als „Verheimlichungsanstalten" und „Einkerkerungsanstalten" außerordentlich scharf kritisierte (ebd., S. 313). Harnisch sprach sich für eine möglichst vollständige Zurückdrängung der Gebärdensprache aus. Zur Entwicklung und Einordnung seiner Position in die restaurative Schul- und Minderheitenpolitik des preußischen Staates List (2004).

219 Vgl. Graser (1843, S. 15). Einen Eindruck von der Unterrichtspraxis in Grasers Schule in Bayreuth vermittelt ein Hospitationsbericht des Kölner Taubstummenlehrers Johann Joseph Gronewald, der 1836 in der „Allgemeinen Schulzeitung" publiziert wurde. An der Evangelischen Elementarknabenschule Grasers wurden während des Besuchs insgesamt sieben gehörlose Schüler in einer Klasse von 130 Kindern unterrichtet. Gronewald war in der Erwartung nach Bayreuth gereist, möglichst viele gemeinsame Unterrichtssituationen gehörloser und hörender Kinder sehen zu können, wurde aber enttäuscht, da diese offenbar kaum stattfanden. Vielmehr wurden die taubstummen Schüler in der Regel getrennt von den übrigen Schülern unterrichtet oder saßen während des Klassenunterrichts „auf einer abgesonderten Bank und bearbeiteten ein stilles Pensum" (Die Taubstummenschule in Bayreuth 1836, S. 1165). Um am Unterricht der hörenden Kinder teilnehmen zu können, erhielten sie in den beiden ersten Schuljahren einen sog. „Vorbereitungsunterricht". Hier sollten sie so viel sprechen, schreiben und lesen lernen, dass der Lehrer „beim allgemeinen Unterrichte der untersten Elementarclasse keine den Hörenden nachtheilige Berücksichtigung anzusprechen brauche" (ebd., S. 1063). So lange „der Taubstumme sich noch nicht selbst beschäftigen könne, bleibe er von der Elementarschule ausgeschlossen, der Besuch werde ihm aber gestattet, sobald dies Hinderniß wegfalle, wäre es auch nur, um ihm in seiner stillen Beschäftigung eine entfernte Aufsicht und danebst die Ueberzeugung zu gewähren, daß auch der Lese- und Schreibunterricht des vollsinnigen Kindes sich der Hauptsache nach in Nichts von dem seinigen unterscheide" (ebd.). Da sich nach Auskunft Gronewalds die Lehrer der höheren Klassen nicht mit dem Taubstummenunterricht befassen wollten, blieben die gehörlosen Schüler in Bayreuth die gesamte Schulzeit in der ersten Klasse, wo „mit den alljährlich neu eintretenden Anfängern auch jedesmal das alte Pensum von vorn" begann (ebd., S. 1171). Dass gemeinsames Lernen von hörenden und gehörlosen Kindern in den Gehörlosenschulen an den Lehrerseminaren kaum stattfand und von den Lehrerinnen und Lehrern selbst skeptisch beurteilt wurde, berichtet Gronewald auch von einem Besuch am Seminar im westfälischen Büren (Dritter Jahres-Bericht des

Verallgemeinerung – die an den Gehörlosenunterricht in der Volksschule gerichteten Erwartungen erheblich dämpfen.

Gleichzeitig verschärfte sich die Kritik derjenigen Pädagogen, die als Taubstummenlehrer der Verallgemeinerung von vornherein skeptisch gegenüber gestanden hatten.[220] Tatsächlich muss festgestellt werden, dass die aus der Volksschularbeit kommenden Verallgemeinerer dazu neigten, die Komplexität der Förderbedürfnisse der gehörlosen Schüler und damit auch den Qualifizierungsbedarf der sie unterrichtenden Lehrer erheblich zu unterschätzen. Wie wenig Verständnis etwa Graser für die Notwendigkeit einer fundierten Ausbildung der Volksschullehrer hatte, wird an der Tatsache deutlich, dass er für die Kurse zur Methodik der Taubstummenbildung Lektionen von insgesamt nur zwei Wochen Dauer (!) als hinreichend betrachtete.[221] Harnischs oben zitierte Aussage, „man verlange auch nicht zu viel, lege die Hand vertrauensvoll an, bediene sich der vollsinnigen Mitschüler als Helfer, und es wird gehen"[222], ist in ihrer Offenheit, an die Stelle hochfliegender pädagogischer Ambitionen eines Gemeinsamen Unterrichts einen beschwichtigenden Pragmatismus zu setzen, sicherlich eine Ausnahme, in ihrer Tendenz aber dennoch charakteristisch für die zweite Phase der Verallgemeinerung seit dem Ende der 1830er Jahre.

Überblickt man die von nun an erscheinende Literatur zur Taubstummenbildung, so wird deutlich, dass die offensichtlichen Defizite des Verallgemeinerungsansatzes die Mehrzahl der in der Volksschullehrerausbildung tätigen Praktiker zu der Einschätzung geführt hatte, die Aufnahme gehörloser Kinder in die Volksschule nur noch übergangsweise (für die Zeit vor oder nach dem Besuch einer Taubstummenschule oder -anstalt) und solange zu akzeptieren, wie nicht genügend spezielle Einrichtungen zur Verfügung standen.[223] Schon

---

Verwaltungs-Ausschusses des Vereins zur Beförderung des Taubstummen-Unterrichts zu Köln 1835, S. 47f.). Gronewald (1804–1873) hatte wenige Jahre zuvor in Köln die erste Taubstummenschule der preußischen Rheinprovinz gegründet. Der Quellenwert dieses kritischen Berichts, der als Plädoyer für die Trennung des Taubstummenunterrichts von der Elementarschule zu lesen ist, muss daher allerdings relativiert werden. Ein weiterer kurzer, ebenfalls kritischer Bericht bei Schulz (1843); allerdings aus der Rückschau von 10 Jahren.

220 Vgl. bilanzierend Jäger (1850) und Kruse (1850).

221 Vgl. Graser (1830a, S. 42f.)

222 Harnisch (1839, S. 560).

223 In diesem Sinne z.B. Saegert (1840, S. VIff.) und die Taubstummenlehrer Wirsel (1850) und Roessler (1858).

1843 stellte der in der Provinz Brandenburg für die Volksschullehrerausbildung verantwortliche Schulrat Otto Schulz quasi amtlich fest:

> „Der vor einigen Jahren zu Baireuth verstorbene Königl. bairische Schulrath Graser und der würtembergische Pfarrer Daniel stellten fast gleichzeitig die Ansicht auf, daß jedes taubstumme Kind in der Schule seines Wohnortes zugleich mit vollsinnigen Kindern und im Wesentlichen nach derselben Methode unterrichtet werden können. Unstreitig war das ein Irrthum, denn in allen auf Geistesbildung abzweckenden Gegenständen kann das taubstumme Kind mit den vollsinnigen nur in dem Falle gleichen Unterricht genießen, wenn man sich entschließt, das vollsinnige Kind gerade so zu behandeln, als ob es ein taubstummes wäre."[224]

Auch Carl Wilhelm Saegert musste 1849 konstatieren, dass die Bemühungen um die Verallgemeinerung „größtentheils fehlgeschlagen" waren.[225] Als Gründe nannte er, dass man

> „den Seminaristen zumuthet, einen Gegenstand theoretisch und praktisch aufzufassen, dem nach der Natur der gesammten Seminarausbildung einige Erfahrung in der Schule vorausgehen muß;
> (...) vergessen hat, die Lehrer, von denen man als Volksschullehrern den beiläufigen Unterricht taubstummer Kinder verlangte, auch für ihre Mühe zu entschädigen, d. h. angemessen zu bezahlen;
> (...) die Taubstummen-Anstalten nicht in organische Verbindung mit den Volksschullehrern gebracht hat, sondern daß es dem Zufall überlassen blieb, *ob* und *wie* sie die taubstummen Kinder auf dem Lande unterrichten würden."[226]

Ein kontrovers ausgetragener öffentlicher Diskurs, der die Einführung der Verallgemeinerung seit Anfang der 1820er Jahre begleitet hatte, lässt sich in der *Phase ihrer Stagnation* zwei Jahrzehnte später allerdings nicht mehr nachweisen. Um diese Entwicklung angemessen einzuordnen, ist es jedoch wichtig zu sehen, dass die Ernüchterung angesichts der offensichtlichen Probleme der Verallgemeinerung im Verlauf des Ausbaus der Volksschullehrerausbildung kein isoliertes Phänomen darstellte. Die Kritik an der neu geschaffenen seminaristischen Lehrerausbildung insgesamt war außerordentlich vielstimmig und richtete sich sowohl auf ihren Umfang als auch auf ihre Inhalte. Aufgegriffen

---

224 Schulz (1843, 490f.)

225 Saegert (1849, S. 315).

226 Ebd., S. 316. Er nahm in seiner Kritik die in Brandenburg gültige Praxis allerdings noch ausdrücklich aus und führte die brandenburger Erfolge auf eine engere Verbindung mit der von ihm selbst geleiteten Berliner-Taubstummenanstalt sowie die seit 1842 in einigen Regionen durchgesetzte zusätzliche Besoldung der im Taubstummenunterricht tätigen Lehrer zurück (vgl. ebd., S. 317).

und instrumentalisiert wurde sie in den 1840er Jahren in Preußen vom konservativen Kultusminister Eichhorn, der eine allgemeine Bestandsaufnahme und schließlich Revision der Elementarlehrerausbildung in die Wege leitete, die sich mit den Stichworten Ausbaustopp, Reduktion und Vereinheitlichung der Ausbildungsinhalte zusammenfassen lässt.[227] Verstärkt wurde diese Tendenz nach der Niederschlagung der Revolution von 1848 in den sog. Stiehl'schen Regulativen, in denen die Bildungsbegrenzung zur offiziellen Prämisse der Volksschullehrerausbildung erhoben wurde.[228]

In dieser Stagnationsphase war Friedrich Moritz Hill, einer der führenden Repräsentanten der deutschen Taubstummenpädagogik der zweiten Hälfte des 19. Jahrhunderts, einer der wenigen, die neben den Problemen der Verallgemeinerung weiterhin auch die grundsätzlich in ihr angelegten Chancen betonten.[229] Auch Hill bewertete den Unterricht für die Gehörlosen vor dem Hintergrund der Erfahrungen der vorangegangenen Jahrzehnte ausgesprochen kritisch[230] und setzte sich für die flächendeckende Einrichtung eigenständiger

---

227 Vgl. Sauer (1987, S. 31–49). Für die zeitgenössische Kritik z.B. Thomas (1848).

228 Vgl. Sauer (1987, S. 49–68). Die Regulative von 1854 erwähnten die Taubstummenbildung schon nicht mehr (Stiehl 1854). Mit Blick auf die Gehörlosenpädagogik Hill (1856) und Wolff (2013, S. 282–285). Auch in der „Schulkunde für evangelische Volksschullehrer" (Bormann 1855), dem Standardwerk zur Volksschullehrerausbildung im Anschluss an die preußischen Regulative, fand die Taubstummenbildung keinen Platz.

229 Siehe etwa die Aussprache während der ersten Versammlung der deutschen Taubstummenlehrer im Oktober 1846 in Esslingen (vgl. Taubstummenlehrer-Versammlung zu Esslingen 1847). Ähnlich auch Hentschel (1858).
Hill (1805–1874) war ursprünglich als Volksschullehrer ausgebildet worden, ging dann an die Königliche Taubstummenanstalt in Berlin und trat anschließend als Gehörlosenpädagoge eine Stelle als „erster Lehrer" an der Seminar-Taubstummenanstalt in Weißenfels an. Dem gemeinsamen Unterricht gehörloser und hörender Kinder in der Volksschule stand er zunächst positiv gegenüber. Als Elementar- und Gehörlosenpädagoge sowie als Leiter von Kursen für angehende Volksschullehrer kannte er die Schwierigkeiten, die sich mit dem Unterricht in der Volksschule verknüpften, sehr genau, entwickelte angesichts dieser Probleme jedoch erheblich differenziertere und praxisnähere methodische Vorstellungen, als dies die schulpädagogischen Generalisten Stephani und Graser zuvor hatten tun können. Eine Würdigung seiner Überlegungen, die in zahlreichen Aspekten an Pestalozzi anknüpfen, z.T. aber auch spätere reformpädagogische Gedanken vorwegnehmen, ist an dieser Stelle nicht möglich. Siehe exemplarisch zum Gehörlosenunterricht in der Volksschule seine Ausführungen im Diesterweg'schen „Wegweiser für deutsche Lehrer" (Hill 1838).

230 Vgl. Hill (1844, S. 472f. und 1866, S. 6ff.).

Taubstummenschulen ein.[231] Als hoch problematisch schätzte er jedoch Bemühungen ein, auch in der Ausbildung der Gehörlosenpädagogen eine Trennung von den Volksschullehrerseminaren vorzunehmen:

> „Es hiesse, das Kind mit dem Bade ausschütten, die Axt an die Wurzel des Baumes legen, anstatt nur die zeitweilig hie und da hervorspriessenden Wildlinge zu entfernen. Die Vortheile, welcher der ganzen Tbst.-Bildungsangelegenheit aus der Verbindung erwachsen sind und noch erwachsen, haben sich als zu bedeutend erwiesen, als dass man sie wegen einiger meist nur vorübergehender Uebelstände aufgeben dürfte. Die Isolierung würde sehr bald wieder zu den ehemaligen kläglichen Zuständen zurückführen, die Tbst.-Lehrer zu einer abgeschlossenen Zunft machen und das Tbst.-Bildungswesen der Gefahr der Verkrüppelung aussetzen."[232]
> „Indem der reiche Strom der allgemeinen Pädagogik vermittelst durch die Seminar-Tbst.-Anstalten anregend, befruchtend und reinigend auf das dürre Gebiet der Tbst.-Bildung einwirkt, bewahrt er die Lehrer vor der Einseitigkeit, Einschrumpfung und Versteifung, vor der Abgeschlossenheit und Engherzigkeit, vor den Verkehrtheiten und Verschrobenheiten, vor dem Stehenbleiben und der selbstgefälligen Überschätzung, denen sie bei der grossen Beschränktheit ihres Gebietes und ihrer Verhältnisse (...) so leicht ausgesetzt sind und denen man in früheren Jahren bei so vielen Vorstehern und Lehrern von Tbst.-Anstalten begegnete."[233]

Dass Hill sich trotz seines enormen Renommees als Unterrichtsmethodiker in der Gehörlosenlehrerschaft mit seinen Warnungen vor einer Isolierung der Taubstummenpädagogik nicht durchsetzen konnte, hatte allerdings nicht nur pädagogische, sondern auch professionspolitische Ursachen: Mit der Gründung der Taubstummeneinrichtungen an den Volksschullehrerseminaren hatte sich die Zahl der Gehörlosenlehrer zunächst deutlich erhöht. 1846 trafen sich erstmals Gehörlosenlehrer aus ganz Deutschland zu einer gemeinsamen Taubstummenlehrer-Versammlung.[234] 1854 erschien die erste Nummer der eigenständigen Fachzeitschrift „Organ der Taubstummen und Blindenanstalten in Deutschland und den deutschredenden Nachbarländern", die zuvor zunächst noch als Beiblatt der „Allgemeinen Schulzeitung" herausgekommen war. Der professionelle Diskurs der Gehörlosenpädagogen hatte Mitte des Jahrhunderts also zu ersten organisatorischen Formen gefunden. Mit dem Aufbau der Seminarübungsschulen war die Phase der Expansion jedoch zum Abschluss gekommen, neue berufliche Entwicklungsmöglichkeiten für die Taubstummenlehrer waren nicht mehr zu

231 Vgl. Hill (1844).
232 Hill (1866, S. 300).
233 Ebd., S. 306.
234 Vgl. Taubstummenlehrer-Versammlung zu Esslingen (1847), Hill (1847).

erkennen. Im Gegenteil: Die zunehmende Verbreitung der Verallgemeinerung musste nun verstärkt als Gefährdung der eigenen Berufsgruppe wahrgenommen werden, drohte die bisherige Schülerschaft der Taubstummenanstalten und der Seminarübungsschulen mittelfristig in die Volksschulen abzuwandern und, wenn nicht ganz wegzubrechen, so doch erheblich kleiner zu werden.[235] Der Prozess der Stagnation lässt sich anhand der Gründungsdaten der Gehörloseneinrichtungen in Preußen exemplarisch nachvollziehen. Während zwischen 1831 und 1840 immerhin fünfzehn neue Taubstummenanstalten eröffnet worden waren, sank die Zahl der Neugründungen in den folgenden beiden Jahrzehnten auf insgesamt vier.[236]

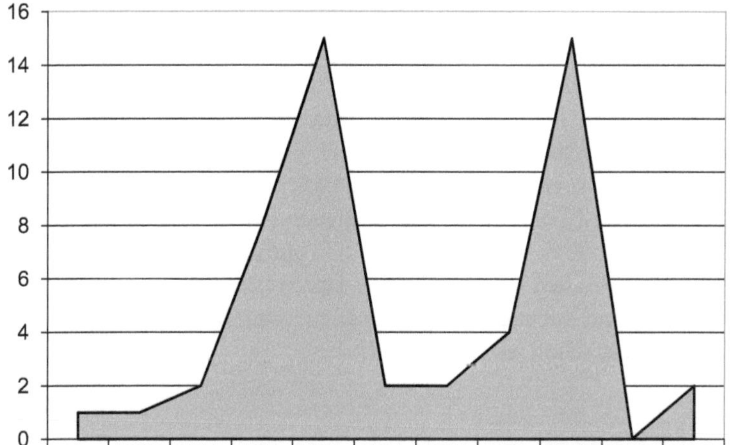

	bis 1800	1800-1810	1811-1820	1821-1830	1831-1840	1841-1850	1851-1860	1861-1870	1871-1880	1881-1890	1891-1900
gesamt	1	1	2	8	15	2	2	4	15	0	2

Tab. 2: *Neugründung von Taubstummenanstalten in Preußen im 19. Jahrhundert*[237]

Janette Brauer hat in ihrer Studie zum Institutionalisierungs- und Verberuflichungsprozess der Taubstummenbildung in Preußen zeigen können, dass es der Taubstummenlehrerschaft bei dem Bemühen, die eigene Schülerschaft zu sichern, wenn möglich sogar zu vergrößern, vor allem darum ging, ihre spezifische pädagogische Qualifikation zu betonen und gegenüber derjenigen der

235 Vgl. für die preußische Provinz Sachsen Saegert (1875, S. 12).
236 Vgl. Tab. 2.
237 Vgl. Karth (1902, S. 32–37), Brauer (2001, S. 128f.).

Volksschullehrer abzugrenzen.[238] Brauer vertritt die These, dass die Gehörlosenpädagogen zu diesem Zweck zwei zentrale Strategien verfolgten: Die erste Argumentationslinie lief über „die Propagierung des lautsprachlichen Unterrichts, der nur über die (…) Lautanbahnung möglich sei. Unterschiedliche Unterrichtsmethoden, wie der unterstützende Einsatz der wesentlich erfolgversprechenderen Gebärdensprache, galten auf einmal als ‚unwissenschaftlich'".[239] Gleichzeitig wurde der Kreis der gehörlosen Schülerinnen und Schüler nun „als besonders schwer geschädigt und nur ganz schwer beschulbar dargestellt."[240]

Tatsächlich konnten die Taubstummenpädagogen sowohl ihre pädagogischen und schulorganisatorischen Vorstellungen als auch ihre berufspolitischen Interessen durchzusetzen. Mit dem *Ende der Verallgemeinerungspolitik* Anfang der 1860er Jahre sollten nun mittelfristig alle gehörlosen Kinder eine Taubstummenanstalt besuchen, was einen zweiten großen Gründungsboom zur Folge hatte. Die Vorsteher und „ordentlichen Lehrer" an den Gehörlosenanstalten wurden den Pädagogen an Lehrerseminaren und anderen höheren Lehrinstituten gleichgestellt.[241] Ihnen gelang damit als ganzer Berufsgruppe im Vergleich zu den Volksschullehrern ein enormer Sprung nach vorn – nicht nur hinsichtlich der ökonomischen Absicherung, sondern auch in Bezug auf das Sozialprestige.[242]

Welche Gründe dazu führten, dass die Politik die Verallgemeinerung aufgab und anders als in den 1830er und 40er Jahren bereit war, die Taubstummenanstalten massiv auszubauen, wäre genauer zu untersuchen. Einige Einflussgrößen lassen sich aber schon jetzt benennen:

---

238 Vgl. ebd., S. 56–69.

239 Ebd., S. 67.

240 Ebd.

241 Vgl. Saegert (1875, S. 121f.).

242 Den Aufstieg zum Seminarlehrer hat Frank-Michael Kuhlemann in seiner Darstellung der Sozialgeschichte des preußischen Volksschulwesens des 19. Jahrhunderts als eines von vier typischen Karrieremustern innerhalb der Volksschullehrerschaft beschrieben. Während die einfachen Elementarschullehrer noch lange um die Angleichung an den Status der unteren Beamtenschaft kämpfen mussten, hatten die Taubstummenlehrer als Berufsgruppe diesen Karrieresprung vollzogen. Das Einkommen eines Volksschullehrers lag zwischen 1860 und 1870 bei durchschnittlich 236 Talern pro Jahr (vgl. Kuhlemann 1992, S. 457). Dagegen erhielten die Lehrer an Taubstummenanstalten Anfang der 1870er Jahre zwischen 400 und 900 Talern, Direktoren zwischen 1200 und 1800. Die Einkommensspannen ergaben sich vor allem durch regionale Unterschiede (vgl. Saegert 1875, S. 121f.). Zum Übergang von der Volksschule in die Taubstummenlehrerlaufbahn: Sorge für das Taubstummen-Bildungswesen (1872).

Zum einen ist anzunehmen, dass sich die berufspolitischen Interessen der Taubstummenpädagogen mit denen vieler Volksschullehrer verbanden. Die Realisierung elementarster Bildung in der Landbevölkerung und in den sozialen Unterschichten der Städte, die zu einer Ausweitung des Kreises der des Lesens und Schreibens Kundigen und zugleich zu Verhaltensnormierungen führte, ließ ein Normalitätsmodell kindlichen Verhaltens und Lernens konsensfähig werden, das die kognitiv und körperlich Beeinträchtigten, die Verhaltensauffälligen und die Sinnesgeschädigten ausschloss.[243] Durch das langsam steigende Niveau der Volksschule und eine Tendenz zur Homogenisierung der Lerngruppen, nicht zuletzt erkennbar an der zunehmenden Etablierung drei- und mehrklassiger Schulen, wurden Einschränkungen der Leistungsfähigkeit deutlicher sichtbar.[244] Das Bemühen, eine pädagogisch besonders anspruchsvolle Schülergruppe nicht oder nur kurzzeitig in die Volkschule aufzunehmen, dürfte daher eher auf Wohlwollen und Unterstützung aus Kreisen der Volksschullehrerschaft denn auf Widerspruch gestoßen sein. Ein belastbarer empirischer Nachweis über die Haltung der Volksschullehrerschaft zur Beschulung der sinnesbehinderten Schülerinnen und Schüler lässt sich aufgrund der aktuellen Forschungslage jedoch bisher nicht führen. Nimmt man allerdings die Zahl der Stellungnahmen in der pädagogischen Publizistik zum Maßstab, so kann zumindest als Hypothese formuliert werden, dass sich die Volksschullehrer für die Frage der Beschulung gehörloser Kinder und Jugendlicher seit den 1850er Jahren nicht mehr zuständig fühlten. Erste Quellenanalysen zeigen, dass sie sich seit der Mitte des Jahrhunderts an der Debatte über die Gehörlosenbildung, anders als noch in den 20er

243 Vgl. Friederich (1987, S. 148f.).

244 Dies gilt vor allem für die Städte, wo 1882 94% der Schüler drei- oder mehrklassige Volksschulen besuchten, während es auf dem Lande weiterhin nur 20% waren (vgl. Kuhlemann 1992, S. 221). Die Bemühungen um Homogenisierung von Lerngruppen qua äußerer Differenzierung lassen sich auch innerhalb der Gehörlosenpädagogik selbst deutlich nachweisen. Bereits kurz nach der Trennung der Taubstummeneinrichtungen von der Volksschule setzten entsprechende Forderungen ein. Sie beinhalteten die achtjährige Schulzeit mit aufsteigenden Jahrgangsklassen und die „Ausscheidung der zur Erreichung des Normalzieles der Schule zu schwach befähigten Kinder zu einem ihrer Fähigkeit und ihrem Bedürfnis entsprechenden Unterrichte mit niedrigerem Ziele“ (Der erste deutsche Taubstummen-Lehrer-Kongress 1884, S. 170). Aus der Taubstummen- und Hilfsschulpädagogik heraus entwickelte sich etwas später dann auch ein gesonderter Schwerhörigenunterricht (vgl. Schumann 1940, S. 617–621, Leonhardt 2010, S. 244–261).

und 30er Jahren, kaum mehr beteiligten und den öffentlichen Diskurs ganz den Pädagogen aus den Taubstummeneinrichtungen überließen.[245]

Zum anderen sollten auch spezifische ökonomische und politische Rahmenbedingungen berücksichtigt werden. Der Wirtschaftsboom der 1860er und frühen 70er Jahre sowie die französischen Reparationszahlungen nach dem Krieg von 1870/71 machten es dem Staat möglich, in größerem Umfang neue und zugleich materiell wie personell besser ausgestattete Gehörloseneinrichtungen zu gründen.[246] In der Atmosphäre des wachsenden Nationalismus während und nach der Reichsgründung wurde die Debatte um die Gehörlosenbildung zudem in erstaunlicher Weise politisch aufgeladen. Die Artikulationsmethode, die traditionell vor allem in Deutschland praktiziert worden war, wurde jetzt als sog. „deutsche Methode" dem „französischen" Gebärdensprachansatz gegenübergestellt. Als 1880 auf dem zweiten internationalen Taubstummenlehrer-Kongress in Mailand mit großer Mehrheit eine Resolution verabschiedet wurde, die die Überlegenheit des Lautsprachenkonzepts feststellte, wurde dieser Erfolg auch als nationaler Triumph gefeiert. So stellte ein Vertreter des preußischen Kultusministeriums in einer Rede vor Taubstummenlehrern aus dem gesamten Reich in Anspielung auf die militärischen Siege im deutsch-österreichischen bzw.

---

245 An der ersten Taubstummenlehrerversammlung in Esslingen hatten noch einzelne Volksschullehrer teilgenommen (vgl. Hill 1847). Die Petition der Allgemeinen Lehrerversammlung in Berlin, die während der 1848er-Revolution die bildungspolitischen Forderungen der liberal-demokratischen Lehrerschaft zusammenfasste, erwähnte die Gehörlosenbildung dagegen nicht (vgl. Zur Schulfrage der Gegenwart 1848). In der „Allgemeinen Schulzeitung", die in den vorangegangenen Jahrzehnten noch regelmäßig über die Entwicklung der Taubstummenbildung berichtet hatte, finden sich seit den 1850er Jahren noch vereinzelt einschlägige Artikel; es lassen sich jedoch keine Beiträge von Volksschulpädagogen zu Fragen der Förderung gehörloser Kinder und Jugendlicher in der Elementarschule mehr nachweisen. Der nach 1848 zum wichtigsten Interessenverband der Volksschullehrer aufsteigende „Allgemeine Deutsche Lehrerverein" brachte in seiner Zeitschrift „Allgemeine Deutsche Lehrerzeitung" zwischen 1852 und 1870 keinen Artikel zum Taubstummenunterricht.

246 Vgl. Wehler (1995, S. 95–105). Tatsächlich erhöhten sich die Aufwendungen des Staates für das öffentliche Bildungswesen drastisch. In Preußen stiegen die Ausgaben für das Bildungswesen insgesamt zwischen 1864 und 1878 um mehr als 50%, für das Elementarschulwesen sogar um mehr als das Zehnfache. Auch relativ ist im gleichen Zeitraum ein bemerkenswerter Anstieg für das Elementarschulwesen von 0,39 auf 2,95% des staatlichen Gesamtetats festzustellen (vgl. Leschinsky/Roeder 1976, S. 479ff.).

deutsch-französischen Krieg fest: „Der Tag von Mailand, unser Sadowa, unser Sedan“, habe „den Sieg der deutschen Methode errungen.“[247]

Zwischen 1861 und 1880 wurden in Preußen sämtliche Taubstummen-Anstalten von den Volksschullehrerseminaren abgelöst und erhielten damit den Status als selbstständige Einrichtungen, die verwaltungstechnisch nicht dem Kultusministerium, sondern den Provinzialverbänden unterstellt waren. Gesetzlich kodifiziert wurde dieser Prozess im sog. „Dotationsgesetz“ von 1875, das viereinhalb Jahrzehnte der Verallgemeinerungspolitik des preußischen Staates beendete.[248] Die Trennung der Gehörlosenbildung von der allgemeinen Schule manifestierte sich in der Gründung von fünfzehn neuen Anstalten in dem vergleichsweise kurzen Zeitraum von 1871 bis 1880.[249] Die Zahl der unterrichtlich versorgten Kinder konnte bis zur Jahrhundertwende auf mehr als 4.000 gesteigert und damit seit 1850 fast vervierfacht werden,[250] der Zugang zum Lehramt an Gehörlosenanstalten wurde landesweit geregelt und die Ausbildung der Taubstummenlehrer vereinheitlicht.[251] Für die pädagogische Arbeit mit den gehörlosen Kindern verbesserten sich die Rahmenbedingungen durch diesen zweiten Gründungsschub in den 1870er Jahren erheblich. Die Klassengröße lag in den Anstalten bereits Mitte des Jahrzehnts durchschnittlich bei ca. 13 Schülerinnen und Schülern.[252] Auch wenn sich in anderen Staaten des Deutschen Reiches der Prozess der institutionellen Differenzierung weniger schnell vollzog,[253] so hatten die Gehörlosenpädagogen ihr Ziel, ein von der Volksschule unabhängiges,

247 Aus der Rede des Geh. Ober-Regierungsrats Schneider (Der erste deutsche Taubstummen-Lehrer-Kongress 1884, S. 169). Vgl. zuvor im „Organ der Taubstummen- und Blindenanstalten“ z.B. auch Renz (1880 S. 192), der bei dem Bemühen um den Nachweis, dass die Artikulationsmethode eine deutsche und keine französische Erfindung gewesen sei, die „große Tragweite für die Ehre unseres Vaterlandes“ beschwor. Deutlich sachlicher dagegen Treibel (1881).

248 Gesetz-Sammlung für die Königlichen Preussischen Staaten (1875). Vgl. Karth (1902), S. 29ff.

249 Vgl. Tab. 2.

250 Die Schulpflicht für Gehörlose wurde in Preußen allerdings erst 1911 verbindlich.

251 Vgl. Sorge für das Taubstummen-Bildungswesen (1872).

252 Vgl. Karth (1902, S. 38).

253 Die Gehörlosenanstalten im bayerischen Straubing, in Nürtingen und Nagold (Württemberg), in Detmold (Lippe) und Hildburghausen (Sachsen-Meiningen) waren noch zu Beginn des 20. Jahrhunderts an die Seminare angeschlossen (vgl. die Übersicht bei Karth 1902, S. 31). Selbst in Preußen besuchten Mitte der 1870er Jahre noch knapp 40% der gehörlosen Schülerinnen und Schüler im Alter von acht bis sechzehn Jahren die Ortsschule (vgl. C. 1875, S. 284 und die einschlägigen Lehrbücher von Hill 1871, Heil 1880 und Walther 1881).

vergleichsweise gut ausgestattetes staatliches Taubstummenbildungssystem zu schaffen, erreicht.

6. Zusammenfassung: Die Verallgemeinerungsdebatte in den Widersprüchen und Konflikten der Aufbauphase des niederen Schulwesens

Betrachtet man den historischen Diskurs um die Verallgemeinerung noch einmal im Zusammenhang, dann ergibt sich ein ausgesprochen widersprüchliches Bild:

Die Anerkennung des Bildungsanspruchs gehörloser Kinder ist für das frühe 19. Jahrhundert zunächst einmal als immenser Schritt nach vorn zu bewerten. Dass der Staat die Verpflichtung anerkannte, die Bildung der Gehörlosen zu gewährleisten und schulische Angebote für eine möglichst große Zahl von Kindern zur Verfügung zu stellen, bedeutete gegenüber der Vergangenheit, als nur eine verschwindend kleine Zahl gesellschaftlich privilegierter Gehörloser überhaupt eine pädagogische Unterstützung erfuhr, einen erheblichen Fortschritt. In ihrem Eintreten für das Bildungsrecht gehörloser Kinder waren sich Befürworter eigenständiger Taubstummenanstalten und die Protagonisten der Verallgemeinerung einig. In der Frage des geeigneten Förderortes gingen die Positionen allerdings auseinander.

Einen einheitlichen normativen Horizont, von dem ausgehend die Verallgemeinerer ihr Plädoyer für die Beschulung der Kinder mit Behinderungen in der Regelschule formulierten, gab es nicht. Zwei wesentliche Orientierungen lassen sich unterscheiden: Eine menschen- bzw. bürgerrechtliche Argumentationslinie, die im Sinne der grundlegenden Prinzipien der Aufklärung das Recht jedes Menschen auf Bildung postulierte und damit den Anspruch verband, möglichst einheitliche staatlich zu garantierende Bildungsangebote zu schaffen, die es den heranwachsenden Bürgerinnen und Bürgern ermöglichen sollten, jenseits von sozialer Herkunft, Geschlecht, weltanschaulicher oder religiöser Orientierung, am gesellschaftlichen und politischen Leben teilzuhaben. Die Schaffung gesonderter Schulen, für welche Bevölkerungsgruppe auch immer, erschien angesichts dieser Grundsatzforderung prinzipiell problematisch und ließ sich auch für gehörlose Kinder vom Grundsatz her nicht rechtfertigen (Heinrich Stephani). Das gleiche Recht auf Bildung verlangte die einheitliche Schule für alle. Hiervon zu unterscheiden ist ein zweites, theologisch bestimmtes Argumentationsmuster, das den Bildungsanspruch jedes Menschen aus dem Gedanken der Ebenbildlichkeit des Menschen zu Gott ableitete. Auch im Gehörlosen, so Johann Baptist Graser, der wichtigste Protagonist dieser Position in der deutschen

Verallgemeinerungsdebatte, habe man zunächst „den Menschen" als „imago dei" und nicht „den Taubstummen" zu sehen, der sich in den Möglichkeiten seiner Wahrnehmung und Kommunikation von Hörenden unterscheide, nicht aber in seiner humanen Substanz. Sein Menschsein möglichst umfassend auszubilden und in die „Gemeinde" hineinzuwachsen, in der er sein Leben auch nach der Schule verbringe, sei dem Gehörlosen in den sozialen Zusammenhängen, in die er hineingeboren sei, sehr viel leichter möglich als in einer Taubstummeneinrichtung, die ihn auf das Gehörlos-Sein reduziere. Auch von Graser wurde ein universalistischer Anspruch formuliert, der das behinderte Kind ausdrücklich einschloss. Anders als noch bei Comenius 200 Jahre zuvor verband sich dieser Gedanke bei ihm jedoch nicht mit der Forderung nach einem Schulwesen, in dem möglichst „allen" ermöglicht werden sollte, „alles", „umfassend" lernen zu können, sondern ließ ein hierarchisch aufgebautes Bildungssystem innerhalb einer statisch gedachten gesellschaftlichen Ordnung durchaus zu.

Die Kritik der Verallgemeinerer an einer auf Separation zielenden (Anstalts-) Erziehung von Kindern mit Behinderungen erwies sich als außerordentlich konsequent und weitblickend. Mit der Betonung des Stellenwerts der sozialen Integration und der Ablehnung einer Sonderanthropologie der Behinderten nahm vor allem Graser in seiner Auseinandersetzung mit der Taubstummenpädagogik seiner Zeit Argumente vorweg, die in der Integrationsdebatte der 70er und 80er Jahre des 20. Jahrhunderts erneut bedeutsam wurden. Im Gegensatz zur Mehrzahl ihrer Kontrahenten aus den Taubstummenanstalten wurde die Gehörlosenpädagogik von Graser und Stephani als integraler Bestandteil der Allgemeinen Pädagogik begriffen.

Auch wenn die beiden profiliertesten Vertreter der Verallgemeinerung keine elaborierten Konzepte zur Didaktik eines Gemeinsamen Unterrichts entwickelten, so erscheint das in ihren Schriften entworfene Unterrichtsverständnis ungewöhnlich modern. Auf Selbsttätigkeit und wechselseitige Hilfe zielende Lernformen wurden als unverzichtbar für einen Unterricht angesehen, der Schülerinnen und Schülern mit unterschiedlichen Lernvoraussetzungen und Fähigkeiten gerecht werden sollte. Mit ihren Entwürfen für das gemeinsame Lernen von Kindern mit und ohne Behinderungen formulierten Stephani und Graser hohe Ansprüche an die Qualität der im Aufbau befindlichen Volksschulbildung.

Gleichzeitig aber ist unübersehbar, dass führende Vertreter der Verallgemeinerung die Integration der Gehörlosen in die allgemeine Schule um den Preis ihrer Anpassung an die Welt der Hörenden propagierten. Im Sprachenstreit zwischen Gebärden-, Laut- und Schriftsprache positionierten sich vor allem Graser und Harnisch eindeutig gegen die Gebärde, machten also die Sprechfähigkeit und damit die (Laut-)Sprache der Hörenden zum entscheidenden Maßstab gelingender sozialer Integration. Die Gebärdensprache wurde marginalisiert und mit ihr die zentralen Kommunikations- und Lernerfahrungen, die die gehörlosen Kinder mit in die Schule brachten.[254] Mit der eklatanten Unterschätzung der Förderbedürfnisse der Kinder mit Behinderungen fielen sie zudem deutlich hinter den Stand des Diskurses der führenden Vertreter der zeitgenössischen Gehörlosenpädagogik zurück.

Öffentliche Kritik an der Verallgemeinerung kam über mehrere Jahrzehnte regelmäßig aus den selbstständigen Taubstummenanstalten. Das zentrale Argument bezog sich auf die fehlende fachliche Kompetenz der Volksschulpädagogen und traf sowohl die Konzepte der prominenten Befürworter des gemeinsamen Lernens als auch die praktische Arbeit der Elementarschullehrer vor Ort. Angesichts der bald offensichtlich werdenden Realitäten des Volksschulunterrichts mit taubstummen Kindern fiel es den Vertretern der Gehörlosenanstalten leicht, ihre Kritik zu belegen. In pädagogischer Hinsicht betonten die Anstaltspädagogen die Vorzüge des Schonraums und die Homogenität der Lerngruppen in den Taubstummeneinrichtungen gegenüber der Regelschule, stellten sich also nicht allein aufgrund der problematischen Umsetzung der Verallgemeinerungsidee, sondern auch konzeptionell gegen einen Ansatz, der die Vorzüge des Gemeinsamen Unterrichts von gehörlosen und hörenden Kindern betonte.

Kennzeichnend für die Auseinandersetzung der Taubstummenlehrer mit der Pädagogik der Volksschule wurde, dass sie die grundsätzliche Andersartigkeit ihrer Klientel gegenüber den Kindern der Volksschule betonten und die pädagogisch tatsächlich hoch anspruchsvolle Herstellung der Sprechfähigkeit der Gehörlosen zum Dreh- und Angelpunkt der Taubstummenpädagogik erklärten. Gerade durch die dezidierte Abgrenzung von der Allgemeinen Pädagogik glaubten sie in der Lage zu sein, ihre eigene Existenzberechtigung nachweisen zu können. In der Betonung der Spezifik ihrer Professionalität war aber auch ihnen daran gelegen, die Gebärdensprache der Gehörlosen zurückzudrängen, da dieses Kommunikationsmedium die Bedeutung der Lautsprache zu relativieren drohte. In der Rückschau ergibt sich der Befund, dass im Konflikt zwischen professionellen Ambitionen der Volksschulpädagogen auf der einen und denen der

---

254 Vgl. auch Wolff (2013, S. 214). Skeptischer gegenüber einer einseitigen Bevorzugung der Lautsprache war dagegen nicht nur Heinrich Stephani, sondern auch der in Österreich einflussreiche Franz-Hermann Czech, der die Nutzung der Gebärdensprache durch die gehörlosen Kinder auch in der Volksschule für bedeutsam hielt. Für die Praxis der Verallgemeinerung in Bayern und Preußen wurden jedoch die Protagonisten des lautsprachlichen Ansatzes maßgebend.

Taubstummenlehrer auf der anderen Seite die von den Gehörlosen selbst eingebrachte Kommunikations- und Lernkompetenz von beiden Seiten abgewertet und als quantité négligeable behandelt, später – als Hindernis für den Lautspracherwerb – in den Taubstummenanstalten sogar ausdrücklich verboten wurde.

Dass die praktischen Versuche der Umsetzung der Verallgemeinerung im Verlauf der ersten Hälfte des 19. Jahrhunderts zum Scheitern verurteilt waren, hatte allerdings keine pädagogischen, sondern politische Gründe. Eingebunden in eine staatliche Politik der knappen Ressourcen und der Bildungsbegrenzung innerhalb des niederen Schulwesens waren die Bedingungen für einen Unterricht, in dem Kinder mit Behinderungen eine angemessene Förderung hätten erhalten können, zu keiner Zeit gegeben. Die beklemmenden Schulrealitäten (riesige Klassengrößen, fehlende räumliche und materielle Ausstattung, minimale Lehrerqualifikation) machten ein anspruchsvolles gemeinsames Lernen, wie es Stephani und Graser gefordert hatten, unmöglich. Auch der Staat hatte das Bildungsrecht der Gehörlosen grundsätzlich anerkannt, die Verallgemeinerung aber war gegenüber dem Ausbau der Taubstummenanstalten für die Politik weniger aus pädagogischen als aus finanziellen Gründen die attraktivere Alternative. Schon der für die preußische Verallgemeinerungspolitik grundlegende Immediatbericht von 1822 hatte in aller Offenheit ausgesprochen, „daß es für den Staat und die Kommunen zu kostspielig sein würde, alle Taubstummen in größeren Anstalten (…) ausbilden zu wollen."[255] Pädagogische Praktiker, wie die Schulräte und Lehrerbildner Stephani, Graser und Harnisch, befanden sich daher in einer schwierigen Doppelrolle, als Verfasser pädagogischer Programmschriften, anspruchsvolle Zielsetzungen für eine im Aufbau befindliche Volksschulpädagogik zu formulieren und gleichzeitig eine Politik zu exekutieren, die in ihren Konsequenzen den selbst formulierten Ansprüchen am Ende widersprach.[256]

Das offensichtliche Versagen der Verallgemeinerungspolitik machte seit den 1840er Jahren eine alternative Strategie des Staates in der Frage der Beschulung Gehörloser notwendig. Grundsätzlich wären zwei Lösungswege denkbar gewesen: 1.) Die Qualität der Volksschulbildung so weit anzuheben, dass die pädagogische Förderung der Taubstummen, einschließlich des in Fachkreisen inzwischen beinahe unumstrittenen Lautspracherwerbs, in der Regelschule realisiert werden konnte. 2.) Anders als in den 20er Jahren nun doch die Zahl der

255 Abgedruckt in Saegert (1875, S. 19).

256 Vgl. zur Charakteristik dieser „Schulmänner" des 19. Jahrhunderts, die in ihrer Funktion als staatliche Beamte sowohl Aufgaben von Organisation, Aufsicht und Kontrolle als auch von Ausbildung und Reflexion übernahmen Tenorth (2003).

Spezialeinrichtungen deutlich zu erhöhen, um dort sämtliche gehörlosen Schülerinnen und Schüler unterzubringen. Wie einige Jahrzehnte zuvor entschied man sich für die kostengünstigere Alternative – diesmal den Ausbau des Systems der Taubstummenanstalten. Zwar war auch diese Strategie mit erheblichem finanziellen Aufwand verbunden; er stand aber in keinem Verhältnis zu den Kosten, die zu tragen gewesen wären, wenn man das Volksschulwesen in der Breite auf ein qualitativ neues Niveau angehoben hätte. Hieran konnte, vor allem nach der Revolution von 1848 und angesichts wachsender Bildungsansprüche der niederen Volksschichten, auch aus gesellschaftspolitischen Gründen aus Sicht der konservativen Entscheidungsträger in Politik und Verwaltung kein Interesse bestehen.

Der zunächst schleichende, seit den 1850er Jahren dann zunehmend selbstbewusst und offensiv betriebene Richtungswechsel der staatlichen Bildungspolitik wurde gestützt durch eine Interessenkoalition der Pädagogen. Nimmt man die pädagogische Publizistik zum Maßstab, dann lag den Lehrern der Volksschule, die in den vorangegangenen Jahrzehnten eine langsame Verbesserung der Schulverhältnisse erlebt hatten, offensichtlich nicht daran, die Gruppe der gehörlosen, pädagogisch anspruchsvollen Schülerinnen und Schüler in der Regelschule zu behalten. Gleichzeitig setzten sich die Taubstummenpädagogen massiv für den Ausbau ihrer Einrichtungen ein, der zudem mit der erheblichen Verbesserung des eigenen beruflichen und sozialen Status verbunden war.

Aus der historischen Rückschau wäre es zweifellos verfehlt, die Trennung des Taubstummenbildungswesens von der Volksschule in der zweiten Hälfte des 19. Jahrhunderts einseitig negativ zu bewerten. Sie war verbunden mit einer erheblichen Verbesserung der Bedingungen der pädagogischen Arbeit (in kleinen Lerngruppen und vergleichsweise gut ausgestatteten Schulen) und mit der Erhöhung der Standards einer zunehmend elaborierten Methodik des Unterrichts. Beides trug wesentlich dazu bei, dass die deutsche Taubstummenpädagogik national wie international einen enormen Ansehensgewinn erlebte. Die weitreichenden Probleme, die sich mit der Abkehr von der Verallgemeinerung verbanden, wurden hingegen nur von wenigen Zeitgenossen wahrgenommen: die Besonderung einer Gruppe von Heranwachsenden, die in Spezialeinrichtungen als Objekte einer „bewundernswerten Kunst“[257] hochqualifizierter Pädagogen betrachtet und damit zunehmend auf die Rolle der defizitären Behinderten reduziert wurden, und die Isolierung der Gehörlosenpädagogik von der Volksschulpädagogik – mit weitreichenden problematischen Folgen für das Selbstverständnis und die Reflexionsfähigkeit beider Seiten.

---

257 List (1991, S. 264).

III. Die Differenzierung des Schulsystems nach 1850 und das Gegenmodell einer „begabungsgerechten Einheitsschule" – das Mannheimer Schulsystem

1. Der Ausbau des Schulsystems in der zweiten Hälfte des 19. Jahrhunderts

In der Verallgemeinerungsdebatte der ersten Hälfte des 19. Jahrhunderts war die Frage der Integration von Kindern mit Behinderungen in die allgemeine Schule vor dem Horizont eines umfassenden Bildungsanspruchs für alle Bürger noch angesichts vielfach vormoderner Erziehungsverhältnisse und eines erst aufzubauenden allgemeinen Schulwesens diskutiert worden. Am Ende des Jahrhunderts dagegen hatten sich die gesellschaftlichen wie die schulischen Strukturbedingungen dieser Diskussion erheblich verändert: Bei aller Unterschiedlichkeit regionaler und sektoraler Entwicklungen ist in den knapp fünf Jahrzehnten des deutschen Kaiserreichs ein deutlicher Trend zum quantitativen Ausbau, zur institutionellen Differenzierung und zur Anpassung des Schulsystems an die Qualifizierungs- und Allokationsbedürfnisse der kapitalistischen Marktgesellschaft kennzeichnend. Besonders deutlich wird der Prozess der Expansion und Diversifizierung bei den höheren Schulen, wo die durch das Abitursrecht begründete Monopolstellung des humanistischen Gymnasiums Schritt für Schritt aufgebrochen wurde. Während das klassische Gymnasium weiterhin auf den Abiturienten ausgerichtet war, der nach dem Studium den höheren Staatsdienst anstrebte oder einen freien Beruf ergreifen wollte, zielten die neu entstehenden Realgymnasien und Oberrealschulen entsprechend der curricularen Schwerpunktsetzung bei den neuen Sprachen und den Naturwissenschaften auf eine spätere Tätigkeit als Unternehmer, Kaufmann, Handwerksmeister oder auf technische Berufe im Bauwesen, im Bergbau oder in der rasant expandierenden Industrie. Die Anerkennung der formellen Gleichberechtigung der jüngeren höheren Schulen im Sinne der Eröffnung des Zugangs zur Universität nach der Reichsschulkonferenz im Jahre 1900 ging einher mit einem deutlichen Anwachsen ihrer Schülerzahlen. Am Ende des Kaiserreichs war die Schülerschaft der höheren Schulen dreimal so schnell gewachsen wie die Gesamtheit der reichsdeutschen Bevölkerung. Diese Ausweitung und „horizontale Segmentierung"[258]

258 Albisetti/Lundgreen (1991, S. 249).

des höheren Knabenschulwesens wurde ergänzt durch ein in sich noch einmal gegliedertes, separates höheres Mädchenschulsystem, dessen Aufbau durch das Immatrikulationsrecht für Frauen (Bayern 1903, Preußen 1908) zu Beginn des neuen Jahrhunderts zu einem ersten Abschluss gekommen war.[259]

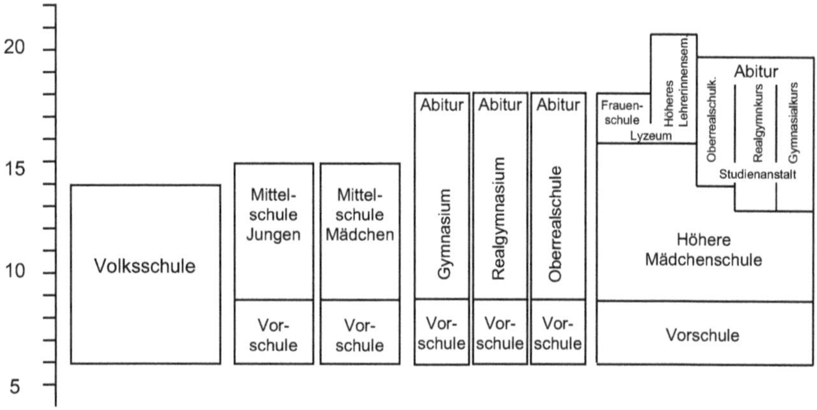

Abb. 7: *Aufbau des Regelschulsystems in Preußen (um 1910)*[260]

Die große Mehrheit der Kinder und Jugendlichen blieb allerdings vom Besuch der höheren Schule ausgeschlossen.[261] Nur eines von hundert Kindern eines Altersjahrgangs machte das Abitur. Für Kinder aus der Arbeiterschaft war es beinahe unmöglich, ein Universitätsstudium aufzunehmen. Die Volksschulen sollten der großen Mehrheit des Volkes eine „religiös durchtränkte nationale Bildung“[262] vermitteln und zielten auf die Disziplinierung der Untertanen, unter der Ägide Wilhelms II. zunehmend auch im Sinne der Bekämpfung der Sozialdemokratie.

259 Vgl. Kraul (1991), Kleinau/Opitz (1996), Zymek/Neghabian (2005), Grone (2007).

260 Vgl. Michael/Schepp (1993, S. 206).

261 Der Anteil der Volksschülerinnen und -schüler an der gesamten Schülerpopulation schwankte durchgängig um die Marke von 90% (vgl. Lundgreen 1991). Auf die polymorphe Entwicklung des Volksschul- und Vorschulwesens in den verschiedenen Ländern des Deutschen Reiches vor 1918 kann hier nicht eingegangen werden. Vgl. dazu zuletzt inzwischen außerordentlich differenziert Nath/Titze (2016).

262 Kuhlemann (1991, S. 183).

Angesichts des ständig wachsenden Bedarfs der expandierenden Industriegesellschaft an qualifizierteren Arbeitskräften erlebte jedoch auch das niedere Schulwesen zwischen 1850 und 1914 einen erheblichen Modernisierungsschub, der für die Kinder mit Behinderungen weitreichende Konsequenzen nach sich zog.[263] An dieser Stelle können einige zentrale Tendenzen jedoch nur mit wenigen Stichworten angedeutet werden:

- Mit der endgültigen Auflösung der sog. Armen-, Frei- und Ersatzschulen, und gleichzeitiger Einführung der Schulgeldfreiheit (Preußen 1888) fanden auch die letzten, bisher nicht erfassten unterprivilegierten Gruppen der Bevölkerung Aufnahme in die Volksschule. Außer in stark landwirtschaftlich geprägten Regionen, wo das Verbot der Kinderarbeit (1891) bis zum Ende des Kaiserreiches nicht durchgesetzt wurde, lag die Schulbesuchsquote nun durchgängig bei 100%.
- Zumindest in den städtischen Volksschulen wurde in den letzten beiden Jahrzehnten vor dem Ersten Weltkrieg die Jahrgangsklasse für die Mehrheit der Schüler zur Realität. 74% besuchten eine 7- oder 8-stufige Schule, knapp 16% eine 6-stufige.[264]
- Im gleichen Zeitraum sank die Lehrer-Schüler-Relation auf durchschnittlich 1:55 (an höheren Schulen 1:17!), die Klassengröße in städtischen wie in ländlichen Volksschulen im Schnitt auf 51 Kinder.
- Aufgrund der Erhöhung der Schulaufnahmequoten und der Verbesserung der unterrichtlichen Rahmenbedingungen war die Alphabetisierung in der jungen Bevölkerung am Ende des Jahrhunderts weitgehend durchgesetzt.
- Die auf Gesinnungsbildung im Sinne des Obrigkeitsstaates ausgerichteten religiösen, sittlichen und politischen Lerninhalte wurden ergänzt durch Unterricht in den Realien, so dass ein auf den Erwerb praxisnaher Kompetenzen zielender Fachunterricht in Rechnen, Raumlehre, Natur- und Erdkunde in den Volksschulen zunehmend an Bedeutung gewann.[265]
- Die Lehrerbildung wurde vereinheitlicht und bis 1914 zu einer insgesamt sechsjährigen staatlichen Berufsvorbereitung (in Präparandie und Seminar) ausgebaut. Neben der Einübung in geeignete Praktiken der Durchsetzung

263 Vgl. auf breiter empirischer Datenbasis Nath/Titze (2016).

264 Auf dem Land lag dagegen der Anteil der Volksschulen mit vier oder mehr aufsteigenden Klassen noch immer unter 20%. Alle Zahlen in diesem Kapitel, soweit nicht ausdrücklich vermerkt, für Preußen (vgl. Kuhlemann 1991).

265 Vgl. etwa die Allgemeinen Bestimmungen für das Volksschul-Präparanden- und Seminarwesen von 1872, welche die Stiehl'schen Regulative von 1854 ablösten.

der „Schulzucht" traten die fachliche Ausbildung und die Didaktik, vor allem in ihrer Herbart-Ziller'schen Ausprägung, die trotz aller späteren Kritik der Reformpädagogen sicherlich einen professionellen Gewinn gegenüber der zuvor in der Regel üblichen Methodik des Memorierens und Repetierens darstellte.

Für die Schülerinnen und Schüler in der Volksschule enthielten die geschilderten Momente der Modernisierung die Chance auf eine verbesserte Qualifizierung, zugleich aber erhöhten sich die Anforderungen an den einzelnen erheblich. Unterschiede der Leistungsfähigkeit wurden im Fachunterricht kleinerer, zunehmend homogener Lerngruppen von besser ausgebildetem, anspruchsvollerem Lehrpersonal sehr viel schneller erkannt als zuvor. Mit den gestiegenen Leistungserwartungen stellte sich daher das Problem, was mit denjenigen Schülerinnen und Schülern geschehen sollte, die die Lernziele der allgemeinen Volksschule nicht erreichten, sehr viel dringlicher als in der Phase des Aufbaus des Elementarschulwesens. Kennzeichnend für die deutsche Entwicklung ist, dass es, wie schon im höheren Schulwesen, erneut auf dem Wege der institutionellen Differenzierung gelöst wurde.

Zu den im Verlauf des 19. Jahrhunderts entstandenen „älteren Sonderschulen" in Internatsform (Taubstummen- und Blindenschulen, Schulen der Rettungshäuser, Heil- und Erziehungshäuser für Kinder und Jugendliche mit starken kognitiven und mit körperlichen Einschränkungen) kamen vor dem Ersten Weltkrieg schrittweise drei weitere „jüngere Sonderschulen" hinzu:[266] Die ersten Hilfsschulen entstanden beinahe gleichzeitig in Elberfeld (1879), Braunschweig und Leipzig (beide 1881), als eine spezielle Variante der Hilfsschule eröffnete 1907 in Berlin die erste Schwerhörigenschule, 1912 wurde in Hamburg die erste Sprachheilschule gegründet. Während die „älteren Sonderschulen" Kindern mit Behinderungen erstmals überhaupt Unterricht anboten, kamen die Schüler der „jüngeren Sonderschulen" bereits aus dem Unterricht der Volksschule und waren hier gescheitert. Die Schaffung von Sondereinrichtungen versprach den betroffenen Kindern (und ihren Eltern) eine gezieltere Förderung, der allgemeinen Volksschule (und ihren Lehrern) aber eine Entlastung von schwierigen, viel Aufmerksamkeit und Zeit bindenden Schülern. Die „jüngeren Sonderschulen" können daher als „Fortbildung der allgemeinen Schule" und als eine „Variante der Organisation der Volksschule"[267] beschrieben werden.

---

266 Vgl. Möckel (2001, S. 134–162).

267 Ebd., S. 15.

Mit Blick auf die Zahl der betroffenen Schülerinnen und Schüler besonders wichtig und aus heutiger Sicht ausgesprochen interessant ist vor allem die Entstehung einer separaten Hilfsschule in den letzten zwei Jahrzehnten des 19. Jahrhunderts, da im Verlauf ihrer institutionellen Trennung von der Volksschule die bis in die Gegenwart offene Frage des Verhältnisses von allgemeiner und besonderer Pädagogik kontrovers diskutiert wurde. Andreas Möckel hat auf der Grundlage des Studiums von Quellen aus der Gründungsphase der ersten Hilfsschulen in den 80er und 90er Jahren des 19. Jahrhunderts zeigen können, dass vielen Gründern angesichts der bestehenden Volksschulverhältnisse zunächst durchaus bewusst war, dass nicht nur „die schwache Befähigung der Kinder", sondern auch „die Unfähigkeit der Schule, sich auf Kinder unterschiedlicher Bedürfnisse einzustellen"[268], einen gesonderten Hilfsschulunterricht notwendig zu machen schien. Dieses Bewusstsein für die Mängel der Institution trat in den Plädoyers für eine neue Schulform unterhalb der Volksschule jedoch bald in den Hintergrund. Sehr bald wurde die systemische Sichtweise von einer medizinisch dominierten Perspektive verdrängt, welche die Defizite der Kinder zum Angelpunkt der Legitimation der Hilfsschule machte.

So begründete Heinrich Kielhorn, Leiter der Braunschweiger Hilfsschule und einer der führenden Repräsentanten der frühen Hilfsschulpädagogik, die Notwendigkeit von Schulen für schwachbefähigte Kinder vor der 27. Allgemeinen Deutschen Lehrerversammlung in Gotha im Jahre 1887 mit der krankhaften Veranlagung der in der Volksschule versagenden Kinder. Bei dem Hinweis auf die Ursachen des Schwachsinns musste Kielhorn zugestehen, dass von der „medizinisch-anatomischen Wissenschaft" hier noch „manches Rätsel zu lösen" sei, unzweifelhaft stehe jedoch fest, dass die „Geistesschwäche (…) von Störungen innerhalb der Hirnschale" herrühre.[269] In einem immer wieder von Bravo-Rufen und lebhaftem Beifall begleiteten Referat betonte Kielhorn,

> „daß der Erzieher schwachsinniger Kinder nur dann den rechten Weg finden, das rechte Maß treffen wird, wenn er sich stets vergegenwärtigt, daß er mit Kranken, mit geistigen Krüppeln zu thun hat. (...) Denn wird der schwachsinnige Mensch als Kranker erkannt und beurteilt, so wird er auch als solcher behandelt; dann wird er mit dem Maße gemessen, mit dem gemessen zu werden er beanspruchen kann."[270]

---

268 Ebd., S. 56.

269 Die Verhandlungen der XXVII. Allgemeinen Deutschen Lehrerversammlung zu Gotha 1887, S. 312.

270 Ebd., S. 311.

Der Idealtypus des „schwachsinnigen Kindes“ und der hieraus abgeleitete „Eigencharakter der Hilfsschule“ bildete in den folgenden Jahrzehnten die zentrale Legitimationsfigur der Hilfsschulpädagogik. In einem ihrer Standardwerke fasste Arno Fuchs das Ziel der Erziehung der Hilfsschulkinder pointiert zusammen:

> „Da es sich um schwer krank gewesene und zum Teil noch kranke Kinder handelt, so besteht die Aufgabe der Erziehung im allgemeinen in einem Behüten, Richten und vorsichtigen Fördern der Entwicklung; und da schwachsinnige Kinder nur dann bildbar sind, wenn ihnen die Bildung und Erziehung in richtigem Maß und richtiger Form vermittelt wird, so hat sich die Hilfsschulpädagogik stets streng an das mögliche Maß des Erreichbaren zu halten. (...) Die Vermögen oder entwicklungsfähigen Kräfte eröffnen die Möglichkeit, die schwachsinnigen Kinder körperlich und geistig soweit zu entwickeln, daß sie sich in ihrer unmittelbaren Umwelt mit einfachem Verständnis werden zurechtfinden, daß sie sich darin als elementar gebildete, sittlich-religiös empfindende Menschen werden bewegen und selbständig oder unter Führung nützlich werden betätigen können. Da diese Annahme durch die vieljährige praktische Erfahrung bestätigt wird, und da die Tatsache als erwiesen anzusehen ist, daß Schwachsinnige ohne Sonderbildung eine Last und Gefahr für die Gesellschaft sind, so kann das Ziel der Hilfsschulpädagogik nur darin bestehen, die Schwachsinnigen zu der denkbar höchsten Entwicklungsstufe ihrer Kräfte emporzuheben, damit sie als freie oder leicht geführte Glieder der Gesellschaft einen sittlichen und sozialen Lebenszweck zu erfüllen imstande sind. Das Ziel der Hilfsschulpädagogik ist also die Rettung der Schwachsinnigen für die Gesellschaft.“[271]

---

271 Das Buch „Schwachsinnige Kinder, ihre sittliche und intellektuelle Rettung“ von Arno Fuchs erschien erstmals 1899. Das hier vorliegende Zitat stammt aus der 3. Auflage von 1922, zit. n. Ellger-Rüttgardt (2003, S. 76f.). Fuchs (1869–1945) arbeitete zunächst als Volksschullehrer, wechselte 1890 an das von Johannes Trüper gegründete Erziehungsheim Sophienhöhe in Jena und übernahm 1898 an einer Berliner Gemeindeschule eine Nebenklasse für Kinder, die im Regelunterricht gescheitert waren. Fuchs war in den folgenden Jahrzehnten einer der einflussreichsten Protagonisten beim Ausbau eines differenzierten Sonderschulsystems in der Reichshauptstadt (vgl. vor allem Fuchs 1927). Darüber hinaus engagierte er sich in der Lehrerausbildung und trug wesentlich zur Gründung des „Heilpädagogischen Seminars Berlin-Brandenburg“ bei. 1919 wurde er zum Schulinspektor und Dezernenten für das Sonderschulwesen Berlins ernannt. Durch seine Publikationen zur Charakteristik schwachsinniger Kinder und sein mehrfach aufgelegtes Hilfsschullesebuch (erstmals 1907) prägte er die Hilfsschulpädagogik zwischen 1900 und 1933 nachhaltig. Ein biografischer Überblick und eine Darstellung seiner Leistungen aus der Perspektive der Hilfsschulpädagogik bei Synwoldt (1991), eine kritische Auseinandersetzung bei Hänsel/Schwager (2004, S. 74–98).

Die Lehre vom Schwachsinn diente jedoch nicht nur der Abgrenzung der Hilfsschule gegenüber der Volksschule und der Anstalt für als nicht bildungsfähig eingeschätzte Kinder (der sog. „Idiotenanstalt"). Unter den Stichworten des „schwachsinnigen", „schwachbefähigten" oder „pathologischen Kindes" wurde in den 1880er und vor allem in den 90er Jahren innerhalb der Volksschullehrerschaft die Frage verhandelt, wie mit Schülerinnen und Schülern umzugehen sei, die den Leistungs- und Verhaltensanforderungen der Schule nicht im erwarteten Maße gerecht wurden.[272] Die von der Hilfsschullehrerschaft propagierte Argumentationsfigur wurde von den Volksschullehrern aufgegriffen: „Es war – nach dieser Lehre – nicht deren Schuld, wenn die Kinder in der Volksschule nichts lernen konnten. Es gab vielmehr objektive, in den Kindern liegende Gründe. Jedermann konnte leicht einsehen, dass es Lehrern unmöglich zugemutet werden durfte, völlig verschiedene Kinder, kranke und gesunde, gleichzeitig zu unterrichten."[273] Die Zustimmung, die Kielhorn 1887 auf der Gothaer Lehrerversammlung von der Volksschullehrerschaft erhalten hatte und in einen entsprechenden Beschluss mündete,[274] war deshalb nicht situativ zu verstehen, sondern entsprang einem grundlegenden Entlastungsinteresse.[275]

---

272 In den zeitgenössischen Zeitschriften bildete sich dieser Diskurs deutlich ab. Siehe exemplarisch: „Die Deutsche Schule" (Piper 1897, Spitzner 1898), „Pädagogische Reform" (Gärtner 1886, Swet 1899), „Hamburgische Schulzeitung" (Peeper 1898), „Die Lehrerin in Schule und Haus" (Alfeis 1890, W. D. 1891), „Deutsche Blätter für erziehenden Unterricht" (Ufer 1892).

273 Möckel (2001, S. 57).

274 Die Entschließung der Lehrerversammlung lautete wörtlich: „Schwachbefähigte Kinder, d.h. Kinder, welche die Spuren des Schwachsinns in solchem Grade an sich tragen, daß ihnen nach mindestens zweijährigem Besuche der Volksschule ein Fortschreiten mit geistig gesunden Kindern nicht möglich ist, müssen besonderen Schulen (Hilfsschulen, Hilfsklassen) überwiesen werden." (Die Verhandlungen der XXVII. Allgemeinen Deutschen Lehrerversammlung zu Gotha 1887, S. 313).

275 Im Zusammenhang der Kontroverse um den Aufbau eines gesonderten Hilfsschulwesens zwischen Hänsel (2003) auf der einen und Ellger-Rüttgardt (2004) bzw. Möckel (2004) auf der anderen Seite ist daher auf das Zusammenwirken verschiedener berufspolitischer Interessen hinzuweisen. Verständlich wird ihre erfolgreiche Etablierung jedoch nur vor dem Hintergrund der Politik der institutionellen Differenzierung des staatlichen Schulwesens insgesamt, die sehr viel weniger auf den Einfluss einzelner Lehrerverbände zurückzuführen sein dürfte als auf die Durchsetzungskraft ökonomischer und gesellschaftspolitischer Interessen. Die Entstehung der modernen Hilfsschule kann ohne ihre Einbindung in die staatlichen Strategien der Kontrolle und Kanalisierung abweichenden Verhaltens von Kindern und Jugendlichen vor allem der sozialen Unterschichten insgesamt (Verwahrlosung, Kriminalität, psychische

Für die Kinder der Hilfsschule erwies sich die defektorientierte medizinische Qualifizierung ihrer Defizite dagegen als äußerst ambivalent: Auf der einen Seite verringerte sich der unmittelbare schulische Druck – auch sie hatten nun eine Erklärung dafür, dass sie langsamer lernten, wurden nicht mehr mit unerreichbaren Leistungserwartungen konfrontiert, waren von der Hänselei verständnisloser Mitschüler_innen in der eigenen Klasse befreit, konnten sich innerhalb ihrer Lerngruppe als leistungsfähig erfahren. Auf der anderen Seite aber lag die Verantwortung des Scheiterns nun allein bei ihnen. „Die Kinder waren *schwachsinnig*, nicht die Schulorganisation mit 80 Schülerinnen oder Schülern war *unsinnig*".[276] Die Gefahr der gesellschaftlichen Stigmatisierung einer ganzen Gruppe von Menschen war damit vorprogrammiert. Fuchs bezeichnete um die Jahrhundertwende schwachsinnige Kinder bereits als „Last", setzte sich aber noch für die „Rettung der Schwachsinnigen für die Gesellschaft" ein; die Pathologisierung der Hilfsschüler_innen machte es den schon in der frühen Hilfsschuldebatte hörbaren Vertretern sozialdarwinistischer und eugenischer Positionen jedoch leicht, andere, am Ende mörderische Konsequenzen zu fordern und nach 1933 schließlich auch durchzusetzen.[277]

Die äußere Entwicklung der Hilfsschule gestaltete sich seit 1880 ausgesprochen eindrucksvoll. Obwohl die Hilfsschule noch in der Weimarer Republik schulrechtlich dem Volksschulwesen zugehörte, konnte bis Ende der 1920er Jahre ein weitverzweigtes Netz eigenständiger Hilfsschulen aufgebaut werden:

Auffälligkeit, Alkoholismus etc.) nur unzureichend interpretiert werden, so etwa die gesetzliche Regelung der Fürsorgeerziehung (vgl. Andresen/Tröhler 2002), die Ausgestaltung des Jugendstrafrechts (vgl. Günzel 2001, Kraft 2004) und die Etablierung der Kinder- und Jugendpsychiatrie (vgl. Dörner 1975, Weindling 1989). Die engen Zusammenhänge zwischen Hilfsschulpädagogik und Kriminalitätsbekämpfung werden z.B. in den Beiträgen Heinrich Kielhorns zur zeitgenössischen Debatte um die Strafrechtsreform sehr konkret fassbar (vgl. Kielhorn 1907 und 1910).
Die Forschung hat die politischen Entscheidungsprozesse, die auf Reichs-, Länder- und kommunaler Ebene zum Aufbau des Hilfsschulwesens führten, bisher jedoch nicht hinreichend untersucht. Vera Moser hat zuletzt eine Deutung vorgeschlagen, welche die These der „Entdeckung" der Schulversager als Folge der Qualitätsverbesserung der Volksschule grundsätzlich in Frage stellt. Im Anschluss an Foucault interpretiert Moser das symbolische Bild des Schwachsinnigen als das des „korrekturbedürftigen Monströsen" bzw. als das einer „Schwellen- und Wächterfigur" entlang des Dispositivs der „Normalisierung" resp. einer Regulierung der „Randzonen des Normalen" (vgl. Moser 2013 und 2016). Eine empirische Fundierung dieser sozialkonstruktivistischen Deutung steht aber bisher noch aus.

276 Möckel (2001, S. 58).

277 Vgl. zur Eugenik-Debatte innerhalb der Hilfsschullehrerschaft Brill (1994 und 2011).

Jahr	Städte mit Hilfsschulen	Klassen	Schülerinnen und Schüler
1893	32	110	2290
1898	52	202	4281
1903	133	582	11300
1913	320	1850	43000
1928	750	3966	71902

Tab. 3: *Quantitative Entwicklung des Hilfsschulwesens zwischen 1893 und 1928*[278]

Die bloßen Zahlen verdecken jedoch die Tatsache, dass die Schülerpopulation in den verschiedenen Hilfsschulen in Abhängigkeit von den lokalen Bedingungen erheblich differierte. Die Frage, welche Kinder aufgenommen werden sollten, wurde in den Kommunen sehr unterschiedlich beantwortet, die Hilfsschule blieb ein „Sammelbecken für die unterschiedlichsten Arten von Schulversagern."[279]

Aus heutiger Sicht erstaunlich ist die Tatsache, dass auch Vertreter der Einheitsschule die Verselbstständigung der Hilfsschule sowohl vor als auch nach dem Ersten Weltkrieg in der Regel unterstützten. So forderten etwa die Mannheimer Leitsätze von 1906 der auf politischem Feld am nachdrücklichsten für die Einheitsschule eintretenden SPD dezidiert die „Errichtung von besonderen Klassen und Schulen für abnorme Kinder", zu denen neben „viersinnigen" und „epileptischen" ausdrücklich auch „schwachbegabte" Schülerinnen und Schüler gezählt wurden.[280] In der für die Schulpolitik der Sozialdemokratie vor 1914 grundlegenden Programmschrift „Sozialdemokratie und Schule" begründete Heinrich Schulz diese Forderung und bewegte sich hierbei ganz auf einer Linie mit den Legitimationsmustern der zeitgenössischen Hilfsschulpädagogik:

> „Werden solche bedauernswerten Kinder mit normalen Kindern gemeinsam erzogen, so werden sie selbst leicht zum Gespött der Mitschüler und außerdem wirken sie für Lehrer und Schüler als Hemmschuh. Da der Lehrer sich ihnen nicht in dem nötigen Maße widmen kann, bleiben sie zurück und werden schließlich unbrauchbare Mitglieder der bürgerlichen Gesellschaft. Wenn sie aber in Gemeinschaft mit ihren Leidensgenossen

278 Vgl. Ellger-Rüttgardt (2008, S. 161) und Myschker (1983, S. 139). Die Rasanz dieser Entwicklung wird deutlich, wenn man sich vergegenwärtigt, dass im vergleichbaren Zeitraum zwischen 1895 und 1931 die Zahl der Gymnasialen Vollanstalten nur von 415 auf 450 und die Schülerzahl von ca. 120.000 auf etwas über 135.000 Schüler angestiegen war (vgl. Müller/Zymek 1987, S. 197f.).

279 Ellger-Rüttgardt (1997, S. 251).

280 Zit. n. Michael/Schepp (1993, S. 217).

> besonderen Unterricht von besonders dazu vorgebildeten Lehrern erhalten, so werden sie – wenn nicht ganz von ihren Leiden geheilt – doch so gefördert, daß sie der menschlichen Gesellschaft später nicht zur Last fallen, sondern ihr noch wertvolle Dienste leisten können."[281]

Die Position der Sozialdemokratie ist umso bemerkenswerter als der sozial selektierende Charakter der Hilfsschulen als Orte, an denen sich die Kinder der Unterprivilegierten sammelten, auch von Zeitgenossen nicht übersehen wurde. Insbesondere im Rahmen schulärztlicher Erhebungen wurden soziale Ursachen des Schulversagens offensichtlich. So stellte der Straßburger Schularzt Eugen Schlesinger in einer Untersuchung fest, dass 74% der Familien von Hilfsschulkindern als arm einzustufen waren, 31% der Väter waren Tagelöhner bzw. ungelernte Arbeiter, 3% Bettler. 30% der Väter wurden als „Trinker" eingeschätzt. Mehr als zwei Drittel der Familien besaßen in ihren Wohnungen nur ein oder zwei Zimmer, in beinahe jedem sechsten Fall waren sie schmutzig, z.T. sogar „stallartig".

> „Parallel mit dem Wohnungselend ging vielfach eine mangelhafte Ernährung, eine chronische Unterernährung der Kinder mit Brot und Kartoffeln als Hauptnahrungsmittel, Kaffee und Schnaps als Genußmittel. Von 30 Proc. Trinkern unter den Vätern der Hilfsschüler war oben schon die Rede. Vielfach blieben die Kinder sich selbst überlassen, während Vater und Mutter und die älteren Geschwister dem Erwerb nachgingen; ja die Kinder, auch die schwachbegabten wurden frühzeitig, vorzeitig zu Erwerbstätigkeit angehalten, und wäre es, wie in einem Falle, wo das Mädchen zu nichts anderem zu gebrauchen war, zum Betteln."[282]

Schlesinger kam zu dem Schluss, dass dem „socialen Milieu eine weitgehende Bedeutung für die Entstehung der schwachen Begabung"[283] beigemessen werden müsse. Im Rahmen der Einheitsschuldebatte spielten diese Überlegungen jedoch fast keine Rolle.[284] Differenzierte Studien zum Zusammenhang von Einheitsschule und Hilfsschulfrage existieren bis heute nicht. Dennoch liegt es nahe, den auch in der Einheitsschulbewegung wirksamen Einfluss der

---

281 Schulz (1907, S. 49f.). In den meisten der nach dem Ersten Weltkrieg erscheinenden Schulprogramme sozialistischer Parteien und Gruppierungen wird die Frage der Beschulung von Kindern mit besonderen Bedürfnissen gar nicht mehr thematisiert (vgl. u.a. Lohmann 1921).

282 Schlesinger (1907), zit. n. Ellger-Rüttgardt (2003, S. 87).

283 Ebd.

284 Eine markante Ausnahme ist „Das proletarische Kind" von Otto Rühle (1911). Noch umfassender in der ergänzten Neuauflage von 1922. Allerdings auch hier, ohne die Hilfsschule in Frage zu stellen.

Schwachsinnstheorie und die aufstiegsorientierten Emanzipationsbestrebungen der die Einheitsschulidee vor allem tragenden Arbeiterschaft als besonders bedeutsam dafür anzunehmen, dass die Hilfsschule auch von gesellschaftskritisch eingestellten Einheitsschulvertretern nur selten in Frage gestellt wurde.[285]

Kritik an der Institutionalisierung der Hilfsschule und an der auf der Theorie vom Schwachsinn gegründeten Typisierung des Hilfsschulkindes wurde vereinzelt sowohl von Volksschullehrern als auch aus Anstaltskreisen und nicht zuletzt von betroffenen Eltern geübt. Sieglind Ellger-Rüttgardt hat diese Einsprüche in mehreren Publikationen differenziert nachgezeichnet und dokumentiert:[286] Eltern formulierten ihren Protest gegen die Zuweisung ihrer Kinder zur Hilfsschule in der Regel aus einer sehr persönlichen Perspektive und betonten den stigmatisierenden Charakter der neuen Schulform:

> „Das mir zugesandte Schreiben vom 1.2.1913 wegen Aufnahme meiner Tochter in die Hilfsschule, das hat mir sehr gekränkt, schon darum weil ich nur das 1 Mädchen habe (...). Sehr geehrter Herr Schulvorstand wenn ich bitten darf, ist es denn wohl möglich, das A. in die Hilfsschule kommt, ich würde dadurch nur mehr Ärger haben, wenn Kinder unter sich mal was vorhaben so ist immer das erste Wort Du gehst ja in die Hilfsschule, selbst von erwachsene Leute hört man es sagen, und später wenn Anna sich selbst ernähren muß, dann würde das auch mit beeinträchtigen, denn es ist heute immer die erste Frage, in welcher Schule sind Sie gegangen, ich befürchte dadurch, daß Anna überall zurückgesetzt wird. Ich habe es auch nicht so leicht mein Mann ist bald 2 Jahre tot und ich muß für alles allein aufkommen, ich bin sehr oft krank an Nervenentzündung, darum möchte ich bitten, daß mir solcher Kummer erspart bliebe und A. nicht in die Hilfsschule kommt."[287]

Die Reaktion der Lehrer und Schulbehörden auf solcherlei Befürchtungen fiel fast immer negativ aus: „Das Verhalten der Eltern wurde als Eitelkeit, Uneinsichtigkeit und Verstocktheit interpretiert, das den vermeintlichen wahren Interessen der jeweiligen Kinder nur schade und auf das daher auch keine Rücksicht zu nehmen wäre. Weder die soziale Not der unteren Bevölkerungsschichten noch die Unzulänglichkeiten der allgemeinen Schule als auch die nachteiligen Folgen des Hilfsschulstatus fanden Berücksichtigung bei der Entscheidung über das schulische Schicksal des einzelnen Kindes. Die einzige Reaktion auf den Widerstand der Eltern bestand in der unnachgiebigen Anwendung von gesetzlichem Zwang."[288]

---

285 Vgl. Ellger-Rüttgardt (1980, S. 349).
286 Vgl. vor allem Ellger-Rüttgardt (1981 und 1990).
287 Ellger-Rüttgardt (2008, S. 164f.).
288 Ebd., S. 165.

Weniger leicht abzutun waren dagegen Vorbehalte aus der Pädagogenschaft selbst. Besonders nachdrücklich wies der Berliner Anstaltsleiter Hermann Piper[289] auf die Defizite in der Argumentation der Hilfsschullehrer hin und betonte hierbei vor allem die fehlende Unterscheidung zwischen „schwach begabten", langsamer oder verzögert Lernenden und aufgrund eines Hirndefekts tatsächlich medizinisch diagnostizierbaren „Schwachsinnigen". Die „schwach-begabten" Schülerinnen und Schüler sollten seiner Meinung nach in der Volksschule verbleiben:

> „Das Zusammenleben, das Arbeiten, das Spielen mit diesen erhält sie obenauf, es wird ihnen der Mut nicht genommen. Nachhilfestunden oder Arbeitsstunden (...) gegeben von einer freundlichen, nachsichtigen Lehrkraft, die die betreffenden Kinder nicht betrachtet als Faulenzer und träge Menschen, sondern als solche, die einem gewissen schädlichen Einfluß unterstehen, werden daneben in den meisten Fällen den gewünschten Erfolg erzielen (...).
> Je langsamer und ruhiger wir auf der Unterstufe den Grund legen, desto sicherer werden wir aufbauen und auch Bausteine mit kleinen Fehlern ohne Nachteil verwenden können; je gewissenhafter der Unterrichtende individualisiert, je weniger er seine Schüler summarisch behandelt, desto mehr kettet er sie an sich, desto lieber werden sie ihm; sicher wird er sich dann zwei oder drei schwachbefähigten Kindern in seiner Klasse gegenüber nicht abweisend verhalten, sie sind gerade durch die aufgewendete Sorge und Mühe ihm lieb geworden, er wird Mittel und Wege finden, sie weiterzuführen. Haben diese Kinder die Mittelstufe erreicht, so ist das Ziel gewonnen, welche die Hilfsschule den schwachbefähigten Kindern stellt. Es sind diese Kinder von den übrigen Schülern nicht abgesondert worden, sie durften mit diesen Arbeit und Freuden teilen, sie blieben Schüler der Volksschule und erreichten unter den günstigsten Verhältnissen dasselbe, ja wohl mehr."[290]

Denkbar sei eine angemessene pädagogische Förderung in der Volksschule nach Einschätzung Pipers aber nur unter deutlich verbesserten unterrichtlichen Rahmenbedingungen (Herabsetzung der Pensen, der Stundenzahl und der Klassenfrequenz).[291] Sein Plädoyer zielte jedoch ausdrücklich nicht auf eine durchgängige gemeinsame Beschulung aller Kinder in der Regelschule, sondern nahm die Schwächen der zeitgenössischen Zuweisungspraxis zur Hilfsschule in den Blick. Vielmehr setzte sich auch Piper für einen systematischen Ausbau eines gesonderten Systems für Kinder mit Beeinträchtigungen ein:

> „1. Die tiefstehenden blödsinnigen Kinder gehören in die Pflegeanstalten, welche unter irrenärztlicher Leitung stehen.

---

289 Zur Biografie: Nissen (2005, S. 104–106).

290 Piper (1897, S. 136f.).

291 Ähnlich auch einige zeitgenössische Stimmen aus der Volksschullehrerschaft (vgl. Ellger-Rüttgardt 2008, S. 168–171).

2. Schwachsinnige Kinder müssen gesondert erzogen und unterrichtet werden. Erziehungsanstalten bieten diesen Kindern das beste, Hilfsschulen sind Notbehelfe.
3. Schwachbefähigte Kinder bleiben in der Volksschule, erhalten aber Nachhilfestunden.
4. Verwahrloste, Epileptische, Blinde, Taubstumme sind mit schwachsinnigen Schülern nicht gemeinsam zu unterrichten."[292]

Dass sich die Schaffung einer gesonderten Hilfsschule sowohl gegenüber dem massiven Ausbau der Anstaltsunterbringung als auch gegenüber der breit angelegten Hebung Qualität der Volksschule als deutlich kostengünstigere Variante darstellte, dürfte wesentlich dazu beigetragen haben, dass die professionellen Kritiker der Hilfsschule sich nicht durchsetzen konnten. Die Bedürfnisse und Befürchtungen der betroffenen unterprivilegierten Eltern konnten sich um 1900 kein öffentliches Gehör verschaffen.

Als Alternative zur institutionellen Trennung von Volks- und Hilfsschule wurde hingegen vor dem Ersten Weltkrieg ein Modell einer differenzierten Einheitsschule außerordentlich breit diskutiert, das der Mannheimer Stadtschulrat Anton Sickinger 1904 erstmals einer breiten Öffentlichkeit vorstellte – das sog. Mannheimer Schulsystem.

2. Das Mannheimer Schulsystem als Forschungsgegenstand

Angesichts der lebhaften zeitgenössischen Debatte um das Mannheimer Schulsystem ist es erstaunlich, dass eine systematische wissenschaftliche Aufarbeitung dieses Schulorganisationsmodells bisher nicht stattgefunden hat. Die bislang differenzierteste Darstellung findet sich in der Züricher Dissertation Almuth Nolls (1985). Zum Verständnis der Konkurrenz zwischen selbstständiger Hilfsschule und Mannheimer Schulsystem sind besonders wichtig Möckel (1975) und Ellger-Rüttgardt (1980). Sämtliche Arbeiten stützen sich jedoch ausschließlich auf publizierte Materialien. Quellenerschließende Archivstudien, die geeignet wären, der Schulwirklichkeit des Mannheimer Systems näherzukommen, sind bisher nicht unternommen worden. Auch eine umfassende Biografie Sickingers fehlt bis heute. Über wichtige biografische Daten informieren die frühen Arbeiten von Saupe (1927) und Wintermantel (1932).

Die anschließende Darstellung stützt sich daher neben der genannten Sekundärliteratur auf die zeitgenössischen Veröffentlichungen. Hierbei handelt es sich zum einen um die Publikationen Sickingers bzw. von Mitarbeitern aus seinem Mannheimer Umfeld, zum anderen um Stellungnahmen hierzu, deren

292 Piper (1897, S. 137).

Erschließung durch die Tatsache erleichtert wird, dass bereits frühzeitig einschlägige Literaturübersichten entstanden[293] und Sickinger selbst in verschiedenen Veröffentlichungen ausführlich zu Befürwortern und Kritikern seines Konzepts Stellung nahm.[294]

3. Die „psychologisch gegliederte Einheitsvolksschule" – das Organisationsmodell Anton Sickingers

Das Mannheimer Schulsystem verband sich in der praktischen Ausformung wie in der öffentlichen Debatte unmittelbar mit dessen Urheber, dem Mannheimer Stadtschulrat Anton Sickinger. Bevor der konzeptionelle Ansatz der Mannheimer Reformen dargestellt wird, sollen daher zunächst einige biografische Hintergründe kurz in den Blick genommen werden.

Abb. 8: *Anton Sickinger*[295]

293 Vgl. Scholz (1904), Sickinger (1908) sowie Heinecker (1913 und 1924).
294 Vgl. u.a. Sickinger (1906 und 1920).
295 Stadtarchiv Mannheim.

Anton Sickinger (1858–1930)
wurde am 21.9.1858 in Harpolingen (Südschwarzwald) geboren. Er ging zunächst zur Volksschule, wo er von seinem Vater unterrichtet wurde, besuchte anschließend die Bezirksschule in Rheinfelden und die humanistischen Gymnasien in Basel und Karlsruhe. Das Studium der klassischen Philologie an der Universität Heidelberg schloss er mit der Promotion und dem Staatsexamen ab. Nach Lehrerstationen an Gymnasien in Karlsruhe und Bruchsal wurde der 37-Jährige 1895 als Stadtschulrat und damit als Leiter des Volks- und Fortbildungswesens nach Mannheim berufen, wo der sprunghafte Bevölkerungsanstieg – seit 1870 hatte sich die Zahl der Volksschüler beinahe vervierfacht[296] – eine Neuorganisation des Volksbildungswesens notwendig gemacht hatte.
Das von Sickinger entwickelte Organisationsmodell wurde seit 1901 innerhalb der unentgeltlichen kommunalen Volksschulen Mannheims in die Praxis umgesetzt und bis zum Krieg kontinuierlich fortentwickelt. Als „Mannheimer Schulsystem" stellte er es 1904 auf dem 1. Internationalen Kongress für Schulhygiene in Nürnberg einer breiteren Fachöffentlichkeit vor. Sickinger gelang es während seiner Tätigkeit als Stadtschulrat, den systematischen Ausbau des Mannheimer Volksschulwesens zu realisieren. Neben der Entwicklung der spezifischen Organisationsform der Mannheimer Volksschulen, für deren simultanen Charakter er sich nachhaltig stark machte, wurde die Gesundheitsförderung zu einem besonderen Schwerpunkt seiner administrativen Tätigkeit. Dazu gehörten die Einführung von Schulspeisungen für bedürftige Kinder, die Installierung von Duschbädern in den Schulen sowie die Förderung des Sportunterrichts für Jungen und Mädchen. 1904 gelang es ihm, das Amt eines kommunalen Schularztes, 1922 (erstmals in Deutschland) das eines hauptamtlichen Schulpsychologen einzurichten.[297]
Auch Sickingers wichtigste Publikationen befassen sich mit der Organisation des Volksschulwesens und mit Fragen der Schulhygiene bzw. der Leibeserziehung. Seine detailliertesten Darstellungen des Mannheimer Schulsystems sind: „Der Unterrichtsbetrieb in großen Volksschulkörpern sei nicht schematisch-einheitlich, sondern differenziert-einheitlich" (1904), leicht modifiziert nach dem Ersten Weltkrieg „Arbeitsunterricht, Einheitsschule, Mannheimer Schulsystem im Lichte der Reichsverfassung" (1920) und als zusammenfassende Beschreibung zum 25. Jahrestag „Zur Geschichte der Förderklassen" (1926). Zum zweiten Themenkreis: „Preußisches oder Badisches Schulturnen?" (1903), „Mehr Licht und Wärme den Sorgenkindern unserer Volksschule!" (1905a) sowie „Körperzucht in der Schul- und Volkserziehung" (1925).
Der zunächst bei den Nationalliberalen, nach dem Ersten Weltkrieg in der linksliberalen Deutschen Demokratischen Partei auch parteipolitisch engagierte Sickinger vertrat sein Reformprogramm u.a. im Ausschuss für Schulaufbau während der Reichsschulkonferenz. Das Angebot, das badische Unterrichtsministerium zu übernehmen, lehnte er 1922 ebenso ab wie das Amt des Stadtschulrates in Berlin, das ihm bereits anderthalb Jahrzehnte zuvor angetragen worden war. Stattdessen blieb Sickinger bis zu seiner Pensionierung im Januar 1924 in Mannheim. Er starb am 3. August 1930 in Oberstorf. Das

296 Vgl. Noll (1985, S. 28).
297 Vgl. Sickinger (1925).

Mannheimer Schulsystem wurde 1934 als „dem nationalsozialistischen Gemeinschaftsdenken widersprechend“[298] aufgehoben.

Den Ausgangspunkt für Sickingers Reformüberlegungen bildete der empirische Befund, dass die Volksschule trotz des organisatorischen Ausbaus seit der Mitte des 19. Jahrhunderts nicht in der Lage war, den Schulerfolg ihrer Klientel zu sichern. Eine von ihm vorgenommene Auswertung kommunaler Schulabgangsstatistiken machte in erschreckender Weise deutlich, dass die große Mehrheit der Schülerinnen und Schüler die Abschlussklasse der Volksschule nicht erreichte:

	Jungen	**Mädchen**
1. Klasse	-	0,02
2. Klasse	0,02	0,04
3. Klasse	0,42	0,39
4. Klasse	2,01	3,40
5. Klasse	8,80	10,74
6. Klasse	21,63	21,64
7. Klasse	37,84	42,45
8. Klasse	29,21	21,23

Tab. 4: *Schülerentlassungen der Mannheimer Volksschulen 1887–1897 (nach Klassenstufen in Prozent)*[299]

Beinahe 80% der Mädchen und mehr als 70% der Jungen mussten die Schule nach Ablauf der Pflichtschulzeit vor der damaligen Abschlussklasse 8 verlassen. Etwa ein Drittel drang nicht einmal bis zur Klasse 7 vor, beinahe jede siebte Schülerin und jeder zehnte Schüler beendete die Schulzeit sogar bereits vor der 6. Klasse, war innerhalb von acht Jahren also mindestens dreimal nicht versetzt worden. Die Tatsache, dass die große Mehrheit der Schülerschaft das Ziel der Volksschule nicht erreichte, nahm Sickinger zum Anlass, ein Organisationsmodell zu entwickeln, das der unterschiedlich ausgeprägten Leistungsfähigkeit der

298 Verwaltungsbericht der Stadt Mannheim 1933–1937, zit. n. Noll (1985, S. 38).

299 Vgl. Sickinger (1904, S. 13). Sickingers Argumentation stützte sich zunächst auf statistisches Datenmaterial aus Mannheim und aus dem Land Baden (vgl. ebd.). Die Verallgemeinerbarkeit seiner empirischen Befunde konnte er jedoch später auch anhand von Abgangsstatistiken aus anderen deutschen Großstädten wie Hamburg, Berlin oder Leipzig belegen (vgl. u.a. Sickinger 1913 und 1913a, Henze 1928).

Schülerinnen und Schüler Rechnung tragen und damit den Schulerfolg gewährleisten, zugleich aber auch die Errichtung eines gesonderten Systems von Hilfsschulen überflüssig machen sollte.

Ausdrücklich forderte er eine einheitliche Volksschule, die „alle schulpflichtig gewordenen Kinder ohne Unterschied ihrer sozialen Zugehörigkeit“[300] besuchen sollten – ein schulpolitisches Plädoyer für die Abschaffung privater Vorschulen und unterschiedlicher, aufgrund des in den besser ausgestatteten Schulen zu zahlenden Schulgeldes, sozial selektierender Volksschultypen. An die Stelle der „Standesschule“ habe eine differenzierte „psychologisch gegliederte Einheitsvolksschule“[301] zu treten, die

> „*allen* Kindern unseres Volkes, den armen und den reichen, den begabten und den minderbegabten aller Grade durch den Besuch der einen Schule ein ihrer individuellen Befähigung und ihrem individuellen Bildungsbedürfnis entsprechenden Bildungsgang gewährleistet (...).“[302]

Das „gleiche Recht auf Bildung“ könne jedoch nicht „gleiche Bildung für alle“ bedeuten:

> „Es muß, kurz gesagt, die Einheitsschule so ausgestaltet werden, daß nicht durch das einheitliche Band die einen künstlich zurückgehalten, die anderen künstlich vorwärts getrieben werden müssen, sondern daß für die naturgemäße Entwicklung aller Schülerindividuen freie Bahn geschaffen wird. (...) Denn Maß und Art der Schulung muß sich, wenn sie naturgemäß sein soll, nach der im einzelnen Individuum verkörperten Schulungs- und Bildungsfähigkeit richten. Da nun in der natürlichen Begabung als Gesetz nicht Gleichheit waltet, sondern Ungleichheit, ja weitgehendste Verschiedenheit, so bedeutet naturgemäße Schulung und Bildung nicht uniformieren und schablonisieren, sondern individualisieren und differenzieren.“[303]

Die Forderung nach Differenzierung sah Sickinger für die ausgesprochen leistungsfähigen Schüler_innen durch die verschiedenen Typen der höheren Schulen bereits als realisiert an – Letztere stellte er mit seinem Organisationsmodell nicht in Frage und rüttelte damit nicht an der Grundstruktur des bestehenden Schulsystems. Sein Augenmerk galt vielmehr denjenigen, die im bisherigen System immer wieder die Erfahrung des Scheiterns und Versagens machten, den Kindern,

300 Sickinger (1913, S. 3).
301 Ebd., S. 35.
302 Ebd., S. 5.
303 Ebd., S. 24f.

> „denen die Vereinheitlichung der Schul- und Unterrichtsverhältnisse eine besondere Förderung, ausgleichende Gerechtigkeit bringen sollte: das ist das Gros der aus sozial schwachen Kreisen stammenden und zugleich geistig schwächer befähigten Kinder.“[304]

Ihnen gegenüber sei der Massenunterricht der Volksschule ein „schreiendes Unrecht“[305].

In der konzeptionellen Umsetzung seiner Reformüberlegungen trat das Prinzip der Individualisierung jedoch ganz hinter das der äußeren Differenzierung zurück. Sickingers Blick als Mann der Schulverwaltung konzentrierte sich auf die äußere Organisation und die Rahmenbedingungen des Unterrichts; die individuellen Lernprozesse erschienen demgegenüber nachgeordnet. Insofern ist es nur konsequent, dass er schulisches Lernen von den Ergebnissen, vom Erreichen oder Nichterreichen des Klassenziels, von der Versetzung oder Nichtversetzung her interpretierte. Unter dieser Perspektive konnten dann auch verschiedene Schülergruppen relativ problemlos identifiziert werden:

> „1. besser befähigte Schüler, die den regelmässigen Stufengang durchzumachen vermögen;
> 2. minder befähigte und durch äussere Ursachen (Krankheit, Zuzug) am regelmässigen Fortschreiten behinderte Schüler, die infolgedessen mit einer torsoartigen Schulbildung ins berufliche Leben treten;
> 3. krankhaft schwach befähigte Kinder, die trotz 8jähriger Schulpflicht nicht über die untersten Klassenstufen hinauskommen.“[306]

Dieser Kategorisierung entsprechend entwickelte Sickinger ein komplexes Organisationssystem für die allgemeine Volksschule, das man als eine frühe Form des „Streaming“ begreifen kann. In diesem Modell sind für jede Alterskohorte jeweils drei parallele Klassenzüge vorgesehen:[307]

---

304 Ebd., S. 13.
305 Sickinger (1905a, S. 112).
306 Ebd.
307 Vgl. Abb. 9.

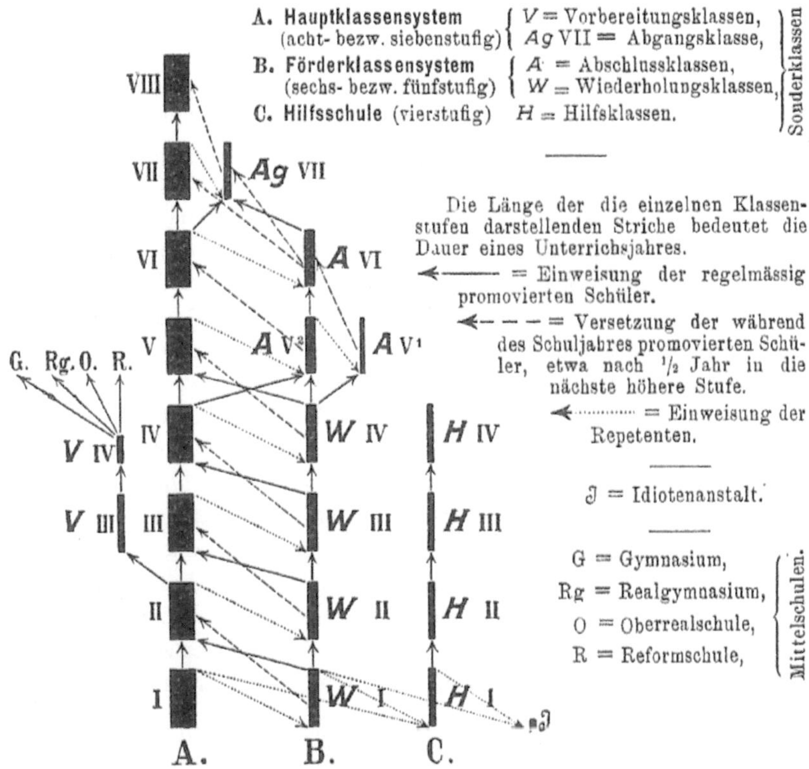

Abb. 9: *Klassenorganisation des Mannheimer Schulsystems (1904)*[308]

A. das „*Hauptklassensystem*“, in dem die schnell lernenden Schüler_innen zusammengefasst wurden, welche die Volksschule in der Regelschulzeit von acht Jahren durchliefen.[309] Ab der 3. Klasse wurden aus diesen Lerngruppen wiederum gesonderte „Vorbereitungsklassen“ derjenigen Kinder gebildet, die nach dem 4. Schuljahr voraussichtlich eine höhere Schule besuchen sollten. Die Hauptklassen hatten eine durchschnittliche Größe von 45 bis 46 Schülerinnen und Schülern.

308 Sickinger (1904, S. 144).

309 Auf Ausnahmen von dieser Regel, die das System zusätzlich vorsah, sowie auf organisatorische Erweiterungen, z.T. auch terminologische Neuerungen kann an dieser Stelle nicht eingegangen werden. Vgl. die entsprechenden Ausführungen für die Anfangsphase Sickinger (1904, S. 126ff.), nach dem Ersten Weltkrieg Sickinger (1920, S. 55ff.). Siehe auch Noll (1985, S. 40–142).

B. das „*Förderklassensystem*" für die bisher unregelmäßig versetzten „mässig Schwachen".[310] Dieses System war 5- bzw. 6-stufig. Die vier unteren Stufen wurden als „Wiederholungsklassen" bezeichnet, da sie diejenigen Schüler aufnahmen, die die Lernziele der Hauptklasse nicht erreicht hatten. Die nachfolgenden Stufen 5 und 6, die sog. „Abschlussklassen", dienten der Vorbereitung des Schulabschlusses auf der Grundlage eines gegenüber den Hauptklassen quantitativ reduzierten Stoffpensums. Die Förderklassen hatten in der Regel eine Klassenfrequenz von 30 bis 31 Schülerinnen und Schülern.

C. das vierstufige „*Hilfsklassensystem*" nahm diejenigen „krankhaft schwachbegabten" Kinder auf, bei denen als „Ursache des Misserfolgs" eine „mangelhafte Begabung" angenommen wurde.[311] Die Entscheidung über die Zuweisung zur Hilfsklasse, in der die Klassengröße auf 15 bis 16 Kinder beschränkt war, wurde, wie schon im Falle der Förderklassen, im Einvernehmen von Schulleitung und Schularzt möglichst schon in der ersten Klasse getroffen.[312] Rückversetzungen in die Förderklasse waren grundsätzlich möglich und aufgrund des geringeren Leistungsabstandes sowie des differenzierteren Förderangebots in den Wiederholungsklassen einfacher möglich als aus einem gesonderten Hilfsschulsystem – wenn auch angesichts der Diagnose „krankhafte Schwachbegabung" eher unwahrscheinlich. Scheiterten Kinder trotz der erleichterten Lernbedingungen auch in der Hilfsklasse, so schieden sie „als bildungsunfähig aus dem Verband der Volksschulen aus, um in einer Idiotenanstalt (…) Unterkunft zu finden."[313]

Neben der reduzierten Schülerzahl zeichneten sich die Förder- und Hilfsklassen durch einige weitere Besonderheiten aus, die Sickingers Grundsatz folgten: „Je ungünstiger die physische und psychische Beschaffenheit des Erziehungsobjektes ist, desto günstiger müssen die Unterrichtsbedingungen sein":[314]

- als Lehrkräfte dieser Klasse fungierten besonders erfahrene, für die Behandlung schwächerer Kinder besonders geeignete Pädagogen;
- zur Gewährleistung personeller Kontinuität verblieben die Klassenlehrer möglichst viele Jahre in einer Lerngruppe und erteilten hier in der Regel ihren gesamten Unterricht;

310 Sickinger (1904a, S. 26).
311 Sickinger (1904, S. 130).
312 Vgl. Sickinger (1904a, S. 29).
313 Sickinger (1904, S. 130).
314 Sickinger (1905a, S. 112).

- innerhalb der Klassen wurde in etwa einem Drittel der Stunden „Abteilungsunterricht" in nach Leistung differenzierten Gruppen durchgeführt;
- der Lehrstoff wurde auf das Wesentliche der in den Hauptklassen durchgenommenen Pensen beschränkt, wobei die Lehrinhalte der Hauptklassen zumindest in den Förderklassen weiterhin verbindlich blieben, um die Anschlussfähigkeit und eine u.U. mögliche Rückversetzung zu gewährleisten;
- den Schülern der Förder- und Hilfsklassen wurden in bevorzugtem Maße die der Schule angegliederten Wohlfahrtseinrichtungen zugänglich gemacht (Schulbäder, warmes Frühstück, Mittagessen, Kinderhorte, Ferienkolonien, Solbäder usw.).[315]

Zumindest in der Anfangsphase der Mannheimer Schulreform hob Sickinger die gesellschaftliche Integrationsfunktion der Schule, die „Einheit in der Mannigfaltigkeit" und die Notwendigkeit des „Hineinbildens des Individuums in das Gemeinschaftsleben"[316] besonders hervor. Die Gemeinsamkeit der leistungsstärkeren wie -schwächeren Schüler wurde dadurch betont, dass sie in denselben Schulgebäuden untergebracht waren, der Schulort also nicht schon einen Anlass zur Stigmatisierung bieten sollte. Vor allem zwischen Haupt- und Förderklassen war zudem über alle Jahrgänge hinweg ein hohes Maß an Durchlässigkeit – nach „unten" wie nach „oben" – vorgesehen. Bei deutlich erkennbaren Leistungsveränderungen war selbst während eines Schuljahres der Wechsel von der einen in die andere Lerngruppen möglich.

Letztlich aber zielte Sickingers Konzept nicht auf einen Unterricht in heterogen zusammengesetzten Lerngruppen, sondern im Gegenteil auf die zunehmende Homogenisierung der Leistungsfähigkeit der Schüler einer Klasse. Anders als die zeitgenössische Hilfsschule integrierte das Mannheimer System große Teile der Schülerschaft in einer Schule, nicht jedoch im Gemeinsamen Unterricht einer Klasse. Insofern steht es aktuellen Modellen „sonderpädagogischer Fördergruppen" innerhalb der Regelschule sehr viel näher als dem Gemeinsamen Lernen in der heterogenen Klasse.

Die auf Homogenisierung zielende Ausrichtung des Mannheimer Organisationsmodells wurde von Sickinger nach dem Ersten Weltkrieg zunehmend schärfer herausgearbeitet und nun auch mit einem Begabungsmodell begründet, das dem der Befürworter der selbstständigen Hilfsschule entsprach. In den nach 1918 erscheinenden Schriften betonte er „spezifische Eigenheiten" in der

315 Vgl. Sickinger (1904, S. 128ff.).
316 Sickinger (1905a, S. 108.).

„leiblichen und geistigen Verfassung" der Förderklassenkinder[317] und stimmte einem Bericht über die Chemnitzer Förderklassen ausdrücklich zu, in dem es hieß:

> „Die erneute Prüfung des Schülermaterials hat wiederum ergeben, daß die Schüler der Förderklassen hinsichtlich ihrer geistigen, moralischen und körperlichen Beschaffenheit einen besonderen Typus darstellen, der auch einer besonderen erzieherischen und unterrichtlichen Behandlung bedarf. Armut, Unklarheit und Zusammenhangslosigkeit des Vorstellungslebens, langsames Auffassen, Verknüpfen und Schließen, Mangel an logischem Gefühl, ferner schwacher Wille, der sowohl zu anhaltender Aufmerksamkeit wie zur Beherrschung der Affekte und des körperlichen Trieblebens wenig befähigt ist, außerdem körperliche Mängel, z.B. Mißbildung des Schädels, des Gebisses, der Rachenhöhle, des Brustkorbes, sowie Unterernährung, geringe Körpergröße, Blutarmut u. dgl. bilden die Hauptkennzeichen dieses Typus."[318]

Der ärztliche Blick auf die spezifischen „Mängel" eines bestimmten Schülertypus rückte in den Vordergrund, der medizinische Begriff der „Behandlung" trat an die Stelle des pädagogischen Gedankens individueller Förderung. Insofern ist es nur konsequent, dass Sickinger sich nachdrücklich für die Einbeziehung von Ärzten und Psychologen in die Verfahren der Zuweisung zu den verschiedenen Klassen des Mannheimer Systems stark machte, letztlich sogar von einer technischen Apparatur eines sog. „Psychometers" träumte, „mit dem wir die Gesamtleistungsfähigkeit eines Schülers (...) ebenso exakt zu bestimmen vermögen, wie wir die Temperatur des Blutes mittels des Thermometers zu messen imstande sind."[319]

---

317 Sickinger (1920, S. 62).

318 Ebd., S. 63. Wichtigste Ursache für die Neuakzentuierung der Argumentation Sickingers dürften die negativen Erfahrungen gewesen sein, die mit den Versuchen der Rücküberweisung von Schülern der Förder- in die Hauptklasse verbunden waren. War noch 1902/03 bei 40% der Förderschüler der Versuch einer Rückkehr in die Hauptklasse gemacht worden, so sank ihr Anteil innerhalb weniger Jahre auf nur noch 9% (vgl. Rosenthal 1912, S. 603 und Sickinger 1920, S. 62). Die Entwicklung eines eigenständigen Lehrplans für die Förderklassen schloss diesen Prozess hin zu einem weitgehend selbstständigen Förderklassensystem ab (vgl. Noll 1985, S. 93f.).

319 Sickinger (1913, S. 28f.). Vgl. auch die einschlägigen Publikationen des Mannheimer Schulpsychologen Hans Lämmermann (1927 und 1936). Letztere im Zusammenhang eines Versuchs, den Schwachsinn im Rahmen der Begutachtungsverfahren zur Sterilisierung von Hilfsschüler_innen möglichst präzise zu bestimmen.

Abb. 10: *Turnunterricht an einer Mannheimer Volksschule (1905)*[320]

Der Logik einer defizitorientierten Diagnostik und einer statischen Begabungsvorstellung entsprach auf der Ebene der Schulorganisation der stetig fortgesetzte Ausbau des Systems von Spezialklassen unter immer neuen Aspekten der Besonderung: Für außerordentlich leistungsstarke Volksschüler wurden ab 1909 für die Jahrgänge 5–8 eigene Klassen mit Fremdsprachenunterricht (Französisch) eingerichtet, wenige Jahre später sog. „Übergangklassen“ (7 und 8), die zur Vorbereitung des Wechsels auf die höhere Schule dienten. Noch während des Ersten Weltkrieges konnte der Aufbau eines siebenstufigen Schwerhörigen-Klassensystems (ab Klasse 2) abgeschlossen werden, dem Ende der 1920er Jahre die identisch organisierten „Sprachheilklassen“ folgten. Innerhalb des Hilfsklassensystems schließlich wurde eine zweistufige Leistungsdifferenzierung eingeführt.[321] Dieser Prozess der immer weiter perfektionierten äußeren Differenzierung aber hatte zur Folge, dass selbst in großen vielzügigen Volksschulen immer nur ein Teil der im Gesamtsystem vorgesehenen Spezialklassen eingerichtet werden konnte. Eine Zentralisierung der Angebote für die zahlenmäßig kleinen Gruppen der Sprach- (3,6%), Hilfs- (0,7%), Schwerhörigen- (0,4%) und Übergangsklassenschüler (0,2%) wurde unumgänglich.[322] Der Gedanke

320 Stadtarchiv Mannheim.

321 Vgl. Sickinger (1926) und Noll (1985, S. 100–122).

322 Zahlen für das Schuljahr 1924/25 (vgl. Sickinger 1926, S. 19). Mit der Aufhebung des Mannheimer Schulsystems durch das „Gesetz über die Grund- und Hauptschule“ in Baden vom 29.1.1934 (Ministerium des Kultus, des Unterrichts und der Justiz 1934) war in der NS-Zeit eine deutliche Stärkung der eigenständigen Hilfsschule

der einen Schule für alle Volksschulkinder konnte nicht mehr aufrechterhalten werden.

4. Die Sickinger-Debatte

Das Referat auf dem 1. Internationalen Kongress für Schulhygiene in Nürnberg im Jahre 1904[323] war der Beginn einer ungewöhnlich intensiven Vortragstätigkeit, die Sickinger in den folgenden Jahren in zahlreiche Städte des In- und Auslandes führte.[324] Vor dem Hintergrund der Trägheit heutiger Schulreformprozesse ist es erstaunlich, dass es nicht bei dem Interesse für die Mannheimer Erfahrungen blieb, sondern noch vor dem Ersten Weltkrieg immerhin 20 weitere Kommunen in Deutschland Förderklassen in größerem Umfang einrichteten.[325] International war die Resonanz besonders in der Schweiz groß. Daneben gab es nach Auskunft Sickingers Förder- bzw. Abschlussklassen im Sinne des Mannheimer Schulsystems auch in Dänemark, Österreich, Russland und den USA.[326]

Trotz des ungewöhnlichen Erfolgs war die Frage, ob Kinder mit und ohne Lernbeeinträchtigungen unter den Bedingungen des Mannheimer Schulmodells besser gefördert werden konnten als innerhalb einer Volksschulklasse bzw. im getrennten System von Volks- und Hilfsschule, in der zeitgenössischen Debatte höchst umstritten. Heinecker fasste in seiner Bibliografie bis zum Jahr 1924 allein mehr als 200 Publikationen von Befürwortern und Gegnern aus dem In- und Ausland zusammen. Strukturell unterschied sich der Diskurs um das Mannheimer Schulsystem von der Verallgemeinerungsdebatte der 20er bis 40er Jahre des 19. Jahrhunderts durch eine deutliche Ausdifferenzierung des Kreises der beteiligten Akteure und der Diskursforen. Hatten Elementarlehrer und Gehörlosenpädagogen die Graser-Kontroverse noch in pädagogischen Fachzeitschriften

---

verbunden (vgl. Lämmermann 1936, S. 94). Bis zum Schuljahr 1939/40 verdoppelte sich die Zahl der Hilfsschüler_innen und überstieg erstmals den Anteil von 2% (vgl. Eberle 2015, S. 69).

323 Vgl. I. Internationaler Kongress für Schulhygiene (1904). Siehe auch Mittenzwey (1904) und Fuchs (2004).

324 Vgl. Noll (1985, S. 140).

325 Neben Leipzig und einer Reihe weiterer sächsischer Kommunen u.a. auch Bonn, Charlottenburg, Elberfeld, Fürth, Göttingen, Kiel, Mainz, Mülhausen (Elsass) und Offenbach; weitere 29 Städte richteten Förderklassen in kleinerem Umfang ein, 24 Abschlussklassen (vgl. Sickinger 1920, S. 99).

326 Nach Angaben von Henze (1928, S. 162) besaßen in den 1920er Jahren ca. 150 Städte innerhalb und außerhalb Deutschlands Förderklassen nach dem Mannheimer Vorbild.

geführt, die von beiden Gruppen rezipiert wurden, so schlug sich der Streit um das Mannheimer System, von wenigen Ausnahmen abgesehen, publizistisch bereits in getrennten Organen der Volks- bzw. Hilfsschullehrer nieder.[327] Neben den pädagogischen Praktikern und Schulverwaltungsbeamten vor Ort bestimmten nun vor allem Vereins- und Verbandsfunktionäre der verschiedenen Lehrer- und Lehrerinnenvereinigungen die Diskussion. Schützenhilfe erhielten beide Seiten durch wissenschaftliche Experten aus der damals im Entstehen begriffenen Disziplin der experimentellen Pädagogik. Einen spezifischen neuen Akzent erhielt die Debatte schließlich durch das Eingreifen von Medizinern in den pädagogischen Diskurs.

a) Die Hilfsschullehrerschaft: Verhaltene Zustimmung

Mit der rasanten Zunahme der Hilfsschulen seit den 1890er Jahren stieg auch die Zahl der Hilfsschullehrer rapide an, so dass sehr bald das Bedürfnis entstand, eine selbstständige Interessenvertretung ins Leben zu rufen. In Abgrenzung zu den Anstaltspädagogen der älteren Sonderschulen auf der einen und den Volksschullehrern auf der anderen Seite wurde 1898 der „Verband der Hilfsschulen Deutschlands" gegründet, dem vor dem Ersten Weltkrieg bereits über 1800 Mitglieder angehörten.[328] Publizistisch zu Wort meldeten sich die Hilfsschullehrer zunächst in der „Zeitschrift für die Behandlung Schwachsinniger und Epileptischer", dem Konferenzorgan der Anstaltslehrer, seit 1898 in dem von Johannes Trüper herausgegebenen Periodikum „Die Kinderfehler".[329] Die eigenständige Zeitschrift „Die Hilfsschule" wurde seit 1904 zunächst als unregelmäßig erscheinendes Nachrichtenblatt des Verbandes herausgegeben und diente ab 1908 als dessen offizielles Publikationsorgan.[330]

In der „Zeitschrift für Kinderforschung" wurden die Bemühungen Sickingers um die Reform der Mannheimer Volksschule bereits sehr frühzeitig dokumentiert,[331] eine erste ausführliche Würdigung aus der Perspektive der

---

327 Ausgangspunkt für die Veröffentlichungen waren hierbei sehr häufig regionale Tagungen von Lehrerverbänden. Die Literatur bis Anfang der 1920er Jahre findet sich, allerdings nicht ganz vollständig, bei Heinecker (1924). Vgl. zur Geschichte der Lehrerverbände und ihre Bedeutung für den schulpädagogischen Diskurs: Bölling (1983) und Uhlig (2013).

328 Vgl. Ellger-Rüttgardt (1980, S. 61).

329 Ab 1900 unter dem Titel „Zeitschrift für Kinderforschung".

330 Vgl. als zusammenfassenden Überblick über die erste Phase der Verbandsgeschichte von der Gründung bis zum Ersten Weltkrieg Myschker (1998).

331 Vgl. Trüper (1900 und 1902).

Hilfsschullehrerschaft erfolgte jedoch erst 1904 – im Anschluss an den Nürnberger Hygienekongress.[332] Sickingers Gedanke der Differenzierung „nach Verschiedenheiten in der Veranlagung“ und Zusammenfassung „ähnlich leistungsfähige(r) Kinder gleichen Alters zu homogenen Lerngemeinschaften“ wurde von dem Leiter der Hilfsschule Stolp, Franz Frenzel, außerordentlich positiv bewertet.[333] Frenzel schloss sich Sickingers Einschätzung an

> „daß der heutige ausgleichende und schablonisierende Unterrichtsbetrieb den Gesetzen der Psychologie nicht mehr standzuhalten vermag, vielmehr nur auf dem Wege der Differenzierung die Massenerziehung zur wirksamen Individualisierung gesteigert werden kann.“[334]

Kennzeichnend für die Rezeption Sickingers durch die Hilfsschullehrerschaft ist schon in diesen frühen Stellungnahmen, dass sie der dem Mannheimer System zugrunde liegenden Leitidee der äußeren Differenzierung ausdrücklich zustimmte, da diese auch den Ausgangspunkt für die Existenz der eigenen Schulform darstellte. Andererseits aber mussten die Hilfsschullehrer um Teile ihrer Schülerschaft fürchten, würde sich das Konzept der Förderklassen, wie von Sickinger gefordert, flächendeckend durchsetzen.[335] Die Anerkennung der grundlegenden Prinzipien des Mannheimer Modells verband sich daher immer wieder mit dem Bemühen, zwischen Hilfsschule und Förderklassen eine möglichst klare Trennungslinie zu ziehen. Durchführbar erschien dies, wenn es gelang, die jeweilige Schülerklientel als deutlich voneinander abgrenzbar zu beschreiben: „schwachsinnige“ Kinder in der Hilfsschule auf der einen, „schwachbegabte“ bzw. sog. „schwachnormale“ und aus vielfältigen äußeren oder gesundheitlichen Gründen „zurückgebliebene“ Kinder in der Förderklasse auf der anderen Seite.

Im renommierten, von Herman Nohl und Ludwig Pallat herausgegebenen „Handbuch der Pädagogik“ aus dem Jahr 1928 quantifizierte der Frankfurter Hilfsschulpädagoge August Henze den Anteil möglicher Förderklassen-Schüler mit 10–15% der gesamten Volksschülerschaft, hob aber auch hier ausdrücklich hervor,

---

332 Vgl. Frenzel (1904). Franz Frenzel (1863–1946) leitete seit 1901 die Hilfsschule im pommerschen Stolp und veröffentlichte zahlreiche Schriften zur Hilfsschule. Einflussreich vor allem seine Publikationen zur Vorbereitung auf die Hilfsschullehrerprüfung, die in den 1920er Jahren mehrfach aufgelegt wurden.

333 Ebd., S. 223.

334 Ebd., S. 224.

335 Vgl. Ellger-Rüttgardt (1980, S. 321).

dass es sich um „Schülermaterial handelt, das durchaus noch in den Bereich der Normalität“ falle, also „keineswegs um anormale Kinder“, welche der Hilfsschule zuzuweisen seien.[336]

In der Realität der Schulpraxis allerdings war diese von den Hilfsschullehrern postulierte Unterscheidung zwischen „schwachsinnigen“ und „schwachbegabten“ Kindern nicht aufrechtzuerhalten. Ihre Fragwürdigkeit wird bei einem Blick auf Schülerzahlen deutlich: Während in Mannheim nur 0,7% der Schülerinnen und Schüler in einer Hilfsklasse unterrichtet wurden,[337] betrug der Anteil der vermeintlich „schwachsinnigen“ Hilfsschüler_innen in Kommunen ohne Förderklassen 4% und mehr.[338] Offensichtlich nahmen die Hilfsschulen außerhalb Mannheims auch Kinder auf, deren Schulversagen nicht auf erhebliche Intelligenzdefekte zurückführbar war. Die offensichtliche Widersprüchlichkeit in

336 Henze (1928, S. 163). August Henze (1867–1944) war seit 1892 zunächst in der Volksschule, ab 1897 im Hilfsschuldienst tätig. Er leitete mehrere Hilfsschulen, bevor er 1912 zum Stadtschulinspektor, Schulrat und 1929 zum Oberschulrat in Frankfurt a.M. berufen wurde. Hier richtete er Klassen für Sprachgestörte und Schwerhörige sowie eine „Sammelklasse für geistig tiefstehende Kinder“ ein. Von 1908 bis 1934 fungierte Henze ununterbrochen als Schriftleiter der Verbandszeitschrift „Die Hilfsschule“, publizierte zahlreiche Artikel in Fachzeitschriften und Tageszeitungen und war (Co-)Autor wichtiger Hand- und Lehrbücher. Als einer der profiliertesten zeitgenössischen Hilfsschulpädagogen wirkte er mit drei Beiträgen am „Handbuch der Pädagogik“ mit (vgl. Henze 1928, 1928a, 1928b). Schon vor 1933 diskutierte Henze die Frage der „Vernichtung lebensunwerten Lebens“ (Henze 1930, S. 549), die er zwar verneinte, sprach sich gleichzeitig jedoch für die Sterilisierung von Hilfsschulkindern aus (vgl. Henze 1930, S. 549f.). 1932 pensioniert, trat er im Frühjahr 1933 der NSDAP bei und veröffentlichte im selben Jahr in der Zeitschrift „Die Hilfsschule“ einen Grundsatzartikel zum „Gesetz zur Verhütung erbkranken Nachwuchses“, das er „als das bedeutsamste Gesetz“ bezeichnete, „das jemals geschaffen worden ist“. „Um die Einschränkung von Geburten mit schlechtem Erbgut möglichst weit voranzutreiben“, dürfe man, so Henze, nicht davor zurückschrecken, „in der Durchführung des Gesetzes *eher etwas zu weit zu gehen, als zu nachsichtig zu sein*“, und „lieber einmal zu oft zu sterilisieren als zu selten“ (Henze 1933, S. 540). Bis kurz vor seinem Tod wirkte Henze, hochgeehrt, in der „Reichsfachschaft V Sonderschulen“ im „Nationalsozialistischen Lehrerbund“ mit. Siehe zur Biografie Henzes Myschker (1998, S. 29f.) und Ellger-Rüttgardt (1998, S. 84–86 und 2003, S. 254).

337 Daten für das Schuljahr 1924/25 (vgl. Sickinger 1926, S. 19). Zugleich betrug die Zahl der als nicht „schwachsinnig“ kategorisierten Förderschüler in Mannheim immerhin 11,3%, ging also um mehr als das Doppelte über den Anteil der Hilfsschüler_innen in anderen Städten hinaus.

338 Vgl. Möckel (1975, S. 122).

der Zuweisungspraxis wurde jedoch von den Zeitgenossen, soweit das bisher erkennbar ist, nicht als Anlass wahrgenommen, die Legitimität der Hilfsschule in Frage zu stellen, und auch die Hilfsschullehrerschaft nahm die Konkurrenz des Mannheimer Schulsystems so lange nicht als problematisch wahr, wie ihre eigene Schulform expandierte.[339]

Die Situation veränderte sich jedoch unter den Vorzeichen der massiven Finanzkrise der öffentlichen Hand Anfang der 1930er Jahre.[340] Die selbstständige Hilfsschule geriet nun aus ökonomischen Gründen unter massiven Legitimationsdruck. Der Vorsitzende des Hilfsschullehrerverbandes, Gustav Lesemann,[341] bewertete in einem Grundsatzvortrag die Berechtigung der Förderklassen – angesichts der Bedrohung der eigenen Schulform – jetzt sehr viel kritischer:

> „Jede Unterrichts- und Erziehungsmethode, jeder Bildungsakt muß abgestimmt sein auf ein ganz bestimmtes psychologisches Schülerrelief. Die Hilfsschule hat, trotz aller Erkennung der Verschiedenartigkeit des Materials, immer noch Gruppen, die sehr viel Gleichartiges haben. Man hat Schwachsinnige vor sich."[342]

---

339 Vgl. noch Ende der 1920er Jahre u.a. Die Hilfsschule (1928, S. 441–443).

340 Vgl. Lesemann (1931).

341 Gustav Lesemann (1889–1973), aus bescheidenem bäuerlichen Milieu in Niedersachsen kommend, arbeitete ab 1913 als Volksschullehrer, konnte den Beruf aufgrund einer Kriegsverwundung jedoch nur kurz ausüben. Nach dem Ersten Weltkrieg wechselte er in den Hilfsschuldienst und wurde bereits 1923 Rektor einer Hilfsschule in Hannover. Lesemann engagierte sich frühzeitig im Hilfsschullehrerverband, dessen Vorsitzender er 1928 wurde. Trotz seiner Ablösung 1933 propagierte er die Anpassung der Hilfsschule an die rassenhygienischen Ziele der NS-Ideologie. So plädierte er in einem Aufsatz unter dem Titel „Hilfsschulpädagogische Gegenwartsaufgaben" schon im Dezember 1933 dafür, sog. „Leichtschwachsinnige" aus Privat- und Volksschulen in die Hilfsschule zu überweisen, mit der Begründung, „daß gerade die Leichtschwachsinnigen, wenn sie in Volks- und Privatschulen sitzen, der Prüfung auf Notwendigkeit der Sterilisierung leichter entschlüpfen. Man wird auf sie nicht so leicht stoßen, weil sie ja in der Volksschule und von nicht entsprechend geschulten Kräften *nicht zeitig genug als sterilisierungsreif erkannt werden*, während man das *Kindermaterial der Hilfsschule in der Gesamtheit schon viel schärfer auf diese Sterilisierungsnotwendigkeit unter die Lupe nimmt*" (Lesemann 1933, S. 719f.). Nach dem Zweiten Weltkrieg zunächst aus dem Staatsdienst entlassen, wurde er in einem Berufungsverfahren als „Mitläufer" eingestuft und 1949 zum ersten Vorsitzenden des bundesdeutschen Hilfsschullehrerverbandes gewählt. Lesemann war von 1949 bis 1967 Schriftleiter der „Zeitschrift für Heilpädagogik" sowie Autor und Herausgeber breit rezipierter Schriften zur Geschichte und Theorie der Hilfsschulpädagogik. Vgl. zu Lesemanns Biografie Ellger-Rüttgardt (1998, S. 79–84 und 2003, S. 264).

342 Lesemann (1931a, S. 721f.).

Demgegenüber bestehe der Mangel der Förderklassen gerade darin, keine „genaue Präzisierung und Charakterisierung des Schülermaterials“[343] zu besitzen. In die Förderklasse kämen, so Lesemann:

> „1. Kinder mit mäßig schwacher Begabung, die voraussichtlich imstande sein werden, bei einem ihrer Anlage entsprechenden Lehrverfahren das Ziel der 3. Klasse einer achtklassigen Volksschule zu erreichen,
> 2. Kinder, die infolge großer Schüchternheit, langer Krankheit oder schlechter häuslicher Verhältnisse oder häufigen Schulwechsels zurückgeblieben sind,
> 3. schwächliche und kränkliche Kinder, die besonderer Rücksicht bedürfen,
> 4. Kinder, die in einem Fache besonders versagen.“[344]

Da der Förderklasse „die genaue Umreißung des Begriffs ‚Förderklassenschüler‘“[345] fehle, besitze sie – anders als die Volks- und die Hilfsschule – keinen pädagogischen Eigencharakter, so dass ihre Erziehungsarbeit prinzipiell von Kompromissen geprägt bleiben müsse:

> „Im Interesse der Förder- und Hilfsschulen wäre es gelegen, wenn die Förderklassen im allgemeinen zwei Gruppen von Kindern bildeten: eine Gruppe von Kindern, die eine normale Intelligenz haben, aber körperliche Mängel und Organminderwertigkeiten aufzeigen oder aber infolge Umweltverwahrlosung zurück sind, und eine zweite Gruppe von Kindern mit leicht geschwächter Begabung. Pädagogisch sicherer und sauberer wäre es allerdings, wenn die Förderklasse sich vor allem in ihrer Arbeit auf die erstere der beiden Gruppen beschränkten und bei der zweiten eine genaue Prüfung vornehmen würden mit dem Ziel, ob in dieser Gruppe nicht doch mehr Hilfsschüler sitzen, als man anzunehmen geneigt ist. Dann würde es vermieden, daß Kinder beispielsweise erst ein Jahr in der Normalschule sitzen, danach ein oder zwei Jahre die Förderklasse besuchen und erst dann der Hilfsschule zugeführt werden, in die sie von Anfang an gehört hätten. Es muß das Bestreben aller verantwortungsbewußten Pädagogen sein, Kinder möglichst früh der heilpädagogischen Sonderbehandlung durch die Hilfsschule zuzuführen.“[346]

Die offensichtliche Schwäche der Hilfsschule, die eigene Schülerklientel nicht präzise bestimmen zu können, richtete Lesemann angesichts der Existenzgefährdung der eigenen Schulform gegen die Förderklassen. Letztlich zielte seine Argumentation darauf, die Förderklassen auf eine Zubringerfunktion für die Volks- bzw. die Hilfsschule zu reduzieren und damit die zur Bedrohung gewordene Konkurrenz zur marginalisieren.[347]

343 Ebd., S. 721.
344 Ebd., S. 720.
345 Ebd., S. 721.
346 Ebd., S. 722f.
347 Dass für die Hilfsschullehrerschaft professionspolitische Motive bei der Kritik an Alternativen zur eigenen Schulform eine wesentliche Rolle spielten, hat

b) Die Volksschullehrerschaft: Streit um Sickinger

Deutlich kontroverser als im Kreis der Hilfsschullehrer fielen die Reaktionen aus der Volksschullehrerschaft aus, die das Mannheimer Schulsystem vor allem in den Jahren 1904 bis 1914 zum Gegenstand eines breiten, außerordentlich vielfältigen Diskurses machte. Seine Intensität wird daran erkennbar, dass bereits 1905 eine Übersicht unterschiedlicher Positionen zum Mannheimer Schulsystem mit einer Zusammenfassung der einschlägigen Literatur vorgelegt wurde.[348] Vor allem in den Hochburgen des „Deutschen Lehrervereins" (DLV), insbesondere in Leipzig und Berlin, und in der Hamburger „Gesellschaft der Freunde des Vaterländischen Schul- und Erziehungswesens" wurden die Reformvorschläge Sickingers intensiv erörtert,[349] aber auch im „Allgemeinen deutschen Lehrerinnenverein" (ADLV) kam es zu ausführlichen, kontroversen Debatten.[350]

Überblickt man den historischen Diskurs, so richten sich zahlreiche Aspekte der nicht selten polemisch zugespitzten Auseinandersetzung auf Detailfragen

---

Ellger-Rüttgardt (1980) bereits früh zeigen können. Vgl. zuletzt auch Moser (2016), die auf die weitgehende Autonomie der Hilfsschule bei der Auswahl der eigenen Schülerschaft, die reduzierte Klassengröße und nicht zuletzt die höhere Besoldung als Privilegien der Hilfsschullehrer verweist.

348 Vgl. Scholz (1904). Die Literatur bis 1913 findet sich bei Heinecker (1913/1924).

349 Die Diskussionen fanden ihren publizistischen Niederschlag sowohl in der Verbandszeitschrift des Reichsverbandes des „Deutschen Lehrervereins" (DLV), der „Deutschen Schule" (vgl. Pretzel 1904, Gottschalk 1910), als auch in den lokalen Organen des Leipziger und Berliner Lehrervereins (vgl. hier besonders Tews 1900, Tappe 1908). Außerordentlich umstritten waren Sickingers Thesen in Hamburg, wo es gleich zu mehreren Kontroversen kam: Ein Vortrag Sickingers in der Hansestadt (vgl. Ockelmann 1904) löste einen ausführlich ausgetragenen Konflikt zwischen dem Befürworter Witthöft (1904, 1904a-d, 1905 und 1905a) und den Kritikern Paulsen (1904, 1904a und b, 1905) bzw. Junge (1904, 1904a) aus. Wenige Jahre später flammte die Kontroverse noch einmal auf (vgl. Schumann 1908, Zur Kritik des Mannheimer Schulsystems 1909, Ein neues Urteil über das Mannheimer Schulsystem 1910, Muus 1910 und 1910a, Brandt 1910, Sickinger contra Ahlburg und Fricke 1910, Funke 1911), so dass Sickinger sich veranlasst sah, zur Hamburger Kritik selbst ausführlich Stellung zu nehmen (vgl. Sickinger 1910). Weitere Reaktionen auf seine Kritiker Sickinger (1906 und 1920).

350 Im Mai 1907 widmete sich eine Tagung des ADLV in Mainz dem Mannheimer System. Hier stießen positive Würdigung (Zentmayer 1906/1907) und scharfe Kritik (Sander 1907) deutlich aufeinander (vgl. außerdem Wendling 1906); bereits zuvor: Kuntz, Liermann und Zur Frage der Volksschulreform (alle 1904).

der organisatorischen Umsetzung sowie auf Widersprüche zwischen Anspruch und Wirklichkeit des Mannheimer Modells, auf die an dieser Stelle nicht näher eingegangen werden soll. Stattdessen werde ich mich auf die Darstellung grundsätzlicher Argumente beschränken, die sich auf spezifisch pädagogische Erwartungen beziehen, welche mit der Schaffung gesonderter Hilfs- und Förderklassen innerhalb der Volksschule verknüpft wurden. Hierbei werden vor allem jene Stellungnahmen berücksichtigt, die die Qualität der Förderung der Schülerinnen und Schüler in den neu geschaffenen Sonderklassen thematisieren.

Unterstützung erhielt Sickinger nach anfänglicher Skepsis vom „Leipziger Lehrerverein",[351] der, wie zahlreiche andere Befürworter, die „Idee der psychologischen Organisation der Volksschule"[352] besonders betonte und damit die Hoffnung verband, die Kinder und Jugendlichen ihrer jeweiligen Leistungsfähigkeit entsprechend fördern zu können:

> „Das Mannheimer System hat große Vorteile. Es ermöglicht eine intensivere intellektuelle Bildung vieler Kinder. Mehr Kinder als bisher können mit einer abgeschlossenen Bildung entlassen werden. Mehr als bisher können die einzelnen Befähigungsgruppen zu wahrer selbsttätiger Geistesarbeit herangezogen werden."[353]

Der Hamburger Lehrer Witthöft knüpfte in einem Vortrag in der „Gesellschaft der Freunde des vaterländischen Schul- und Erziehungswesens" an diese Argumentation an und hob die verheerenden Folgen des nicht nach Leistung differenzierenden Volksschulunterrichts für das Selbstwertgefühl und die Lernmotivation der schwächeren Schüler besonders hervor. Ihre tägliche Erfahrung sei der Satz „Das kannst du nicht!":

> „Mitunter sagt es der Lehrer, mitunter die Schüler, auf jeden Fall aber sagt er es sich selbst. Oder er sagt es sich nicht *mehr*: die Schule hat eben sein Selbstgefühl unterdrückt, damit aber zugleich die Lernlust, die Liebe zu Schule, Buch und Bildung. (...) Die geistige Schrittlänge unserer Schüler ist nicht gleich, und indem wir uns im Tempo nach dem Mittel richten, übermüden wir die Schwachen, und zwar umso mehr, je länger der Weg wird. Leicht und sicher kämen auch sie ans Ziel, dürften sie nur das Tempo angeben. So bleiben sie mürrisch und faul am Wege und verlieren überhaupt alle Lust. (...) Demgegenüber wollen wir durch Beschränkung des Stoffs, durch Anpassung von Lehrplan und Methode dem Schüler zum Bewußtsein seines geistigen Selbst verhelfen. Er soll auch Erfolg haben. Erfolg und Vertrauen auf Erfolg ist die Wünschelrute,

351 Die Unterstützung durch den „Leipziger Lehrerverein" ist insofern nicht erstaunlich, als in Leipzig selbst ein vergleichbares Differenzierungsmodell entwickelt wurde (vgl. Scholz 1904, S. 207 und Pehnke 1998).

352 Wagner (1904, S. 112).

353 Ebd.

die alle verborgenen geistigen Schätze hebt. Denken Sie an das Riegenturnen! Da hat jeder Junge eine Aufgabe, die seinen Fähigkeiten entspricht. Möchten Sie wohl zurück zum Klassengerätturnen? Hat nicht gerade das Riegenturnen die Turnfreudigkeit ganz bedeutend gehoben und turnt nicht oft die letzte Riege mit demselben Eifer wie die erste? Solch ein Riegenturnen des Geistes möchten wir einführen und sicher mit demselben Erfolge. Man hat uns bestritten, daß unsere Schwachen Freude an geistiger Arbeit empfinden können. Geistiges Wachstum erzeugt Freude wie körperliches; es muß nur zum Bewußtsein kommen."[354]

Wie zahlreiche Anhänger Sickingers begriff Witthöft das Mannheimer System als folgerichtige Ergänzung zum Aufbau einer gesonderten Hilfsschule, nicht als Konkurrenz zu ihr.[355] In der Literatur der Volksschullehrer konnte keine Quelle nachgewiesen werden, welche die Eingliederung der Hilfsschulklassen in das System einer einheitlichen Schule – wie von Sickinger vorgeschlagen – im Vergleich mit einem gesonderten Hilfsschulsystem eingehend diskutiert hätte. Vielmehr diente die offensichtlich als erfolgreich vorausgesetzte Arbeit der bestehenden Hilfsschulen als Argument einer weiteren institutionellen Differenzierung.

Während die Thesen Witthöfts zweifellos darauf zielten, eine möglichst weitgehende pädagogische Förderung der Schülerinnen und Schüler zu gewährleisten, erfuhr das lernpsychologische Motiv bei anderen Befürwortern des Mannheimer Systems eine sozialdarwinistische Akzentuierung. Besonders deutlich wird dies bei Maria Zentmayer, die im Mai 1907 das Hauptreferat während einer Tagung des „Allgemeinen deutschen Lehrerinnenvereins" zum Mannheimer Modell hielt:

„Wir leben in Zeiten des pädagogischen Aufschwungs. Die Einsicht, daß die Zukunft nur dem besterzogenen, bestunterrichteten und zugleich körperlich tüchtigsten Volk gebühren wird, hat einen heißen Kampf heraufbeschworen. Da die bestehenden Einrichtungen zur Erreichung einer idealen Volksentwicklung nicht mehr genügen, so ist eine Umgestaltung des gesamten Erziehungs- und Unterrichtswesens zu dringender Notwendigkeit geworden, und die Tüchtigsten sind an der Arbeit, Mittel und Wege zu finden, durch die jedes einzelne Glied des Volkes fähig gemacht werden kann zu ersprießlicher Mitarbeit an den großen Aufgaben der Gesamtheit. (...) Die Fähigkeit, Körper und Geist zu meistern und zielbewußt arbeiten zu können, muß sich vereinen mit dem Besitz von Kenntnissen und Fertigkeiten. Gerade heutzutage, wo sich der Wettbewerb auf allen Gebieten erschreckend zuspitzt, kann der einzelne – auch in der unscheinbarsten Berufsstellung – den Lebenskampf nur erfolgreich bestehen bei

354 Witthöft (1904d, S. 111).
355 Vgl. ebd.

Aufbietung aller Kraft und uneingeschränkter Verwertung der Fähigkeiten, die ihm von der Natur verliehen worden sind.“[356]

„Und wer nun sieht, wie verschlossene, scheue, mutlose, stumpfe, manchmal durch früheres stetiges Wiederholen sogar bösartig gewordene Kinder sich zu frohen, anstelligen, verläßlichen, ja arbeitsfreudigen jungen Menschen entwickeln, dann wird er freudigen Herzens bezeugen, daß die Atmosphäre der Förderklassen hält, was sie verspricht. Manches Kind, das unter früheren Verhältnissen geradezu zu einem Schädling der Menschheit wurde, dessen Leben hinter Gefängnismauern schließlich zugrunde ging, erwirbt sich jetzt durch die fürsorgliche Behandlung Schaffensfreudigkeit und starken Willen zum Rechttun, der es vor diesem trostlosesten aller Schicksale bewahrt und für sein späteres Fortkommen und seine Lebensführung Gutes erhoffen läßt, was gleichbedeutend ist mit einer Aufwärtsbewegung der Volksentwicklung.“[357]

Zustimmung kam auch von Johannes Tews,[358] einem führenden Repräsentanten des Deutschen Lehrervereins, der das Mannheimer Differenzierungsmodell als wegweisend für die neu zu schaffende Einheitsschule einschätzte:

„Uns erscheinen diese Vorschläge in jeder Beziehung als wertvoll, nicht nur in unterrichtlicher und erziehlicher Hinsicht. Eine solche Organisation wäre der Anfang zur Gliederung des gesamten Unterrichtswesens nach den Fähigkeiten des Schülers. Heute eröffnet der Besitz und der Wunsch der Eltern dem Kinde jede weiterführende Lehranstalt. Beide Faktoren sollen indessen mindestens stark zurücktreten gegen den ausschlaggebenden Faktor der natürlichen Fähigkeit (...). Erst auf diesem Wege wird die von der deutschen Lehrerschaft geforderte allgemeine Volksschule ein Organismus, der

---

356 Zentmayer (1906/1907, S. 1181). Über Maria Zentmayer waren nur wenige biografische Daten zu eruieren. Sie arbeitete zur Zeit der zitierten Veröffentlichung als Hauptlehrerin in Mannheim. 1911 wechselte sie an das neu gegründete Viktor-Lenel-Stift, ein privates Kinderheim in Neckargmünd, das sie mehrere Jahrzehnte leitete. Sie starb 1954 im Alter von 80 Jahren. Eine kurze biografische Skizze bei Böttger (1954, S. 10f.).

357 Ebd., S. 1189.

358 Johannes Tews (1860–1937) arbeitete zunächst als Volksschullehrer u.a. in Stettin und Berlin. Seit den 80er Jahren des 19. Jahrhunderts trat er durch zahlreiche Vorträge und Veröffentlichungen zu schulpolitischen und sozialpädagogischen Fragen hervor. 1906 schied Tews aus dem aktiven Schuldienst aus, engagierte sich publizistisch vor allem für eine erweiterte Erwachsenenbildung, war Mitglied und Geschäftsführer der „Gesellschaft zur Verbreitung von Volksbildung“ und lange Jahre im Geschäftsführenden Ausschuss des Deutschen Lehrervereins tätig. Während der Reichsschulkonferenz nach dem Ersten Weltkrieg setzte sich Tews für eine Einheitsschule mit sechsjähriger Grundschule ein. Der Untertitel der breit rezipierten Schrift „Die deutsche Einheitsschule. Freie Bahn jedem Tüchtigen“ (2. Aufl. 1916) kennzeichnet den an Aufstiegsinteressen der Arbeiterschaft orientierten Ansatz seines Einheitsschulkonzepts (vgl. Stach 1950).

jedem ohne Rücksicht auf Stand und Vermögen das bietet, was ihm nach seinen natürlichen Fähigkeiten heilsam und förderlich ist, und nur so wird es gelingen, alle die Kräfte, die unter der Ungunst der natürlichen und sozialen Verhältnisse leiden, auf einen möglichst hohen Stand zu bringen."[359]

Unter den Befürwortern der Einheitsschule innerhalb der Volksschullehrerschaft blieben Tews und der Leipziger Lehrerverein jedoch in einer Minderheitenposition. Von der Vielzahl kritischer Stimmen sollen im Folgenden mit Wilhelm Paulsen und Carl Louis August Pretzel zwei Volksschullehrer und pädagogische Publizisten ausführlicher zu Wort kommen, deren Argumentation aufgrund ihrer Breite und Differenziertheit für den hier interessierenden Zusammenhang von besonderem Interesse ist.

Paulsen[360] hielt Sickinger vor, dass es pädagogisch erheblich zu kurz gedacht sei, wenn dieser glaube, das Problem der schulischen Individualisierung durch äußere Differenzierungsmaßnahmen lösen zu können:

---

359 Tews (1900, S. 193); vgl. auch Tews (1916, S. 42–45). Umgekehrt lehnt sich Sickinger in seinen Plädoyers für eine „begabungsgerechte Schule" in immer neuen Varianten an Tews' berühmte Formel „Freie Bahn jedem Tüchtigen" an.

360 Der Volksschullehrer Wilhelm Paulsen (1875–1943) engagierte sich seit Beginn des Jahrhunderts als Mitglied in der „Gesellschaft der Freunde des Vaterländischen Schul- und Erziehungswesens", der Interessenvertretung der fortschrittlichen Lehrerschaft Hamburgs, in zahlreichen Fragen der Schulreform. Von 1910 bis 1919 wirkte er als Redakteur der Zeitschrift „Pädagogische Reform". Nach dem Ersten Weltkrieg war Paulsen maßgeblich an der Errichtung der vielbeachteten Hamburger Versuchsschulen beteiligt, u.a. als Leiter der Schule Thieloh-Süd. 1921 wurde Paulsen zum Berliner Stadtschulrat gewählt und setzte sich auch in der Reichshauptstadt für zahlreiche Reformprojekte wie die sog. „weltlichen Schulen" und „Lebensgemeinschaftsschulen" (vgl. Radde 1993), die Schulversuche Fritz Karsens in Neukölln (vgl. Radde 1999) oder Wilhelm Blumes auf der Schulfarm Insel Scharfenberg (vgl. Haubfleisch 2001) ein. Als Sozialist und Dissident war Paulsen seit Beginn seiner Tätigkeit heftigen politischen Anfeindungen ausgesetzt, die 1924 schließlich zu seinem frühzeitigen Ausscheiden aus dem Amt führten. Anschließend bemühte sich Paulsen als pädagogischer Publizist um die Mitwirkung am pädagogischen und bildungspolitischen Diskurs der Weimarer Republik (vgl. besonders Paulsen 1926a, 1930 und 1933). Nach der Regierungsbeteiligung der Nationalsozialisten im Land Braunschweig wurde ihm Anfang 1931 die erst kurz zuvor erteilte Lehrbefähigung als Honorarprofessor an der Technischen Hochschule Braunschweig entzogen. Bis zu seinem Tod musste Paulsen ohne Gehalts- und Pensionszahlungen von der Unterstützung seiner Verwandten leben (vgl. Lehberger 1993a, 2001 und Haubfleisch 2001, S. 150–181 – hier auch eine ausführliche Dokumentation seiner Schriften).

> „Unter den 10 Prozent Abgesonderten wie auch unter den 90 Prozent der Stammklassen verbleiben nach wie vor *alle* Schülerqualitäten nebeneinander. Den verschiedenen *Persönlichkeiten* unter ihnen ist mit einer Abschulung der Besten und Schlechtesten *nichts* geholfen. Ja, die Fesseln und Klammern ihrer individuellen Kräfte drohen sich nur noch fester anzulegen, da jetzt besondere Voraussetzungen geschaffen sind, um das unabänderliche, viel zu umfangreiche Wissensziel der heutigen Schule dennoch durchzudrücken, das stolze, unerbittliche ‚Du sollst' dennoch triumphieren zu lassen, ganz gleich, ob dabei der nicht aufnahmefähige, aber doch mit besonderen *anderen* Qualitäten ausgerüstete Schüler unter der Bürde der zu bewältigenden Stoffe auch fernerhin seufzt, ringt und sich nutzlos abmüht."[361]

Trotz neu gruppierter Klassenzusammensetzungen ändere der Mannheimer Reformansatz nichts an der Tatsache, dass der Unterricht die Schüler in ihrer Individualität nicht ernst nähme:

> „Überall vorwiegend der einseitige Appell an das Gedächtnis und damit an den eisernen Fleiß des Schülers im Memorieren! Wer beides nicht hat, muß in der heutigen Schule notwendig als ‚*schwach*' empfunden werden, mag er trotzdem über ganz andere Qualitäten verfügen. Die Schule gräbt nicht nach den persönlichen Werten im Kinde, sie *fordert* nur. Und so lange sie dies tut, kann von einem Individualisieren nicht die Rede sein, und wenn wir auch das gesamte Schülermaterial durch ein noch viel engmaschigeres Sieb rüttelten."[362]

Ein Unterricht, der dem einzelnen Schüler gerecht werden wolle, müsse die Bedürfnisse von Kindern mit Lernbeeinträchtigten ebenso berücksichtigen wie die besonders leistungsstarker Schüler:

> „Eine Sonderbehandlung des Schülers ist noch nicht gleich eine individuelle Behandlung. Diese tritt erst ein, wenn entweder der Stoff selbst nach den individuellen Neigungen und Fähigkeiten ausgewählt, d.h. die Qualität des Stoffes der Qualität des Kindes angepaßt wird, oder aber, wenn die Darbietung und Vermittlung des Stoffes eine solche ist, daß sie das Individuum nicht in unerträgliche Fesseln zwingt, sondern seine Energien durch den Stoff und mit demselben zur reichen, vielseitigen Entfaltung bringt."[363]

Paulsen nahm die Forderungen der zeitgenössischen didaktischen Diskussion auf,[364] wenn er forderte, dass den Schülern Gelegenheit gegeben werden müsse, unterschiedliche Herangehensweisen an Unterrichtsgegenstände zu suchen, selbstständig und vor allem produktiv zu arbeiten. Wenn es gelänge, dass jeder Schüler an

---

361 Paulsen (1904a, S. 22).
362 Ebd., S. 26f.
363 Ebd., S. 22.
364 Vgl. Schwerdt (2013a).

Aufgaben arbeite, die seiner Leistungsfähigkeit und seinen Neigungen entsprächen, dann könne er

> „in der Klasse auch niemals in dem Sinne als ‚lästig' empfunden werden, wie es heute leider so häufig bei den Schwachen der Fall ist. *Es wird darum das Bedürfnis fehlen, ihn in eine Sonderklasse abzuschicken*, um ihn wie einen Rekruten in einer Ecke des Exerzierplatzes besonders ‚vorzunehmen'."[365]

Verzichte die Schule jedoch darauf, die Individualisierung zum Unterrichtsprinzip zu machen, dann ändere sich letztlich nichts Entscheidendes gegenüber der „alten Schule", im Gegenteil:

> „Der Despotismus in einem differenzierten Schulsystem wird genau so bleiben wie zuvor, und der Hobel wird nicht ruhen. Je genauer man der Schule ihr Pensum zudiktierte, desto *dichter* werden die Späne des Hobels fallen, desto größer wird der Schein nunmehr ‚gründlicher' Bildung sein, desto rücksichtsloser wird die Despotie der Schule dem Individuum gegenüber walten. (...) Von solcher Warte herab stellt die äußere Differenzierung unserer Schule nichts anderes dar, als ein letztes Experiment der *alten* Schule, um trotz der neuen Zeit sich mit den alten Zöpfen dennoch eigensinnig am Leben zu erhalten."[366]

Während die von Erfahrungen in der reformpädagogischen Kunsterziehungsbewegung inspirierte Ablehnung Paulsens vor allem auf die Problematik eines rein organisatorisch ausgerichteten, pädagogisch und didaktisch unreflektierten Schulreformmodells zielte,[367] bewegte sich die Kritik Carl Louis Albert Pretzels,[368] eines Vertreters des Berliner Lehrervereins, auf unterschiedlichen Argumentationsebenen:[369]

---

365 Paulsen (1904a, S. 23).

366 Ebd., S. 27.

367 Ähnlich auch Hagmann (1905) in der reformpädagogisch profilierten Zeitschrift „Der Säemann".

368 Pretzel (1864–1935), zunächst Volksschullehrer in Berlin, wirkte seit 1895 in verschiedenen Funktionen im Berliner und Deutschen Lehrerverein, u.a. von 1913 bis 1932 als Schriftleiter der Verbandszeitschrift „Die Deutsche Schule". Seit 1908 war er Rektor der 105. Gemeindeschule in Berlin Prenzlauer Berg, nach dem Ersten Weltkrieg im Preußischen Kultusministerium tätig wo er u.a. an der Formulierung der Richtlinien für Lehrpläne der Volksschulen beteiligt war. Ab 1922 leitete er die Volksschulabteilung im Provinzialschulkollegium (vgl. Uhlig 1992, S. 82ff., 1997, S. 205ff. sowie Soukup 2003, S. 18f. und S. 31 im Rahmen einer Biografie zu Pretzels Sohn, der nach 1945 unter dem in der Emigration angenommenen Namen Sebastian Haffner als Publizist in England und Deutschland bekannt wurde).

369 Vgl. Pretzel (1904, 1905 und 1905a).

Pretzel stellte fest, dass Sickingers Schulstrukturmodell allein auf der Annahme substanzieller Begabungsunterschiede innerhalb der Schülerschaft basierte (Anspruch der Verwirklichung einer „Begabungsschule“). Empirisch sei der Zusammenhang zwischen Begabung und Schulerfolg jedoch weit weniger stringent als von Sickinger unterstellt. In der Praxis seien äußere Umstände (familiäres Umfeld, Umzug), schulische Bedingungen (überfrachtete Lehrpläne, Qualität der Lehrer) oder auch fehlender Fleiß viel bedeutsamere Gründe für das Scheitern zahlreicher Schüler als das von Sickinger unterstellte „Nichtvollbegabtsein“. Schon die Tatsache, dass die Abschlussquoten in verschiedenen Großstädten erheblich differierten, mache erkennbar, wie wenig der schulische Erfolg von der „Qualität der Schüler“ abhänge.

Auch Sickingers didaktische Grundannahme sei zu bezweifeln. Selbst wenn es gelänge, einheitliche Lerngruppen entsprechend ihrer Begabungshöhe zusammenzustellen, sei damit nicht gleichzeitig eine besonders hohe Lerneffektivität gesichert. Im Gegenteil, gerade in der „Verschiedenheit der Temperamente, der geistigen Regsamkeit“, aber auch in der „graduellen Verschiedenheit des geistigen Auffassungsvermögens“ der Schüler liege eine Ursache des Unterrichtserfolges.[370] Leistungsstarke und -schwächere Kinder könnten in Erarbeitungs- und Übungsphasen vom jeweils anderen profitieren, der Einzelne würde sich gerade in der Zusammenarbeit mit Mitschüler_innen unterschiedlicher Leistungsstärke in verschiedenen Rollen erfahren können.

Gegenüber der Praxis des Mannheimer Systems kritisierte Pretzel vor allem den technokratischen Charakter der Reform. Aufgrund der Notwendigkeit, spezialisierte Sonderklassen zu bilden, die nicht in jeder Schule eingerichtet werden könnten, wechsele ein Teil der Schülerschaft einer Schule regelmäßig. Die „industriellen Großbetrieben nachgebildete Organisationsform“ des auf Zentralisierung zielenden Mannheimer Sonderklassensystems zerstöre „die Einzelschule als selbständigen Organismus“. Der „Segen, der aus dem Zusammenbleiben von Schülern und Lehrern innerhalb desselben kleinen Schulorganismus erwächst“ und die erziehliche Wirksamkeit der Schule, die doch der bloß lehrenden noch vorausgesetzt werden muß“, gingen verloren.[371]

Das Mannheimer System arbeite letztlich gegen die Grundidee der allgemeinen Volksschule: In den Hilfs- und Förderklassen lebe die alte Armenschule wieder auf. Auch wenn die benachteiligten Kinder nun unter besseren und nicht mehr unter schlechteren Bedingungen lernen müssten, so bleibe es dennoch bei

370 Pretzel (1904, S. 606).
371 Ebd., S. 616.

dem Faktum, „daß man sie aus der Gemeinschaft der glücklicheren Genossen herausnimmt".[372] Das Prinzip der äußeren Differenzierung sei Wasser auf die Mühlen der Befürworter „besonderer Schulen für Kinder höherer Stände",[373] denn „wenn für die infolge physiologischer, psychologischer, pathologischer und sozialer Bedingtheiten unter der durchschnittlichen Leistungsfähigkeit stehenden Kinder besondere Schuleinrichtungen gerechtfertigt erscheinen," müsse „dasselbe Recht auch für die in einer oder mehreren Beziehungen günstiger als der Durchschnitt gestellten in Anspruch genommen werden".[374] Eine solche Entwicklung sei jedoch mit der allgemeinen Volksschule nicht in Einklang zu bringen.

> „Denn das Wesen der allgemeinen Volksschule besteht doch nicht darin, daß die Kinder aller Volksklassen in denselben Schulhäusern untergebracht, sondern darin, daß sie gemeinsam unterrichtet werden."[375]

Dagegen sei es ein wichtiges Verdienst Sickingers, auf die Notwendigkeit der Individualisierung des Unterrichts und die Förderung der Leistungsschwächeren hingewiesen zu haben. Sickinger habe eindrucksvoll gezeigt,

> „welch überraschende Erfolge durch Einführung solcher Maßnahmen, wie der Herabminderung der Klassenfrequenz, der Durchführung der Schulklassen, eines Lehrplans, der nicht auf die Bewältigung möglichst großer Stoffmengen, sondern auf gründliche Durcharbeitung des Stoffes drängt, eines Gruppen- oder Einzelunterrichts für solche Kinder, die durch längere Unterbrechung des Unterrichts oder durch späteren Eintritt Versäumtes nachzuholen haben, endlich weitgehendster Fürsorge gegenüber denen, die unter dem Drucke äußerer Not zu leiden haben, erzielt werden können".[376]

Diese Maßnahmen aber seien nicht notwendig an das Mannheimer System gebunden, sondern würden in ungegliederten Volksschulen in gleicher Weise, wenn nicht besser wirksam werden.

Bemerkenswert ist an dieser Stelle, dass auch Pretzel, als vehementer Befürworter des Gedankens der sozialen Integration und des Gemeinsamen Lernens in einer allgemeinen Volksschule, für die „geistig nicht normalen Kinder" einen „besonders gearteten Unterricht mit eigenen Verfahren und eigenen Mitteln"[377] außerhalb der Regelschule forderte. Pretzel kritisierte Sickingers Konzept der schulischen Auslese,

---

372 Ebd., S. 617.

373 Ebd.

374 Ebd., S. 618.

375 Ebd.

376 Ebd., S. 615.

377 Pretzel (1904, S. 607).

grenzte aber selbst eine bedeutende Gruppe von Kindern aus der von ihm propagierten Einheitsschule aus.[378]

c) Die experimentelle Pädagogik: Zweideutige Signale

Methodisch eng angelehnt an die experimentelle Psychologie Wilhelm Wundts weckte die in Deutschland vor allem mit den Namen Wilhelm August Lay und Ernst Meumann verbundene experimentelle Pädagogik seit den 90er Jahren des 19. Jahrhunderts Erwartungen, bildungspolitische Entscheidungen und pädagogisches Handeln durch exakte empirische Forschung wissenschaftlich anleiten zu können. Angeregt durch die an den Universitäten zunehmend durchgesetzte psychologische Kinderforschung hofften die empirisch arbeitenden Pädagogen erfahrungswissenschaftlich gesicherte Grundlagen hinsichtlich der physiologischen und psychologischen Voraussetzungen von Bildung und Erziehung u.a. durch Begabungs-, Gedächtnis- und Sprachentwicklungsforschungen zu legen, aber auch experimentell fundierte Aussagen über die Gestaltung von Unterricht, z.B. zur Effektivität unterschiedlicher Methoden des Schriftspracherwerbs oder des Rechnenlernens, machen zu können.[379]

Angesichts dieses Anspruchs kann es nicht erstaunen, dass sich experimentell forschenden Pädagogen auch zu dem in der pädagogischen Öffentlichkeit heftig umstrittenen Mannheimer Schulsystem äußerten. Allerdings prallten die Meinungen auch unter den Empirikern hart aufeinander.

Wilhelm August Lay[380] wandte sich bereits während des Nürnberger Hygienekongresses von 1904 ausdrücklich gegen eine Leistungsdifferenzierung nach

---

378 Vgl. Ellger-Rüttgardt (1980, S. 335).

379 Vgl. Depaepe (1993), Hopf (2004). Die Konjunktur der experimentellen Pädagogik zwischen 1905 und 1915, die sich u.a. in der Gründung des „Instituts für experimentelle Pädagogik und Psychologie“ des Leipziger Lehrervereins, des „Pädagogisch-psychologischen Instituts“ in München und des „Instituts für Jugendkunde“ in Hamburg niederschlug, endete nach dem Ersten Weltkrieg, als sich das geisteswissenschaftliche Paradigma in der Erziehungswissenschaft beinahe vollständig durchsetzte (vgl. Hopf 2004, S. 267ff. und Horn 2003).

380 Lay (1862–1926), zunächst Volksschullehrer, wirkte von1893 bis zu seiner Pensionierung am Lehrerseminar in Karlsruhe. Die an der Übungsschule des Seminars durchgeführten, vor allem auf Effektivierung der Lehrmethoden zielenden Experimente bildeten die Grundlage für seine wissenschaftlichen Studien. Lay, in seinen psychologischen Grundannahmen und Forschungsmethoden vor allem beeinflusst durch Wundt, promovierte 1903 mit einer Zusammenfassung seiner vielfältigen Forschungsbefunde, der „Experimentellen Didaktik“, die bis in die 20er Jahre mehrfach

dem Mannheimer Modell. Lays Kritik richtete sich auf den Kern der Sickinger'schen Argumentation, indem er ihm vorwarf, seinem Konzept einen nicht hinreichend reflektierten Leistungsbegriff zugrunde zu legen und die Probleme schulischer Leistungsdifferenzierung in ihrer Komplexität massiv zu unterschätzen:

> „Selbst Ärzte und Schulmänner, welche die Trennung der *normalen* Schüler in ‚besser Befähigte' und ‚minder Befähigte' oder dgl. prinzipiell fordern, um sie gesondert zu unterrichten, die fortwährend von der Pflege der Individualität und Differenzierung im Unterrichte sprechen, haben sich bis jetzt ja noch gar nicht um das bekümmert, was die Forschung über die individuellen Differenzen, die Typen der Anschauung, des Gedächtnisses, der Energie, der Aufmerksamkeit, Assimilation, Suggestibilität und die Schwankungen dieser Fähigkeiten der Schüler mit dem Lebensalter an die Hand geben."[381]

Lay hielt Sickinger vor, zwar eine pragmatische Lösung für das Repetentenproblem anzubieten, die grundsätzlichen Schwierigkeiten einer wissenschaftlich fundierten Leistungsdiagnostik jedoch unberücksichtigt zu lassen:

> „Wenn er eine *prinzipielle* Scheidung der normalen Schüler in ‚besser befähigte' und ‚minder befähigte' im Auge hätte, so wäre er sicherlich in allen seinen Schriften und Vorträgen an dem äußerst komplizierten und schwierigen Problem der Leistungsfähigkeit, dem *Prinzipe* jener Trennung, nicht ohne weiteres vorbeigegangen, so hätte er gewiß die Begriffe: Befähigung, Leistungsfähigkeit und tatsächliche Leistung scharf unterschieden und in ihren Ursachen und Wechselbeziehungen analysiert, so hätte er auch die Psychologie der individuellen Differenzen, die pädagogischen und experimentell-didaktischen Forschungsresultate über die verschiedenen Typen und die Periodizität in der körperlichen und geistigen Entwicklung des Kindes beachtet und verwertet, so würde er ohne Zweifel experimentell-didaktische Untersuchungen zur Auffindung eines wissenschaftlichen Verfahrens für die zuverlässige Bestimmung des Wesens und des Grades der ‚Leistungsfähigkeit' und der ‚Befähigung' in einzelnen Richtungen und im ganzen betreiben, um das zu entdeckende Verfahren in Verbindung mit dem pädag. Takte der Lehrer in Anwendung zu bringen (...)."[382]

---

neu aufgelegt und in der Volksschullehrerschaft breit rezipiert wurde (vgl. Saupe 1927, S. 72–83 und Hopf 2004, S. 105–140). Obwohl Lays Arbeit auch im Ausland auf Interesse stieß, blieb ihm die Anerkennung für seine „empirisch-pragmatische Unterrichtsforschung" (ebd., S. 109) von Seiten der deutschen Universitäten versagt. Lay begriff sich nicht nur als Wissenschaftler, sondern auch als engagierter Schulreformer, entwickelte ein eigenes Arbeitsschulkonzept, in dem er sich dezidiert von Kerschensteiner abgrenzte (Lay 1921), und setzte sich für eine horizontal gegliederte Einheitsschule bis zum 18. Lebensjahr ein (vgl. Lay 1920, S. 511–548).

381 Lay (1904, S. 16f.)

382 Ebd., S. 19f.

Aus der Sicht der experimentellen Pädagogik stellte Lay daher mit Blick auf das Mannheimer Schulsystem resümierend fest:

> „Ein zuverlässiges, wissenschaftlich gerechtfertigtes Verfahren zur Bestimmung der ‚Leistungsfähigkeit' der Schüler ist noch nicht bekannt und kann nur durch experimentell-didaktische Untersuchungen gefunden werden. Die Frage der Trennung der *normalen* Volksschüler nach der ‚Leistungsfähigkeit' ist überhaupt noch in keiner Weise wissenschaftlich geklärt, und die Durchführung der Trennung ist daher wissenschaftlich ein Sprung ins Dunkle zu nennen."[383]

Im Gegensatz zu Lay sprach sich Gustav Deuchler,[384] nach dem Ersten Weltkrieg Nachfolger Meumanns in Hamburg und einer der führenden experimentell arbeitenden Pädagogen in Deutschland, mehrfach für das Mannheimer Schulsystem aus.[385] Auch Deuchler musste konstatieren, dass die zeitgenössische Forschung bisher vor allem habe erkennbar machen können, wie komplex das Zusammenspiel verschiedener endo- und exogener Faktoren bei der Erbringung von Schülerleistungen sei, dass die Wissenschaft jedoch noch keine verlässlichen Standards für die Zuweisung von Schülerinnen und Schülern zu leistungs- oder gar begabungshomogenen Lerngruppen besitze.[386] Dennoch befürwortete er das Mannheimer Differenzierungsmodell nachdrücklich, da in ihm der Versuch gemacht werde, dem „Prinzip der von *Natur bedingten* Verschiedenheiten"[387]

---

383 Ebd., S. 18f. Vgl. auch Lays Ausführungen in der „Experimentellen Didaktik" (Lay 1903, S. 234–237, 409, 427, 463, 515).

384 Gustav (in verschiedenen Publikationen auch Gustaf) Deuchler (1883–1955) war Anfang des 20. Jahrhunderts zunächst selbst kurzzeitig als Volksschullehrer in Mannheim tätig gewesen, nahm dann jedoch ein Studium auf, das er mit der Promotion bei Wilhelm Wundt in Leipzig abschloss. Zunächst Assistent am „Institut für experimentelle Pädagogik und Psychologie" des Leipziger Lehrervereins, ging er als Privatdozent an die Universität Tübingen, leitete dort seit 1911 das Pädagogische Seminar und wurde 1920 auf ein Extraordinariat für Erziehungswissenschaft berufen. Von 1923 bis 1945 lehrte er an der Universität Hamburg. Bereits 1932 schloss sich Deuchler der NSDAP an und richtete das von ihm seit 1933 geleitete Psychologische Institut linientreu aus. Nach Kriegsende wurde er vom Dienst suspendiert (vgl. Saul 1991, S. 398–401 und Scheuerl 1991). In Auseinandersetzung mit der Geisteswissenschaftlichen Pädagogik der Weimarer Republik wandte er sich, anders als Lay einige Jahre zuvor, gegen Versuche einer Integration von empirischer Forschung und pädagogischer Theoriebildung und ordnete die experimentelle Pädagogik der Psychologie zu (vgl. Deuchler 1926).

385 Vgl. Deuchler (1908 und 1911).

386 Vgl. Deuchler (1911, S. 59).

387 Ebd., S. 421.

schulorganisatorisch konsequent Rechnung zu tragen. Solange die Wissenschaft keine geeigneten Instrumente bereitstellen könne, sei es berechtigt, wenn in Mannheim „die Verschiedenheit der gesamten Leistungsfähigkeit des Kindes, wie diese im Unterricht zum Ausdruck kommt“,[388] zur Grundlage von Zuweisungsentscheidungen gemacht werde.

Besonders dezidiert arbeitete Deuchler den Gedanken vermeintlich „natürlicher psycho-physischer Unterschiede“[389] am Beispiel derjenigen Kinder heraus, die in Mannheim die Hilfsklassen besuchten. Das ausschlaggebende Moment bei ihrer Einweisung in die Hilfsklasse liege nicht in den „häuslichen Verhältnissen – wenn diese auch fast nie besonders günstig sind und die Entwicklung hemmen – sondern in der mangelhaften psycho-physischen Konstitution der Schüler selbst“:[390]

> „Beinahe alle Schüler der Hilfsklassen waren früher schwer erkrankt, und wenige sind darunter, die nicht degenerative Anzeichen haben, wie Sinnesdefekte, Kopfschmerzen, Rachen-, Zahndefekte, Krümmungen, Lähmungen, Muskelzucken etc. Die sozialen Ursachen dieser Krankheiten und Defekte sind wohl im allgemeinen zu vermuten, aber sehr schwer im einzelnen zu bestimmen und noch schwieriger natürlich zu beseitigen. Die Entwicklungshemmungen sind also von vornherein durch solche Defekte und Krankheiten bedingt; dann allerdings auch durch schlechte Ernährung, durch das soziale Milieu und durch den dadurch bedingten mangelhaften psychischen Inhalt. (...) Es fehlt diesen Schülern an intensivem und stetigem Gefühlsverlauf, an einem gesunden, energischen Triebleben, oder wo dies vorhanden, liegt der Mangel gewöhnlich an der ungenügenden Assoziation und Assimilation der psychischen Elemente, so daß dies einseitig zum Ausdruck kommt. Sie ermüden rasch, weil sie nur eine geringe Menge psychophysischer Energie disponibel haben und weil zahlreiche psychophysische Hemmungen vorhanden sind.“[391]

Eine falsche Zuweisung von der Haupt- zur Hilfsklasse sei aufgrund unterschiedlicher Lehrpläne und Arbeitsmethoden nicht leicht wieder gut zu machen und erfordere daher die Prüfung durch die Schulleitung und den Schularzt, das differenzierte Mannheimer Modell aber sei gegenüber dem System von ungegliederter Volks- und selbstständiger Hilfsschule vorzuziehen, da es eine „feinere Auslese“ vorbereite.[392]

---

388 Deuchler 1908, S. 420.

389 Ebd.

390 Ebd., S. 411.

391 Ebd., S. 411f.

392 Ebd., S. 410. Ähnlich auch die Argumentation bei dem an der Kölner Präparandenschule tätigen Lehrer Jacob van den Wyenbergh, der Anfang 1918 eine

Die Argumentation, mit welcher der experimentelle Pädagoge Gustav Deuchler für das Mannheimer Schulsystem warb, war bereits offenkundig durch die Einführung medizinischer Kategorien in die pädagogische Debatte bestimmt. Von besonderer Tragweite für die offensichtliche Überzeugungskraft der Leitideen des Mannheimer Modells dürfte jedoch die Unterstützung der Reformpläne Sickingers durch die Medizin selbst gewesen sein.

d) Die Kinder- und Jugendpsychiatrie: Das Mannheimer Schulsystem als Synthese pädagogischer und psychiatrischer Erkenntnis

Es charakterisiert den zeitgenössischen Streit um das Mannheimer System in besonderer Weise, dass der innerpädagogische Diskurs durch Stellungnahmen von prominenten Medizinern wesentlich mitbestimmt wurde.[393] Die Kompetenz der ärztlichen Diagnostik im Hinblick auf die Ursachen schulischen Versagens, die Autorität der von Psychiatern entwickelten Definitionen des Krankhaften und Unnormalen, die Stichhaltigkeit der von ihnen vorgelegten Ätiologien wurde – bis auf wenige Ausnahmefälle – von den Pädagoginnen und Pädagogen nicht in Frage gestellt. Dabei war die Kinder- und Jugendpsychiatrie eine vergleichsweise junge Disziplin. Die Kinderheilkunde insgesamt hatte sich erst im späten 19. Jahrhundert entwickelt,[394] und auch eine naturwissenschaftlichen Paradigmen verpflichtete Psychiatrie wurde an Universitäten und Anstalten institutionell erst jetzt fest etabliert.[395]

Die Medizin-Geschichtsschreibung hat in den letzten Jahren zeigen können, dass die Anfänge der Psychiatrie für Kinder wesentlich von dem Versuch herrührten, die Ursachen kriminellen Verhaltens wissenschaftlich zu erklären. Anhand sozial Devianter entwickelte die Kinderpsychiatrie Erkenntnisse, Konzepte und theoretische Modelle, wobei sich die juristische Fixierung der staatlichen Zwangserziehung und die medizinische Forschung gegenseitig beeinflussten und beförderten.[396] Die Tatsache, dass sich verschiedene psychiatrische

Zusammenfassung der Ergebnisse der zeitgenössischen empirisch-psychologischen Begabungsforschung mit Blick auf die Reformvorschläge Sickingers publizierte (van den Wyenbergh 1918).

393 Vgl. zu den Merkmalen des Überschneidungsfeldes von Pädagogik und Medizin vor dem Ersten Weltkrieg Stross (2000).

394 Vgl. Eulner (1970).

395 Vgl. Ackerknecht (1985), Labisch/Spree (1989), Blasius (1994).

396 Vgl. Kölch (2002).

Krankheitskonzepte in recht kurzer Zeit ablösten bzw. weiter miteinander konkurrierten,[397] deutet darauf hin, dass die wissenschaftlichen Fundamente, auf denen sich die Kinder- und Jugendpsychiatrie bewegte, jedoch noch sehr unsicher waren. So existierten durchaus Positionen, die den Einfluss der familiären Sozialisation und des Milieus für die psychische Entwicklung besonders betonten; für die Kinderpsychiatrie der 1890er Jahre bestimmend wurden allerdings Vertreter der sog. „Entartungs-" oder „Degenerationslehre", welche „die Degenerationen als ‚krankhafte Abweichungen vom normalen menschlichen Typ' definierte, sie für ‚erblich übertragbar' hielt und glaubte, sie entwickelten sich ‚progressiv zum Untergang' hin".[398] Der von Richard von Krafft-Ebing gemeinsam mit zahlreichen anderen Autoren propagierte und für die sich etablierende Kinder- und Jugendpsychiatrie zentrale Begriff der „psychopathischen Minderwertigkeit" bzw. „Psychopathie" rückte die abnorme Persönlichkeit der betroffenen Person in den Mittelpunkt des medizinischen Interesses. „Nicht Psychosen, nicht Depressionen, die allesamt zu diesem Zeitpunkt noch nicht sauber und eindeutig differenziert waren, sondern die verhaltensauffälligen Kinder ganz allgemein wurden betrachtet", und man versuchte, „ihre Störung (…) organisch zu begründen".[399] Damit wurde das auffällige Verhalten zu einem Stück „unveränderbarer Natur im Inneren einer abweichenden Minderheit erklärt".[400]

Im Blick auf das Mannheimer Schulsystem ist auffallend, dass sich prominente Kinder- und Jugendpsychiater wie Wilhelm Weygandt und Julius Moses nicht nur ausdrücklich für das Differenzierungsmodell Sickingers stark machten, sondern sich der Mannheimer Erfahrungen bedienten, um ihr diagnostisches Instrumentarium in Bezug auf ein für die psychiatrische Forschung „in der ersten Bebauung begriffenes Gebiet"[401] zu schärfen. So bezog sich der von Zeitgenossen als Nestor der Kinder- und Jugendpsychiatrie anerkannte Weygandt

---

397 Vgl. Trenckmann (1988).

398 Kölch (2002, S. 22).

399 Ebd., S. 29.

400 Baumann u.a. (1994, S. 34). Der Schritt von hierher zur bevölkerungspolitisch motivierten „Therapie" war nur noch sehr klein. Mit der perfektionierten Erfassung auffälliger Kinder und der Feststellung großer Zahlen „psychopathischer" Erkrankungen meldeten sich seit der Jahrhundertwende denn auch zunehmend Stimmen unter den Medizinern zu Wort, die „sozialhygienische", „eugenische" und „rassenhygienische Maßnahmen" befürworteten (vgl. Weindling 1988, Baumann u.a. 1994). Vgl. zur „steilen Karriere der Diagnose ‚Psychopathie'" (Bühler 2017, S. 112) in der zeitgenössischen Pädagogik, Jugendfürsorge und Psychiatrie zuletzt Rose u.a. (2016) und Balcar (2017).

401 Vgl. Weygandt (1905, S. 40).

bei seinem Versuch einer klinisch-psychologischen Kategorienbildung „der obersten Stufe psychopatischer Kinder“[402] regelmäßig auf empirisches Material aus den Mannheimer Förderklassen. Weygandt[403] unterschied insgesamt sechs Gruppen „leicht psychopathischer Kinder“:

„a) leicht epileptische Kinder;
b) hysterisch veranlagte Kinder;
c) neurasthenisch veranlagte Kinder;
d) intellektuell und affektiv minderwertige Kinder, die Debilen im engeren Sinne;
e) intellektuell und apperzeptiv schwache Kinder bei vorherrschendem Gefühlsleben, die phantastischen, reizbaren und haltlosen;
f) intellektuell und apperzeptiv entwickelte, aber gefühlsstumpfe Kinder, die moralisch defekten.“[404]

---

402 Ebd., S. 27.

403 Wilhelm Weygandt (1870–1939) promovierte mit einer Arbeit zur „Entstehung der Träume“ bei Wilhelm Wundt in Leipzig, danach zum Dr. med. in Würzburg. Nach dreijähriger Assistentenzeit bei dem Psychiater Emil Kraepelin habilitierte er 1899 im Fach Psychiatrie mit einer Studie „Über die Mischzustände des manisch-depressiven Irreseins“. 1904 zum außerordentlichen Professor in Würzburg ernannt, übernahm er vier Jahre später die Leitung der psychiatrischen Staatskrankenanstalt Friedrichsberg in Hamburg, wo während des Ersten Weltkrieges 40% der Patienten verhungerten. Trotz einer Geisteshaltung, die, wie es in einer aktuellen Selbstdarstellung der Universitätskliniken Hamburg heißt, bereit war, „den Tod von Patienten tatenlos hinzunehmen“ (www.uke.uni-hamburg.de/kliniken/psychiatrie/index_15716.php, 26.8.2018), wurde Weygandt 1919 auf das Ordinariat für Psychiatrie an die neu gegründete Hamburger Universität berufen. Auf seine Bemühungen um die psychiatrische Forschung gingen u.a. die Einrichtung eines „Instituts für Kulturpsychopathologie“ (1929) und einer Abteilung für „Psychiatrische Erblichkeitsforschung“ (1930) zurück. Schon 1902 trat Weygandt für gesetzliche Eheverbote psychisch Kranker ein, weit vor 1933 auch für die Sterilisierung behinderter Menschen. Außerhalb psychiatrischer Fachkreise wurde Weygandt durch seine äußerst scharfe Kritik an Freuds tiefenpsychologischer Traumdeutung bekannt. Darüber hinaus erhielt er öffentliche Aufmerksamkeit durch seine Sammlung von „Irrenkunst“ (vgl. Brand-Claussen 2001), die er, im Gegensatz zur berühmten Sammlung Hans Prinzhorns, dazu nutzte, die Patienten als „ausweglos geisteskrank“ darzustellen und Künstler der Avantgarde der 20er Jahre als „entartet, dement oder schizophren erklären zu können“ (www.prinzhorn.uni-hd.de/geschichte.shtml, 27.8.2017). Trotz seines radikal erbbiologischen Denkens wurde Weygandt 1934 des Amtes enthoben. Siehe zu Weygandt vor allem Weber-Jasper (1996) sowie Sammet (2006 und 2007).

404 Weygandt (1905, S. 40).

Während Weygandt der Meinung war, dass „das Mannheimer System die zweckmäßigste Versorgung der vor allem intellektuell leicht Minderwertigen darstellt“,[405] vertrat er im Hinblick auf die zuletzt aufgeführte Gruppe der „sog. moralisch Schwachsinnigen“, in denen er die „Remonten für die Schar der späteren Verbrecher“[406] erkennen zu können glaubte, die Auffassung, dass diese aus ihrem bisherigen Umfeld entfernt und der Internatserziehung mit dauernder Beaufsichtigung zugeführt werden sollten.[407]

Angesichts solch weitreichender Forderungen ist es erstaunlich, dass sich Weygandt hinsichtlich der Ursachen „leicht abnormer Erscheinungen“ durchaus bewusst war, auf welch unsicherem Terrain sich die zeitgenössische Forschung bewegte und dass gesicherte Aussagen nur schwer zu treffen waren:

> „Versucht man nun diese ätiologischen Gesichtspunkte bei der Beurteilung einer Schar leicht abnormer Kinder anzuwenden, so wird in manchen Fällen die Sache ganz einfach, in anderen geradezu undurchführbar sein, in nicht wenigen aber werden wir, wie bei recht zahlreichen Kindern der Mannheimer Förderklassen, zu der Feststellung gelangen, dass eine *Mehrheit* schädigender Einflüsse auf das leicht abnorme Kind gewirkt hat.“[408]

Während er in frühen Publikationen angesichts kaum gesicherter Erkenntnisse von Experimentalpsychologie und Psychiatrie zugestand, „dass der Lehrer, der sich Monate lang mit dem Kinde abgibt, in der Regel ein umfassenderes Urteil über den Grad der Bildungsfähigkeit gewinnen kann als der Spezialarzt bei einmaliger, noch so sorgfältiger Untersuchung“,[409] so zweifelte er bald darauf nicht mehr daran, dass „allein der Psychiater die Grenzziehung zwischen normalem und abnormem Verhalten mit größtmöglicher Sicherheit vornehmen“ könne.[410]

---

405 Ebd., S. 37.

406 Ebd., S. 31.

407 Die gesellschaftspolitische Bedeutung der hilfsschulärztlichen Diagnostik lag für Weygandt vor allem in der Erhebung von psychiatrischen Informationen für das Militär. Auf diesem Wege könnten „die zahlreichen Misshelligkeiten, die durch psychisch defekte Soldaten thatsächlich oft genug entstehen, zum Nutzen des Heeres vermieden“ werden (Weygandt 1901, S. 501).

408 Weygandt (1905, S. 15).

409 Ebd., S. 34.

410 Kölch (2002, S. 33). Weygandt wurde vor dem Ersten Weltkrieg ein vehementer „Fürsprecher für die Kompetenz des Arztes in der Pädagogik und suchte die ärztliche Vorherrschaft gegenüber Pädagogen zu sichern“ (Kölch 2002, S. 33). Er vertrat die Auffassung, die „Hilfsprofessionen“ der Fürsorger und Pädagogen könnten dem

Wie Weygandt bemühte sich auch der Mannheimer Arzt Julius Moses, nachhaltigster Befürworter von Sickingers Organisationsplan unter den Medizinern, um eine psychiatrische Definition der Schülergruppe, die – „nach Ausscheidung der geistig Schwachen und der übrigen Schülerkategorien, für die man besondere Spezialanstalten geschaffen hat"[411] – in eigenen Förderklassen innerhalb der Volksschule unterrichtet werden sollte.[412] Moses hatte sich an der Debatte der Kinder- und Jugendpsychiatrie seit den 1890er Jahren beteiligt und gleichzeitig beim Aufbau der Mannheimer Reformmaßnahmen aktiv mitgewirkt.[413] Während des Nürnberger Hygiene-Kongresses 1904 unterstützte er Sickingers Thesen in einem vielbeachteten Korreferat.[414]

Anders als Weygandt unterschied Moses vier Gruppen von Förderklassen-Kindern:

Patienten schaden. Vgl. insbesondere im Hinblick auf die Fürsorgeerziehung Weber-Jasper (1996, S. 162ff.).

411 Moses (1904, S. 19).

412 Zum Beleg seiner Thesen berief Moses sich ausdrücklich auf Richard von Krafft-Ebing (vgl. Krafft-Ebing 1879) sowie auf Julius L. A. Koch („Die psychopathischen Minderwertigkeiten", 1901) und Julius Cassel („Was lehrt die Untersuchung der geistig minderwertigen Schulkinder im IX. Berliner Schulkreise", 1901).

413 Julius Moses (1869–1945), seit 1898 in Mannheim approbiert und ehrenamtlich als Armen- und Fürsorgearzt tätig, trat 1904 sein Amt als einer der ersten Schulärzte in Deutschland an. In der „Gesellschaft für Heilpädagogik" engagierte er sich über mehrere Jahrzehnte in vielfältiger Weise für Reformen im Schul- und Fürsorgewesen. Als Anhänger des Zionismus stand er der Jüdischen Gemeinde Mannheims bis zur Machtübernahme der Nationalsozialisten zehn Jahre lang vor und war Gründer des Jüdischen Wohlfahrtsamtes der Stadt Mannheim. In der NS-Zeit wurde ihm die Approbation aberkannt, so dass er nur noch als „Krankenbehandler" tätig sein durfte. Moses konnte 1934 mit seiner Familie nach Palästina emigrieren, war Leiter der Fürsorgestelle für Einwanderer und wirkte am Aufbau des Gesundheitswesens mit.
Unter seinen zahlreichen Schriften zu Fragen der Kinder- und Jugendpsychologie und öffentlichen Gesundheitspflege sind besonders zu nennen: „Zur Pathogenese der Launenhaftigkeit im Kindesalter" (1897), „Die Abartungen des kindlichen Phantasielebens in ihrer Bedeutung für die pädagogische Pathologie" (1906), „Die sozialen und psychologischen Probleme der jugendlichen Verwahrlosung" (1910), „Gesundheitspflege der arbeitenden Jugend" (1922), „Vom Seelenbinnenleben der Kinder" (1924). Im Zusammenhang mit dem Mannheimer Schulsystem: „Die Neuorganisation der Volksschule in Mannheim" (1899), „Schulhygienische Betrachtungen über Gliederung und Organisation der deutschen Volksschule" (1902), „Das Sonderklassensystem der Mannheimer Volksschule" (1904). Kurze Hinweise zu seiner Person finden sich bei Watzinger (1996), Hahn (2006) und Walz (2006).

414 Vgl. Moses 1904.

- Die „Debilen“ oder „schwachbegabten Kinder“,

  „bei denen die Denkprozesse gehemmt erscheinen, die langsam auffassen und begreifen, weil die Verknüpfung und Bildung von Vorstellungen erschwert ist“, deren „intellektuelle Schwächezustände“ zur Folge haben, dass sie trotz pädagogischer Förderung als Kinder „sonderlich, ängstlich, nervös“ bleiben und als Erwachsene oft „neurasthenisch, hypochondrisch und hysterisch“ werden.[415]

- Die „nervösen“ Kinder, deren Symptomatik dadurch gekennzeichnet sei, „daß die Belasteten durch die verschiedenen Reize und Impulse ungewöhnlich leicht und ungewöhnlich stark in Anspruch genommen“ würden, also leicht reizbar seien, „daß aber dabei die ausgelöste Funktion keinen wirklichen Nachdruck und rechte Ausdauer hat, die Belasteten in ihrer Nervenkraft rasch erschöpft sind, ihre Reizbarkeit also mit Schwäche verknüpft ist.“ Nicht immer würden die Symptome der „reizbaren Schwäche“ rechtzeitig erkannt:

  „Was zunächst allein vorhanden zu sein scheint, das ist nur die Reizbarkeit, die sich mit Eigenschaften verbindet, welche die Kinder als besonders vielversprechend erscheinen lassen. Aber die Schwäche lauert doch schon dahinter. Sie kommt doch noch zu Tage. Und sie kommt als eine den Laien verblüffende unheimliche Erschlaffung, als ein Herabsinken des Wunderkindes ins Gewöhnliche und unter das Mittelmaß, als volle Degeneration, ja in ausgesprochener Psychose desto früher und desto gewisser, je mehr man die Sache verkennt und die Kinder, statt sie zu schonen und in sachverständige Behandlung zu geben, noch hineinhetzt, überreizt und überheizt (...)“.[416]

- Die Schülerinnen und Schüler, die langfristig durch „körperliche Schwäche und Untüchtigkeit in mannigfacher Form“ beeinträchtigt sind. Diesen „anämischen, dyskrasischen, schwächlichen und kränklichen Kindern“ sei eine „exzessive Ermüdbarkeit“ eigen, „deren Nichtbeachtung (…) von schweren gesundheitlichem Nachteile begleitet“ sei.[417]
- Schließlich weitere Gruppen von Kindern mit körperlichen Einschränkungen, von denen jedoch konkret nur die „mit Sehstörungen und Schwerhörigkeit behafteten Kinder“ genannt werden.[418]

Vergleicht man die beinahe zeitgleich entstandenen psychiatrischen Kategorisierungsversuche von Weygandt und Moses, so sind schon auf den ersten Blick deutliche Unterschiede erkennbar, die sich vor allem auf die Frage der Einbeziehung

415 Ebd., S. 20.
416 Ebd., S. 22.
417 Ebd., S. 23.
418 Ebd.

der epileptischen und hysterischen Krankheitsbilder beziehen.[419] Gemeinsam war Moses und Weygandt jedoch das Bemühen um eine Identifizierung eines spezifischen Typus des zwischen dem „schwachsinnigen“ Hilfsschüler und dem „normalbegabten“ Volksschüler stehenden Förderklassenkindes sowie um die Entwicklung diagnostischer Verfahren bei der Zuweisung in unterschiedliche Lerngruppen. Gerade in der Verknüpfung medizinischen und pädagogischen Denkens erkannte Moses dann auch die Spezifik des Mannheimer Schulsystems:

> „Die Sickinger'sche Schulreform, die einer Paarung von pädagogischer und hygienischer Erkenntnis ihr Entstehen verdankt, stellt nicht nur die Lösung der wichtigsten Probleme der Hygiene des Unterrichts dar, sondern hat erstmals die Frage der zweckmäßigen Organisation großer Volksschulkörper (...) unter den Gesichtswinkel der *sozialen Hygiene* gerückt. (...) Die Schulhygiene hat längst die Grenze überschritten, welche ihr durch das Ziel, die Kinder von Schädlichkeiten in der Schule und durch die Schule zu schützen, gesteckt war. Man will nicht mehr allein Störungen an Leib und Gesundheit der Schüler vermeiden, sondern man benützt das Institut der obligatorischen Schule, um für Staat und Gesellschaft auch *körperlich* taugliche Bürger zu erziehen und den körperlich und sozial Rückständigen schon im frühen Alter zu geben, was sie an gesundheitlichen Gütern entbehren müssen. Die hiesige Schulorganisation ist wohl die bedeutsamste sozial-hygienische Institution auf dem Gebiete des Unterrichtswesens, das nicht minder als andere Zweige des öffentlichen Lebens durchsetzt werden muss von dem sozialen Bewußtsein, diesem Eck- und Grundpfeiler moderner Lebensanschauung und -betätigung.“[420]

Dass Moses mit seiner Einschätzung nicht allein stand und Sickinger in der Ärzteschaft eine außergewöhnliche Wertschätzung entgegengebracht wurde, wird durch die Tatsache belegt, dass ihm 1924 die Ehrendoktorwürde der Universität Heidelberg nicht von der philosophischen, sondern von der medizinischen Fakultät verliehen wurde.[421] Aus Anlass der Verleihung der Ehrendoktorwürde hieß es:

> „Wir haben dem hervorragenden, weitschauenden und hochverdienten Anton Sickinger (...), der insbesondere unter geschickter Anwendung der Erfahrungen der ärztlichen Wissenschaft den geistig Schwächeren, den Sprachgestörten und Schwerhörigen die ihren Mängeln angepaßte Erziehung bewerkstelligt und dadurch *wie ein weiser Arzt* das beste Mittel gefunden hat, einen jeden nach Maß seiner leiblichen und geistigen Kräfte

419 Darüber hinaus lassen sich weitere Differenzen etwa mit Blick auf ein z.T. unterschiedliches Verständnis von „Debilität“ und „Neurasthenie“ festmachen. Es würde an dieser Stelle jedoch zu weit führen, auf diese diagnostischen Unschärfen genauer einzugehen.

420 Ebd., S. 65.

421 Vgl. Saupe (1927, S. 219).

zu einem brauchbaren Gliede der Gemeinschaft zu erziehen: die Rechte und Vorrechte eines Doktors der ärztlichen Wissenschaft Ehrenhalber ordnungsmäß verliehen."[422]

Von Pädagogenseite blieb die Anerkennung, die Sickinger durch die Ärzteschaft zuteil wurde, nicht unbemerkt. Zurecht erkannte der Lehrer Fr. Tappe in der Tatsache, dass Sickinger medizinische Kategorien zur Grundlage pädagogischer Entscheidungen machte, einen grundsätzlichen Paradigmenwechsel der schulischen Arbeit:

> „Sickinger im Verein mit den Schulärzten führt eine neue pädagogische Ära herbei. Man braucht sich nicht zu wundern, wenn die Schulärzte Sickingers hohe Verdienste rühmen. Er verschafft ihnen, wenn seine Theorie sich in die Praxis umsetzt, in der Schule eine dominierende Stellung. Die Beurteilung der Arbeitsbefähigung und demzufolge die Gruppierung der Schüler zu Arbeitsgenossenschaften ist in Zukunft hauptsächlich ihr Werk. *Die pädagogische Arbeit empfängt von der physiologischen Beurteilung des Kindes hinfort die Richtungslinien; der schulmedizinischen Wissenschaft hat sich die schulpädagogische unterzuordnen. Die Schulhygieniker werden durch das Mannheimer System die Herren der Schule.*"[423]

5. Zusammenfassung: Das Mannheimer Schulsystem und die Perfektionierung der schulischen Auslese

Anders als die in der Verallgemeinerungsbewegung entwickelten Ansätze der Integration, denen es erstmals um eine vom Staat garantierte Einlösung des Bildungsanspruchs (sinnes-)behinderter Kinder in der allgemeinen Volksschule ging, setzte das von Anton Sickinger entwickelte Mannheimer Schulsystem diese Einbeziehung bereits voraus und ist als Versuch der Effektivierung schulischer Differenzierungsprozesse zu verstehen. Ebenso wie den gehörlosen und blinden Schülerinnen und Schülern in den Heimschulen sollten allen Kindern und Jugendlichen, die bisher in den Regelklassen gescheitert waren, ihrer individuellen Leistungsfähigkeit angepasste Lernumgebungen innerhalb des Systems der Volksschule zur Verfügung stehen.

Den gesellschaftspolitischen Bezugspunkt für das Mannheimer Schulsystem lieferte das bürgerlich-liberale Verständnis einer modernen Leistungsgesellschaft, in welcher der Schule der Auftrag zugeschrieben wurde, dem „Tüchtigen" „freie Bahn" für die Entfaltung seiner Fähigkeitspotenziale zu verschaffen. Der Ausgleich sozialer Benachteiligungen durch Maßnahmen der Schulhygiene und Schulmedizin diente der Gewährleistung möglichst gerechter Startchancen.

422 Zit. n. ebd. S. 228.
423 Tappe (1908, S. 851).

Letztlich wurden „Begabung" und „Behinderung" aber statisch, d.h. als Ausdruck individueller, vermeintlich „natürlicher" Anlagen gedacht.[424] Die zentrale Aufgabe einer leistungsgerechten modernen Schule bestand für Sickinger darin, mithilfe möglichst präziser diagnostischer Instrumente die individuellen Lernvoraussetzungen des Einzelnen zu bestimmen und verlässliche Zuweisungen zu den verschiedenen Niveaus schulischer Lernangebote vorzunehmen. „Schwachbegabung", „Schwachsinn" bzw. „Psychopathie" wurden, wie im zeitgenössischen Hilfsschul- und Psychiatriediskurs, im Sinne einer mehr oder minder stark ausgeprägten krankhaften Veranlagung interpretiert, deren Feststellung und Kategorisierung im Mannheimer Schulsystem bei der Schulmedizin bzw. der Schulpsychologie angesiedelt wurden.

Insbesondere durch seine statistischen Erhebungen verdeutlichte Sickinger das Ausmaß des Problems der sog. „Schulversager" und schärfte den Blick für die Vielfalt der Erscheinungsformen schulischen Scheiterns.[425] Mit dem Organisationsmodell des Mannheimer Schulsystems machte er sich für die Integration der betroffenen Kinder in die einheitliche Volksschule stark, um in ihr eine im Idealfall wissenschaftlich begründete Zuweisung zu möglichst homogenen Lerngruppen vorzunehmen. Seine Kritik am drei- bzw. viergliedrigen Bildungssystem richtete sich nicht prinzipiell gegen dessen vertikalen Aufbau, sondern gegen die völlig unzureichende Entfaltung der Niveaustufen und eine unpräzise, ineffiziente und ungerechte Zuweisungspraxis. Die gesonderte Hilfsschule verstand Sickinger daher – ebenso wie die höheren Schulen – grundsätzlich als sinnvolles Element eines sich zunehmend ausdifferenzierenden Schulsystems. Anders als bei den höheren Schulen wandte er sich in der Frage der Hilfsschule gegen starre Grenzziehungen zwischen unterschiedlichen Schulformen und propagierte stattdessen möglichst flexible Zuweisungsmechanismen, die in einer einheitlichen, kursförmig strukturierten Schulorganisation seiner Einschätzung nach deutlich störungsfreier realisiert werden konnten.[426] Einen Gemeinsamen Unterricht in der heterogen zusammengesetzten Klasse unterschiedlich „begabter" Kinder lehnte er dagegen ausdrücklich ab.

424 Gerade das Argument der „Natürlichkeit" bei der Gestaltung von Schulunterricht und -organisation stieß im aufkommenden reformpädagogischen Diskurs auf breite Resonanz. Vgl. zu den verschiedenen Facetten der Natürlichkeitsdebatte in der zeitgenössischen Pädagogik Tenorth (2013).

425 Vgl. Möckel (1975, S. 131).

426 Seine Position kann als konsequent zu Ende gedachte Variante eines „kompensatorischen Integrationsverständnisses" begriffen werden, das Jörg Schlömerkemper (1989, S. 322) von „meritokratischen" und „egalitären" Konzepten unterschieden hat.

Angesichts der Bedeutung von Formen äußerer Leistungsdifferenzierung und schulischer Status-Diagnostik spielte die Frage der didaktischen Realisierung von Unterricht bei Sickinger eine untergeordnete Rolle. Das Problem des Lernens war für ihn vor allem eines des angemessenen kognitiven Anspruchsniveaus, das von speziell für die Arbeit mit spezifischen Lerngruppen der Hoch- oder Minderbegabten qualifiziertem Lehrpersonal bestimmt werden sollte. Geeignete Unterrichtsgegenstände und methodische Zugänge, der Umfang von Fördermaßnahmen, Lernzeiten und Kursgrößen sollten der jeweiligen Differenzierungsstufe angepasst und, so Sickingers Zielvorstellung, wissenschaftlich möglichst exakt bestimmt werden.

Die besondere Aufmerksamkeit, die Alfons Sickinger in der bildungspolitischen Debatte vor dem Ersten Weltkrieg erhielt, dürfte vor allem dadurch erklärbar sein, dass seine Kritik die Schwächen der bestehenden Volksschule schonungslos aufdeckte: Wenn mehr als 70% der Volksschüler_innen vorzeitig scheiterten, dann konnte das Lernangebot für die Mehrheit der Kinder nicht angemessen sein. Das offensichtliche Schulversagen eines erheblichen Teils der Schülerschaft stellte nicht nur die bestehende Praxis, sondern auch die Legitimität des gesamten Systems in Frage. Sickingers durch empirische Daten fundierte Auseinandersetzung mit der bestehenden Volksschule und das von ihm als Alternativmodell propagierte Mannheimer Schulsystem wurden daher zu einem wichtigen Kristallisationspunkt der bildungspolitischen Debatten im letzten Jahrzehnt vor dem Ersten Weltkrieg, in denen die Frage einer für alle Kinder verbindlichen Einheitsschule durch das Erstarken bürgerlich-liberaler und sozialdemokratischer Positionen gegenüber konservativ-ständischen Standpunkten in Gesellschaft und Politik zunehmend an Bedeutung gewann.

Gegenüber den Kontroversen um die Verallgemeinerung in den 1820er bis 50er Jahren ist zu Beginn des 20. Jahrhunderts eine bemerkenswerte Ausweitung des Kreises der Diskursteilnehmer festzustellen. Vor allem die empirisch ausgerichteten Wissenschaften aus den noch jungen Disziplinen der Kinder- und Jugendpsychiatrie sowie der experimentellen Pädagogik beanspruchten eine wichtige Rolle bei der Kategorisierung und Diagnose sog. „abnormer“ oder „krankhafter“ Erscheinungen. Dies, obwohl ihre wichtigsten Protagonisten

Kompensatorische Ansätze gestehen demnach zwar allen Mitgliedern einer Gesellschaft das „gleiche Recht auf Teilhabe“ zu, binden aber „die Einlösung dieses Rechts daran (…), daß die ‚Bewerber‘ bestimmte Gütemaßstäbe erfüllen“. „Gleichberechtigung“ soll dadurch verwirklicht werden, dass „alle Barrieren beseitigt werden, die daran hindern könnten, diese Gütemaßstäbe zu erfüllen“ (ebd.).

zumindest anfangs die Vorläufigkeit und Unsicherheit der eigenen wissenschaftlichen Erkenntnisse noch zugestehen mussten, im Verlauf der Diskussion um das Mannheimer Reformmodell aber immer deutlicher Position für Formen der äußeren Differenzierung innerhalb der Volksschule bezogen. Die Anerkennung und Akzeptanz, welche die naturwissenschaftliche und hier vor allem die medizinische Forschung in Bezug auf verschiedene Formen vermeintlich „pathologischer Anlagen" besaß, prägte die Sickinger-Debatte entscheidend, ging letztlich jedoch weit über sie hinaus.

Sowohl die Volksschullehrerschaft als auch die Hilfsschullehrer bewegten sich in ihren Positionierungen zum Mannheimer Schulsystem innerhalb des Rahmens, der seit dem Ende des 19. Jahrhunderts von der Medizin gesteckt worden war. Es war weder bei den Befürwortern noch bei den Gegnern die Frage, dass „schwachsinnige" Kinder nicht in die Regelklassen der Volksschule gehörten, sondern eine gesonderte schulische Versorgung benötigten. Umstritten (und letztlich nicht bestimmbar) aber war die Frage, wo exakt die Grenze zwischen „krankhafter" und noch „normaler" Veranlagung verlief.

Die Anhänger Sickingers aus den Volks- und Hilfsschulen unterstützten vor allem seine Grundidee möglichst homogener Klassen als optimale Form schulischer Lernorganisation. Seine Gegner warfen ihm einen auf das kognitive Lernen verengten Leistungsbegriff vor und betonten den Anregungsreichtum und die sozialen Dimensionen der heterogenen Lerngruppe. Eine spezifische Förderung von Kindern mit Lern- und Verhaltensschwierigkeiten durch Nutzung der besonderen pädagogischen Kompetenzen, die in den zeitgenössischen Hilfsschulen entwickelt worden waren, sahen sie nicht vor. Ihnen erschien der von einer Volksschullehrkraft erteilte Unterricht auch für einen großen Anteil dieser Kinder – soweit sie nur „schwachbegabt", aber nicht krank und damit „schwachsinnig" waren – angemessen zu sein; vorausgesetzt die Rahmenbedingungen des Lernens wurden durch Reduzierung der Klassengrößen, Entschlackung der Lehrpläne und qualifizierte Ausbildung des Lehrpersonals weiter verbessert.

Unübersehbar bei den Positionierungen zum Modell Sickingers, die aus der Hilfs- und Volksschullehrerschaft kamen, ist das hinter den pädagogischen Argumentationen durchweg leicht erkennbare Bemühen um eine Stärkung der eigenen Schulform. Die Hilfsschullehrerschaft befürwortete die Förderklassen des Mannheimer Systems nur so lange, wie sie eine Zubringerfunktion für die eigene Schulform erfüllten und die Existenz der Hilfsschule nicht in Frage stellten. Die Kritiker Sickingers aus der Volksschullehrerschaft verfolgten eine Doppelstrategie: Kurzfristig hielt man eine nachhaltige Qualitätssteigerung der Volksschule für erfolgversprechender als die Einführung eines technokratischen Kurssystems nach Mannheimer Muster, wenn man den leistungsschwächeren

Schüler_innen gerecht werden wollte. Langfristig machte man sich für eine Einheitsschule stark, die ihren Schüler_innen gegenüber dem dreigliedrigen System erheblich erweiterte Bildungschancen und (ebenso wie der Lehrerschaft) größere Chancen auf einen sozialen Aufstieg versprach. Aus dieser Einheitsschule aber blieb die Hilfsschule programmatisch ausgeschlossen. Ellger-Rüttgardt beschreibt die schwierige Gemengelage im Streit zwischen Einheitsschulbefürwortern und Vertretern des Mannheimer Schulsystem treffend, wenn sie von einer „paradoxen Situation" spricht: „Sickinger und seine Anhänger waren insofern ‚konservativ', als sie nur Korrekturen am bestehenden Schulwesen vornahmen (…); ihr Verdienst war aber, daß sie die Hilfsschule als einen Teil des Volksschulwesens betrachteten und sie damit nicht von vornherein als eine Sonderinstitution außerhalb des Regelschulwesens stellten."[427] Die Gegner des Mannheimer Schulsystems unter den Verfechtern des Einheitsschulgedankens „waren ‚fortschrittlich', da sie (…) für gleiche Bildungschancen aller Volksschüler kämpften. Indem sie die Hilfsschule und ihre Schüler aber von vornherein nicht in ihre schulpolitischen Ziele mit einbezogen, blieb eine Minderheit von der Emanzipationsbewegung der Volksschule ausgeschlossen."[428]

Gerade weil Sickingers Modell das vertikal gegliederte Schulsystem, und hier vor allem die höhere Schule, nicht in Frage stellte, konnte es als ambitionierte Weiterentwicklung der bestehenden hierarchischen Schulstruktur auch schon während des Kaiserreiches mit durchaus realistischen Chancen auf Umsetzung diskutiert und in einigen Kommunen sogar (wenn auch vielfach nur in einzelnen Elementen) praktiziert werden.[429] Dagegen konnten Einheitsschulmodelle, die dieses System grundsätzlich in Frage stellten, unter den Herrschaftsbedingungen des wilhelminischen Obrigkeitsstaates zunächst nur Programm bleiben. Eine Chance auf Realisierung und damit die Möglichkeit, die Frage der Integration von Kindern mit Behinderungen in die Regelschule ganz neu zu diskutieren, eröffnete sich erst nach dessen Sturz am Ende des Ersten Weltkrieges.

---

427 Ellger-Rüttgardt (1980, S. 335).
428 Ebd.
429 Vgl. Anmerkung 323.

IV. Alternativen zur Hilfsschule – Reformpädagogische Gemeinschaftsschulen der 1920er und 30er Jahre

1. Die Einführung der obligatorischen Grundschule und der Ausbau sonderpädagogischer Einrichtungen in der Weimarer Republik

Nach dem Zusammenbruch des autoritären Obrigkeitsstaates in der Revolution von 1918 hatte es bei den Trägern des politischen Umbruchs zunächst die Hoffnung gegeben, dass mit der Neuordnung von Staat und Gesellschaft auch das Schulwesen grundlegend umgestaltet werden könne. Der Sturz der Monarchie und die Erschütterung der gesellschaftlichen Kräfteverhältnisse schienen gänzlich neue Möglichkeiten im Sinne von Demokratisierung und Teilhabe bisher benachteiligter Gruppen insbesondere der Arbeiterschaft und der Frauen zu eröffnen. Tatsächlich gelang es auf der politischen Ebene, das allgemeine, gleiche und geheime Wahlrecht endlich durchzusetzen und damit ein grundlegendes Prinzip einer auf dem Gedanken der Gleichheit aller Bürgerinnen und Bürger basierenden parlamentarisch verfassten Demokratie. Sehr bald aber zeigte sich, dass sich die gesellschaftlichen Machtverhältnisse gegenüber dem Kaiserreich nicht so radikal verschoben hatten, wie es Ende 1918 kurzzeitig erschienen war. Schon in den ersten Wochen nach der Revolution kam es zu einer Reihe von „Basiskompromissen“[430] zwischen alten Eliten (in Militär, Bürokratie und Wirtschaft) und der neuen politischen Führung (Sozialdemokraten, Linksliberalen und katholischem Zentrum), welche die Rahmenbedingungen für die weitere Entwicklung der Weimarer Republik absteckten. Von der historischen Forschung ist vor diesem Hintergrund eine „erstaunliche Konstanz der Machtkonstellationen“ festgestellt worden, die zur Folge hatte, dass es zu einem „befreienden institutionellen Umbau und einem umfassenderen Elitenwechsel nicht gekommen ist“[431] – ein Befund, der ohne Einschränkung auch für das Schulwesen gültig ist.

Anders als von sozialistischen Vertretern der Einheitsschulidee erhofft, die eine durchgängig horizontal gegliederte Schulorganisation angestrebt hatten, beschränkte sich die zentrale Reform des Schulsystems in der Weimarer

430 Wehler (2003, S. 216).
431 Ebd., S. 222.

Republik auf die Einführung der 4-jährigen gemeinsamen Grundschule. Die zuvor bestehenden schulgeldpflichtigen Vorschulen, die gezielt auf eine Laufbahn in den höheren Schulen vorbereitet hatten, wurden abgeschafft, das hierarchisch aufgebaute mehrgliedrige System von Schulformen, das die Kinder nach dem vierten Schuljahr aufnahm und am Ende Berechtigungen unterschiedlichen Werts vergab, aber blieb erhalten. In der Weimarer Reichsverfassung hieß es:

> „Auf einer für alle gemeinsamen Grundschule baut sich das mittlere und höhere Schulwesen auf. Für diesen Aufbau ist die Mannigfaltigkeit der Lebensberufe, für die Aufnahme eines Kindes in eine bestimmte Schule sind seine Anlage und Neigung, nicht die wirtschaftliche und gesellschaftliche Stellung oder das Religionsbekenntnis seiner Eltern maßgebend."[432]

Das Reichsgrundschulgesetz von 1920 schaffte die Voraussetzung dafür, dass Kinder aller gesellschaftlichen Milieus für einige Jahre gemeinsam unterrichtet wurden und – so der Anspruch der neuen Schule, wenn auch bei weitem nicht ihre Realität – von hier aus ihren Weg in für sie nach „Anlage und Neigung" geeignete weiterführende Schulen fanden. Trotz weiterhin eklatant ungleich verteilter Bildungschancen[433] bedeutete die Einführung der vierjährigen Grundschule einen wesentlichen demokratischen Fortschritt gegenüber dem Kaiserreich. Sie ist daher auch als „beispielloser Akt staatlicher Egalisierung"[434] bewertet worden. Seltener gerät in der historischen Rückschau in den Blick, dass die vier ersten Klassen der Volksschule mit dem Reichsgrundschulgesetz auch ihre Funktion veränderten. Sehr viel stärker als die in sich weitgehend abgeschlossene Volksschule des Kaiserreichs bestand ihre Aufgabe ab 1920 darin, als Zubringer für weiterführende Schulen zu fungieren und damit Auslese- und Allokationsfunktionen zu erfüllen – eine Erwartung, die ihr in den einschlägigen Verwaltungsdokumenten ausdrücklich entgegengebracht, aber auch von bildungsbewussten Eltern des Bürgertums und aufstiegsorientierten Gruppen der Arbeiterschaft deutlich formuliert wurde.[435] Die Ambivalenz der Grundschulreform von 1920

---

432 Die Schulartikel der Weimarer Reichsverfassung, zit. n. Michael/Schepp (1993, S. 235).

433 Noch 1931 kamen nur 6,77% der Schüler höherer Knabenschulen aus der Arbeiterschaft. Insbesondere am klassischen humanistischen Gymnasium blieben sie deutlich unterrepräsentiert. Dagegen stieg ihr Anteil in lateinlosen höheren Schulen, wie den neu eingerichteten Deutschen Ober- und den Aufbauschulen, auf 10,0 bzw. 16,1% (vgl. Nath 2016, S. 91).

434 Wehler (2003, S. 452).

435 Symbolisch besonders bedeutsam für die neue Aufgabe der Grundschullehrer_innen war, dass sie in Preußen per Ministererlass Mitglied der Prüfungskommissionen der

bringt Bernd Zymek auf den Punkt, wenn er sie als demonstrativen Einschnitt interpretiert, der die Grundschule zur „Institution der Vermittlung von sozialer Gleichheit *und* Ungleichheit" machte, indem sie alle Kinder in gleicher Weise dem Leistungsanspruch unterwarf, gleichzeitig aber unterschiedliche Bildungs- und Lebenschancen verteilte und damit – in der Begrifflichkeit der Zeit – „die ‚Aristokratie in der Demokratie'" ermittelte.[436] Für die leistungsstarken Kinder bisher benachteiligter Gruppen und Milieus ergaben sich hierdurch bislang ungeahnte Möglichkeiten des Bildungserwerbs und des sozialen Aufstiegs. Für die langsamer und schwerer lernenden Schülerinnen und Schüler, bei denen es nicht darum gehen konnte, auf die Mittelschule oder das Gymnasium zu wechseln, musste der verschärfte Leistungsanspruch und die Betonung der Auslesefunktion der Grundschule hingegen als wachsender Druck wirksam werden.[437] Inwiefern in der Grundschule auch Einflüsse der reformpädagogisch geprägten Debatte um eine „kindgerechte", dem Gedanken der individuellen Förderung verpflichtete Pädagogik für benachteiligte Kinder de facto bedeutsam werden konnten, ist sehr viel schwieriger einzuschätzen und wohl auch stark abhängig von lokalen Verhältnissen und individuellem Engagement der Lehrpersonen. Die im Verlauf der Weimarer Republik deutlich steigenden Zahlen der Hilfsschülerinnen und Hilfsschüler (Abb. 11) spricht für eher geringe Effekte.[438]

In der Anfangsphase der Weimarer Republik erhielt die Debatte um den geeigneten Ort schulischer Förderung behinderter Schülerinnen und Schüler allerdings

---

Aufnahmeprüfungen für mittlere und höhere Schulen waren (vgl. Richtlinien über die Aufnahme von Schülern der Grundschule in die mittlere und höhere Schule 1924).

436 Zymek (1989, S. 177).

437 Vgl. in diesem Sinne zuletzt auch Titze (2016, S. 78).

438 Vgl. Keim/Schwerdt (2013b). Das Spannungsverhältnis von Vorbereitungsfunktion für die weiterführenden Schulen und „kindgemäßer Pädagogik" spiegelt sich sehr deutlich in den Vorgaben für die preußischen Grundschulrichtlinien von 1921, die beide Aufgaben nebeneinanderstellen. Auf der einen Seite fordern sie ausdrücklich, dass jede „Verfrühung und Überbürdung" zu vermeiden sei und „die Fassungskraft und das geistige Wachstumsbedürfnis der Kinder" die Auswahl der Unterrichtsinhalte primär zu bestimmen habe. Andererseits werden sehr differenziert Lehrziele formuliert, die „in allen Schulen erreicht" werden müssen, an die „sowohl die Volksschule der vier oberen Jahrgänge wie die mittleren und höheren Schulen mit ihrem weiterführenden Unterricht anknüpfen können" (Richtlinien zur Aufstellung von Lehrplänen für die Grundschule 1921, S. 186). Zur Bedeutung des Gedankens der „Kindgemäßheit" für die zeitgenössische Grundschulpädagogik und zu ihrer Kritik Einsiedler (2015).

zunächst keine neuen Impulse. Während der Verfassungsberatungen spielte sie keine Rolle.[439] Die Weimarer Reichsverfassung selbst beließ es bei der vagen Formulierung, dass das öffentliche Schulwesen „organisch auszugestalten" sei.[440] Eine besondere Erwähnung behinderter Kinder gab es nicht. Erst im Zusammenhang mit dem Reichsgrundschulgesetz wurden Schülerinnen und Schüler mit Behinderungen in einem Reichsgesetz überhaupt erwähnt, allerdings in der erstaunlichen Variante, dass die rechtlichen Vorgaben für sie keine Gültigkeit besaßen:

> „Auf den Unterricht und die Erziehung blinder, taubstummer, schwerhöriger, sprachleidender, schwachsinniger, krankhaft veranlagter, sittlich gefährdeter oder verkrüppelter Kinder, sowie auf die dem Unterricht und der Erziehung der Kinder bestimmten Anstalten und Schulen, finden die Vorschriften dieses Gesetzes keine Anwendung."[441]

Im Verlauf der mehrjährigen Bemühungen um ein von der Verfassung vorgesehenes Reichsschulgesetz wurde zwischenzeitlich auch die Einführung von Förderklassen nach dem Vorbild des Mannheimer Systems diskutiert; letztlich scheiterten jedoch alle Gesetzentwürfe, so dass keine reichseinheitlichen gesetzlichen Regelungen zustande kamen.[442] De jure blieb die Hilfsschule somit auch während der gesamten Zeit der Weimarer Republik Bestandteil des Volksschulwesens.[443] Auf Länderebene wurde die Trennung der Schüler von Volks- und Hilfsschule allerdings stetig weiter vorangetrieben. So erließ der Freistaat Sachsen bereits kurz nach dem Krieg ein entsprechendes Landesgesetz, in der Regel blieb es jedoch bei der verwaltungstechnischen Ausgestaltung bereits bestehender rechtlicher Vorgaben. In einem Erlass des preußischen Kultusministers aus dem Jahr 1927 hieß es:

> „Wo Hilfsschulen bestehen, gehören schwachsinnige Kinder in die Hilfsschule, weil sie in dieser eine ihrer besonderen geistigen und seelischen Eigenart angepaßte Erziehung und Bildung empfangen können. Ich erwarte daher, daß auch künftig die Lehrer mit großer Sorgfalt die schwachsinnigen Schüler aus den normal veranlagten aussondern und sie, wo es möglich ist, der Hilfsschule überweisen."[444]

---

439 Vgl. zu den Schulartikeln der Verfassung Keim (2009).

440 Zit. n. Michael/Schepp (1993, S. 235).

441 Zit. n. Nave (1980, S. 169).

442 Vgl. Möckel (2001, S. 114–121).

443 1927 wurde vom Hilfsschullehrerverband der Entwurf eines Reichssonderschulgesetzes vorgelegt, in dem „als zentraler und vereinheitlichender Begriff der der Sonderschule gewählt und zugleich eine besondere Lehrergruppe, die der ‚Lehrer und Erzieher in den Sonderschulen', konstruiert wurde" (Ellger-Rüttgardt 2014, S. 287). Zu einer Verabschiedung des Gesetzes kam es bis 1933 jedoch nicht mehr. Eine Zusammenstellung der gesetzlichen Bestimmungen bis Ende der 1920er Jahre bei Frenzel (1930). Zur kritischen zeitgenössischen Bewertung Schoenberner (o.J.).

444 Zit. n. Frenzel (1930, S. 53).

Jenseits der gesetzlichen und verwaltungsrechtlichen Kodifikation verlief der öffentliche und politische Diskurs in ähnlichen Bahnen wie vor dem Weltkrieg. Während der Beratungen der Reichsschulkonferenz von 1920, bei der mehrere Hundert Expertinnen und Experten über die Zukunft des deutschen Bildungswesens berieten, überließ man in der Frage der schulischen Versorgung behinderter Kinder der Hilfsschulpädagogik ganz das Feld. Prominente Reformpädagogen wie der liberal-konservative Georg Kerschensteiner oder der Sozialist Fritz Karsen, der sich ansonsten vehement für ein integriertes Schulsystem stark machte, äußerten sich in ihren Grundsatzbeiträgen zur Neugestaltung der Schulstrukturen nicht zu behinderten Schülerinnen und Schülern. Allein der Vertreter des Deutschen Lehrervereins, Johannes Tews, setzte sich dezidiert für gesonderte Schulen für „blinde, taubstumme, schwerhörige, sprachleidende, schwachsinnige, schwach befähigte, krankhaft veranlagte, sittlich gefährdete Kinder sowie für Krüppelkinder“[445] ein und lag damit ganz auf der Linie der Hilfsschullehrerschaft, die weiterhin die „Eigenart“ des Hilfsschulkindes betonte.[446] Deren Vertreter auf der Konferenz, der Hannoveraner Stadtschulrat Julius Grote, plädierte für eine frühzeitige „Aussonderung“ der behinderten Kinder vor allem mit dem Argument der Entlastung der Grundschule:

> „Denn wenn alle diejenigen Kinder, die in den heilpädagogischen Schulen unterrichtet werden oder unterrichtet werden müßten, in der Grundschule verblieben, so würden sie ein Hemmnis bilden, das den Fortschritt ganz erheblich verlangsamen und die Kraft des Lehrers ungebührlich in Anspruch nehmen würde.“[447]

Zwar stellte sich auch der Verband der Hilfsschullehrer nun auf den Boden eines einheitlichen Schulsystems, das „unter Beseitigung aller Beschränkungen und Beeinträchtigungen“ der „gesamten Volksschuljugend Gelegenheit zur Ausbildung aller Anlagen und Kräfte des Körpers und des Geistes geben“ solle,[448] machte aber im gleichen Atemzug unmissverständlich klar, dass dies nicht

---

445 Die Reichsschulkonferenz (1920, S. 152f.).

446 Vgl. zur Reichsschulkonferenz Schwerdt (2016).

447 Die Reichsschulkonferenz (1920, S. 521). Julius Grote (1861–1933) durchlief zunächst eine Volksschullehrerausbildung. 1892 wurde er mit der Gründung der ersten Hilfsschule in Hannover beauftragt. Darüber hinaus war er Vorsitzender der Kommission für die städtischen Sprachheilkurse. 1908 wurde er zum städtischen Schulinspektor, nach dem Weltkrieg zum Dezernenten für das Schulwesen der Stadt Hannover ernannt. Seit Gründung des deutschen Hilfsschullehrerverbandes (1898) war er in dessen Vorstand tätig, von 1924–28 als 1. Vorsitzender. Vgl. Henze (1934).

448 Raatz (1919, S. 122).

bedeuten könne, die behinderten Schülerinnen und Schüler in der Volksschule zu unterrichten:

> „Da muß sogleich ein dicker Strich gezogen werden zwischen Volksschulkindern und Hilfsschulkindern, zwischen Normalen und Anormalen; denn die ‚Beseitigung aller Beschränkungen und Beeinträchtigungen' trifft eben für Schwachsinnige nicht zu. Ihre ganze Wesenseigenart zieht ihnen eine Grenze in der geistigen Entwicklung, also auch eine Grenze ‚für den Erwerb und die spätere Anwendung von Wissen und Können', die sie nicht zu überschreiten vermögen. (…) Den Schwachsinnigen aber bleibt von vornherein und für immer ein Überschreiten der Hilfsschule zur Grundschule versagt; denn qualitativ wie quantitativ bleibt der Abstand des Intellekts von dem der Normalen unausgleichbar bestehen."[449]

Die nach 1918 vom Hilfsschullehrerverband zunächst geäußerte Sorge, die von ihm vertretene Schulform könne in die Defensive geraten, erwies sich als grundlos. Im Gegenteil: Angesichts der verschärften Auslesefunktion der neugegründeten Grundschule setzte sich der „ungebremste Aufstieg der Hilfsschule"[450] trotz der schwierigen ökonomischen Rahmenbedingungen auch in der Weimarer Republik fort:

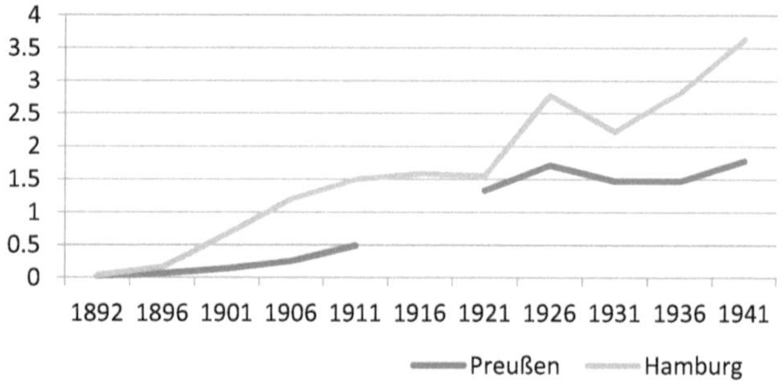

Abb. 11: *Relativer Besuch der Hilfsschule in Preußen und Hamburg (in Prozent)*[451]

449 Ebd., S. 122ff.

450 Ellger-Rüttgardt (2008, S. 205).

451 Siehe die Daten Nath/Titze (2016, S. 322ff.). Für Preußen lagen 1916 keine Zahlen vor.

Allein in Preußen gab es im Jahr 1927 571 Hilfsschulen mit fast 47.000 Kindern. Die Zahl der Schulen hatte sich damit seit 1905 vervierfacht, die der Schülerschaft sogar um mehr als das Fünffache erhöht.[452] Auch die Quote der Hilfsschüler_innen stieg nach dem Krieg weiter deutlich an, in Preußen auf 1,71% im Jahr 1926, im Stadtstaat Hamburg sogar auf 3,15% (1927).[453] Erst mit der Weltwirtschaftskrise deutete sich eine Bedrohung der Hilfsschule angesichts deutlich sinkender Schüleranteile an, die jedoch in der Zeit des Nationalsozialismus im Zuge verschärfter Selektionsmaßnahmen wieder ausgeglichen wurden. Obwohl die Hilfsschule schulrechtlich noch immer Teil des Volksschulwesens blieb, etablierte sie sich in der Zeit zwischen 1919 und 1933 zunehmend als eigenständige Schulform neben der Volksschule und dem mittleren und höheren Schulwesen.

Auch über die Hilfsschule hinaus kam es in der Weimarer Republik zu einer Weiterentwicklung und Ausdifferenzierung von Sondereinrichtungen für Kinder und Jugendliche mit Behinderungen.[454] Besonders weit fortgeschritten war dieser Prozess in der Reichshauptstadt Berlin, wo der Ausbau zwischen 1919 und 1933 systematisch vorangetrieben wurde (vgl. Tab. 5).

Selbstbewusst konstatierte der inzwischen zum Berliner Magistratsschulrat aufgestiegene Arno Fuchs in der Rückschau auf die vergangenen Jahrzehnte:

> „In die Berechtigung und Dauer einzelner dieser Sonderschuleinrichtungen sind von mancher Seite wohl jahrzehntelang Zweifel gesetzt worden. In Unkenntnis ihres Wesens schätzte man sie als pädagogische Launen, als das Eintagswerk einzelner Dränger und glaubte bestimmt, binnen kurzem auf sie als ‚überwundenen Standpunkt' zurückschauen zu können. Sie haben sich jedoch jahrzehntelang durchgesetzt und eine immer vollkommenere äußere und innere Organisation angenommen. Allgemein werden sie heute als notwendiger und selbstverständlicher Teil unserer öffentlichen Bildungseinrichtungen bewertet, und Zweifel an ihrer Berechtigung werden nicht mehr laut."[455]

452 Vgl. Vorbrodt/Karl (1930, S. 230).

453 Vgl. Nath/Titze (2016, S. 322ff.).

454 Aufgrund der Gebietsabtretungen im Zuge des Versailler Vertrages und von Sparmaßnahmen ist dagegen für die Blinden- und der Gehörlosenbildung eine quantitative Rückentwicklung zu verzeichnen (vgl. Ellger-Rüttgardt 2008, S. 206). In Frage gestellt wurden die seit langer Zeit anerkannten Einrichtungen dieses Teils des Bildungswesens jedoch an keiner Stelle, so dass der Rückgang im Hinblick auf die institutionelle Entwicklung des Gesamtsystems als nicht relevant erscheint.

455 Fuchs (1927, S. 7).

	Zahl der Kinder und Jugendlichen
Regelschulen (Gesamt)	373.788
Sonderpädagogische Tageseinrichtungen (Gesamt)	12.766
Hilfsschulen	7.402
Hilfsberufsschulen	2.194
Vorklassen	608
Schulkindergarten	548
Sprachheilschulen	425
Schwerhörigenschulen	424
Waldschulen	260
Sehschwachenschulen	246
Freiluftschulen (für Tuberkulosekranke)	224
Sammelklassen	181
Abschlussklassen	178
Hilfsschulhorte	67
Sammelklassen für Hörstumme	9
Anstalten (Gesamt)	3.593
Fürsorgeerziehungsanstalten	899
Waisenhäuser	849
Krüppelheime	677
Blindenanstalten	413
Taubstummenanstalten	390
Wittenauer Heilanstalten	178
Tannenhöfe	104
Epileptikerschulen	42
Taubstummenblindenheime	41

Tab. 5: *Sonderpädagogische Einrichtungen in Berlin Mitte der 1920er Jahre*[456]

Ein weiterer Baustein für ein umfassendes System sonderpädagogischer Einrichtungen, der in der Übersicht aus dem Jahr 1927 noch nicht aufgenommen wurde, waren die sog. „Erziehungsklassen", für die sich Fuchs in besonderer Weise engagierte und mit denen in Berlin seit Mitte der 20er Jahre erste Versuche

456 Vgl. Fuchs (o.J., S. 361 und 1927).

unternommen wurden. Sie stellen insofern eine Besonderheit dar, als sie an die Volksschule angegliedert und nicht in eine eigene Schulform überführt werden sollten.[457] Vorgesehen waren sie für sog. „schwererziehbare Kinder“, die in der Volksschule aufgrund ihres Verhaltens „nicht länger ertragen werden können und der Fürsorgeerziehung anheimfallen werden, wenn nicht rechtzeitig der Versuch unternommen wird, sie durch eine ihrer Eigenart angepaßte und darum anders geartete Erziehung zu beeinflussen.“[458] Wie schon bei den Hilfsschülern musste man eine präzise Bestimmung der Schülerschaft schuldig bleiben. Als „schwererziehbar“ sollten Kinder gelten,

> „die in andauernden Vergehen und mit ihrer ganzen Person der Erziehung widerstreben, die innerhalb der Normalklassenerziehung von der Wiederholung ihrer Fehler nicht abzuhalten und in ihr auch, wiewohl sie einer angepaßten Form der erziehlichen Beeinflussung noch zugänglich scheinen, zur Einordnung in ihre Schulgemeinschaft selbst bei sorgfältigster Betreuung nicht zu erziehen sind. Sie sind das Produkt einer großen Reihe von Unterlassungen und Fehlern der bisherigen Erziehung und u.U. auch einer krankhaften Anlage.“[459]

Während der Ausbau eines eigenständigen Sonderschulwesens voranschritt, entwickelten sich im Bereich der reformpädagogischen Versuchsschulen – entgegen der These von Fuchs – einzelne alternative Modelle einer pädagogischen Förderung behinderter Kinder innerhalb der Volksschule. Historisch einzuordnen sind diese Versuche vor dem Hintergrund eines nach dem Ersten Weltkrieg einsetzenden Booms von Schulversuchen, die vor allem in reformorientierten Ländern wie Hamburg, Berlin, Sachsen und Thüringen in erstaunlicher Breite und Vielfalt realisiert werden konnten. Die historische Bildungsforschung geht heute von einer Zahl von mindestens 200 Schulversuchen gegen Ende der Republik aus.[460] Ihr Spektrum reichte von Schulen, denen es um begrenzte didaktische Innovationen, etwa im Sinne eines reformpädagogisch ausgerichteten Arbeits-, Erlebnis- oder Gesamtunterrichts ging, über Schulmodelle, die neue Organisationsformen und pädagogische Praktiken erprobten, in denen mehr Chancengleichheit und demokratische Teilhabe verwirklicht werden sollte, bis

---

457 Vgl. Fuchs (o.J.a und 1930).

458 Fuchs (o.J.a, S. 39).

459 Fuchs (1930, S. 41).

460 Vgl. Keim/Schwerdt (2013b).

zu Versuchen, auf der Grundlage spezifischer weltanschaulicher Orientierungen neue Formen des Zusammenlebens und Lernens zu erproben.[461]

Studien zu der Frage, ob und in welcher Weise diese Schulversuche behinderte Kinder und Jugendliche in ihre konzeptionellen Überlegungen einbezogen oder sogar praktische Erfahrungen mit Formen gemeinsamen Lernens machten, gibt es bisher nicht.[462] Bekannt sind daher bis heute nur einige wenige Ansätze vergleichsweise prominenter Schulversuche, in denen bewusst nach alternativen Wegen in der pädagogischen Förderung von Kindern gesucht wurde, die üblicherweise in gesonderte Einrichtungen überwiesen wurden.

2. Reformpädagogische Alternativen zur Hilfsschule als Forschungsgegenstand

Im Zentrum der Historiografie zu den Schulen der „pädagogischen Bewegung"[463] standen seit der einflussreichen Darstellung Herman Nohls aus der Endphase der Weimarer Republik für lange Zeit die sog. Landerziehungsheime. 1898 eröffnete Hermann Lietz die erste dieser Heimschulen in privater Trägerschaft in der Nähe von Ilsenburg im Harz, der bis 1933 zahlreiche weitere folgten; unter ihnen bis heute bekannte Gründungen wie die Freie Schulgemeinde Wickersdorf, die Odenwaldschule, Salem am Bodensee oder die Schule am Meer, die von zeitgenössischen Beobachtern als kind- und jugendgerechte Alternativen zur autoritären Pauk- und Drillschule des 19. Jahrhunderts wahrgenommen wurden.[464] Nohl beschrieb sie als „pädagogische Siedlungsgemeinschaft(en)" und „Zellen einer neuen Volksgemeinschaft"[465]. Aus diesen „Gemeinschaften" blieben Kinder

461 Vgl. die zeitgenössischen Darstellungen von Karsen (1923) und Hilker (1924) sowie als Überblicke Amlung u.a. (1993) und Keim/Schwerdt (2013b). Zu den Schwierigkeiten einer schärferen begrifflichen Abgrenzung Schmitt (1993), der als Versuchsschulen bzw. Schulversuche solche Einrichtungen definiert, „die sich, verglichen mit den übrigen Regelschulen durch größere Freiheit und das Ziel der Eigenaktivität von Lehrenden und Lernenden auszeichnen. Das läßt sich an ihrer äußeren Organisation und an ihrer Unterrichtsarbeit (z.B. durch Lehrplanfreiheit) ablesen. Sie sollten neue Formen der Schulorganisation und des Unterrichts erproben und allgemeine Schulreformen vorbereiten" (ebd., S. 16).

462 Vgl. Schwerdt (2016).

463 Nohl (1933).

464 Vgl. die zusammenfassende Darstellung bei Schwerdt (2012).

465 Nohl (1933, S. 342).

mit Behinderungen allerdings ausgeschlossen. Bedingung für die Aufnahme in die Lietz'schen Landerziehungsheime war die „ärztlich bestätigte organische Gesundheit des Kindes" sowie seine „körperliche, sittliche und intellektuelle Normalität".[466] Für „geistig schwächere" und „psychopathisch veranlagte Schüler"[467] empfahl Lietz heilpädagogische Spezialeinrichtungen. Auch Berthold Ottos „Hauslehrerschule" in Berlin Lichterfelde, eine der international bekanntesten reformpädagogischen Schulen, die heute in der Regel der sog. Bewegung „vom Kinde aus" zugerechnet wird, nahm schwachsinnige Kinder ausdrücklich nicht auf.[468]

Die klassischen Überblicksdarstellungen zur Reformpädagogik lassen in einer heute nur noch mit Erstaunen zur Kenntnis zu nehmenden Konsequenz die Frage unberücksichtigt, wie die historische Reformpädagogik zwischen 1890 und 1933 die schulische Erziehung und Bildung von behinderten Kindern und Jugendlichen organisatorisch, konzeptionell und praktisch zu fassen versuchte. In Nohls Standardwerk etwa spielt sie keinerlei Rolle. Auch jüngere, nach dem Zweiten Weltkrieg entstehende Darstellungen klammern sie vollständig aus oder belassen es bei kurzen Erwähnungen, in der Regel in wenigen Nebensätzen. Dies gilt für die in der Nohl'schen Tradition stehenden ideengeschichtlich orientierten Werke[469] ebenso wie für die kritischen Analysen der 1980er und 90er Jahre[470] sowie die in der DDR verfassten Publikationen.[471] Selbst in dem ansonsten sehr um Vollständigkeit bemühten bildungshistorischen Standardwerk „Handbuch der deutschen Bildungsgeschichte" findet sich in den für den hier interessierenden Zeitraum relevanten Bänden IV und V kein eigenständiger Beitrag.[472] Angesichts der Tatsache, dass das gesamte Feld der Heilpädagogik keine Berücksichtigung fand, kann es nicht überraschen, dass auch Ansätze Gemeinsamen Unterrichts von Kindern mit und ohne Behinderungen für lange Zeit unberücksichtigt blieben. Ein Befund, der auch für die sonderpädagogische Geschichtsschreibung zutrifft, die sich über viele Jahrzehnte, wie zuvor bereits erwähnt, als eine Historiografie sonderpädagogischer Fachrichtungen bzw. Schulformen verstand.

466 Lietz (1913a, S. 47).
467 Lietz (1913, S. 21).
468 Vgl. Die Berthold-Otto-Schule (1908).
469 Vgl. Scheibe (1969), Röhrs (1980).
470 Vgl. Oelkers (1989), Bast (1996).
471 Vgl. z.B. Günther u.a. (1987).
472 Vgl. Berg (1991) und Langewiesche/Tenorth (1989). Ein instruktiver Überblick über die Entwicklung der deutschsprachigen Geschichtsschreibung zur historischen Reformpädagogik bei Keim (2016).

Erst mit der Ausbreitung der integrativen Modellversuche der 1980er Jahre bezieht die erziehungswissenschaftliche Forschung zur historischen Reformpädagogik auch Aspekte ein, die den Unterricht für Kinder mit Behinderungen betreffen. Dies geschieht vornehmlich unter zwei Perspektiven: Von der sonderpädagogischen Geschichtsschreibung werden reformpädagogische Versuche auf heilpädagogischem Terrain beschrieben[473] und zugleich solche Positionen sichtbar gemacht, die – in ihrer Kritik an der getrennten Beschulung oder sogar als Alternative zu ihr – Argumente der späteren Integrationsbewegung vorwegnehmen.[474] Die inklusiv orientierte Didaktik dagegen hat vor allem auf seit langem bekannte unterrichtsmethodische Traditionsbestände der historischen Reformpädagogik (besonders der Montessoripädagogik, des Jena-Plans und des Projektunterrichts) Bezug genommen – in der Regel mit der Absicht, hier Anregung und Hilfestellung für eigene unterrichtspraktische Aufgabenstellungen in der Arbeit mit heterogenen Lerngruppen, wohl nicht zuletzt auch historische Legitimation zu finden.[475] Nach dem Skandal um die Odenwaldschule ist die Tendenz, reformpädagogische Traditionslinien bei der Entwicklung von Ansätzen inklusiver Schulentwicklung und Didaktik zu betonen, allerdings deutlich rückläufig.

In die z.T. ausgesprochen breit angelegten Überblicksdarstellungen, die zur Reformpädagogik seit der Jahrtausendwende entstanden sind, haben solche Fragestellungen jedoch keinen Eingang gefunden.[476] Auch systematisch angelegte, quellenerschließende Studien zu reformpädagogischen Konzepten gemeinsamen Lernens von Kindern mit und ohne Behinderungen sind bis heute ein Forschungsdesiderat geblieben. Im Folgenden sollen daher mit der Hamburger Versuchsschule Berliner Tor und der Jena-Plan-Schule Peter Petersens zwei inzwischen vergleichsweise gut erforschte Einzelschulen mit Blick auf die Berücksichtigung behinderter Schüler näher vorgestellt werden. Sie werden ergänzt um die Individualpsychologische Versuchsschule Wien, die unter den besonders reformförderlichen Bedingungen der österreichischen Hauptstadt vor 1934 ein ausgesprochen interessantes pädagogisches Profil entwickeln konnte, zu dem es in Deutschland in der Zwischenkriegszeit kein Pendant gab.

---

473 Vgl. besonders die grundlegende Darstellung von Hillenbrand (1994).

474 Vgl. u.a. Ellger-Rüttgardt (1988, 1995, 2000, 2008), Möckel (1988), Merkens (1988), Biewer (1996), Hillenbrand (2001). Zusammenfassend Schwerdt (2013).

475 Schon früh z.B. Prengel (1995), Graumann (2002).

476 Vgl. Benner/Kemper (2003), Skiera (2003), Böhm (2012) und Koerrenz (2014). Eine Ausnahme: Keim/Schwerdt (2013a)

3. Die Hamburger Gemeinschaftsschule Berliner Tor

Der „Weimarer Schulkompromiss" hatte zwar die vierjährige gemeinsame Grundschule gebracht, die Hoffnungen zahlreicher Pädagoginnen und Pädagogen auf eine weitergehende Schulreform in Richtung Einheitsschule jedoch enttäuscht. Umfassende schulorganisatorische und pädagogische Neuerungen ließen sich nun nur noch im Rahmen von Versuchsschulen realisieren. In Hamburg hatte es bereits kurz nach der Jahrhundertwende konkrete Planungen für entsprechende Schulversuche gegeben, an die nach dem Krieg angeknüpft werden konnte. Bereits im April 1919 nahmen daher fünf Versuchsschulen ihre Arbeit auf; vier von ihnen als Volksschulen, eine – die „Lichtwarkschule" – im höheren Schulwesen.[477]

Die von allen Hamburger Schulversuchen geteilte Grundlage war der Gedanke der Gemeinschaftsschule, den der im vorangegangenen Kapitel bereits erwähnte Wilhelm Paulsen, seit 1920 Leiter der Schule Tieloh-Süd, folgendermaßen zusammenfasste:

> „Es muß eine Schule geschaffen werden, die auf der Grundlage der Gemeinschaftserziehung alle Lebens- und Bildungsmöglichkeiten bietet, die das Kind für seine Wesens- und Begabungsentwicklung gebraucht. Bis zu seinem 15. beziehentlich 18. Lebensjahr gehört der Schüler einer Lebensgemeinschaft an, in der er seinen Kräfteantrieb und seine Kräfteentwicklung erhält. Die Ausbildung seiner Sinne, seiner Hand, seiner geistigen und seelischen Fähigkeiten vollzieht sich natürlich und ungezwungen in der Arbeit – Siedelungsarbeit, werktätigen Arbeit und geistigen Arbeit – *soweit sie ein Lebensbedürfnis der Gemeinschaft und ihrer einzelnen Mitglieder darstellt.* Starke Begabungen und Neigungen, technische, künstlerische oder wissenschaftliche, finden ihre Auswirkungen in besonderen Arbeitsgemeinschaften, die die Lebensgemeinschaften begleiten, Form und Inhalt ihres Lebens bereichern und vertiefen. (...) *Leitend und entscheidend muß* dabei *der Gedanke sein, daß Leben nicht nur in die Schule hineingetragen werde, sondern daß sie selbst Leben sei: Familie, Gemeinde, Volk, Werkstatt, Betriebs-, Bildungs- und Forschungsstatt.*"[478]

Ausgehend von diesen Kerngedanken waren den Schulen einige strukturelle Merkmale gemeinsam:

- keine Bindung an die offiziellen Lehrpläne
- freie Wahl des Kollegiums
- Aufnahme von Schülern aus allen Stadtgebieten
- Koedukation.[479]

---

477 Vgl. Lehberger (1993), Rödler (1987 und 1996).
478 Paulsen (1920, S. 217).
479 Vgl. Lehberger (1993, S. 35).

Im Einzelnen entwickelten die fünf Schulen jedoch sehr unterschiedliche pädagogische Profile. Die weitestgehenden Konsequenzen im Sinne der Verwirklichung einer Lebens- und Lerngemeinschaft zog sicherlich die Schule Berliner Tor, die von 1919 bis 1931 von William Lottig geleitet und in ihrer pädagogischen Konzeption entscheidend geprägt wurde.

Abb. 12: *William Lottig*

William Lottig
wurde am 1.2.1867 in Hamburg geboren. Nach Abschluss der Volksschule absolvierte er in seiner Heimatstadt eine seminaristische Lehrerausbildung. Seit den 1890er Jahren engagierte sich Lottig in der Hamburger Lehrervereinigung, der „Gesellschaft der Freunde des Vaterländischen Schul- und Erziehungswesens". In deren Zeitschrift, „Pädagogische Reform", setzte er sich u.a. mit seiner Kritik der bestehenden Lehrpläne für eine umfassende Schulreform ein. Der von ihm formulierte Anspruch „Alle Kräfte des Kindes werden gelöst, gepflegt und entwickelt"[480] stand programmatisch für die durch die Kunsterziehungsbewegung geprägten Hamburger Schulreformbemühungen der Vorkriegszeit. Als Vortragsredner bei Kulturveranstaltungen der Hamburger

480 Vgl. Lottig (1908 und 1909).

Arbeiterbewegung machte Lottig sich auch außerhalb der Schulpolitik einen Namen. Im November 1918 trat er der SPD bei und wurde einer der Wortführer der „Sozialistischen Liste" im neu eingerichteten Lehrerrat der Hansestadt. Gemeinsam mit reformorientierten Kolleginnen und Kollegen konnte Lottig die Einrichtung von Versuchsschulen in Hamburg durchsetzen. Er selbst wurde Leiter der Schule Berliner Tor 29 im Stadtteil St. Georg. Als Mitglied im „Weltbund für Erneuerung der Erziehung" nahm Lottig 1927 an der Weltkonferenz in Locarno teil. 1931 ging er in den Ruhestand. Lottig starb am 12.9.1953 in Hamburg.[481]

Das Selbstverständnis der Schule Berliner Tor diskutierten Lottig, das Kollegium und engagierte Eltern regelmäßig in der Schulzeitschrift „Unsere Schule", die die zentrale Quelle für die folgenden Ausführungen darstellt. In einem programmatischen Aufsatz aus dem Jahr 1922 hieß es:

> „Wir trennen unsere Schüler nicht in ‚Begabte' und ‚Unbegabte', soll heißen: für ausschließlich geistige Arbeiten begabte und unbegabte. Wir haben erfahren, daß die ‚Unbegabten', die Sitzenbleiber, *auch* Kräfte haben. Wir möchten, daß die Kinder gerade darum beieinander bleiben, weil sie *verschiedene* Begabungen haben, weil der eine hat, was dem anderen fehlt. Nicht der Wetteifer mit dem Ähnlichbegabten ist uns das wichtigere, sondern dies: seine Kraft helfend in den Dienst der Gruppe, der Andersbegabten stellen. Je vielseitiger die Begabungen in der Gruppe, desto reicher sind die Arbeitsmöglichkeiten. Wir sehen die Einheitsschule darin, daß *alle* Kinder, die ‚Begabten' und ‚Unbegabten', während ihrer ganzen Schulzeit eine *Einheit* bilden, die durch keinerlei äußere Maßnahmen getrennt werden dürfte."[482]

Hieraus ergab sich die Konsequenz, Kinder auf jeden Fall in ihrer Lerngruppe zu belassen und sowohl auf das Sitzenbleiben als auch die Überweisung an die Hilfsschule zu verzichten. Die Klassen sollten über die gesamte Schulzeit von acht Jahren zusammenbleiben und von einer Lehrperson, möglichst in allen Fächern, unterrichtet werden. Die Schule lehnte es ausdrücklich ab, als „Ausleseanstalt"[483] innerhalb eines hierarchisch aufgebauten Systems zu funktionieren, und sah die neugeschaffene vierjährige Grundschule ausgesprochen kritisch:

---

481 Eine wissenschaftliche Biografie Lottigs liegt bisher nicht vor. Eine knappe Übersicht über wichtige Stationen seines Lebens bei Lehberger (2003), Auszüge aus seinem Tagebuch von 1919–1933 bei Benner/Kemper (2001). Sie spiegeln die hochfliegenden Ambitionen Lottigs ebenso wie die erheblichen Frustrationen, die mit der Leitung der Schule verbunden waren. In ihrem Quellenwert für die pädagogische Begründung des Schulversuchs sollten sie jedoch nicht überschätzt werden. Vgl. die sehr unterschiedlichen Bewertungen bei Benner/Kemper (2003, S. 150–164) und Grunder (2014).

482 Hoffmann (1922, o.P.).

483 Rödler (1987, S. 282).

> „In allen vier Schuljahren sollen alle Kinder gemeinsam arbeiten. Diese Arbeit erhält ihren Sinn aber nicht durch dieses *Zusammensein*, sondern durch die *Trennung*, die nach den vier Jahren folgen soll. Auf der Grundschule sollen sich nämlich die allgemeine Schule und die verschiedenen Arten der höheren Schule aufbauen. Die Schülerschaft muss also gesiebt werden. Alles Können und aller Fleiß wird darauf verwendet, das Sieb richtig zu schütteln und zu rütteln, die Maschen fein für jede Begabungsart abzupassen und die Schüler gründlich auf die Siebung vorzubereiten. Da in der Auslese festgestellt werden soll, wer den Anforderungen der höheren Schule genügt, wird diese geradezu zum Richtungspunkt für die Arbeit der Grundschule. Alles Können und aller Fleiß der ‚Einheitsschule' wird also darauf verwendet, die *Einheit* der Schülerschar soweit wie irgend möglich zu *trennen*."[484]

Um der Logik der Auslese zu entgehen, lehnte es die Schule nicht nur ab, leistungsschwache Schülerinnen und Schüler an die Hilfsschule zu überweisen, sondern betonte gegenüber den Eltern ausdrücklich, dass auch auf eine gezielte Vorbereitung der leistungsstarken Kinder auf die höhere Schule verzichtet wurde:

> „Wenn euer Kind ‚begabt' ist, habt ihr nicht die Sicherheit, daß es nach der vorgeschriebenen Zeit Anschluß an die ‚höhere Schule' findet. Der Lehrer wird es weder auswählen, noch auf die besonderen Anforderungen dort vorbereiten. Wenn das Kind dann nicht in die ‚höhere Schule' kommt, so verzichtet ihr damit auch auf die Berechtigungen, die diese Schule eurem Kinde etwa mit ins Leben geben würde. Ihr verzichtet so auf jede Bürgschaft die Sicherheit für das Fortkommen eures Kindes in den Stürmen des Lebens. Euch bleibt nichts – als das Vertrauen auf die Kraft eures Kindes, nichts als der Glaube daran, daß das Tüchtige sich im Leben durchsetzen werde, ohne und gegen alle Berechtigungen."[485]

Einen „besonderen Unterricht für Schwachbegabte"[486], orientiert an Methoden oder Lehrplänen der Hilfsschule, gab es nicht. Vielmehr setzte man für die gesamte Lerngruppe auf offene Unterrichtsformen, die es ermöglichen sollten, Lernprozesse an den Bedürfnissen und Interessen des einzelnen Kindes auszurichten. So hieß es in einem Artikel der Schulzeitung „Unsere Schule", der sich an die Eltern potenzieller Erstklässler richtete:

> „Du kennst aus Deiner eigenen Jugend die Schule als die Stätte, an der das Kind planmäßig auf den Beruf, auf ‚das Leben' vorbereitet wird. Wir aber lehnen es ab, uns irgendwie von den Anforderungen des Berufs, des Wirtschaftslebens, des Daseinskampfes in unserer Schule leiten zu lassen. Das Kind mit seinen Neigungen und Begabungen, seinen Kräften und Schwächen ist der Plan, nach dem wir unsere Arbeit einrichten. Aufgabe der Schule ist es, dem Kinde eine Stätte zu bieten, wo es ohne Rücksicht auf alle Zwecke, aber mit immer wachsender Verantwortung gegen die Menschen, unter denen

---

484 Hoffmann (1922, o.P.).
485 Ebd.
486 Lottig (1922, o.P.)

es lebt, Kind sein, jung sein, froh und glücklich sein kann, und stets bereit sein, wo es bei der Entfaltung der in ihm ruhenden Kräfte der Hilfe bedarf. (...) Wir haben keinen Stundenplan. Wir stellen aber hin und wieder einen Plan auf, um die Zeit für die gerade vorhandene Arbeit aufzuteilen. Weil es uns nicht auf Leistung, sondern die unmeßbare Entwicklung des Kindes ankommt, geben wir keine Zeugnisse."[487]

Mit dem Verzicht auf Lehr- und Stundenpläne sollten die Lehrer Freiheit für die Orientierung an den konkreten Lernbedürfnissen der Gruppe gewinnen. Dass Noten und Zeugnisse als Instrumente einer formalisierten Leistungsbewertung abgelehnt wurden, liegt angesichts der pädagogischen Ansprüche der Schule auf der Hand. Im Sinne einer „echten Arbeitsgemeinschaft" sollte an die Stelle des Wettbewerbs um eine möglichst gute Bewertung des Einzelnen die gegenseitige Hilfe und Unterstützung treten. Gerade in der „Verschiedenartigkeit der Charaktere, der Verschiedenheit der Begabungen, der Verschiedenheit der Leistungen" liege, so die Hoffnung des Kollegiums, die Chance, zu einer „wirklichen Gemeinschaft" zu werden, „in der einer auf den andern angewiesen, der eine des andern Hilfe beansprucht, der eine dem andern seine Hilfe anbieten kann"[488].

Abb. 13: *Abkehr von frontalen Lernsituationen: Lehrerin Frieda Lottig mit einer Schülergruppe beim Geografieunterricht*[489]

487 Ebd.

488 Bericht (1922, o.P.).

489 Hamburger Schulmuseum (Privatarchiv Frieda Lottig).

In welcher Weise diese anspruchsvollen Zielvorstellungen in der Unterrichtspraxis der Schule Berliner Tor umgesetzt wurden, lässt sich heute allerdings nur noch schwer nachvollziehen. Angesichts ausgesprochen schwieriger wirtschaftlicher und personeller Rahmenbedingungen in der unmittelbaren Nachkriegszeit, der Inflation und später der Weltwirtschaftskrise war es der Schule nicht möglich, die Leitideen der eigenen Arbeit systematisch zusammenzufassen und zu begründen. Von einem in sich geschlossenen pädagogischen Konzept kann daher nicht gesprochen werden. Die Anforderungen des Alltags – zeitweise fanden Lehrerkonferenzen täglich statt – brachten Kollegium und Schulleiter häufig genug an ihre Grenzen. Auf der Grundlage der heute noch greifbaren Quellen sowie von Erinnerungen ehemaliger Schülerinnen und Schüler hat Klaus Rödler in seiner umfassenden Studie zu den Hamburger Versuchsschulen feststellen können, dass die Lehrerinnen und Lehrer in der didaktischen Umsetzung der Idee der Gemeinschaftsschule offenbar erhebliche Freiräume besaßen, um eigene Vorstellungen zu realisieren bzw. didaktische Maßnahmen auf ihre jeweiligen Lerngruppen zuzuschneiden. Dennoch lassen sich einige charakteristische Merkmale des Unterrichts am Berliner Tor festhalten:

- Die Klasse bildet eine „Arbeitsgemeinschaft, die sich – unter Führung und Anregung des Lehrers – Fragen stellt, Aufgaben sucht und bearbeitet."[490] Hierbei wechseln Phasen des Frontalunterrichts, von Einzel-, Partner- und Kleingruppenarbeit ab. Inhaltliche/fachliche Schwerpunktsetzungen und Vorgehensweisen werden in der Klasse diskutiert und beschlossen. „Die Kinder werden angeregt, die Entscheidung für eine bestimmte Arbeit liegt aber bei ihnen."[491]
- Der größte Teil der Arbeit soll erfahrungsorientiert erfolgen, indem die Schule sich durch Exkursionen, Gespräche mit Experten und Besuchern, Einbindung von Eltern zur Lebenswelt der Kinder hin öffnet. Demgegenüber treten lehrgangsmäßig ausgerichtete Phasen (Lesen und Schreiben lernen, Grammatik, Rechentechniken) deutlich in den Hintergrund.
- Es werden Arbeitsmethoden favorisiert, die die Eigentätigkeit und die Ausdrucksfähigkeit der Kinder fördern (Experimentieren, Musizieren, Zeichnen, Theaterspielen, Modellieren).

Nach relativ kurzer Zeit allerdings zeigte sich, dass sich die Hoffnungen auf eine pädagogische Lebensgemeinschaft unter den Bedingungen der Schule am Berliner Tor nicht erfüllen ließen. Schon früh wurden Befürchtungen laut, die Kinder

---

490 Rödler (1987, S. 218).
491 Ebd., S. 219.

würden in der neuen Schule zu wenig lernen, könnten z.T. im zweiten Schuljahr noch nicht lesen und schreiben. Lehrer und engagierte Eltern traten diesen Befürchtungen entgegen und wehrten sich gegen die Forderung, die Schule an den Leistungsmaßstäben der Regelschule zu messen. Zwar blieben die Leitideen der Anfangszeit in der Schulgemeinde weiterhin mehrheitsfähig, die Unsicherheiten über den Kurs der Schule führten jedoch zu einer extremen Fluktuation in der Schülerschaft: In der Gruppe des Lehrers Wilhelm Wolgast waren von ursprünglich 35 Kindern in der 3. Klasse nur noch 11 übrig geblieben, 24 waren neu hinzugekommen. Eltern leistungsstarker Schülerinnen und Schüler hatten ihre Kinder abgemeldet, zahlreiche schwächere Kinder waren nachgerückt. Wolgast musste resigniert feststellen:

> „Die unnormale Zusammensetzung meiner Klasse ist unerträglich, unerträglich für die Mehrheit der Kinder, die täglich und stündlich in ihrer Arbeit gestört und in ihrer Entwicklung gehemmt werden, unerträglich für die unnormal veranlagten Kinder selbst, die sich unter der zwingenden Hilfe der Eltern mühsam hinterherschleppen oder gleichgültig, ja apathisch abseits stehen; unerträglich auch für mich, den Lehrer, dem es nie vergönnt sein wird, in dieser Gruppe Gemeinschaft wachsen zu sehen, der sich in seiner Arbeit zersplittern *muß*."[492]

Wolgast zog die Konsequenz und schlug vor, neun Schüler seiner Gruppe an die Hilfsschule zu überweisen. Vertreter der Elternschaft wandten sich gegen dieses Vorgehen und deuteten Wolgasts Maßnahme als persönliches Versagen und Rückkehr zu „Methoden der *alten* Schule"[493]. Letztlich aber befürwortete auch die Schulleitung die Hilfsschulüberweisungen, so dass im Schuljahr 1923 erstmals insgesamt 15 Kinder die Schule verlassen mussten.

Noch immer vertrat die Schule die Position, dass eine Klasse in der Lage sei, einen gewissen Anteil potenzieller Hilfsschüler_innen mitzutragen, „solange eine Gruppe in ihrer Zusammensetzung nach Begabten und Schwachen ein Abbild der schulpflichtigen Jugend" darstelle. „Machen aber solche gering Begabten einen überaus starken Bestandteil der Gruppe aus, dann entsteht für sie eine Not. Und wir haben dieser Not zu steuern."[494]

> „Grundsätzlich wollen wir schwachbegabte Kinder, sogen. Hilfsschüler, in unseren Gruppen behalten und betreuen, und wollen und können das als unsere Pflicht betrachten, solange die Gruppen denselben Bruchteil an schwachbegabten Kindern tragen, der in der Kinderschaft allgemein vorhanden ist. Denn wir möchten die Kinder in dem Kreise lassen, in dem sie auch außerhalb der Schule leben, und ohne sie in besonderen

---

492 Wolgast (1923, o.P.).
493 Fuhrmann (1923, o.P.).
494 Peters (1923, o.P.).

> Klassen zusammenzufassen, wollen wir eine Förderung suchen, die in der Richtung unserer pädagogischen Anschauung liegt. In einzelnen Fällen haben wir den schweren Entschluß gefaßt, Kinder an Hilfsschulen abzugeben, weil keine Gruppe der Schule die Belastung durch die betr. Kinder noch zu tragen vermochte."[495]

Offensichtlich hatte das Kollegium unterschätzt, dass die Versuchsschule für Eltern, die für ihre Kinder einen gesicherten Kenntniserwerb und einen möglichst hochwertigen Abschluss anstrebten, zunehmend unattraktiv geworden war, während sie sich für diejenigen zum Anziehungspunkt entwickelt hatte, deren Kinder an der Regelschule nicht zurechtgekommen waren, die die Hilfsschule aber unbedingt vermeiden wollten.[496]

Unübersehbar in der Argumentation der Schule ist, dass sich mit den Problemen in der Praxis auch die Sichtweise auf die leistungsschwachen Kinder veränderte. War in den Anfangsjahren noch von den Potenzialen *aller* Kinder gesprochen worden, so stand nun auch in der Versuchsschule der Blick auf die Defizite der leistungsschwächeren Schülerinnen und Schüler im Vordergrund, war die Rede von „besonders unglücklichen Menschenkindern"[497] und von einem spezifischen schulischen „Arbeits- und Lebensrhythmus, der ihrem Wesen" und ihrer „Besonderheit"[498] entsprechen müsse. Angesichts dieser Entwicklung ist es nicht erstaunlich, dass auch die Hilfsschule in einem anderen Licht erschien:

> „Hier finden die Kinder einen Heilpädagogen, die kleine Gruppe (...). Hier empfinden sie nicht mehr, immer der Schwache zu sein, dem die anderen die Krücken zum Vorwärtsgehen reichen. Ich habe in der Hilfsschule sehr viel freudigste Arbeit und frohes Spiel gesehen, daß ich ihr die Kinder in der Überzeugung zuschicken kann: Dort werden sie ihr Leben besser leben können als bei uns."[499]

Die negative Entwicklung der Schule setzte sich jedoch auch nach dem Kurswechsel in der Frage der Hilfsschulzuweisungen fort. Die Zahl der Schülerinnen und Schüler ging kontinuierlich zurück, von 650 Kindern 1921 auf nur noch 205 im Jahr 1929. Ein Jahr später wurde der Beschluss gefasst, den Versuchsschulstatus aufzugeben.[500] Die zu Beginn des Jahrzehnts noch selbstbewusst formulierte Erwartung, jenseits des selektiven Regelschulsystems eine nichtaussondernde alternative Schule verwirklichen zu können, hatte sich nicht erfüllt. Die Erfahrungen am Berliner Tor fanden jedoch Eingang in ein

495 Hoffmann (1927, S. 159).
496 Vgl. grundsätzlich zu dieser Problematik der Versuchsschulen Lamszus (1925).
497 Peters (1923, o.P.).
498 Wolgast (1923, o.P.).
499 Ebd.
500 Vgl. Rödler (1987, S. 262 und 305ff.).

Gemeinschaftsschulkonzept, das ab Ende der 1920er Jahre auch über die Grenzen Deutschlands hinaus bekannt wurde: den Jena-Plan.

4. Die Jena-Plan-Schule Peter Petersens

Der Name Jena-Plan wurde 1927 im Zusammenhang der 4. Internationalen Konferenz des reformpädagogisch ausgerichteten „Weltbundes für Erneuerung der Erziehung" („New Education Fellowship") 1927 in Locarno von englischen Teilnehmerinnen geprägt. Der Erziehungswissenschaftler Peter Petersen, der das pädagogische Konzept des Schulversuchs entwickelt und gemeinsam mit einem kleinen Kreis von Lehrerinnen und Lehrern seit 1923 an der Universitätsschule in Jena praktisch erprobt hatte, stellte das Modell in Locarno erstmals einer breiten pädagogischen Öffentlichkeit vor und übernahm den international eingeführten Begriff in seinen anschließenden Publikationen.[501]

Abb. 14: *Peter Petersen*[502]

501 Vgl. Petersen (1927, S. 3f.). Die Bezeichnung schließt an bereits bekannte US-amerikanische Schulreformkonzepte an, die ebenfalls nach ihrem Entstehungsort benannt wurden, wie der Dalton-Plan (Helen Parkhurst) oder der Winnetka-Plan (Carleton Washburne).

502 Peter-Petersen-Archiv (Vechta).

Peter Petersen

wurde am 26.6.1884 in Großenwiehe bei Flensburg geboren. Nachdem er die ersten sechs Schuljahre eine einklassige Volksschule besucht hatte, wechselte er an ein Flensburger Gymnasium, wo er 1904 das Abitur machte. Petersen studierte in Leipzig (u.a. bei dem Philosophen und Psychologen Wilhelm Wundt und dem Historiker Karl Lamprecht), Kiel, Kopenhagen und Posen. Nach Promotion und Staatsexamen war er seit 1909 als Lehrer tätig und arbeitete am von Ernst Meumann gegründeten „Institut für Jugendkunde", das sich schon früh mit Fragen der Heil- und Hilfsschulpädagogik befasste. Als Schriftführer des „Deutschen Bundes für Erziehung und Unterricht" und des „Deutschen Ausschusses für Erziehung und Unterricht" kam er in Kontakt mit zahlreichen pädagogischen Reformbestrebungen der Vorkriegs- und Kriegszeit. 1920 wurde er zum Leiter der Lichtwarkschule in Hamburg ernannt und habilitierte im selben Jahr mit einer Arbeit über „Die Geschichte der aristotelischen Philosophie im protestantischen Deutschland". 1923 folgte Petersen einem Ruf als Professor für Erziehungswissenschaft an die Universität Jena, wo er gleichzeitig die Leitung der Universitätsschule übernahm und seine Reformvorstellungen im Rahmen eines Schulversuchs praktisch umsetzen konnte. Petersen führte seine Hochschullehrertätigkeit auch in der NS-Zeit und nach dem Krieg in der sowjetischen Besatzungszone fort. Er starb am 21. März 1952 in Jena.

Die Praxis des Schulversuchs wurde breit dokumentiert.[503] Eine erste konzeptionelle Zusammenfassung des Schulreformmodells legte Petersen 1927 mit dem sog. „Kleinen Jena-Plan" vor, der in den folgenden Jahren mehrfach überarbeitet und ergänzt wurde.[504] 1937 folgte eine Systematisierung und Begründung der unterrichtlichen Neuerungen im Rahmen des veränderten Schullebens unter dem Titel „Führungslehre des Unterrichts". Der erziehungswissenschaftlichen Grundlegung seiner pädagogischen Arbeit dienten vor allem seine „Allgemeine Erziehungswissenschaft" (ab 1924) und die „Pädagogik der Gegenwart" (1930/1937).[505]

---

503 Vgl. Petersen/Wolff (1925), Petersen (1930), Petersen/Förtsch (1930), Petersen (1934).

504 Petersen (1927). Mehrfach erweitert und korrigiert in den Vorkriegs-Auflagen von 1929, 1932, 1932a, 1933/34 und 1936. Nach 1945 wurde der Text nochmals überarbeitet.

505 Die Literatur zur Person Petersens und zum Jena-Plan ist inzwischen kaum noch überschaubar. Neben praxisnaher Literatur aus und zu den Jena-Plan-Schulen entstand seit den 1950er Jahren eine Vielzahl von Publikationen von akademischen Schülern Petersens. Zu nennen sind hier vor allem die Arbeiten von Heinrich Döpp-Vorwald, Theo Dietrich und Hans Mieskes. Als Überblick über die Rezeptionsgeschichte in der alten Bundesrepublik Schwan (2007). Eine kritische Auseinandersetzung mit den politischen Dimensionen von Petersens Werk kam erst Ende der 1980er Jahre in Gang (vgl. u.a. Keim 1990, Rülcker/Kassner 1992). Seit einigen Jahren ist Petersens

Als Leiter der Hamburger Lichtwarkschule waren Petersen die Initiativen der Versuchsschule am Berliner Tor sehr gut bekannt.[506] Aufgrund seiner hervorragenden Vernetzung innerhalb des deutschen und des internationalen Schulreformdiskurses war er darüber hinaus über zahlreiche weitere Ansätze der Schul- und Unterrichtsreform ausgezeichnet informiert. 1926 publizierte er eine der ersten größeren Gesamtdarstellungen zur zeitgenössischen Reformpädagogik,[507] in der er – anders als Herman Nohl – auch reformpädagogische Ansätze im Rahmen der Hilfsschule erwähnte. Petersens Interesse an der Heilpädagogik wird daran erkennbar, dass er als Doktorvater mehrfach Dissertationen zu entsprechenden Themen betreute[508] und eine Studie über den belgischen Heilpädagogen Ovide Decroly in die von ihm herausgegebene Buchreihe „Pädagogik des Auslands" aufnahm.[509] Mitte der 1920er Jahre bemühte er sich um die Etablierung der Hilfsschullehrerausbildung an der Universität,[510] nach 1933 um die Integration einer heilpädagogischen Abteilung in die Erziehungswissenschaftliche Anstalt.[511]

a) Das Hilfsschulkind und das Versagen der „Begabungsschule"

In seiner Funktion als Hochschullehrer war es Petersen möglich, die praktische pädagogische Reform und systematische Reflexion in sehr viel differenzierterer und umfassender Weise miteinander zu verbinden als den von den Anforderungen des Schulalltags belasteten Volksschullehrern in Hamburg. Wie die

---

Rolle in der NS-Zeit zunehmend in den Mittelpunkt der Forschung gerückt und zum Gegenstand kontroverser Diskussionen geworden: Vgl. vor allem Döpp (2003), Retter (2007), Ortmeyer (2010), Schwan (2010).
Zur Frage der Integration von Kindern mit Behinderungen im Rahmen der Jena-Plan-Konzeption Petersens ist dagegen bisher kaum geforscht worden. Grundlegend hier Hillenbrand (2001), vgl. auch Retter (1999). Materialreich, aber aufgrund der „apologetischen Intention" der Arbeit (Hillenbrand 2001, S. 120) sachlich z.T. verzerrend die Arbeit des Sohnes von Peter Petersen (Petersen, U. K. 1991).

506 Siehe u.a. Petersen (1922).

507 Petersen (1926).

508 Eine Übersicht über die von Petersen betreuten Dissertationen bei Retter (1996, S. 385–397).

509 Hamaide (1928).

510 Vgl. Erziehungswissenschaftliche Anstalt der Thüringischen Landesuniversität (1925, S. 18).

511 Petersen, U. K. (1991, S. 78–86). Zu den biografischen Berührungspunkten Petersens mit der Heil- und Hilfsschulpädagogik Kluge (1992, S. 199–226) und Hillenbrand (2001, S. 122f.).

Hamburger Gemeinschaftsschulpädagogen trat auch Peter Petersen mit seinem Konzept des Jena-Plans uneingeschränkt für eine „allgemeine Volksschule" ohne äußere Leistungsdifferenzierung ein und stellte sich damit ausdrücklich gegen ein Modell der äußeren Differenzierung, wie es mit dem „Mannheimer System" präsentiert worden war. Interessanterweise entwickelte Petersen seine Argumentation im Hinblick auf die Einbeziehung potenzieller Hilfsschüler in die Volksschule jedoch zunächst in gleicher Weise wie Sickinger, indem er den „Bankerott des Jahrgangsklassensystems"[512] anhand der vorzeitigen Schulabgängerzahlen belegte, um anschließend gegenteilige Konsequenzen abzuleiten.[513] Während Sickinger nämlich die „Begabungsschule" und mit ihr die Homogenisierung der Schulklassen forderte, trat Petersen ausdrücklich für das gemeinsame Lernen unterschiedlich leistungsfähiger Schülerinnen und Schüler ein, ja stellte die Heterogenität der Lerngruppe geradezu in den Mittelpunkt seines Unterrichtskonzepts. Das Scheitern der leistungsschwächeren Kinder in der Volksschule begriff er als Versagen des Unterrichts, denn das „auf das Mittelgut der Schüler"[514] eingestellte Lernen, das „unkindlich angespannte, mit täglichen, ja stündlichen ‚Forderungen' nach ‚Leistungen' an sie herantretende Arbeitsleben einer ‚wohlgegliederten', dazu klassenmäßig gebundenen Unterricht erteilenden Volksschule"[515] überfordere die schwächeren Schüler, die unter den veränderten Bedingungen des Jena-Plans durchaus in der Lage seien, schulische Erfolge zu erzielen:

> „Wer jene schulmäßig wenig Begabten sich in ihrer Weise frei und froh ohne Anzeichen irgendwelcher seelischen Gedrücktheit unter den Mitschülern bewegen sieht, versteht, was ich meine. Sie können in dem reicheren Arbeitsleben der Normalschule vielseitiger und auf natürliche Weise lernen, was ihnen zugänglich ist, auswählen und in ihrer Art dem freien Bildungserwerb nachgehen. Stets findet sich Gelegenheit, sie mit ihren Fähigkeiten einzustellen: mit einem Vortrag über sie besonders interessierende Dinge, mit einer Handarbeit, im Chor, im dramatischen Spiel usf. usf. Dazu sind sie ein Anlaß für reifere Mitschüler, sich ihrer anzunehmen, mit ihnen dies und das durchzuarbeiten. Didaktisch wie pädagogisch wirken jene sich an ihnen wertvoll aus, und das Bild wahren Menschenlebens wäre wiederum nicht vorhanden, fehlten diese sog. Hilfsschüler,

512 Petersen (1927, S. 14).

513 Petersen war das Mannheimer Schulsystem sehr gut bekannt. U.a. hatte Sickinger während des Krieges einen Beitrag in der von Petersen herausgegebenen Publikation „Der Aufstieg der Begabten" veröffentlicht (Sickinger 1916); die Kritik der Begabungsschule dann bei Petersen (1919).

514 Petersen (1926, S. 13).

515 Petersen (1927, S. 15).

> die nun hier zu Schülern werden, die im besonderen der Hilfe aller Glieder der Schule bedürfen und dadurch einen sittlich wertvollen Teil bilden."[516]

Erst das „Versagen des Jahrgangsklassensystems"[517] und die defektorientierte Perspektive, unter der die Volksschulversager betrachtet wurden, hätten die Einrichtung von Hilfsschulen notwendig erscheinen lassen.[518]

Die Kritik an der Volksschule greift nach Petersens Ansicht jedoch zu kurz, wenn es ihr allein um die Effektivität des Lernens geht. In diesem traditionellen Verständnis einer „Lernschule" verblieben die Forderungen nach Begabungsschulen noch ganz in den Vorstellungen der „alten Schule":

> „Nur aus der alten Schule konnte der Schrei sich erheben nach Schulen oder doch nach Klassen für Hochbegabte, ebenso wie man natürlich die ‚Minderbegabten' in Hilfsschulen abschob. Zum Glück sind diese Sonderschulen nicht in der Regel auch noch entlegene Internate, sonst wäre das Unglück viel größer. Denn die Hauptsache bleibt doch, daß diese Minderbegabten auch lernen, sich in der menschlichen Gesellschaft zu bewegen. Diese wichtigste Erziehung nimmt nun der Schule die Straße und das Haus ab. Die Schule ist nur abgestellt auf Unterricht. Oder sollen die Hilfsschüler erzogen werden

---

516 Ebd.

517 Ebd.

518 Die Abkehr von der Typologie des „schwachsinnigen Kindes" steht im Mittelpunkt zweier Dissertationen, die Petersen in den 1920er bzw. 30er Jahren betreute: Vitta Lewin umriss die Zielsetzung ihrer empirischen Studie zur Leistungsdiagnostik von Hilfsschulkindern aus dem Jahr 1928 folgendermaßen: „Es sollte der Versuch gemacht werden, diese Kinder, denen ja vom Standpunkt der Normalleistung aus vor allem negative ‚Merkmale' zukommen, in (logisch) positiver Weise zu erfassen. Es handelt sich also nicht um die Aufstellung des Typus ‚Hilfsschüler'. Die Kinder sollen grundsätzlich als Schulkinder schlechthin betrachtet werden, ohne die Voraussetzung irgendeiner sie wesentlich kennzeichnenden ‚Abnormität'. Das eine, was für sie allgemein gilt, ist die Tatsache, daß sie zu den Schülern gehören, an denen die Normalschule in ihrer Zielsetzung und ihren Verfahren gescheitert ist" (Lewin 1928, S. 2f.). Ähnlich die Perspektive der Untersuchung von Frieda Buchholz, die 1939 unter dem Titel „Das brauchbare Hilfsschulkind – ein Normalkind" (Buchholz 1939) veröffentlicht und von der Autorin als Gegenposition zur nationalsozialistischen Selektionsideologie begriffen wurde (vgl. Ellger-Rüttgardt 1987). Auf der Grundlage von Unterrichtsbeobachtungen in einer Hilfsschule in Hamburg-Bergedorf entwickelte Buchholz differenzierte Charakteristika der Hilfsschulkinder, welche die These belegten, dass diese Schüler zwar über Schwächen in verschiedenen Leistungsbereichen verfügten, aber keineswegs als „schwachsinnig" und prinzipiell „andersartig" anzusehen waren: „Die vorliegende Arbeit macht einen Versuch, die Frage des Hilfsschulkindes (HK) im Lichte der neuen Erziehung zu sehen. Das HK ist in der Literatur wie in der öffentlichen Meinung wenig gekannt und wird daher

zum Umgang mit ihresgleichen? Nicht vielmehr zum Umgang mit Menschen verschiedenster und vor allem ihnen meist überlegener Intelligenz? Die Begabungsschulen folgen mit Notwendigkeit aus der alten Schule und ihrer Betonung des Intellekts und des Unterrichtsproblems. Die Neue Erziehung wird auch das Problem des Hilfsschülers anders lösen müssen, weil ihr das Problem der Erziehung, und zwar als Erziehung zur Gemeinschaft durch die Gemeinschaft, voransteht und sie wiederum diese Gemeinschaft als die möglichst lebenswahre nehmen will, sie also mit recht verschieden Begabten, wie natürlich mit Knaben und Mädchen, organisiert."[519]

Die oben zitierte Kritik Petersens an der Idee der „Begabungsschule" enthält trotz ihrer Kürze bereits die wesentlichen Momente seines Verständnisses der Einbeziehung von Kindern mit Behinderungen in die allgemeine Schule:

- Ziel der Schule muss es sein, dass alle Kinder – und daher auch die weniger begabten – lernen, „sich in der menschlichen Gesellschaft zu bewegen". Im Vordergrund steht also nicht der Kenntnis- und Fertigkeitserwerb oder der Ausgleich von Beeinträchtigungen, sondern die Bereitschaft und Fähigkeit zur sozialen Interaktion und zu sozialem Lernen.
- Dieses Ziel kann dann am besten erreicht werden, wenn die Schülerschaft selbst möglichst „lebenswahr", also vielfältig, zusammengesetzt ist. Im Hinblick auf die potenziellen Hilfsschülerinnen und Hilfsschüler hebt Petersen die Notwendigkeit von Leistungsdifferenzen innerhalb einer Lerngruppe hervor; ebenso wichtig aber ist ihm die Heterogenität der Schülerschaft in Bezug auf die soziale Herkunft, das Geschlecht und, für den Jena-Plan besonders charakteristisch, das Alter.
- Schule ist in diesem Verständnis ein Ort der „Erziehung zur Gemeinschaft" der unterschiedlich Begabten, familiär Sozialisierten und Interessierten. Ihr Erfolg kann jedoch immer nur zum Teil durch vom Lehrer initiierte und methodisch möglichst geschickt gesteuerte Lernprozesse gewährleistet

oft als schwachsinnig und asozial, kurz, rein negativ beurteilt. Es ist deshalb wichtig, von dieser verallgemeinernden und vorurteilsvollen Einstellung loszukommen und das HK einmal auf Grund einer pädagogischen Tatsachenforschung zu betrachten, weil diese uns zu einer richtigeren und gerechteren Beurteilung verhelfen kann. (...) Schon in dem Ausdruck ‚das HK' begegnen wir der ersten Schwierigkeit. Nirgends in der Welt gibt es ‚das HK'. Es gibt nur Kinder in vielgestaltiger Individualität, die sog. Hilfsschulen besuchen" (Buchholz 1939, S. I); vgl. auch ihre in den 1960er Jahren entstandene Darstellung des Jena-Plans unter der Perspektive der Förderung lernschwächerer Kinder und die Einschätzung der Möglichkeiten des Jena-Plans innerhalb der Hilfsschule (Stoppenbrink-Buchholz 1965).

519 Petersen (1926, S. 13f.).

werden. Erziehung in der Jena-Plan-Schule bedeutet in erster Linie „Erziehung zur und durch die Gemeinschaft". Der Umgang der Schülerinnen und Schüler miteinander wird zum entscheidenden Faktor der Erziehungs- und Lernprozesse.

In seinem unmittelbaren Umfeld arbeitete Petersen mit der in direkter Nachbarschaft angesiedelten Hilfsschule, dem Heim für erziehungsschwierige Kinder Johannes Trüpers und der „Lehr- und Erziehungsanstalt für gehörleidende Kinder" Karl Brauckmanns in Jena in vielfältiger Weise zusammen.[520] In welchem Umfang es zu einem wechselseitigen Austausch von Schülerinnen und Schülern kam, ist angesichts der bestehenden Quellenlage allerdings kaum noch zu klären. Ähnliches gilt für die Frage nach der Zahl behinderter Kinder in der Universitätsschule. Bei der Analyse von Berichten und Dokumenten zur Praxis der ersten Jena-Plan-Schule finden sich nur vereinzelt Hinweise auf Kinder mit Behinderungen. So hob der enge Mitarbeiter Petersens, Hans Wolff, in seiner 1929 publizierten Dissertation die ungewöhnlich heterogen zusammengesetzte Schülerschaft hervor:

> „die Jenaer Universitätsschule zeigt in der Zusammensetzung der Schülerschaft eine so große Spanne der Begabungen und Charaktere, wie man sie, auf so kleine Zahl gebracht, nicht leicht wiederfindet. Hier sitzt der Durchschnittsschüler zwischen dem Hochbegabten und dem Hilfsschulkinde. Es gibt hier auch Fälle von Kindern, die ans Psychopathologische streifen."[521]

In einem Unterrichtsprotokoll aus dem Jahr 1934 werden eine „halbgelähmte" 14-jährige Schülerin mit dem rechnerischen Können eines 4. Schuljahres und ein Junge, „der durch Gehirngrippe fast jedes rechnerische Gedächtnis" verloren habe, erwähnt.[522] Ebenfalls 1934 kam eine körperbehinderte Schülerin an die Schule: Johanna Großkurth (1926–2009) berichtete in einem Interview aus den 1980er Jahren in der Rückschau über ihre Erfahrungen:[523]

> „Sie müssen wissen, daß ich meinen Freimut und meine Selbständigkeit nur dieser Schule zu verdanken habe. (...) Sie müssen nämlich wissen (...), ich bin ein frühkindlicher Hirnschaden. (...) Damals mußte ich deswegen die Normalschule verlassen. Meine

---

520 Vgl. BRAUCKMANN (1909 und 1909a) sowie LIGGES (1966).

521 WOLFF (1929, S. III).

522 Vgl. MÜLLER-PETERSEN (1934, S. 60).

523 Ein weiterer Erinnerungsbericht, in dem auch zwei Kinder beschrieben werden, die offensichtlich an einer regulären Volksschule gescheitert waren: FRANZ (1996, S. 139–141). Siehe auch die zeitgenössische Dokumentation einer Hospitation in Jena durch einen Schweizer Lehrer: STRICKER (1932).

> Mutter war weinend mit mir auf dem Weg zur Hilfsschule, die direkt an der Grietgasse liegt. Da kam ein Lehrer aus der kleinen Seitengasse von Petersens Schule und gab uns den Rat, die 150 m weiter bis zur E.A. zu gehen und dort mit einem Prof. Petersen zu sprechen. Ich kann es nie vergessen, wie Petersen mir nach einem eingehenden Gespräch mit meiner Mutter über den Kopf gestrichen hat und dann sagte: ,Hannele, wir nehmen dich …' In der Schule habe ich mein Behindertsein dann bald gar nicht mehr empfunden. Es war selbstverständlich, daß Lehrer oder Studenten mich am Anfang – ohne daß ich bitten mußte – die Treppe hinauftrugen, bis ich es selbst gelernt hatte. Und daß mich jeden Mittag eines der Kinder bis zur Straßenbahn brachte, war genauso selbstverständlich wie Forderungen an mich wie z.B.: ,Hannele, auch Du kannst leise gehen …' Ich bin in allem gefördert worden. Flöte spielen habe ich so gut gelernt, daß ich 1945/46 sogar selbst unterrichten und zum Familienunterhalt beitragen konnte"[524].

Weitere Dokumente sind jedoch rar. Die Tatsache, dass in den zeitgenössischen Quellen aus pädagogischen Gründen auf die damals üblichen Etikettierungen als „schwachsinnig", „erziehungsschwierig" etc. in der Regel bewusst verzichtet wurde, lässt auf eine ausgeprägte Sensibilität der damaligen Protokollanten und Berichterstatter für Zuschreibungs- und Stigmatisierungsprozesse schließen, macht es heute jedoch ausgesprochen schwer, zu gültigen Einschätzungen darüber zu gelangen, wie groß der Anteil benachteiligter Kinder und Jugendlicher in Jena tatsächlich gewesen ist.[525]

b) Der Jena-Plan als Schulentwicklungsmodell einer „allgemeinen Volksschule"

Bei der Konzeptualisierung des Jena-Plans war die Einbeziehung von Kindern mit Lernbeeinträchtigungen kein Anlass zu systematischer Reflexion. Schülerinnen und Schüler mit geringer kognitiver Leistungsfähigkeit begriff Petersen als Mitglieder einer möglichst heterogen zusammengesetzten Schülergruppe, für die im Rahmen des Jena-Plans hinreichend individualisierte Lernangebote zur Verfügung gestellt werden konnten. Spezifische didaktisch-methodische Settings oder Förderangebote erschienen daher nicht notwendig. Ausdrücklich auf die Gestaltung eines Gemeinsamen Unterrichts behinderter und nicht behinderter Kinder zielende Äußerungen finden sich in den Publikationen Petersens kaum; vielmehr dienten die verstreuten Hinweise auf die gelungene Förderung

---

524 Kluge (1992, S. 192).

525 Zu Bemühungen um die Erstellung einer Schülerliste, vor allem zur Aufnahme in der NS-Zeit besonders bedrohter Kinder in die Schule: Retter (2010).

von Kindern mit Behinderungen in Jena-Plan-Schulen als Beleg für die Leistungsfähigkeit des Konzepts insgesamt.[526]

Das von Petersen entwickelte Schulmodell ist von der historischen Bildungsforschung vielfach dargestellt worden.[527] Als wesentliche Merkmale werden üblicherweise zusammengefasst:

- die Bildung altersgemischter „Stammgruppen" von mehreren Jahrgängen anstelle von Jahrgangsklassen: Schülerinnen und Schüler im
  1.–3. Schuljahr – „Untergruppe"
  4.–6. Schuljahr – „Mittelgruppe"
  6./7.–8. Schuljahr – „Obergruppe"
  8./9.–10. Schuljahr – „Jugendlichengruppe";
- ein nach pädagogischen Gesichtspunkten rhythmisierter „Wochenarbeitsplan";
- die deutliche Reduktion frontaler Vermittlungsformen vor allem zugunsten gruppenunterrichtlicher Verfahren als wichtigste Formen der Binnendifferenzierung;
- unterschiedliche Kursangebote: z.B. Einführungskurse für bestimmte Arbeits- und „Werktechniken", Übungskurse für Fremdsprachen in leistungshomogenen Gruppen u.a.m.;
- Arbeit, Gespräch, Spiel, Fest/Feier als gleichberechtigte „Grundformen der Bildung";
- die Umgestaltung des Unterrichtsraumes zur „Schulwohnstube" mit beweglichen Tischen und Stühlen, die, je nach pädagogischer Situation, wechselnde Sitzordnungen erlauben (z.B. Einzelarbeit, Tischgruppe, Sitzkreis, Hufeisen);
- Arbeits- und Leistungsberichte anstelle von Zeugnissen und Zensuren;
- die „Schulgemeinde" als Ort der Zusammenarbeit von Eltern, Lehrern und Schülern.

Es kennzeichnet die Komplexität des Jena-Plans, dass er als Mehrebenen-Modell angelegt ist, in dem die wechselseitige Abhängigkeit von pädagogischen Zielvorstellungen, organisatorischen Rahmenbedingungen und pädagogischen Praktiken besonders betont wird. Im Folgenden sollen einige Elemente fokussiert

---

526 Eine Ausnahme bildet eine kurze Passage in einer späteren Auflage des „Kleinen Jena-Plans", in der Petersen auf die (begrenzten) Möglichkeiten der psychologischen Diagnostik für den Unterricht hinweist (vgl. PETERSEN 2001, S. 116).

527 Vgl. von den jüngeren Darstellungen vor allem KOERRENZ (2012), im Zusammenhang des reformpädagogischen Unterrichts-Diskurses seit der Jahrhundertwende SCHWERDT (2013a).

werden, die in besonderer Weise darauf zielten, „gemeinsame Lernumwelten für sehr verschiedene Kinder herzustellen".[528]

Ralf Koerrenz hat in seiner Interpretation des Jena-Plans herausgearbeitet, dass dieser primär als ein „strukturelles Arrangement" zu verstehen ist, in welches das personale Handeln und der eigentliche Unterricht „als ein Zweites"[529] eingebettet ist. Eine erste grundlegende Strukturentscheidung, auf die zuvor bereits hingewiesen wurde, betrifft die Lerngruppe und deren bewusst heterogene Zusammensetzung. Die Unterschiedlichkeit der Kinder und Jugendlichen bildete für Petersen die Voraussetzung für das Entstehen erzieherisch gehaltvoller Interaktionen, und zwar sowohl im Hinblick auf soziale als auch auf fachliche Lernprozesse. Die Abkehr von der Jahrgangsklasse und die Mischung mehrerer Jahrgänge ist die bekannteste Realisierung dieses Prinzips: Anders als der in seiner Zusammensetzung über mehrere Jahre weitgehend stabile Klassenverband ermöglicht die Altersmischung, dass sich die Kinder in unterschiedlichen Entwicklungsphasen in wechselnden Rollen wahrnehmen können. Die in der Untergruppe fortgeschrittenen Kinder erfahren sich als leistungsstark und kompetent, müssen aber nach dem Übergang in eine neue Stufe erleben, dass sie anderen unterlegen sind oder in Bezug auf Kenntnissen und Fähigkeiten hinter älteren Mitschülerinnen und Mitschülern zurückstehen. In ihrer Schullaufbahn wechseln sie mehrfach die Rollen, erleben sich sowohl als Helfer als auch als hilfsbedürftig. Nicht nur für die schwerer und langsamer lernenden Kinder besitzt die heterogene Zusammensetzung der Lerngruppe erzieherischen Wert. In einem Gruppenverband, in dem es einen für alle einheitlichen Lernfortschritt nicht mehr gibt, in dem unterschiedliche Lern- und Entwicklungsstände Normalität sind, können sie sich, so Petersen, ohne ein „Gefühl von Minderwertigkeit" bewegen und „Zeit und Ruhe für ihre Entwicklung"[530] finden. Gleichzeitig sollen auch die hochbegabten und schnell lernenden Kinder profitieren, da auch sie ihr eigenes Arbeitstempo und sie besonders interessierende Lerngegenstände wählen können, vor allem aber

> „weil sie ein wahres Bild des Menschenlebens und der mannigfachen Züge dieses Bildes nur in einer allgemeinen Volksschule kennen lernen und sich daran entfalten und bewähren können. (...) Gerade die jungen Menschen, welche dereinst aller Wahrscheinlichkeit nach zu den 1-2% gehören, die in ihrem Volke eine führende Stellung einnehmen werden und können, müssen so lange als möglich in einem Schulleben aufwachsen, das ihnen ermöglicht, sich allgemein menschlich vielseitig aufzuschließen, zu betätigen und zu reifen."[531]

528 Kleinespel (2001, S. 33).
529 Koerrenz (2012, S. 67).
530 Petersen (1927, S. 15).
531 Ebd., S. 16f.

Eine zweite zentrale organisatorische Veränderung betrifft die Zeitstruktur der Schule.

<table>
<tr><th></th><th>Montag</th><th>Dienstag</th><th>Mittwoch</th><th>Donnerstag</th><th>Freitag</th><th>Sonnabend</th></tr>
<tr><td>7.00 - 7.55</td><td></td><td colspan="5">Niveaukurse (z.B. Rechnen) oder Fachkurse (z.B. Geschichte)</td></tr>
<tr><td>8.00 - 9.40</td><td>Gemeinschaftsformen (Feier, Aussprache, Berichte)</td><td colspan="3">Gruppenarbeit</td><td>Naturkundliche Arbeit</td><td>Freies Arbeiten</td></tr>
<tr><td rowspan="2">9.40 - 10.15</td><td colspan="6">Pausenturnen</td></tr>
<tr><td colspan="6">Pause</td></tr>
<tr><td>10.15 - 11.10</td><td rowspan="2">Religion</td><td>Kurse</td><td colspan="2">Einschulungs- und Übungskurse</td><td rowspan="2">Naturkundliche Arbeit</td><td rowspan="2">Wochenschlussfeier</td></tr>
<tr><td>11.10 - 12.00</td><td>Kurse</td><td>Einschul.- u. Übungskurse</td><td>Turnen</td></tr>
<tr><td>12.00 - 15.00</td><td colspan="6">Freizeit außerhalb der Schule</td></tr>
<tr><td>15.00 - 17.00</td><td>Gestaltungslehre</td><td colspan="3"></td><td>Turnen</td><td></td></tr>
</table>

Abb. 15: *Wochenarbeitsplan der Jena-Plan-Schule*[532]

Formen selbstständigen, binnendifferenzierten Arbeitens unterliegen, so Petersens Argumentation, einem anderen Aufmerksamkeits- und Ermüdungsrhythmus als der traditionelle Frontalunterricht, bei dem eine Pause spätestens nach 40–45 Minuten unverzichtbar erscheine. Wenn die Kinder dagegen selbsttätig

532 Erstellt nach Petersen (1937, S.119–134). Die von Petersen publizierten Pläne dienten als exemplarische Orientierung, nicht als starre Vorgabe. In der Praxis wurden sie variiert und den in der Einzelschule gegebenen Bedingungen angepasst.

Aufgaben erledigten oder Fragen zu klären versuchten, sie in freieren Arbeitsformen aktiv waren und man ihnen erlaubte, „jederzeit hinauszugehen, frei, ohne sich zu melden“[533], wurden neue Zeiteinteilungen notwendig. Im Rahmen des sog. „Wochenarbeitsplans“ entstanden daher Blöcke von 90–100 Minuten, die von einer längeren Pause von 30–35 Minuten unterbrochen wurden. Stärker auf Instruktion angelegte „Kurse“ (z.B. „Niveaukurse“ in Rechnen und Sprachlehre oder „Fachkurse“ in Geschichte) blieben dagegen auf 40–55 Minuten beschränkt. Anhand des Wochenarbeitsplans (Abb. 15), lässt sich erkennen, dass der traditionelle, nach Fächern gegliederte Stundenplan durch eine Abfolge aufeinander abgestimmter „pädagogischer Situationen“[534] mit je spezifischem Anforderungscharakter ersetzt wird. Teil dieses Versuchs, die „psychologischen Bedingungen“ des Lernens und die „Arbeitskurven des Tages wie der Woche“[535] zu berücksichtigen, ist die Gestaltung von Übergängen zwischen Schule und außerschulischer Lebenswelt. Hier sind vor allem die sog. „Gemeinschaftsformen“ zu Beginn der Woche (z.B. Berichte und Austausch über das am Wochenende Erlebte) und die Wochenschlussfeier zu nennen, bei denen es nicht nur darum geht, außerschulische Erfahrungen aufzugreifen und die Gemeinschaft der Lerngruppe in Gespräch und Feier erfahrbar zu machen, sondern auch Nahtstellen zwischen Schule und Nicht-Schule symbolisch zu markieren.[536]

Ein dritter wesentlicher Bedingungsfaktor einer pädagogisch geformten Schule ist für Petersen der Raum.[537] Schon das Schulgebäude nimmt durch seine Größe, seine Ausstattung mit unterschiedlichen Raumtypen sowie seine architektonische Gestaltung Einfluss auf die Möglichkeiten und Probleme unterschiedlicher Formen des Lernens und der Gemeinschaftsbildung:

> „Es folgt aus dem eingangs erwähnten Grundsätzlichen, daß die Massenschule in kleinere Schulsysteme, und zwar unbedingt für die Kinder des 1. – 5./6. Schuljahres, zu zerlegen ist. Die Zahl der Schüler sollte 250 nicht übersteigen, so daß 7 – 8 Gruppen gebildet werden können.[538] Das Gebäude sei Flachbau oder einstöckig, umgeben mit Gelände für Spielplatz, Schulgarten als Kinderland, es enthalte für jede Gruppe ein besonderes Zimmer (etwas Grundsätzliches gegenüber dem Gary- oder dem Dalton-Plan), dazu zwei Werkräume, bzw. einen geräumigen Kombinationsraum für Werktechniken, einen

---

533 Petersen/Wolff (1925, S. 13).

534 Ausführlich hierzu Petersen (1937, S. 11–47 und 109–119).

535 Ebd., S. 11–47

536 Vgl. Koerrenz (2012, S. 76).

537 Vgl. zur zeitgenössischen reformpädagogischen Debatte Tosch (2003) und Groppe (2013).

538 In späteren Auflagen wurde die Zahl auf „allerhöchstens“ 400–500 erhöht.

> Raum für naturwissenschaftliches Arbeiten, einen Turnsaal und einen Gymnastiksaal, der auch als Versammlungsraum für Schulfeiern, Theater usw. dienen kann.“[539]

Auch die Gestaltung des Unterrichtsraums folgt einer pädagogischen Intention. Mit der von Petersen geforderten „Schulwohnstube“, in der sich selbstgewählte Bilder, Blumen, Aquarien und auch persönliche Gegenstände der Kinder befinden sollten, verbindet sich deshalb weit mehr als eine gemütliche Wohlfühlatmosphäre:

> „Der Schulraum soll nicht nur soundsoviel Kinder unter hygienischen Bedingungen vereinen, sondern er hat einen weit tieferen Sinn. Er soll den in ihm versammelten Kindern zur rechten inneren Ordnung, Sammlung, Konzentration verhelfen. Darin liegt seine Bedeutung für ein erfolgreiches Arbeiten in ihm, aber mehr noch für die Charakterentfaltung der Kinder. In der alten Schule ist alles darauf abgestellt, daß der Schüler ‚aufmerksam‘ sei, und zwar aufmerksam auf das, was von einer Stelle des Raumes aus, vom Katheder her, an der vor den Kindern aufgestellten Wandtafel oder hängenden Karte und dgl. ausgeht, vorzüglich immer auf Worte. Daher war man bestrebt, den Raum in seiner Farbigkeit, in seinem Bildschmuck, in der Fensteranlage so zu halten, daß die Kinder durch nichts ‚abgelenkt‘ würden.“[540]

Der Jena-Plan dagegen erfordert einen Unterrichtsraum, der ganz unterschiedliche Formen von Eigenaktivität der Kinder zulässt, ihnen Bewegungsfreiheit bietet, aber auch Möglichkeiten zur Gestaltung und Präsentation von Arbeitsprodukten schafft. Mit ihm verbunden sind daher auch ausgesprochen anspruchsvolle Verhaltenserwartungen an die Kinder (ruhiges Arbeiten ohne Störung der anderen, Vereinbarung und Einhaltung von Regeln der Kommunikation und des Umgangs mit Konflikten, verantwortungsvoller Umgang mit den Lernmaterialien, Aufrechterhaltung und Wiederherstellung von Ordnung), die über die Ansprüche des traditionellen Frontalunterrichts an Ruhe und äußere Formen von Aufmerksamkeit weit hinausgehen.[541]

---

539 Petersen (1927, S. 17f.).

540 Petersen/Wolff (1925, S. 7f.).

541 Vgl. zu den impliziten Verhaltenserwartungen der reformpädagogischen Arbeitsschulpädagogik, insbesondere bei Georg Kerschensteiner Schwerdt (2013a); zur historischen Entwicklung pädagogischer Aufmerksamkeitspraktiken Reh u.a. (2015).

Abb. 16: *Schulraum in der Universitätsschule mit flexiblem Mobiliar und großer Tafelwand (1933)*[542]

Die im engeren Sinne didaktischen Überlegungen, die aus den Erfahrungen der Universitätsschule in Jena erwuchsen, sind im Kleinen Jena-Plan nur recht knapp dargestellt. Petersen fasste sie erst 1937 in der „Führungslehre des Unterrichts“ systematisch zusammen. Eine ausführliche Erläuterung, historische Einordnung und kritische Würdigung ist an dieser Stelle nicht möglich. Wesentlich im Hinblick auf die Unterrichtsgestaltung in einer heterogenen Lerngruppe sind vor allem die folgenden Gedanken:

- Die Unterschiedlichkeit der Schülerinnen und Schüler wird positiv bewertet. Durch Jahrgangsmischung und unterschiedliche Begabungsniveaus wird ein „fruchtbare(s) ‚Bildungsgefälle‘“ hergestellt, in der Erwartung, dass sich die Lernenden zueinander wie „Lehrlinge, Gesellen und Meister“[543] verhalten und alle Kinder in ihrer jeweiligen Rolle profitieren.
- Bildung und Lernen sind nicht auf kognitive Prozesse beschränkt. Die vier „Urformen des Lernens und Sich-Bildens“[544] (Gespräch, Spiel, Arbeit, Feier) besitzen ebenso emotionale, handwerklich-technische und soziale

542 Peter-Petersen-Archiv (Vechta).
543 Petersen (1933/34, S. 56f.).
544 Ebd., 79–83.

Dimensionen. Diese Grundformen sollen in Unterricht und Schulleben umfassend zur Geltung kommen.

- Der „Unterricht baut auf der Tätigkeit der Schüler auf“[545]. Die Lehrperson tritt während des Lern- und Arbeitsprozesses selbst in den Hintergrund. „Führung des Unterrichts“ bedeutet vor allem, Bedingungen dafür zu schaffen, dass gehaltvolle Lernsituationen entstehen können. Um individualisierte und gruppenbezogene Formen realisieren zu können, müssen geeignete Arbeitsmittel zur Verfügung gestellt werden, an die besondere didaktische Ansprüche zu stellen sind (Anreiz zur Beschäftigung, immanente Kontrollfunktion etc.).[546]
- Zentrale Bedeutung für das fachliche Lernen besitzen die Techniken und Methoden der sog. „Elementargrammatik“, „durch deren Beherrschung sich ein Kind (…) den Zugang zu dem betreffenden Stoffgebiet erarbeiten kann (…) – freilich nach den Begabungen verschieden schnell, weit und tief“[547]. Wird die Elementargrammatik beherrscht, „darf das Kind frei arbeiten, und immer in eben dem Umfange, als es sich die grundlegenden Kenntnisse und Geschicklichkeiten erworben hat, steht ihm der Zugang zu allem Material und allen Werkzeugen, Maschinen, Lernmitteln usw. frei.“[548] Ziel ist die möglichst weitgehende Selbsttätigkeit. Aufgabe der Didaktik ist es, für die verschiedenen Lernbereiche die elementaren Kenntnisse, Techniken und Methoden zu identifizieren.

Die im Jena-Plan gebündelten schulorganisatorischen und didaktischen Überlegungen scheinen heutigen Vorstellungen eines inklusiven Schulkonzepts erstaunlich nah zu sein. Allerdings darf der von Petersen vertretene Gedanke einer „allgemeinen Schule“ nicht im Sinne eines modernen demokratischen Vielfaltsverständnisses missverstanden werden. Zwei Aspekte sind in diesem Zusammenhang als besonders bedeutsam zu betrachten: die erziehungsphilosophische Ausfüllung des Gemeinschaftsgedankens und das Problem der Grenzen der Gemeinschaft.

545 Petersen (1937, S. 147).
546 Vgl. ebd., S. 206–223.
547 Petersen (1927, S. 32).
548 Ebd., S. 33.

Abb. 17: *Einzel- und Gruppenarbeit in einem Biologie-Kurs*[549]

Die bildungshistorische Forschung der vergangenen Jahrzehnte hat deutlich herausgearbeitet, dass der Jena-Plan als bloßes Organisationsmodell unzutreffend gedeutet würde. Vielmehr sind die strukturellen und pädagogischen Überlegungen aufs Engste mit philosophischen, theologischen und gesellschaftspolitischen Leitorientierungen verbunden, in deren Zentrum eine spezifische Ausprägung der Gemeinschaftsidee steht. Ohne an dieser Stelle auf die vielfältigen Implikationen des Petersen'schen Gemeinschaftsbegriffs eingehen zu können, ist darauf hinzuweisen, dass der besonders in den erziehungstheoretischen Schriften entwickelte metaphysisch überhöhte Gemeinschaftsmythos ausdrücklich als Gegenentwurf zu einem liberalen Gesellschaftsverständnis konzipiert ist. Dies beinhaltet auf politischer Ebene „das Ressentiment gegen alle die ‚Gemeinschaft' bedrohenden Ansprüche des Individuums bzw. einzelner gesellschaftlicher Gruppen, die nicht als ‚geistige Gemeinschaften' deklariert waren. Dazu gehörte alles, was sich mit Begriffen wie ‚Interesse', ‚Partei' oder ‚Konflikt' verbinden ließ – auch Mehrheitsprinzip und (parlamentarische) Demokratie, und schließlich der Begriff ‚Politik' selbst."[550] Vom Individuum forderte Petersen „Liebe, Demut, Aufopferung und Gehorsam gegenüber der Gemeinschaft und schweigt über Distanz, kritische Auseinandersetzung, Disput, also über

549 Peter-Petersen-Archiv (Vechta).
550 Döpp (2003, S. 106).

Kompetenzen, mit deren Hilfe der Einzelne sich der Gemeinschaft gegenüber kritisch verhält und erst durch beides seine Identität entwickelt."[551]

„Erziehung zur Gemeinschaft" erschien Petersen als naturhafter Prozess:

> „Erziehung ist ein allgemeiner Vorgang der Anpassung, des Hineinlebens, richtiger fast des Hineingelebtwerdens in die Gemeinschaft, ein organisches Werden durch soziale Assimilation, ein Hineinleben nicht nur in die Güter und Formen der Kulturwelt, sondern auch in ihre Werte. In diesem vollen Umfang wächst der Mensch in die Gemeinschaft hinein, und in diesem Sinne ist Erziehung ein Vorgang natürlichen Wachstums am und im Ganzen unter natürlicher Einwirkung der mannigfachster Art."[552]

Es ist daher nur konsequent, wenn in der Gemeinschaftspädagogik Petersens für Mitwirkungsorgane der Schülerschaft und Einrichtungen des Interessenausgleichs wie Schülerparlamente und Schülergerichte, für „Parlamentarismus und formale Demokratie"[553] kein Platz war.[554]

Diese Problematik wurde bei Petersen noch dadurch verschärft, dass die harmonistische Gemeinschaftsidee mit einer nativistischen Anthropologie und schon vor 1933 mit einer Volksmetaphysik einherging, in der „Anlage und völkische Eigenart als vermeintliche Naturkategorien gefasst und anschließend ohne jede Prüfung zu praktischen Normkategorien erhoben"[555] werden. In seiner „Allgemeinen Erziehungswissenschaft" aus dem Jahr 1924 etwa unterschied Petersen drei durch biologische Anlage determinierte Menschentypen: den mit Nietzsche als „Eingeweidetyp" bezeichneten Typus, dessen „vorherrschendes Interesse" darin bestehe, „zu essen und zu trinken oder sich das Universalmittel für Essen und Trinken usw.", nämlich Geld, „zu verschaffen", die „Relativ-Passiven", die auf

---

551 Lütgert (2001, S. 155).

552 Petersen (1924, S. 104f.).

553 Petersen (1933/34, S. 14).

554 Nachdem in der Petersen-Rezeption nach 1945 die erziehungsphilosophische Fundierung des Jena-Plans lange Zeit kaum wahrgenommen wurde, sind in den vergangenen Jahren vor allem die politischen Dimensionen des Petersen'schen Denkens zum Gegenstand verschiedener Studien geworden (vgl. u.a. Rülcker/Kassner 1992, Imelman u.a. 1996, Rülcker 2002, Döpp 2003, Retter 2007 und 2010a, Ortmeyer 2010, Koerrenz 2012, Fauser/John/Stutz 2012). Angesichts der hier vorgelegten Befunde ist der problematische Charakter der erziehungstheoretischen Begründungszusammenhänge des Jena-Plans nicht mehr bestreitbar. Uneinigkeit besteht allerdings in der Frage, ob diese Begründungen den Jena-Plan als Schulmodell diskreditieren und inwiefern dieser geeignet ist, aktuelle Reformen zu inspirieren. Tendenziell positive Einschätzungen z.B. bei Retter (2007), Fauser (2012) und Koerrenz (2012), skeptisch dagegen u.a. Benner/Kemper (2003), Döpp (2003), Böhm (2012).

555 Benner/Kemper (2003, S. 218).

die „Geistigkeit ihres Volkes" eingestellt seien, aber keine höhere Verantwortung übernehmen könnten, und die kleine Gruppe der „Tätigen", „Schöpferischen" und innerhalb dieser schließlich „der ganz kleine Kreis der ‚Führer' im engeren Sinne dieses Wortes"[556] – eine Typisierung, die in leicht veränderter Form auch in der Beschreibung der Gemeinschaftsgruppe des Jena-Plans wieder auftauchte:

> „Eine Gemeinschaft zeigt eine ganz anders freie Dynamik ihrer Innenstruktur. Die von ihr umschlossenen Einzelmenschen ordnen sich in voller Freiheit um eines Geistigen willen ihr ein und der geistigen Idee unter. Diese geistige Idee wird durch Führer repräsentiert, um die sich jene Menschen wie eine Art Gefolge freiwillig scharen. Darum gibt es nun auch hier keinerlei soziale Rangordnung; denn der Geist treibt nicht in Menschen, weil sie besonderen ‚Klassen', ‚Parteien', ‚Geschlechtern', ‚Nationen', ‚Stämmen' usf. angehören, sondern schlechthin in Menschen, und er verleiht die Gnadengabe der Führung, ohne sich um soziale Ordnungen zu kümmern, die ihm gegenüber stets Gebilde zweiter Ordnung sind. (…) Innerhalb eines Gefolges treten neben dem Führer immer deutlich zwei Typen heraus: die Aktiven, welche als tätige Jünger der Idee diese ergreifen und an ihr arbeiten, und die mehr oder weniger nur Aufnehmenden. Allein es besteht kein vollkommen festes Gefüge, sondern eine freiere Dynamik des Zusammenstehens um die Idee. Unaufhörlich findet eine innere Kräfteverschiebung statt wie in einem lebendigen Organismus. Inhaltlich handelt es sich stets um ein Geistiges, das es zu erhalten, weiterzugeben und vor allem *neu* zu schaffen gilt durch neue Schauungen, Offenbarungen und Gestaltungen. Damit hängt zusammen, daß *jedes* Glied einer Gemeinschaft seine sittliche Würde erlangt und behält. Der Mensch ist hier niemals wie in einer Sozialform Mittel zu einem Zweck, Knecht, Angestellter, Chef oder dgl., sondern stets Selbstzweck. Er wird nie nur zu einem Teil beansprucht als Kopf oder als Hand, wegen seiner Handschrift oder seiner sprachlichen, organisatorischen, technischen usw. Begabung, sondern immer als ganzer Mensch. Immer wird sein voller Einsatz erwartet. Demnach stehen Menschen, die auf Gemeinschaft miteinander leben, zueinander wie Brüder, wie Kameraden gleicher Gesinnung, und ordnen danach für alle auftretenden Aufgaben die Art und Weise der Erledigung so, daß damit der geistigen Idee am besten und reinsten gehorcht wird. Es ist deswegen auch gleichgültig, *wer* die Ausführung übernimmt, d.h. für sie sich bestimmt fühlt oder bestimmt wird; alles aber kommt darauf an, in welcher Reinheit und Treue der Gesinnung gegen die Idee der Gemeinschaft sie erledigt wird."[557]

Auch die Frage einer nicht-aussondernden Schule stellt sich auf den zweiten Blick differenzierter dar, als die Einbeziehung von Kindern mit Lernproblemen in das Konzept des Jena-Plans zunächst vermuten lässt. Mit der Aufnahme potenzieller Hilfsschüler in die Jenaer Schule erhob Petersen den Anspruch, eine „allgemeine Schule" zu realisieren, die „Kinder beiden Geschlechts, jeden Standes und

556 Petersen (1924, S. 261ff.).
557 Petersen (1927, S. 10f.).

Bekenntnisses, jeder Begabung vereinigt und das solange als irgend möglich, am liebsten zehn Schuljahre"[558]. Zwischen Schülern, die aufgrund sozialer Ursachen und/oder aufgrund von Teilleistungsdefiziten etwa in der Rechtschreibung oder im Rechnen die Ziele der Volksschule nicht erreichen konnten, und Kindern, bei denen Schädigungen medizinisch diagnostizierbar sind, zog Petersen allerdings einen scharfen Trennungsstrich und verblieb damit im Horizont des zeitgenössischen Diskurses. So hieß es im Jena-Plan unmissverständlich: „das pathologische Kind wird, auch bei leichteren Fällen, der besonderen, dann aber gleich der Heilerziehung zuzuweisen sein."[559] Schon in der zweiten Auflage des Kleinen Jena-Plans von 1929 schränkte Petersen zudem auch den Kreis der geeigneten Hilfsschülerinnen und Schüler ein, wenn er formulierte:

> „Unter den heute aber der Hilfsschule Zugewiesenen wird ein sehr großer Teil, bei guter Mitarbeit und rechter Einsicht des Elternhauses, bis zum Ende der Volksschulzeit im Gruppenverbande geführt werden können. Unmöglich wird es freilich, wenn die Eltern nicht sich dazu verstehen können, die mangelhafte oder sehr begrenzte intellektuelle Befähigung und die sittlich schwachen Seiten ihres Kindes vor sich, und was ja immer sehr schwer fällt, vor dem Lehrer und gar unter Umständen auch vor der Öffentlichkeit der Elternversammlung, mindestens vor dem Elternrat, offen zuzugeben. Wenn sie fortfahren, von den Lehrern wie auch von ihrem Kinde mehr zu verlangen, als beide im Verein mit der helfenden Gruppe an ihrem Kinde zuwege bringen können, dann muß so bald als möglich doch die Überführung in die Hilfsschule einsetzen, wenn eine am Orte ist. Denn es kommt sonst zu einer Belastung der Gruppe, die die Gesamtheit schädigt."[560]

Es ist allerdings bemerkenswert, dass diese Formulierungen in den beiden in Nazideutschland neu herausgegebenen Auflagen des Kleinen Jena-Plans von 1933/34 und 1936 nicht weiter verschärft wurden.[561]

---

558 Ebd., S. 12.

559 Ebd., S. 15.

560 Petersen (1929, S. 16). Petersen bezog sich in dieser Passage ausdrücklich auch auf die an der Schule am Berliner Tor gesammelten Erfahrungen mit Überweisungen an die Hilfsschule.

561 Vgl. Petersen (1933/34 und 1936). Im Vorwort der Veröffentlichung „Die Praxis der Schulen nach dem Jena-Plan", die wenige Monate nach der Verabschiedung des „Gesetzes zur Verhütung erbkranken Nachwuchses" erschien, betonte Petersen gleich wohl ausdrücklich die Nähe zur NS-Pädagogik: „Da wir heute besser als früher wissen, wie die körperlich-seelischen Zusammenhänge mit dem ‚Grundwesen' des Menschen, also mit dem charakterologischen Gebiete, verbunden sind, so waren unsere Erziehungswissenschaft und Pädagogik offen für alle zuträglichen Forderungen der Hygiene, Eugenik, Rassenlehre und Erbwissenschaft von jeher" (Petersen 1934, S. 3f.). In dieselbe Publikation nahm Petersen einen Aufsatz des Hilfsschullehrers Erich

5. Individualpsychologische Schulversuche

a) Die individualpsychologische Versuchsschule in Wien

Anders als in Deutschland, wo die wissenschaftliche Psychologie weder in der theoretischen Fundierung noch in der praktischen Unterstützung wesentlichen Einfluss auf die reformpädagogisch geprägte Bildungsreform nehmen konnte, wurden in Wien nach dem Ersten Weltkrieg Reformversuche unternommen, die ausdrücklich auf eine psychologische Schule Bezug nahmen.[562] So ist in der Psychologie-Geschichtsschreibung pointiert davon gesprochen worden, dass die von Alfred Adler entwickelte Individualpsychologie „in ihrem pädagogischen Denken die Wiener Schul- und Erziehungsreform und umgekehrt Wiener Schulreform (…) Individualpsychologie"[563] gewesen sei.

Auch in Österreich gelang es nach dem Sturz der Habsburger Monarchie nicht, eine grundlegende Strukturreform des Schulwesens landesweit politisch durchzusetzen, da zwischen 1919 und 1934 die Bundespolitik durch konservative Mehrheiten bestimmt wurde. Allerdings bot das durchgängig sozialdemokratisch regierte Bundesland Wien mit seinen breit angelegten gesellschaftspolitischen Reformen ein ungewöhnlich günstiges Umfeld für die Neugestaltung des Volks- und Mittelschulwesens.[564] Mit Blick auf benachteiligte Kinder und Jugendliche sind Reformmaßnahmen besonders bedeutsam, in denen es darum ging, die Bedingungen des Aufwachsens und die Gesundheitsversorgung für breite Bevölkerungsschichten grundlegend zu verbessern. Zu nennen sind hier vor allem ein vorbildlicher sozialer Wohnungsbau, der z.B. gemeinschaftliche Wäschereien, Bäder und Bibliotheken einbezog, eine kommunale Gesundheitsfürsorge in neu geschaffenen oder erweiterten Ambulatorien und Kliniken, die Bereitstellung eines breiten Angebots elementarpädagogischer Einrichtungen

---

Thomaschewski auf, der sich zu Beginn der NS-Zeit für eine Nutzung des Jena-Plans in der Hilfsschule des „Dritten Reiches" einsetzte. Hier hieß es: „Wenn in unserem zukünftigen Staate die Aufnordung beginnt, die alles Faule abstößt und die Quellen der Minderwertigkeit im Sinne der Erbuntüchtigkeit verstopft, also praktisch die Zahl der Hilfsschüler auf Fälle erworbenen Schwachsinns (Trauma, Krankheiten usw.) vermindert, dürfte die Form der Hilfsschule von selbst eine wesentlich andere werden" (Thomaschewski 1934, S. 169; siehe auch Thomaschewski 1934a und 1934b). Vgl. zur Kontroverse um die Verortung Petersens in der zeitgenössischen Eugenik-Debatte Ortmeyer (2010) und Retter (2010).

562 Vgl. Herzog (2013).

563 Bruder-Bezzel (1999, S. 113).

564 Vgl. Papanek (1978) und Keim (1984).

(Krippen, Horte und Kindergärten) und die Eröffnung von Erziehungs- und Sexual-Beratungsstellen. Im Bereich der Schulreform unter Stadtschulrat Otto Glöckel (1874–1935) gingen äußere Organisationsreformen (Schaffung einer einheitlichen Mittelschule für die 10- bis 14-Jährigen), Unterrichtsreform (Lehrplanrevision, methodische Innovation, vor allem durch Arbeits- und Gesamtunterricht), Demokratisierung der Schulverwaltung und Erneuerung der Lehrerbildung Hand in Hand.

Wie in den deutschen Reformzentren wurde allerdings auch im „Roten Wien" die Frage des angemessenen Förderorts für Kinder mit Lernproblemen nicht als vordringlich wahrgenommen. Auch in Österreich befand sich der Ausbau des Hilfsschulwesens in vollem Gange.[565] Alternativen, im Sinne eines integrativen Konzepts, wurden in Wien ab Mitte der 1920er Jahre im Rahmen von ausgewählten Schulversuchs-Klassen und von 1931 bis 1934 in einer singulär bleibenden Versuchsschule erprobt. Die im Folgenden im Mittelpunkt der Darstellung stehende Versuchsschule wurde von Jungen aus dem 20. Wiener Gemeindebezirk (Staudingergasse, Brigittenau) besucht, nahm darüber hinaus aber ausdrücklich sprengelfremde Schüler auf, die in der „landläufigen Terminologie als ‚minder begabt' oder ‚unbegabt' " bezeichnet wurden.[566] Möglich wurde die Realisierung dieser Versuche aufgrund enger personeller Verbindungen von Individualpsychologie und Schulverwaltung. Als Begründer und treibende Kräfte der Versuchsschule wirkten Oskar Spiel, Ferdinand Birnbaum und Franz Scharmer.[567]

---

565 Vgl. Engelbrecht (1986, S. 138f.), Hilscher (1930, S. 156–186).

566 Spiel/Scharmer (1928, S. 236).

567 1934 wurde die Versuchsschule von der austrofaschistischen Regierung aus politischen Gründen liquidiert. Nach dem Zweiten Weltkrieg konnte die Arbeit unter der Leitung Oskar Spiels wieder aufgenommen werden. Angesichts veränderter politischer Rahmenbedingungen, nicht zuletzt aber auch aufgrund des erheblichen personellen Aderlasses durch politische Verfolgung, Emigration, Holocaust und Krieg erreichte die Schule jedoch nicht mehr die Ausstrahlungskraft der ersten Phase. Unter integrationspädagogischen Gesichtspunkten war die Versuchsarbeit jedoch auch in den 1950er Jahren bemerkenswert, da weiterhin Schülerinnen und Schüler mit Verhaltens- und Lernproblemen aufgenommen wurden. Ihr Anteil lag laut Schulberichten bei ca. 10% (vgl. Wittenberg 2002, S. 272). Allerdings führte diese Offenheit dazu, dass „andere Schulen schwierige Schüler, mit denen sie nicht zurechtkamen, einfach an die Versuchsschule überwiesen, da unter Wiener Lehrern bekannt war, daß sie quasi jeden Schüler aufnahm" (ebd.). Als Überblick über die Arbeit der ersten Versuchs-Klassen Spiel/Scharmer (1928), zur Versuchsschule Wittenberg (2002).

Abb. 18: *Ferdinand Birnbaum (li.) und Alfred Adler*

Die Wiener Schulreformer Ferdinand Birnbaum (1892–1947), Franz Scharmer (1891–1984) und Oskar Spiel (1894–1961)

Birnbaum, Scharmer und Spiel lernten sich kurz nach dem Ersten Weltkrieg in reformorientierten Lehrerarbeitsgemeinschaften in Wien kennen. Alle drei stammten aus kleinbürgerlichen Verhältnissen, hatten sich zum Volks- bzw. Bürgerschullehrer hochgearbeitet. Um 1920 stießen sie zur Individualpsychologie Alfred Adlers, der ihre zukünftige Tätigkeit wesentlich prägte. Neben dem Engagement in der Erziehungsberatung und der von der Sozialdemokratie getragenen Schulreform hielten Spiel und Birnbaum Vorlesungen zur Individualpsychologie an der Wiener Volkshochschule. Birnbaum wirkte zudem als wichtigster Rezensent für pädagogische und psychologische Literatur für die „Internationale Zeitschrift für Individualpsychologie“ und als Dozent am Pädagogischen Institut der Stadt Wien. Nach Adlers Tod (1937) galt er als führender theoretischer Kopf der Individualpsychologie. Ab dem Schuljahr 1924/25 konnten die drei Pädagogen gemeinsam erste individualpsychologisch inspirierte Reformen an ihrer Schule in der Staudingergasse durchführen, welche 1931 in eine offizielle Versuchsschule umgewandelt wurde. Nach dem erzwungenen Ende der Versuchsschularbeit wurden sie an andere Einrichtungen versetzt. Birnbaum promovierte 1937 bei dem Pädagogen Richard Meister und dem Psychologen Karl Bühler im Fach Pädagogik mit dem „Versuch einer Systematisierung der Erziehungsmittel“. Nach 1945 war er für kurze Zeit in der Lehrerbildung tätig, starb jedoch bereits 1947 an den Spätfolgen schwerer Krankheiten, die er sich als Soldat bereits im Ersten Weltkrieg zugezogen hatte. Spiel und Scharmer konnten nach dem Ende der NS-Zeit die Leitung eigener Schulen übernehmen, wobei Spiel unmittelbar an die Erfahrungen der Vorkriegszeit anknüpfte und die individualpsychologische Versuchsschule nach mehr als zehnjähriger Unterbrechung (allerdings an anderem Ort) bis zu seiner Pensionierung 1957 weiterführte. Seine wichtigste Publikation zur Versuchsschularbeit, in der er das Konzept und die Erfahrungen der 30er Jahre zusammenfasste („Am Schaltbrett der Erziehung“, 1947), stieß auf internationale Resonanz und wurde ins Englische, Französische und Spanische übersetzt.[568]

Die Stoßrichtung des individualpsychologischen Schulreformansatzes lag nicht ausdrücklich in der Propagierung eines Gemeinsamen Unterrichts behinderter und nichtbehinderter Schüler, sondern – wie schon bei Petersen – in der Erweiterung des Spektrums der „Normalschüler“. Während bei Petersen das in der Regelschule aufgrund von Leistungsdefiziten gescheiterte potenzielle Hilfsschulkind als Mitglied der Klassengemeinschaft in den Blick kam, richteten die Individualpsychologen ihre Aufmerksamkeit auf die in ihrem Verhalten auffälligen, den Unterricht störenden oder sich gänzlich aus ihm zurückziehenden Kinder und Jugendlichen – mit heutigen Begriffen also auf Schüler mit besonderem Förderbedarf im Bereich der sozialen und emotionalen Entwicklung, bei denen Lernprobleme allerdings fast durchgängig hinzukamen.[569]

Diese Akzentuierung hat ihre Ursachen in der Geschichte der Individualpsychologie, die sich aus der tiefenpsychologisch fundierten Therapie entwickelt hatte und ihre erste praktische pädagogische Anwendung nach dem Ersten Weltkrieg in der Erziehungsberatung von Eltern und Lehrern sog. „schwererziehbarer Kinder“ fand.[570] Anders als bei Petersen, der im Jena-Plan vom Regelschüler her dachte, wurde das pädagogische Arrangement der Individualpsychologen

568 Vgl. ebd., S. 89–100 sowie Gstach (2005 und 2005a).

569 Die in der Literatur der Versuchsschule ausführlich beschriebenen Fallbeispiele zeigen deutlich, dass auch Kinder mit anderen Beeinträchtigungen (z.B. geistige Behinderung, Epilepsie) aufgenommen wurden. Sie lieferten jedoch keinen Anlass für grundsätzliche konzeptionelle Überlegungen.

570 So der von Adler eingeführte und in der Individualpsychologie immer wieder gebrauchte zentrale Terminus technicus. Diese Ausrichtung hatte in der Zeit nach dem Ersten Weltkrieg zunächst sehr pragmatische Gründe, da die Zahl der in ihrem Verhalten auffälligen Kinder angesichts der äußerst belastenden Bedingungen des Aufwachsens infolge von Krieg und wirtschaftlicher Not vor allem in benachteiligten

vom Schüler mit Verhaltens- und Lernproblemen, und hier von nicht hinreichend bewältigten Entwicklungsaufgaben her konstruiert.[571]

Um das Konzept der Wiener Versuchsschule zu verstehen, müssen zunächst einige Kernaussagen der Individualpsychologie knapp skizziert werden:[572] Alfred Adler (1870–1937), der ursprünglich Mitglied der Wiener psychoanalytischen Vereinigung gewesen war, sich aber 1911 von Freud und dessen Libido- und Triebtheorie distanziert hatte, begriff die menschliche Psyche als Organ der „Lebensbewältigung". Als Mängelwesen sei der Mensch darauf angewiesen, seine fehlende biologische Ausstattung und die mit ihr verbundenen „Minderwertigkeitsgefühle" zu kompensieren. Es zeichne den Menschen aus, dass er von frühester Kindheit an in der Lage sei, Erfahrungen aktiv zu verarbeiten, wiederkehrende Muster in der mit ihm interagierenden Umwelt zu erkennen und auf diese zu reagieren. Diese Fähigkeit zur produktiven Auseinandersetzung mit der materiellen Umgebung und den Bezugspersonen führt laut Adler im Verlauf der ersten vier bis fünf Lebensjahre dazu, dass sich lebensgeschichtlich dann relativ stabil bleibende psychische Strukturen ausbilden, die für die weitere Ausprägung eines in der Regel unbewusst bleibenden „Lebensplans" bzw. „Lebensstils" von entscheidender Bedeutung sind. Nachhaltige Erfahrungen, das Minderwertiggefühl – aufgrund ererbter körperlicher Defizite, schlechter Lebensbedingungen, ungünstiger Geschwisterkonstellation, zu harter oder „verzärtelnder" Erziehung – nicht angemessen regulieren zu können, bilden den Ausgangspunkt für Entwicklungshemmungen, Neurosen und Verhaltensprobleme. Die individuellen Lebenspläne im Sinne einer umfassenden „Menschenkenntnis" systematisch-typisierend diagnostizieren zu können, war das zentrale Anliegen der Individualpsychologie.

Der Begriff ist allerdings missverständlich, wenn er als Gegensatz zu dem der Sozialpsychologie gedeutet wird. Das Gegenteil ist zutreffend: Unverzichtbares Moment einer gelungenen Ausformung des „Lebensplans" war für Adler die

---

Milieus besonders groß war. Vgl. für die Individualpsychologie in Deutschland auch die ab 1926 unter dem Titel „Schwererziehbare Kinder" erscheinende Schriftenreihe von Alice und Otto Rühle (Rühle/Rühle 2001).

571 Diese Ausrichtung wird, stärker noch als in den programmatischen Publikationen, an den Themen der pädagogischen Konferenzen der Schule erkennbar, in denen der Umgang mit schwererziehbaren Schülern immer wieder grundsätzlich, aber auch anhand ausgewählter Fallbeispiele thematisiert wurde (vgl. Wittenberg 2002, S. 122ff.).

572 Inzwischen wieder leicht zugänglich in der sieben Bände umfassenden Alfred Adler-Studienausgabe (Witte 2007–2010).

Beziehung des Individuums zu seinen Mitmenschen, zur „Gemeinschaft". Vom ersten Tag seines Lebens an sei er existenziell auf das Leben in der Gemeinschaft angewiesen. Je sicherer sich ein Mensch in den ihn umgebenden sozialen Bezügen aufgehoben fühle und je realistischer er sich in seinen zwischenmenschlichen Beziehungen einschätze, desto ausgeglichener gestalte sich seine psychische Konstitution und desto leichter falle es ihm, mit anderen zu kooperieren. Probleme bei der Ausgestaltung des Gemeinschaftsgefühls (besonders stark ausgeprägtes Macht- und Geltungsstreben ebenso wie mangelndes Selbstwertgefühl) dagegen wiesen auf nicht gelungene psychische Anpassungsprozesse hin. Die Wechselbeziehung von psychischer Entwicklung und gesellschaftlichen Verhältnissen betonte Adler, wenn er als Ursache psychischer Deformationen soziale Probleme, Notlagen und Ausbeutungsverhältnisse besonders hervorhob – eine Akzentuierung, die seinen Ansatz vor allem für eine gesellschaftskritische Pädagogik attraktiv machte.[573]

Der individualpsychologische Gemeinschaftsbegriff erscheint aus heutiger Perspektive durchaus schillernd. Zwar unterscheidet sich Adlers Gemeinschaftsidee deutlich von dem volksorganologisch geprägten Verständnis Petersens, aber auch bei ihm sind antiliberale Anklänge unübersehbar, die den Abstand zu aktuellen Diversity-Konzepten markieren.[574] Adler betonte zudem ausdrücklich, dass er seine entwicklungspsychologischen Grundannahmen auf „schwachsinnige" Kinder, deren Defizite angeboren seien, nicht angewendet sehen wollte: „Schwachsinnige als Kranke und geistige Krüppel" müssten „ganz anders erzogen" werden, da sie keinen Lebensstil besäßen.[575] Für Reformpädagogen lieferten Adlers anthropologische Grundannahmen aufgrund ihres erzieherischen Optimismus, aber auch der vielfältigen Angebote zur systematischen Deutung und veränderten Gestaltung pädagogischer Situationen zahlreiche Anknüpfungspunkte.[576] Das von Birnbaum, Scharmer und Spiel entwickelte Versuchsschul-Konzept zielte im Anschluss an Adler darauf ab, „die richtige Konvergenz

573 Bedeutsam in diesem Zusammenhang auch sein im Gegensatz zum damaligen Mainstream stehendes dynamisches Begabungsverständnis.

574 Vgl. zur kontroversen Debatte um den Gemeinschaftsbegriff Adlers Bruder-Bezzel (1999, S. 208–221); zur Frage des demokratischen Gehalts der Adler'schen Positionen Kluge (2009 und 2016).

575 Adler (1973 [1929], S. 55). Vgl. auch Adler (2010 [1928]).

576 Vgl. vor allem Adlers Publikation „Individualpsychologie in der Schule. Vorlesungen für Lehrer und Erzieher" (1973 [1929]). Siehe auch das Themenheft der Zeitschrift „Aufbau", die vom reformpädagogisch orientierten „Bund der Freien Schulgesellschaften" herausgegeben wurde: Aufbau 3(1930)9.

von individueller und kollektiver Erziehung zu vermitteln."[577] Daher waren die erzieherischen Maßnahmen einerseits darauf gerichtet, jeden Schüler – also auch den schwerererziehbaren – soweit wie möglich „zur Erhaltung und Entfaltung seiner Entwicklungsmöglichkeiten anzuregen," und andererseits, „durch die Erziehung im Klassenkollektiv eine solidarische Ausrichtung heranzubilden".[578] Besonderes Augenmerk wurde daher auf unterschiedliche Möglichkeiten der Kooperation innerhalb der Schulklasse mit je eigenem pädagogischen Gehalt gelegt. In einem programmatischen Aufsatz aus dem Jahr 1932 unterschied Birnbaum fünf verschiedene sog. „Gemeinschaftsformen":[579]

- die „Aussprachegemeinschaft" als Forum des Austauschs auf Klassenebene über konkrete Konflikte, individuelle Lern- oder Verhaltensprobleme und Ort der Schulung psychologischer Sichtweisen auf individuelles und kollektives Verhalten;
- die „Verwaltungsgemeinschaft", in der Klassenregeln verabschiedet, organisatorische Fragen geklärt sowie Ämter und Aufgaben verteilt wurden, in der die Schüler aber vor allem eigene Ansprüche und die der anderen in Schlichtung und Kompromiss auszutarieren lernen sollten;
- die „Erlebnisgemeinschaft" bei Feier, Theateraufführung, Wanderung, Sport und gemeinsamem Spiel, in der auch kognitiv weniger leistungsstarke Schüler die Möglichkeit erhielten, sich innerhalb der Klasse zu profilieren;
- die „Hilfegemeinschaft" als Unterstützung für Leistungsschwächere in unterrichtlichen Arbeitszusammenhängen, im Nachhilfeunterricht, aber auch im übrigen Schulleben im Sinne „sozialen Lernens";
- die „Arbeitsgemeinschaft" als unterrichtliche Lern- und Arbeitsgruppe.

Die Arbeit mit den „erziehungsschwierigen Kindern" war darüber hinaus bestimmt durch regelmäßige Einzelgespräche, in deren Zentrum der Versuch stand, problematische Elemente der „Lebenspläne" der betroffenen Schüler zu „enthüllen" und durch Bewusstmachung, vor allem aber durch neue Erfahrungen in der pädagogisch gestalteten Gemeinschaft zu „korrigieren". Idealtypisch lässt sich dieser Prozess als Verknüpfung folgender Momente beschreiben:[580]

---

577 Wittenberg (2002, S. 119).

578 Ebd.

579 Vgl. Birnbaum (1932, S. 178–180).

580 Vgl. ebd., S. 182; Wittenberg (2002, S. 358f.).

Ablösung Schrittweiser Verzicht auf Hilfestellung durch die Lehrperson
Belastung Aktive Auseinandersetzung mit praktischen sozialen und intellektuellen Herausforderungen in der Gemeinschaft Aufbau neuen Selbstwertgefühls
Enthüllung Aufdeckung des Lebensplans, Selbstverstehen
Entlastung Verzicht auf moralische Bewertung des Schülerverhaltens Zuversicht im Hinblick auf die positive Entwicklungsmöglichkeiten
Kontakt Aufbau vertrauensvoller Lehrer-Schüler- bzw. Schüler-Schüler-Beziehungen

Tab. 6: *Prozess der pädagogisch-therapeutischen Arbeit mit erziehungsschwierigen Kindern an der Individualpsychologischen Versuchsschule in Wien*

Die konzeptionelle Grundlage für die Gestaltung der unterrichtlichen Lernprozesse bildeten zunächst zeitgenössische Arbeitsschul-Konzepte der deutschsprachigen Reformpädagogik,[581] vor allem aber der Dalton- und der Winnetka-Plan der US-amerikanischen New Education, in denen die individuellen Aneignungsprozesse der Schülerinnen und Schüler bzw. die Verknüpfung von individuellen und Gruppenprozessen besonders fokussiert wurden.[582] Ein wesentliches Ziel der Schule bestand jedoch in der Entwicklung einer individualpsychologisch fundierten Unterrichtslehre, die von der Grundannahme einer engen Wechselbeziehung von Persönlichkeits- und Lernentwicklung (insbesondere bei Lernproblemen) ausging. Angesichts des frühzeitigen Abbruchs des Schulversuchs blieben diese Bemühungen zwar fragmentarisch, als wesentliche Elemente sind aber bereits früh die Bewusstmachung des Lernprozesses auf Seiten des Schülers sowie Lerndiagnostik und Ermutigung als wesentliche Aufgaben des Lehrers besonders betont worden.

581 Vgl. Spiel/Birnbaum (1929).

582 Vgl. zum Dalton-Plan Popp (1995), zum Winnetka-Plan Hylla (1928) und Schwerdt (1933).

Abb. 19: *Oskar Spiel*

Vor allem die negativen Konsequenzen von Drill, Entmutigung und Strafe, welche die zeitgenössische Unterrichtspraxis in traditionellen Schulen noch sehr weitgehend prägte, wurden immer wieder hervorgehoben. Ihnen stellte man ein Unterrichtsverständnis gegenüber, das auf Unterstützung und auf Erfolgserlebnisse im Lernprozess setzte:

> „Was auf dem Gebiet der Erziehung die Entlastungsfunktion bedeutet, das bedeutet für den Unterricht die Funktion des Erfolgsarrangements. Der Lehrer, welcher sich dieser Funktion bewußt ist, wird den Unterricht so gestalten, daß der Schüler den Lernprozeß als Kette von Erfolgserlebnissen erlebt. Wie aber die Entlastungsfunktion die Funktion der Belastung gegenübertritt, so auch hier dem Erfolgsarrangement die Funktion des Trainings. Der Schüler muß schließlich in den Stand gesetzt werden, Hindernisse ‚zu nehmen', ja, aus Mißerfolgen Produktivität zu gewinnen."[583]

Um eine angemessene Förderung gewährleisten zu können, sollten Lehrerinnen und Lehrer in der Lage sein, die Entwicklungs- und Lernprozesse der Kinder und Jugendlichen möglichst umfassend zu diagnostizieren. Die Lehrperson sollte sich daher als „Beobachter", „Forscher" und „Deuter" begreifen. Zu diesem Zweck wurden Schülerbeobachtungsbögen entwickelt und Erziehungspläne aufgestellt, z.T. sogar sog. „Schülermonografien" verfasst, die das Verhalten der

583 Birnbaum (1932, S. 182).

Schüler, die Deutung durch die Lehrpersonen und die pädagogischen Maßnahmen beschrieben.[584] Am Ende sollte der Schüler selbst in die Lage versetzt werden, sein Lern- und Arbeitsverhalten zu analysieren und Ursachen für mögliche Schwächen und Defizite zu erkennen.

> „Schließlich wird es auch auf dem Gebiete des Unterrichtens notwendig sein, dem Schüler zur *Selbsterkenntnis im tiefen Sinne der Individualpsychologie* zu verhelfen: wir werden ihn anleiten, die Wurzeln seines Erfolges und seines Mißerfolges in seinem verborgenen Lebensplane zu suchen: die *Funktion des didaktischen Selbstverstehens.* Der Schüler soll lernen, in seiner unterrichtlichen Leistungsfähigkeit ein Symptom als eine Spiegelung seiner inneren Haltung zu erkennen und durch das Aufgeben einer falschen Haltung den Lernerfolg zu steigern."[585]

Ob die in diesem Zitat aufscheinenden Probleme einer Therapeutisierung des Unterrichts in der Praxis tatsächlich relevant wurden und mögliche Rollenkonflikte von Lehrpersonen Anlass zur Überprüfung der Konzepte bot, muss angesichts der schwierigen Quellenlage allerdings offen bleiben. Ähnliches gilt für die in der Sprache der Protagonisten der Schule zum Ausdruck kommenden sozialtechnologischen Tendenzen – Spiels zentrale Publikation trägt den Titel „Am Schaltbrett der Erziehung", die Aufgabe des Lehrers wird emphatisch als die eines „Ingenieurs der Erziehung"[586] beschrieben.[587]

b) Individualpsychologische Unterrichtsversuche in Deutschland

Obwohl auch in Deutschland mehr als 30 Ortsgruppen der Individualpsychologischen Vereinigung bestanden, gelang es hier nicht, eine eigene Versuchsschule einzurichten.[588] In der reformpädagogischen Gemeinschaftsschule im

584 Vgl. differenziert zu den zentralen Lehrerfunktionen Spiel (1947, S. 124–151). Neben den bereits genannten werden erläutert: der Lehrer als „Kontaktsucher", „Entlaster", „Enthüller", „Trainer" und „Regisseur". Ein Schülerbeobachtungbogen und ausführliche Fallbeschreibungen ebd., S. 132–141 und S. 151–203. Aus dem enorm anspruchsvollen Anforderungsprofil an die Lehrperson ergaben sich umfassende Aufgaben an die Aus- und Fortbildung. Ein erster Entwurf bereits bei Künkel (1926).

585 Birnbaum (1932, S. 182).

586 Spiel (1947, S. 222).

587 Zur Kritik der normativen Grundlegung des Konzepts Spiel/Datler (1987, S. 189).

588 Vgl. Bruder-Bezzel (1999, S. 113–117). In Deutschland wurde die Individualpsychologie vor allem von der sozialistischen Pädagogik aufgegriffen. In mehreren

thüringischen Gera wurde Adler offenbar rezipiert, von einem elaborierten individualpsychologischen Schulkonzept kann hier aber sicherlich nicht gesprochen werden.[589] Initiativen, in der Regelschule auf der Grundlage der Theorien Adlers zu arbeiten, gab es vor allem in München durch die Volksschullehrer Kurt Seelmann und Alfons Simon.[590] Ihre alternative pädagogische Praxis beschränkte sich jedoch auf die Erziehungsberatung und begrenzte Versuche innerhalb einzelner Klassen der Volksschule, über die sie seit Mitte der 1920er Jahre in der Internationalen Zeitschrift für Individualpsychologie berichteten.[591]

Ortsvereinigungen bildeten sich heilpädagogische Arbeitskreise. Erziehungsberatungsstellen entstanden u.a. in den Hochburgen der Individualpsychologie, München und Berlin. Eine heilpädagogische Anstalt für männliche Jugendliche in Berlin leitete Ada Beil, ein heilpädagogisches Kinderheim Annemarie Richter-Wolff (1900–1945). Vgl. zur Bedeutung der Individualpsychologie für die Pädagogik Rüedi (1988).

589 Vgl. Schulverein der Gemeinschaftsschule Gera e.V. (1925, S. 34ff.), Lange (2005).

590 Seelmann (1900–1987) und Simon (1897–1975) kamen zu Beginn der 1920er Jahre über Leonhard Seif zur Individualpsychologie und arbeiteten in der ersten Münchner Erziehungsberatungsstelle mit. Seelmann, zunächst als Volksschullehrer tätig, avancierte nach dem Zweiten Weltkrieg zum Direktor des Städtischen Jugendamtes, wirkte als Jugendtherapeut und Lehranalytiker und verfasste populäre Sexualaufklärungsschriften. Er gilt als eine der prägenden Figuren der Münchner Individualpsychologie (vgl. Bruder-Bezzel 1999, S. 89, Berger 1998). Simon lehrte nach dem Krieg als Dozent am Institut für Lehrerbildung in München-Pasing und publizierte in den 1950er und 60er Jahren zu einem breiten Spektrum schulpädagogischer und didaktischer Fragen. Die Fotografie (Abb. 20) stammt aus der Zeit nach dem Zweiten Weltkrieg: https://commons.wikimedia.org/w/index.php?curid=701869.

591 Seelmann (1924, 1927 und 1931), Simon/Seelmann (1925).
Verwandte Versuche tiefenpsychologisch fundierter pädagogischer Arbeit mit „schwierigen Kindern" in der Volksschule finden sich auch bei Hans Zulliger (1893–1965), der nach dem Zweiten Weltkrieg als Kinderanalytiker bekannt wurde. In den 1920er und 30er Jahren entwickelte er als Volksschullehrer in einer Dorfschule in Ittingen, in der Nähe von Bern, Ansätze einer praktischen Anwendung der Psychoanalyse in der Schule. Zulliger kritisierte die vorschnelle Überweisung von Kindern in die Hilfsschule und plädierte für den Verbleib sog. „pseudodebiler" Kinder in den Regelklassen, stellte die Existenz der Hilfsschule jedoch nicht grundsätzlich in Frage (vgl. u.a. Zulliger 1921 und 1927); zusammenfassend und unter schulpädagogischer Perspektive im Vergleich mit Adler: Burger (1992).

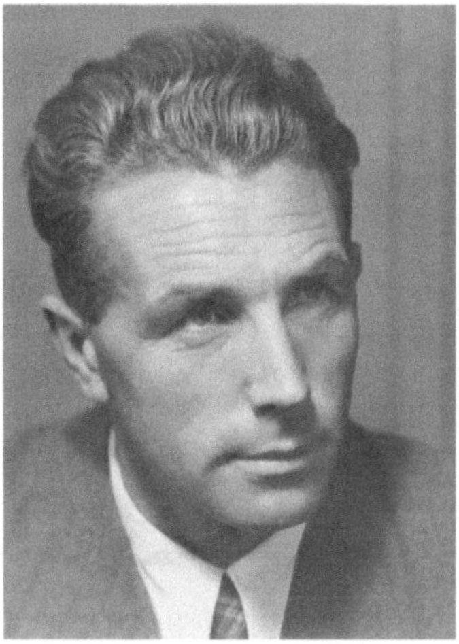

Abb. 20: *Alfons Simon*[592]

Vor allem Simon profilierte sich öffentlich als Kritiker der Hilfsschule. Während eines Vortrages auf dem 5. Kongress für Individualpsychologie betonte er den stigmatisierenden Charakter der Überweisung auf die Hilfsschule:

> „Sie bedeutet in jedem Falle die *öffentliche Bekanntgabe des Anormalseins*, das bis jetzt vielleicht nur in der Familie oder in einem kleinen Kreis bekannt war; sie bedeutet weiter die *amtliche Charakterisierung als Schüler II. Klasse;* sie bedeutet endlich die erneute, meist *endgültige Absonderung von den Gesunden.*
> Selbst Hilfsschullehrer nehmen diese Wirkungen nicht leicht. Einer schreibt: ‚Der Normalschüler, dessen Milieu nicht viel besser ist, ist eben Normalschüler, der auf der Straße nicht gehänselt wird, weil er eine Dummenschule besucht.' – Ein anderer: ‚In die »Deppenschule« will niemand sein Kind schicken, kein anderes Kind will mit einem »Deppenschüler« gerne spielen, keines sein Freund sein. Doch dies wäre noch nicht das größte Übel, wenn nicht all dies die Entwicklung der Hilfsschule hemmen, dem Kinde das Leben erschweren, die Freude an der Schule beeinträchtigen und ihm und den Eltern ungerechterweise ein Schandmal aufdrücken würde. Einen »Deppenschüler« nehmen die Lehrmeister nicht gern auf.'

592 https://upload.wikimedia.org/wikipedia/commons/a/a1/Alfons_Simon.jpg [01.05.2019].

Die Aufnahme solch eines Kindes in die Normalschule dagegen ist nach den Enttäuschungen der ersten Lebensjahre ein Schritt heraus aus dem Abseits, ist die öffentliche Angleichung an die Gesunden, gibt in einer Klasse von 40 verhältnismäßig gesunden, frischen, frohen Kindern doch viel leichter die Möglichkeit zu einem menschlichen Anschluß – die Voraussetzung jeder wirklichen Gesundung – als in der Hilfsschule unter 20 ebenso schwierigen oder noch schwierigeren Kindern."[593]

Außerordentlich skeptisch war Simon zudem gegenüber den Versuchen der Hilfsschulpädagogik, eindeutige Kriterien für die Überweisung in die Hilfsschule entwickeln und den „Schwachsinn" als operationalisierbare medizinische Kategorie bestimmen zu können. Insbesondere die Annahme, die „schwache Anlage" der Kinder sei im Wesentlichen für das Versagen in der Schule verantwortlich, sah er kritisch, und zwar sowohl im Hinblick auf die Zuweisungsentscheidung als auch in der pädagogischen Arbeit selbst:

„Dieser Glaube an die gestörten Leitungsbahnen, an physiologische Begründung überhaupt spricht aus allen Veröffentlichungen über die Hilfsschularbeit. Daraus folgt wohl auch der Brauch an der Hilfsschule, Kinder mit medizinischen Fachbezeichnungen zu charakterisieren. Die Gefahr ist dann sehr groß, daß ein Kind nur mehr als ein mehr oder weniger einwandfreier Erethiker, Torpider, Logastheniker usw. angesehen wird, und daß der Lehrer übersieht, daß es sehr viel mehr ist, nämlich ein junger Mensch *in allgemeinen Lebensschwierigkeiten*!

Der Begriff der *Grenze* überhaupt und die dazugehörigen festlegenden, abgrenzenden Fachbezeichnungen könnten aus der *pädagogischen* Arbeit verschwinden, und es wäre ihr nur von Nutzen.

Der individualpsychologische Lehrer hat sich aus langer Erfahrung abgewöhnt, einem Kinde irgendeine Grenze zu setzen. Er hat es zu oft erlebt, wie durch besondere Hingabe und richtige Behandlung die unwahrscheinlichsten Grenzüberschreitungen vorgekommen sind.

Er ist außerdem schon durch die Zusammensetzung seiner Klasse – in ihr sitzen Kinder aller sozialen, intellektuellen und charakterlichen Schattierungen – vor jeder Einseitigkeit der Betrachtung viel mehr bewahrt als der Hilfsschullehrer. Er erlebt täglich, daß ein Kind auf einem Gebiete sehr schwach ist, wo viele andere zweifellos Normale auch Schwierigkeiten haben. Er sieht, daß zu den stärker Gestörten und Geschwächten *Übergänge* führen. Sein Blick für die *nur graduelle Verschiedenheit des Versagens* bleibt geübt. Er kommt viel weniger leicht dazu, das Übel zu überschätzen und das Kind unter die ganz Außergewöhnlichen, Unnormalen einzureihen.

Wichtig sind die normalen Vergleichspunkte aber erst für das Kind! Es, das vielleicht im Rechnen ganz versagt, erlebt jeden Tag, daß es in anderen Fächern mit den Normalen mitkommt. Es sieht, daß viele von diesen in seinem schwierigen Fach auch in Schwierigkeiten stocken. Es wird – auch wenn es noch so weit fehlt – beim

593 Simon (1931, S. 201).

individualpsychologischen Lehrer doch *nie das Gefühl* bekommen, daß es überhaupt *als ganzer Mensch außer der Reihe* der anderen steht. In der Hilfsschule wird man es vor diesem Gefühl kaum bewahren können."[594]

Simons pädagogische Überlegungen mündeten in der bildungspolitischen Forderung nach Abschaffung der Hilfsschule. Die große Mehrheit der Kinder mit Lern- und Verhaltensproblemen könne die Regelschule besuchen, nur eine äußerst geringe Zahl sog. „Schwerschwachsinniger" – in heutiger Terminologie: Kinder mit dem Förderschwerpunkt geistige Entwicklung – sei in die „Anstalt" zu überweisen.[595] Schon unter den aktuellen Rahmenbedingungen sei die Volksschule für die überwältigende Mehrheit der gegenwärtigen Hilfsschüler_innen der bessere Förderort. Ihre pädagogischen Möglichkeiten könne die Regelschule aber erst dann entfalten, wenn sie unter veränderten Voraussetzungen arbeiten könne, „nämlich größere Stoffreiheit und statt 40 und mehr Kindern in der Klasse nur 15 – 20".[596]

Noch deutlicher als die Hamburger Schulreformer am Berliner Tor und Peter Petersen in Jena stellte Simon damit die Existenz der Hilfsschule grundsätzlich in Frage. Dass sich die Hilfsschullehrerschaft durch einen solchen Angriff herausgefordert fühlen musste, liegt auf der Hand. Inwieweit die Forderungen nach Aufnahme potenzieller Hilfsschulkinder in die allgemeine Volksschule und die Erfahrungen der Gemeinschaftsschulen im pädagogischen Diskurs der Weimarer Republik insgesamt auf Resonanz stießen, soll im folgenden Kapitel nachgezeichnet werden.

6. Die Diskussion der reformpädagogischen Gemeinschaftsschul-Modelle in der Weimarer Republik

Der zeitgenössische Diskurs um die nach dem Ersten Weltkrieg in Deutschland und Österreich gegründeten reformpädagogischen Gemeinschaftsschulen war ungewöhnlich vielfältig und weit verzweigt. Ihn heute nachzeichnen und analysieren zu wollen, stößt angesichts der kaum überschaubaren Quellenlage auf erhebliche Schwierigkeiten. Dies gilt vor allem für die Diskussionen um die Versuchsschule Berliner Tor, die in den ersten Jahren der Weimarer Republik in Deutschland, aber auch international große Aufmerksamkeit fand,[597] und für

594 Ebd., S. 203f.

595 Ebd., S. 204.

596 Ebd., S. 206.

597 Vgl. das Themenheft der Zeitschrift Paedagogica Historica 50(2014)5, "Transnational circulation of reform ideas and practices: The example of the experimental

die individualpsychologische Schule in Wien. Die Rezeptionsgeschichte beider Schulen ist bis heute nicht wissenschaftlich aufgebarbeitet. Die nachfolgend vorgestellten Befunde können daher nur als erste Sondierungen gewertet werden. Besser sieht es mit der Jena-Plan-Schule und Peter Petersen aus. Hier liegt seit einigen Jahren eine umfangreiche Literaturdokumentation vor, die zumindest den größten Teil der deutschsprachigen Jena-Plan-Debatte, soweit diese sich in Publikationen niederschlug, abdecken dürfte.[598]

a) Die interne Debatte der Gemeinschaftsschulen

Ein wesentlicher Bestandteil des Reformschuldiskurses der 1920er und 30er Jahre wurde durch die Akteure selbst mitbestimmt, die nicht nur ihre eigenen Konzepte und Erfahrungen öffentlich machten, sondern auch erste zusammenfassende Überblicksdarstellungen herausbrachten.[599] Allerdings fällt schon hier auf, dass die Frage der pädagogischen Unterstützung und des angemessenen Förderorts für Kinder mit Lern- oder Verhaltensproblemen nur eine marginale Rolle spielte.

Eine markante Ausnahme bildet die berühmt gewordene kritische Auseinandersetzung des Hamburger Schulreformers Kurt Zeidler mit den Erfahrungen an den drei Versuchsschulen der Hansestadt, die er unter dem Titel „Die Wiederentdeckung der Grenze" Mitte der 1920er Jahre publizierte.[600] Zeidler, zunächst Lehrer, dann Schulleiter an der sog. „Wendeschule",[601] befasste sich ausdrücklich mit der Frage der Homogenität der Lerngruppen in der Gemeinschaftsschule und mit dem Problem des Umgangs mit den „Schwachen" und „Gefährdeten"

---

and community schools (Versuchs- und Gemeinschaftsschulen) in Hamburg (1919–1933)" (Mayer 2014 und 2014a).

598 Literaturdokumentation Peter Petersen und der Jenaplan (o.J.). Eine systematische Aufarbeitung der Petersen-Rezeption zwischen 1948 und 1984 darüber hinaus bei Schwan (2000 und 2007).

599 Vgl. die Übersicht bei Lehberger (1993). Schon sehr früh die Darstellung des Berliner Kreisschulrats Ernst Engel (Engel 1922); besonders prominent die Darstellungen von Karsen (1923 und o.J. [1924]) sowie Lay (1927).

600 Vgl. Zeidler (1926).

601 Zeidler (1889–1983) trat 1909 in den Schuldienst ein und engagierte sich, beeinflusst durch Kunsterziehungs- und Jugendbewegung, für Reformen der Volksschule. Seit Mitte der 20er Jahre im Vorstand des Hamburger Lehrervereins („Gesellschaft der Freunde des vaterländischen Schul- und Erziehungswesens"), wurde er 1930 zum Schulrat für das Volksschulwesen in Hamburg berufen. Eine Funktion, die der Sozialdemokrat Zeidler, nach Rückversetzung in den Schuldienst durch die Nationalsozialisten, noch einmal von 1945 bis 1953 übernahm; vgl. seine Autobiografie: Zeidler (1974).

unter den Schülerinnen und Schülern. Seine Überlegungen dürften sich, ohne dass die Schule ausdrücklich genannt wird, nicht zuletzt auf die lange Zeit umstrittenen Hilfsschulüberweisungen am Berliner Tor bezogen haben:

> „Je mehr der Gruppencharakter von der erträumten heiteren Absichtslosigkeit zu planvoller Bewältigung übertragener oder selbstgesetzter Aufgaben übergeht, um so mehr wird eine gewisse Geschlossenheit und Homogenität der einzelnen Arbeitskörper Erfordernis. Man entfernt sich immer weiter von der freundlichen Hoffnung auf die ursprünglich gleich starke ‚Beanlagung' aller, hier verstanden als Lebenskraft im weitesten Sinne, mag diese sich nun äußern, wie sie will. Auch der Hinweis auf die überlegene Handgeschicklichkeit vieler erweist sich als ein aus Wohlwollen erklärlicher Irrtum. Es fragt sich nur, welche Folgerungen man aus diesem Tatbestand für sich zieht.
> Die sentimentale Einstellung sagt: Der Schwachen und Gefährdeten haben wir uns mit besonderer Sorgfalt anzunehmen, denn sie bedürfen unserer Hilfe am meisten. Wir haben mit ihnen zu ringen und nicht abzulassen von ihnen, bis wir sie gewonnen haben. Es ist Sache der Gemeinschaft, sie zu halten, zu tragen; sie muß sehen, wie sie mit ihnen fertig wird, aber sie muß mit ihnen fertig werden. Die soziale Einstellung sagt: Wir wollen keine Menschen aufgeben und dem Individuum unsere Fürsorge nicht entziehen. Wichtiger als der einzelne ist uns aber die Gesundheit, Kraft und Reinheit des Ganzen. Keiner glaube darum auf Grund seiner physischen Existenz einen Anspruch darauf zu besitzen, in irgendwelchen Gemeinschaften geduldet zu sein. Wer in einer Gemeinschaft nicht mit seiner Individualität aufzugehen, wer den Anforderungen des Kollektivwesens in keiner Hinsicht zu genügen weiß, der soll sich von ihr scheiden oder er wird von ihr geschieden werden.
> Es scheint, als erleben wir heute eine Hinwendung vom weiblich-fürsorgerischen zum männlich-schöpferischen Geist, und Worte wie dieses aus dem Munde Romain Rollands machen wieder tiefen Eindruck: ‚Früher berief man sich auf das abscheuliche Recht des Stärkeren. Aber, bei Gott, ich weiß nicht, ob das Recht des Schwächeren nicht noch abscheulicher ist.' "[602]

Zeidler vertrat die Auffassung, dass die ursprünglich „sentimentale" Einstellung zu den „Schwächeren" inzwischen weitgehend überwunden sei und ein „neuerstandener Sinn für Qualifikation und Format" erkennbar werde.[603] Seine Überlegungen gipfelten in der Einschätzung, dass überall schon zu sehen sei, „wie die Menschen sich emporreißen aus ihrer ewig besorgten Zaghaftigkeit, der Folge ihrer allzu großen ‚Gerechtigkeit' und Schonung, wohl erkennend, daß es ohne irgendwelche Härten nie und nimmer abgeht" und schließlich in der konkreten schulorganisatorischen Forderung nach einer „Differenzierung der Schüler"[604].

602 Zeidler (1926, S. 28f.)

603 Ebd., S. 29.

604 Ebd. Eine Entgegnung auf Zeidler formulierte William Lottigs Sohn Willi (1927) in der Zeitschrift „Das Werdende Zeitalter". Die Frage des Umgangs mit den schwächeren Schülerinnen und Schülern und das Problem der Abschulung werden hier jedoch nicht erwähnt.

Zeidlers ungewöhnlich grundsätzliche Ablehnung der heterogenen Lerngruppe wurde von Max Enderlin, dem Leiter einer Lebensgemeinschaftsschule in Mannheim-Feudenheim, nicht geteilt.[605] Er hob in einer differenzierten Auseinandersetzung mit der Jena-Plan-Schule die Abkehr von der im Regelschulsystem dominierenden Logik der Homogenisierung der Schülerschaft ausdrücklich positiv hervor und betonte den experimentellen Charakter des Jenaer Schulversuchs:

> „Ob sich nun alle diese auf das Gruppensystem begründeten Hoffnungen erfüllen werden, kann freilich nur die Praxis erweisen, und das auch nur dann, wenn es gelingt, ein auf die gegebene Tatsache der Alters-, Begabungs- und Leistungsunterschiede aufgebautes Arbeitsverfahren herauszubilden, das allen Alters- und Begabungsunterschieden innerhalb der Gruppe gerecht wird und das jeder Altersstufe ein ungehemmtes geistiges Wachstum verbürgt. Die dreijährige Erfahrung der Jenaer Versuchsarbeit scheint allerdings dafür zu sprechen, daß die Hoffnung, die Petersen in dieser Hinsicht an das Gruppensystem knüpft, wenigstens für die Unterstufen nicht unbegründet ist.“[606]

In seiner Bewertung des Jena-Plans stellte Enderlin vor allem die Chancen heraus, die für die „besonders Begabten“ im „Zusammenleben und Zusammenarbeiten von Schülern verschiedener Altersstufe, von Begabten und Minderbegabten“ lägen,[607] und sah Petersens spezifische Leistung darin, zahlreiche schulpädagogische und didaktische Reformansätze der vorangegangenen Jahre in einem „umfassenden Bildungsplan“[608] gebündelt zu haben.

Eine intensive Rezeption des Jena-Plans ist auch im Umfeld der österreichischen Gemeinschaftsschuldebatte festzustellen. Die von den Wiener Reformern Viktor Fadrus und Karl Linke herausgegebene Zeitschrift „Schulreform“ setzte sich zwischen 1928 und 1933 mehrfach mit der Jenaer Versuchsschule und ihrem pädagogischen Konzept auseinander.[609] Hierbei wurde im Rahmen einer bildungstheoretischen Analyse vor allem das „sozial-ethische Moment“[610]

605 Max Enderlin (1872–1940) hatte die Leitung der Schule zu Beginn des Ersten Weltkrieges übernommen. Unterstützt von Anton Sickinger, wurde sie 1922 zur Versuchsschule des Landes Baden. Enderlin publizierte vor allem zu Fragen des Deutschunterrichts im Sinne reformpädagogischer Arbeitsschulkonzepte. Vgl. Lay (1927) und Kessler (1995).

606 Enderlin (1928, S. 131).

607 Ebd.; vgl. auch die Reaktion Petersens auf Enderlins Darstellung: Petersen (1928).

608 Enderlin (1928, S. 137).

609 Vgl. Fadrus (1928), Köhler (1930), Berg (1932), Schneider (1933). Die Zeitschrift besprach darüber hinaus auch regelmäßig heilpädagogische Literatur.

610 Ebd., S. 593.

im Zusammenleben und -arbeiten der Schulgemeinschaft akzentuiert und das Verständnis des Menschen als „Sozialwesen", das fähig sei, „seine Kräfte in den Dienst der Gemeinschaft zu stellen", positiv hervorgehoben.[611] Skepsis artikulierte sich hingegen im Hinblick auf die unterrichtliche Praxis in der heterogenen Lerngruppe sowie ihre didaktischen und lerntheoretischen Grundannahmen:

> „Die Gruppenarbeit muß ihre Erfolge noch bis zum Berechtigungserfolg auszureifen versuchen: lassen wir ihr Zeit. Aber: Sollte sie nicht zu weit gespannt sein? Zugegeben, daß die Schüler in Gruppen nicht allein nach dem Maße der gegenseitigen Sympathie, sondern auch auf Grund instinktiven Kräftestrebens sich finden: ist die resultierende Arbeitsweise ökonomisch? Finden sich nicht zu stark entgegengesetzte Kräftequantitäten und -qualitäten zusammen und gibt es in diesem Verhältnis nicht einen Leidtragenden? (…) Der Bildungserwerb soll frei sein, das natürliche Lernen in der Stammgruppe mindestens zu 90 Prozent vertreten sein; dieses natürliche Lernen ist nicht thematisiert. Es *kann* sein, daß der Gesamtunterricht – im Sinne Petersens – spontane Themenwahl durch das Kind bewirkt; es kann aber auch *nicht* sein. Ich möchte eine doch weitergehende Regulierung durch den Lehrer wünschen: 1. Ein Kind saugt nicht alles aus seinen rosigen Fingerspitzen; 2. Es reguliert auch nicht schlichtweg die Themen nach einem Bedürfnis, das aus einer wohlempfundenen oder vielleicht sogar klar erkannten Mangelhaftigkeit auf einem Gebiete sich ergibt oder sich ergeben müßte; 3. Der Petersensche Gesamtunterricht bietet keinen zentralen Bildungsmittelpunkt und ist, da vieles aus dem Komplex ausgegliedert wird, kein Gesamtunterricht mehr."[612]

Die Bewertungen der Hamburger, Jenaer und Wiener Konzepte fielen innerhalb des Diskurses der Gemeinschaftsschulen also durchaus unterschiedlich aus. Allerdings kann von einer differenzierten Debatte über den Umgang mit den leistungsschwachen bzw. den in ihrem Verhalten auffälligen Schülerinnen und Schülern sowie den angemessenen Ort ihrer Förderung nicht die Rede sein. Vielmehr wurde dieser Aspekt der Versuchsschularbeit nur am Rande oder gar

---

611 Ebd., S. 592.

612 Berg (1932, S. 626). In einem Aufsatz befasste sich Wilhelm Paulsen Mitte der 1920er Jahre mit der Individualpsychologie Adlers (Paulsen 1926). Die Tatsache, dass die Wiener Versuchsschule im Vergleich zu den deutschen Gemeinschaftsschulen erst spät ihr spezifisches Profil entwickeln konnte und eine zusammenfassende Darstellung nicht vorlag, führte dazu, dass ihre Arbeit in den Jahren unmittelbar vor der NS-Zeit in Deutschland offenbar nur sehr vereinzelt wahrgenommen wurde. Wittenberg (2002, S. 349f.) berichtet über eine Reihe von Hospitationen deutscher Besucher, weist jedoch keine einschlägigen Publikationen nach, die hieraus entstanden wären. Die vom „Bund der Freien Schulgesellschaften" herausgegebene Zeitschrift „Aufbau" brachte im September 1930 ein Themenheft zur Individualpsychologie heraus, in dem die Versuchsschule in der Staudingergasse jedoch nicht erwähnt wird.

nicht angesprochen. Weder zum integrativen Ansatz der individualpsychologischen Versuchsschule in Wien noch zu den Münchener Unterrichtsversuchen ließ sich im Rahmen des internen Diskurses der Gemeinschaftsschulen vor 1933 ein Beitrag nachweisen.[613]

b) Positionen der akademischen Pädagogik und der Volksschullehrerschaft

Die akademische Schulpädagogik befasste sich in den 1920er und frühen 30er Jahren nur in wenigen Ausnahmefällen mit Fragen der Förderung behinderter Kinder und Jugendlicher. Dies ist umso bemerkenswerter, als die Heilpädagogik auch nach dem Ersten Weltkrieg als eigenständige wissenschaftliche Disziplin an den Universitäten noch nicht Fuß fassen konnte. 1931 wurde in Zürich die erste Professur für Heilpädagogik im deutschsprachigen Raum eingerichtet, in

613 Die folgenden der Gemeinschaftsschulidee nahestehenden Zeitschriften wurden auf einschlägige Artikel hin untersucht: „Lebensgemeinschaftsschule. Mitteilungsblatt der neuen Schulen in Deutschland" (1925–1926), „Aufbau. Erziehungswissenschaftliche Zeitschrift", herausgegeben vom „Bund der Freien Schulgesellschaften Deutschlands" (1928–1933), „Das werdende Zeitalter. Eine Zeitschrift für Erneuerung der Erziehung" (1922–1932), Organ des „Weltbundes für Erneuerung der Erziehung".
In den von Fritz Karsen verantworteten Zeitschriften „Aufbau" und „Lebensgemeinschaftsschule" wurde die Frage der pädagogischen Förderung von Kindern mit Lern- und Verhaltensproblemen nur sehr vereinzelt thematisiert. Eine ausdrücklich positive Einschätzung von Möglichkeiten eines Gemeinsamen Unterrichts findet sich nur an einer Stelle (vgl. Karsen 1925, S. 93). In einer Rezension zum Jena-Plan erwähnte Karsen die Aufnahme potenzieller Hilfsschüler_innen dagegen nicht (vgl. Karsen 1928). In einem Überblicksartikel über die Hamburger Versuchsschulen stellte Elisabeth Rotten im „Werdenden Zeitalter" immerhin heraus, dass es sich die Schule Berliner Tor zur Aufgabe gemacht hatte, „schulfremde, schulscheue und schulfeindliche Kinder" heimisch werden zu lassen, und dass „notorische Schulschwänzer und ‚schwierige' Kinder aus anderen Schulen" neu hinzu gekommen seien und am Berliner Tor „in Arbeit und Spiel Anschluß an die Kameraden" gefunden hätten (Rotten 1922, S. 41); ähnlich auch Karsen (1926, S. 98). Die Schwierigkeit der pädagogischen Aufgabe angesichts einer größeren Gruppe von „Sitzenbleibern und Schwererziehbaren" betonte dagegen der stellvertretende Leiter der Chemnitzer Humboldtschule Max Uhlig (1926, S. 162). Zur Schülerschaft dieser Versuchsschule Poste (1993, S. 386). Mehrfach finden sich im internen Gemeinschaftsschuldiskurs Hinweise auf kontrovers diskutierte Versuche von Schulen – etwa im Rahmen von Kern-Kurs-Modellen –, verstärkt auf die Homogenisierung von Lerngruppen zu setzen (vgl. z.B. Karsen 1925a, S. 68; Uhlig 1926). Dagegen wurden die integrativ angelegten Konzepte der oben dargestellten Gemeinschaftsschulen in keiner der drei Zeitschriften Gegenstand eines eigenen Beitrages.

Westdeutschland erst 20 Jahre später an der Pädagogischen Hochschule Hannover. Auch der Versuch, heilpädagogische Lehrerausbildungsgänge an den in Preußen neu geschaffenen Pädagogischen Akademien einzurichten, wurde vor der NS-Zeit nicht realisiert.[614] Für die Weimarer Republik ist daher kennzeichnend, dass vor allem Psychologen und Mediziner, Verbandsvertreter und pädagogische Praktiker den schulpädagogischen Diskurs, der sich auf Kinder mit Behinderungen bezog, dominierten. Abzulesen ist dies z.B. an den Autorinnen und Autoren der einschlägigen Beiträge im oben bereits erwähnten Standardwerk der Weimarer Erziehungswissenschaft, dem von Herman Nohl und Ludwig Pallat herausgegebenen „Handbuch der Pädagogik".[615]

Eine ungewöhnliche Ausnahme bildete daher ein Grundsatzreferat, das einer der führenden geisteswissenschaftlich orientierten Erziehungswissenschaftler, Eduard Spranger,[616] während der „Heilpädagogischen Woche" 1927 in Berlin

614 Ein erster Schritt auf dem Weg zu einer Aufwertung der heilpädagogischen Lehrerbildung war 1922 die Eröffnung eines „heilpädagogischen Studienjahres" in München, an dem auch Professoren der Universität mitwirkten. In Berlin wurden Mitte der 20er Jahre Lehrveranstaltungen der Universität für Teilnehmer des „Heilpädagogischen Seminars Berlin-Brandenburg" geöffnet. 1928 folgte ein einjähriger Ausbildungslehrgang in Halle/Saale, der sich an dem von Arno Fuchs in Berlin initiierten Kursus orientierte. Zur Entwicklung der Lehrerausbildung Koch (o.J. [1927], 1934) und Hänsel (2014). Siehe auch die negativen Stellungnahmen der bekannten Schulpädagogen Aloys Fischer (zur Integration der Heilpädagogen in die Volksschullehrerbildung: Die Hilfsschule 1930, S. 43f.) und Wilhelm Flitner (zu eigenständigen heilpädagogischen Lehrerausbildungsgängen: Flitner 1929). Befürwortend zu Letzteren dagegen z.B. der in Gießen lehrende Psychologe Erich Stern (Stern 1930).

615 Der grundlegende Artikel „Heilpädagogik" stammt von dem damaligen Leiter der Sophienhöhe in Jena, Hanns Eyferth (Eyferth 1930). Die Beiträge zur Hilfsschule und zum Förderklassensystem gehen auf den Hilfsschulfunktionär August Henze (Henze 1928 und 1928a) zurück, der zu „Heilpädagogischen Anstalten" auf die Jugendfürsorgerin Ruth von der Leyen (von der Leyen 1929). Der von der Psychologie zur Heilpädagogik gekommene Theodor Heller verfasste den Artikel „Schwachsinnige" (Heller 1929).

616 Eduard Spranger (1882–1963) war zunächst als Lehrer an höheren Mädchenschulen in Berlin tätig. Nach seiner Habilitation mit einer Arbeit über „Wilhelm von Humboldt und die Humanitätsidee" (1909) Professor für Philosophie und Pädagogik zunächst in Leipzig und von 1920 bis 1946 in Berlin. Mit seinen wichtigsten Schriften, „Lebensformen" (1914) und „Psychologie des Jugendalters" (1924), sowie als Mitherausgeber der geisteswissenschaftlich orientierten Zeitschrift „Die Erziehung" gehörte Spranger zu den bekanntesten und einflussreichsten Erziehungswissenschaftlern der Weimarer Republik, der er selbst kritisch gegenüberstand. Seine Haltung in der NS-Zeit ist bis heute umstritten. Nach dem Zweiten Weltkrieg lehrte Spranger als Professor für

hielt. Sein Vortrag bezog sich nicht ausdrücklich auf die Gemeinschaftsschulen, ist aber insofern interessant, als er versuchte, die Stellung der „Heilpädagogik im Rahmen der Normalschulpädagogik" zu klären.[617] Spranger betonte vor allem die Schwierigkeiten der Abgrenzung zwischen „Normal-" und „Heilerziehung", da das Verständnis von „Normalität" sich immer in Abhängigkeit von wandelbaren kulturellen Normen und vielfach unhinterfragten Konventionen befinde. In der Schule bestehe daher die Gefahr, „bloße *Schul*normen und *Schul*forderungen zum Wertmaßstab" zu erheben und „das Klischee einer bloßen Schulintelligenz und eines bloßen Schulverhaltens zum Kennzeichen der Normalität zu machen".[618]

> „Schwer erziehbare Kinder fordern noch nicht Heilpädagogik. Je stärker die Aufmerksamkeit einer Zeit auf psychopathische Erscheinungen gerichtet ist, umso näher liegt für den Pädagogen die Gefahr, die Diagnose auf psychopathische Veranlagung zu schnell und leicht zu stellen. Jedes eigenartige Kind, jeder kleine Sonderling fordert dann die bequeme Reaktion heraus: ‚Der Junge ist nicht normal: *also* ist er krank; er muß einer Sondererziehung überwiesen werden.' Vor diesem Kultus einer schablonisierten Mittelmäßigkeit, einer allgemeinen ortsüblichen Schulnormalität kann nicht genug gewarnt werden."[619]

Die originäre Aufgabe der Heilpädagogik beginne nach Spranger erst dort, wo eine Krankheit und damit medizinische Ursachen für ein ungewöhnliches Verhalten oder Lernprobleme festgestellt werden könnten. Eindeutig seien diese Diagnosen bei offensichtlichen körperlichen oder physiologischen Schädigungen, schwierig dagegen in der „Zwischenzone derjenigen Krankheiten, die eine Anlehnung der Erziehung an das Normalschulwesen noch gestatten".[620] Hier müsse man eingestehen, dass eine Abgrenzung „keine rein medizinisch-wissenschaftliche"[621] sei. Insbesondere im Fall von „Schwachsinn" und „Psychopathie" gestatte der „Stand der wissenschaftlichen Psychiatrie überhaupt noch keine scharfen Abgrenzungen."[622]

Trotz dieser Warnungen stellte Spranger das bestehende System der Sonderschulen nicht in Frage, denn die öffentliche Regelschule werde „ja unvermeidlich

Philosophie, Pädagogik und Psychologie in Tübingen. Vgl. aus der umfangreichen Sekundärliteratur: Meyer-Willner (2001), Ortmeyer (2010), Himmelstein (2013).

617 Spranger (o.J.).

618 Ebd., S. 10.

619 Ebd., S. 13f.

620 Ebd., S. 15.

621 Ebd.

622 Ebd., S. 16.

ihre Maßnahmen an einer vorausgesetzten durchschnittlichen Bildsamkeit orientieren müssen"; was davon abweiche, passe „*auf die Dauer* wirklich nicht in sie hinein."[623] Mit Blick auf die Lehrerinnen und Lehrer hob er daher ausdrücklich deren Verantwortung bei der Zuweisung der Kinder zu den heilpädagogischen Einrichtungen hervor. Die „ganze Arbeit der Sonderorganisationen" hänge letztendlich davon ab, „wie weit die Eigenentwicklung des Kindes bildenden Einflüssen zugänglich" sei.[624] Erfolg oder Misserfolg einer solchen Entscheidung ruhten „auf der durch Theorie und Erfahrung aufbauenden Fähigkeit des Lehrers, im einzelnen Fall die Aussichten für Entwicklung und Bildung einigermaßen vorauszusehen."[625]

Möglichkeiten heilpädagogischer und therapeutischer Förderung lokalisierte Spranger daher eindeutig außerhalb der Regelschule. In den „Sonderschulen" sah Spranger dann auch den Ort für die von ihm besonders hervorgehobenen Verfahren der Individualpsychologie Alfred Adlers, welche „Heilen und Bilden ganz nahe aneinandergerückt"[626] habe.

> „Sehr wertvolle Anregungen sind der Methode von Alfred Adler zu entnehmen, besonders auch in der Richtung auf Hilfeleistung bei günstigen leiblichen und seelischen Kompensationen, die sich gegen die vorliegenden Gebrechen bilden wollen. In ihnen liegt nichts anderes als die Selbstheilkraft der bildenden Natur selber. – Die *Gemeinschaftsbildung* als Erziehungsmittel wird überall da erfolgreich sein, wo es gelingt, ihr positive Kräfte zu entlocken. Nur glaube man nicht, daß bloßes Zusammensein und Zusammenwirken von Kindern schon von selbst erziehlich wirke. In unserem Falle hat dies Zusammensein ein pro und contra. Die Gefahr bleibt immer, daß viele gleichmäßig Kranke nebeneinander eine Atmosphäre von Gedrücktheit und von Gesellschaftsfeindseligkeit erzeugen. Es bedarf also in den Sonderschulen besonderer pädagogischer Kunst, um in die werdende Gemeinschaft erst die Motive und Kräfte hineinzulegen, die sie menschlich-sittlich fruchtbar machen."[627]

Anders als Fragen der Förderung behinderter Kinder wurden die Konzepte und Erfahrungen der reformpädagogischen Gemeinschaftsschulen in der schulpädagogischen Literatur der 1920er und frühen 30er Jahre breit diskutiert. Im oben bereits erwähnten „Handbuch der Pädagogik" betonte der Beitrag von Otto Karstädt[628] die außergewöhnliche Bedeutung der Hamburger Versuchsschulen für den

---

623 Ebd., S. 14.
624 Ebd., S. 17.
625 Ebd.
626 Ebd., S. 8.
627 Ebd., S. 19f.
628 Karstädt (1876–1947) hatte vor dem Ersten Weltkrieg als Lehrer gearbeitet, seit 1919 war er im Preußischen Kultusministerium tätig. 1929 erhielt er eine Professur für

zeitgenössischen Reformdiskurs und würdigte den Jena-Plan als ein Schulkonzept, in dem „zum erstenmal der gesamte Baustoff *aller* heutigen Versuche in ein einheitliches Lehr- und Arbeitsgebäude eingefügt“[629] sei. Die Aufnahme von Kindern, die ansonsten die Hilfsschule besucht hätten, wurde jedoch nicht erwähnt. Gleiches gilt für weitere einschlägige Überblicksdarstellungen, wie das dreibändige Werk des Kolberger Schulrats Adolf Rude, „Die Neue Schule und ihre Unterrichtslehre“, in dem die Gemeinschaftsschulen ausführlich behandelt wurden, für Karl Friedrich Sturms „Pädagogische Reformbewegung“ und für die Ausführungen zu Petersen in Emil Saupes Standardwerk „Deutsche Pädagogen der Neuzeit“.[630]

Sehr aufmerksam wurde der Jena-Plan auch an den Pädagogischen Akademien in Preußen wahrgenommen, die seit Mitte der 1920er Jahre für die Volksschullehrerausbildung verantwortlich waren. Hier sind es vor allem zwei katholische Pädagogen, die das Konzept Petersens in ihrer schulpädagogischen und didaktischen Bedeutung würdigten.[631] Der an der Pädagogischen Hochschule in Bonn lehrende Friedrich Schneider[632] interpretierte den Jena-Plan als „Versuch zur Verwirklichung einer Individualitätspädagogik“[633] und betonte, dass sowohl besonders begabte Schülerinnen und Schüler als auch die „sonst an Hilfsschulen Zusammengefaßten (...) in dem reichen Leben der Gruppe, mit

---

Deutsch und Pädagogik an der Pädagogischen Akademie Hannover. Nach deren Schließung im Zuge der Sparpolitik des Landes Preußen wurde er 1932 in den einstweiligen Ruhestand versetzt und als profilierter Sozialdemokrat und Mitglied der „Deutschen Liga für Menschenrechte“ auf Grundlage des Gesetzes zur Wiederherstellung des Berufsbeamtentums 1934 endgültig zwangspensioniert. Karstädt blieb in Deutschland und war während des Zweiten Weltkrieges zeitweise Mitarbeiter des Zentralinstituts für Erziehung und Unterricht in Berlin. Nach 1945 wirkte er an der Neufassung der Volksschulmethodik in der Sowjetischen Besatzungszone mit (vgl. Hesse 1995, S. 408f.).

629 Karstädt (1928, S. 360).

630 Vgl. Rude (1930–1932), Sturm (1930), Saupe (1929, S. 398–412).

631 Vgl. aus dem katholischen Umfeld auch Schulz (1927), Giesen (1930) und Spieler (1932).

632 Friedrich Schneider (1881–1974) war zunächst an Volks- und Mittelschulen, danach an verschiedenen katholischen Lehrerseminaren tätig. 1923 habilitierte er sich mit einer Arbeit über die „Psychologie des Lehrerberufs“, vier Jahre später erhielt er einen Ruf an die neu eröffnete katholische Pädagogische Akademie in Bonn. Der Mitbegründer der Vergleichenden Erziehungswissenschaft in Deutschland wurde 1934 vorzeitig in den Ruhestand versetzt. Nach 1945 war er Professor für Pädagogik in München und Mitglied der deutschen UNESCO-Kommission (vgl. Stübig 2007; Hesse 1995, S. 659ff.).

633 Schneider (1930, S. 159).

anderen Begabungen zusammen, vielseitiger und auf natürliche Weise lernen, was ihnen zugänglich ist.“[634] Dagegen warnte Theodor Schwerdt, der bei Schneider mit einer Arbeit über die „Schule als Lebensform“ promoviert hatte, vor den Gefahren eines „didaktischen Soziologismus“:

> „Wenn nun Petersen den Unterricht eindeutig ‚von der Gemeinschaft aus‘ bestimmt, so ergibt sich die analoge Aufgabe, die Ansprüche der *sozialen (bzw. sozialpsychischen) Faktoren* und die der *Unterrichtssache* in rechter Weise im didaktischen Denken in Einklang zu bringen. Bei einer Überbetonung der sozialen Faktoren in der Bestimmung des Unterrichtslebens droht analog dem Psychologismus die Gefahr des didaktischen Soziologismus. Und zwar wäre ein solches Übergreifen der Ansprüche sowohl im formalen als auch im materialen Sinne möglich.“[635]

Im Organ der preußischen Volksschullehrer, der Preußischen Lehrerzeitung, wurde über den Jena-Plan in sachlicher Weise berichtet und hierbei auch die Tatsache besonders hervorgehoben, dass Petersen von „Sonderschulen irgendwelcher Art“ nichts wissen wolle und „ausgesprochene Hilfsschüler“[636] in der Lerngruppe belasse. Trotz ausdrücklicher Zurückhaltung bei der Bewertung klang aber doch deutliche Skepsis mit Blick auf die Heterogenität der Schülerschaft und vor allem Sorge um die leistungsstarken Kinder und Jugendlichen an:

> „Ich habe die Gemeinschaftsschule der Universität in Jena zu zeichnen versucht nach den Veröffentlichungen ihres Begründers und seines Mitarbeiters und mich absichtlich der Kritik enthalten. Sonst wäre wohl manches zu dem freien Gruppenunterricht, der Zurückhaltung der Begabten im Gruppenverbande und ihrer Betätigung als ‚Hilfslehrer‘ u.a.m. zu sagen.“[637]

Folgt man der Petersen-Literaturdokumentation, dann blieb diese Buchbesprechung jedoch die einzige ausführlichere Auseinandersetzung aus dem Umfeld des Deutschen Lehrervereins mit dem Jena-Plan, in dem die Einbeziehung behinderter Schülerinnen und Schüler ausdrücklich thematisiert wurde.[638]

c) Die Hilfsschullehrerschaft

Sehr viel aufmerksamer als die Volksschullehrer reagierte die Hilfsschullehrerschaft auf die Versuche der reformpädagogischen Gemeinschaftsschulen, zumindest für einen Teil ihrer Schülerklientel alternative schulische Angebote zu

---

634 Ebd., S. 160.

635 Schwerdt (1933, S. 237); zu Schwerdts Biografie Oelkers (2000, S. 169).

636 Gottschalk (1929, o.P. [S. 1]).

637 Ebd., S. 2.

638 Vgl. auch Retter (2007, S. 135–141).

erproben. In der „Hamburger Lehrerzeitung" nahm der Heilpädagoge Fritz Rössel 1922 in einem Aufsatz mit dem Titel „Das geistig schwache Kind und die neue Schule" Stellung zu der Auffassung, „die Hilfsschule wäre nicht mehr nötig", denn in einer reformpädagogisch orientierten, neuen Schule „könnten auch Kinder, die sonst auf der Strecke liegen blieben, sich regen und betätigen und in ihrem Klassenverband bleiben".[639] Rössel lehnte diese Einschätzung mit dem Hinweis auf den „krankhaften Schwachsinn" der betroffenen Kinder nachdrücklich ab.

> „Wohl wissend, daß es unzählige Übergänge vom normalen zum geistig schwachen Kinde gibt und daß die Regelwidrigkeiten dieser Kinder oft jeder schematischen Gruppierung spotten, muß daran festgehalten werden, daß das geistig schwache Kind zu einer Defektpsychose gehört, deren Hauptcharakteristikum in einem Intelligenzdefekt (...) zu suchen ist. Das geistig schwache Kind kann nur unter dem Gesichtspunkte des Krankhaften betrachtet und beurteilt werden, und jede andere laienhafte Einstellung ist nachdrücklich abzulehnen."[640]

Und weiter:

> „Das geistig schwache Kind ist oft genug Produkt aus Stämmen, in denen Alkohol, Geschlechtskrankheiten, Geistes- und Nervenkrankheiten, Erschöpfung der Mutter, Rachitis, Tuberkulose und ungünstige soziale Verhältnisse grausam gewütet haben und noch wüten."[641]

Nur die Hilfsschule könne sich dieser „geistig defekten Kinder"[642] in pädagogisch angemessener Weise annehmen. Sie habe „von jeher eine Reformpädagogik

---

639 Rössel (1922, S. 234). Fritz Rössel (1886–1966) arbeitete nach Abschluss seiner Lehrerausbildung zunächst an Trüpers Sophienhöhe in Jena. 1910 wechselte er in den Schuldienst nach Hamburg und publizierte seitdem regelmäßig zu Fragen der Hilfsschulpädagogik. Schon vor dem Ersten Weltkrieg unterstützte er den Wunsch nach gesetzlichen Maßnahmen (Eheverbot, Kastration), welche die „Fortpflanzung psychisch kranker und degenerierter Stämme verhindern könnten" (Rössel 1912, o.P. [S. 2]). Rössel promovierte Mitte der 1920er Jahre bei Gustav Deuchler mit einer Studie über „Das Hilfsschulkind. Versuch einer Charakteristik nach seinen Verhaltensweisen und Betätigungsformen" (Rössel 1925). Die Arbeit gilt als „erster Versuch, die Hilfsschulpädagogik nicht aus medizinischer oder psychologischer, sondern aus pädagogischer Sicht zu begründen" (Ellger-Rüttgardt 2003, S. 188). Aufgrund ihrer „sonderanthropologischen Typisierung der Adressaten heilpädagogischer Bemühungen" (Lindmeier 2001, S. 65) wird sie aber auch als Beitrag zu einer Heilpädagogik gewertet, die „der Erziehungsideologie des Nationalsozialismus nichts entgegenzusetzen hatte" (ebd., S. 66).

640 Rössel (1922, S. 234).

641 Ebd., S. 235.

642 Ebd., S. 234.

betrieben, und eine Reihe von Reformen, die späterhin ihren Einzug in die Normalschule" gehalten hätten, seien „in Hilfsschulen schon lange praktisch erprobt und vorbereitet worden".[643] Reformpädagogisch erneuerte Regelschulen seien aufgrund ihrer neuen, psychologisch differenzierteren Sicht auf das einzelne Kind, welche die Hilfsschule von jeher ausgezeichnet habe, zukünftig sehr viel besser als die alte Volksschule in der Lage, „schärfer und klarer geistig schwache Kinder herauszufinden" und zu erkennen, „daß ihr Verbleib im Klassenverband weder ihnen noch ihren Mitschülern dienlich" sei, ein Ersatz für die Hilfsschule aber könnten sie nicht sein.[644]

Die moderate Argumentation Rössels lief zu Beginn der 1920er darauf hinaus, eine Brücke zwischen den reformpädagogischen Ansätzen der Gemeinschaftsschulen und der Hilfsschule zu bauen. Angesichts der gefestigten Position der eigenen Schulform fiel die Kritik wenige Jahre später jedoch erheblich massiver aus. Nun stellte man den Gegensatz deutlich heraus, denn vor allem die Hilfsschulkritik Petersens wurde offenbar als Provokation empfunden.[645] In einer Rezension des Kleinen Jena-Plans in der Zeitschrift des Hilfsschullehrer-Verbandes aus dem Jahr 1928 hieß es:

> „Solchen Ausführungen brauchen wir in diesen Blättern nichts entgegenzusetzen; aber man liest sie mit tiefem Bedauern darüber, daß sie von einer Stelle kommen, von der man allerdings eine tiefere Erfassung und Durcharbeitung des Problems hätte erwarten müssen."[646]

Ergänzt wurde diese Infragestellung der fachlichen Kompetenz Petersens durch eine zusätzliche, in dieser Form ausgesprochen ungewöhnliche Ergänzung der Schriftleitung:

> „Die Angabe, daß es ‚ausgesprochene' Hilfsschüler gebe, die nicht zu den pathologischen Kindern, nicht einmal zu den leichteren Fällen zu rechnen seien, sollte heute denn doch keinem Pädagogen mehr unterlaufen, am allerwenigsten einem Hochschullehrer für Pädagogik. Schriftltg."[647]

Unter dem Diktat knapper Kassen während der Weltwirtschaftskrise und dem daraus resultierenden massiven Legitimationsdruck auf die Hilfsschulen

---

643 Ebd.

644 Ebd.

645 Vgl. Hillenbrand (2001, S. 131).

646 Rössel (1928, S. 91). Mit ganz ähnlicher Tendenz dann auch in einer Besprechung der „Neueuropäischen Erziehungsbewegung" von 1931, in der in Bezug auf Petersen sogar von „übler oberflächlicher Journalistik" die Rede ist (Rössel 1931a, S. 379).

647 Rössel (1928, S. 90).

schaltete sich auch der Vorsitzende des Verbandes in die Debatte ein.[648] Wie schon gegen die Mannheimer Förderklassen polemisierte Gustav Lesemann auch gegen die Konzepte des gemeinsamen Lernens in der Volksschule:

> „Wir brauchen uns daher mit dieser Möglichkeit, die Hilfsschüler der Volksschule zu überweisen, nicht mehr ernstlich auseinanderzusetzen. Würde die Volksschule jetzt (etwa aus Gründen der Sparsamkeit) eine andere Stellung einnehmen, so verließe sie ja ein Grundprinzip des gesamten Auf- und Ausbaugedankens der Volksschule, der in der Vergangenheit führend war, nämlich den Gedanken der Differenzierung. Er ist der tragende Grundpfeiler des Ideals eines weiteren Volksschulausbaues, er ist die Idee, auf der die gesamte Grundschule fußt. Eine Umkehr von diesem Wege würde bedeuten, daß man grundstürzend umbauen würde. (...). Abgesehen von pädagogischen Außenseitern und pädagogischen Himmelsstürmern, deren Ausführungen aber mehr Fassade als Inhalt sind, deren Darlegungen vor allem durch keinerlei Sachkenntnis des Wesens und der Art der Hilfsschule getrübt sind, treten ernstzunehmende Verfechter dieses Gedankens der Überweisung Schwachsinniger in die Volksschule nicht auf."[649]

Lesemann ließ sich offensichtlich nicht auf eine sachliche Argumentation in Bezug auf die Leistungen und Probleme unterschiedlicher Orte pädagogischer Förderung ein, sondern setzte auf Abwertung der konkurrierenden Ansätze.[650]

Ganz auf der Linie des Hilfsschullehrerverbandes lag in seiner Bewertung des Konzepts des Gemeinsamen Unterrichts im Jena-Plan im Übrigen ein Kollege Petersens an der Universität Jena. Der experimentelle Psychologe Wilhelm Peters[651] urteilte im Rahmen der Rezension einer Veröffentlichung eines Hilfsschulpädagogen über den Jena-Plan:

---

648 Die Bedrohung der Hilfsschule lässt sich an Schulbesuchsquoten unmittelbar festmachen. Der bis in das zweite Drittel der 1920er Jahre steigende Anteil der Hilfsschüler_innen an der gesamten Schülerschaft ging nun erstmals deutlich zurück. Die Quote sank etwa in Preußen von 1,71% (1926) auf 1,41% (1931), in Hamburg von 3,15% (1927) auf 2,22% (1931). Erst nach dem politischen Machtwechsel ist eine erneute Umkehr der Tendenz festzustellen, so dass der Anteil der Hilfsschüler_innen an der gesamten Schülerschaft Ende der 1930er Jahre die Höhe von 1926/27 wieder erreichte (vgl. Abb. 11 sowie Nath/Titze 2016, S. 322ff.).

649 Lesemann (1931a, S. 717).

650 Vgl. Hillenbrand (2001, S. 133). Nach Sicherung der Existenz der gesonderten Hilfsschule in der NS-Zeit wandelte sich die Haltung der Hilfsschullehrerschaft zum Jena-Plan. Nun wurde aus einer Position der Stärke heraus vereinzelt die Integration von Elementen des Konzepts in die Hilfsschulpädagogik propagiert (vgl. ebd. S. 134). Bei Wiegmann (1950) dann wieder eine Anknüpfung an den Duktus der Auseinandersetzung der Weimarer Jahre.

651 Wilhelm Peters (1880–1963), der wie Petersen bei Wilhelm Wundt studiert hatte, befasste sich in seinen Studien u.a. mit Fragen der Wahrnehmungs-, Gedächtnis- und

> „Angesichts dieser fein abgewogenen und differenzierten Methodik, mit der der Hilfsschulpädagogog aus seinem Schüler herausholt, was eben noch herauszuholen ist, muß man über die Naivetät (sic!) eines der ‚neuesten' Pädagogen staunen, der die Hilfsschule für entbehrlich hält, wenn nur an die Stelle der heutigen Volksschule eine in Gemeinschaftsgruppen aufgebaute, neue, freie Volksschule tritt. In einer solchen Schule will er ‚ausgesprochene Hilfsschüler' in zwei bis drei Jahren für die normale Volksschule reif gemacht haben. Es geschehen noch Zeichen und Wunder!"[652]

Eine deutlich differenziertere Auseinandersetzung erfolgte mit der Kritik, die Alfons Simon während des 5. Kongresses für Individualpsychologie an der Hilfsschule vorgetragen hatte. Simon hatte hier die Position vertreten, dass die potenziellen Hilfsschulkinder besser in der Volksschule pädagogisch gefördert würden, zu diesem Zweck aber eine deutliche Senkung der Klassenfrequenzen notwendig sei. Der Hilfsschullehrer Will Wegner-Etzrodt[653] hielt ihm daraufhin entgegen, dass eine solche Forderung die Unlogik der eigenen Position zeige, denn daraus ergebe sich die Konsequenz,

> „daß unter den heutigen Verhältnissen dem Hilfsschüler die für seine geistig-seelische Gesundung unbedingt notwendige Förderung *nicht* zuteil werden kann! Und was ist daraus zu folgern? Doch dies: daß die Hilfsschulen notwendig sind! (...) Festgestellt wurde von der Gegenseite, daß die Normalschule eine äußere Umformung erfahren müsse, wenn sie die Aufgabe der Hilfsschule übernehmen solle. Diese Umformung aber ist bis heute noch nicht Wirklichkeit geworden und wird es auch in sehbarer Zeit nicht werden. Die Aufhebung der Hilfsschulen würde also das Hilfsschulkind in die Wirklichkeit der heutigen Schule hineinstellen. Diese Wirklichkeit aber ist – wie auf dem Kongresse von individualpsychologischer Seite selbst festgestellt wurde – eher geeignet,

---

Persönlichkeitspsychologie. Besondere Beachtung fanden seine Untersuchungen zur Vererbung geistiger Eigenschaften, deren Ergebnisse für eine Wechselwirkung von Anlage- und Umweltfaktoren sprachen. Als Hochschullehrer in Mannheim (ab 1919) war er an der Einrichtung der im vorangegangenen Kapitel bereits erwähnten ersten hauptamtlichen Schulpsychologenstelle in Deutschland beteiligt. In Jena engagierte er sich ab 1923 als einer der Kontrahenten Petersens vor allem in der Lehrerbildung. 1933 wurde Peters aufgrund seiner jüdischen Herkunft seines Amtes enthoben und ging ins Exil. Seit 1937 als Professor an der Universität Istanbul tätig, kehrte er nach dem Zweiten Weltkrieg nach (West-)Deutschland zurück. Zur Biografie: Holzapfel (2001). Zur ungewöhnlich konfliktbeladenen Personalsituation an der Universität Jena in der Weimarer Republik: Senatskommission zur Aufarbeitung der Jenaer Universitätsgeschichte im 20. Jahrhundert (2009, S. 270–416). Aus der Perspektive Petersens: Retter (2007, S. 114–129 und 141–145).

652 Peters (1927, S. 527).

653 Biografische Informationen konnten nicht ermittelt werden.

> das Kind, und zwar schon das Normalschulkind, zu gefährden, als es vor neurotischen Hemmungen zu bewahren."[654]

Unter den gegebenen Bedingungen der Volksschule werde das schwachbegabte Kind zur

> „Zielscheibe des Witzes und Spottes der Klasse; der Gegenstand zunächst eifriger Bemühungen, dann der Verzweiflung und zuletzt der Nichtbeachtung des Klassenlehrers! Mehr wollen wir gar nicht darüber sagen. Es genügt vollständig für jeden Individualpsychologen, um sich darüber klarzuwerden, daß hier *stärkste seelische Belastungen* auftreten müssen, die *jede Möglichkeit erziehlicher und unterrichtlicher Förderung verbauen.*"[655]

Unter gänzlich veränderten Bedingungen in der Regelschule sei es durchaus denkbar, bei einer Klasse von 10 bis 15 Schülern „den einen oder anderen Schüler, der sonst in die Hilfsschule gelangen würde, in die Klassengemeinschaft einzufügen"[656]. Dies gelte jedoch nicht für jedes Kind:

> „Nun bestehen aber innerhalb des Schwachsinns – mit allerdings fließenden Grenzen – die Erfahrungsgruppen der Debilen, Imbezillen und Idioten. Steht die Individualpsychologie nun auf dem Standpunkte, daß diese Unterschiede lediglich auf zu beseitigenden neurotischen Hemmungen beruhen? Dann allerdings gibt es keine Möglichkeit einer gegenseitigen Verständigung. Wenn aber auch auf der Gegenseite für die Unterschiede der drei Gruppen eine von Natur aus gegebene Andersartigkeit zugegeben wird, dann muß sie mindestens für die Gruppen der Imbezillen und Idioten die Notwendigkeit einer Sonderbehandlung anerkennen, solange nicht vom heutigen Leistungsprinzip abgegangen und für die Schule *das Prinzip der Lebensvorbereitung allein bestimmend wird.* Dann – aber auch nur dann, wenn es dadurch möglich wird, jedes Kind in den gemeinsamen Schaffensprozeß einer Gruppe nach seinen Kräften einzuordnen, daß es sich also immer als wertvoll für die gemeinsame Arbeit fühlt, beim Versagen aber stets die freudige Hilfsbereitschaft der Gemeinschaft erlebt, dürfte man an den Versuch denken auf die Hilfsschule zu verzichten."[657]

Das Bemühen Wegner-Etzrodts um die argumentative Auseinandersetzung mit einem konkurrierenden Förderkonzept blieb jedoch Episode. In einer Besprechung des Artikels von Wegner-Etzrodt war es mit Wilhelm Raatz[658] erneut einer

---

654 Wegner-Etzrodt (1930, S. 653f.).

655 Ebd., S. 654.

656 Ebd.

657 Ebd., S. 654f.

658 Wilhelm Raatz (1868–1932) war Leiter einer Charlottenburger Hilfsschule sowie Mitbegründer und Vorsitzender des Hilfsschulverbandes Brandenburg. Nach 1918 gehörte er zu den Initiatoren der heilpädagogischen Ausbildungskurse der Provinz

der führenden Verbandsvertreter, der die Position Simons als nicht diskutabel abqualifizierte:

> „Man soll solche Theorien nicht ernst nehmen; denn aus Sachkenntnis sind sie nicht geboren und Schaden vermögen sie nicht mehr anzurichten. Wer wirklich schwachsinnige Kinder und die Grenzen ihrer Bildungsfähigkeit kennt; wer mit der Hilfsschule und ihren Erfolgen vertraut ist, der legt solche Entgleisungen zu den übrigen.“[659]

Im 1934 erschienenen „Enzyklopädischen Handbuch der Heilpädagogik“ konstatierte der Frankfurter Hilfsschulrektor Albert Griesinger schließlich nur noch:

> „Einige Reformer wollten den Nachweis erbringen, daß die neue Schule mit ihrer beweglicheren Organisation und ihrer mehr kindgemäßen Einstellung die Hilfsschule überflüssig mache (...). Die praktischen Versuche zeitigten jedoch nicht die gewünschten Erfolge“.[660]

7. Zusammenfassung: Innere Widersprüche der Gemeinschaftsschul-Konzepte und die ausgefallene Kontroverse um die Hilfsschulkinder

Während die institutionelle Annäherung von niederem und höherem Schulwesen mit der Einrichtung der obligatorischen vierjährigen Grundschule erstmals in der deutschen Schulgeschichte bedeutsame Fortschritte machte, entwickelten sich die Rahmenbedingungen für die Aufnahme von Kindern mit Behinderungen in die Regelschule in der Weimarer Republik eher in eine negative Richtung. Zwar zielte die reformpädagogisch geprägte Debatte um eine „kindgerechte

---

Brandenburg. Ab 1925 war er Studienleiter am heilpädagogischen Institut Berlin (vgl. Ellger-Rüttgardt 2003, S. 193f.).

659 Raatz (1931a, S. 227). Vgl. auch Raatz (1931).

660 Griesinger (1934a, S. 3148). Im gleichen Band des Handbuchs veröffentlichte Griesinger auch den im Nachtrag angefügten Artikel „Die Hilfsschule im neuen Reich“, in dem er die „national-sozialistische Revolution des Jahres 1933“ als „Aufbruch der Nation durch den unvergleichlichen Kampf des Führers und seiner Getreuen“ feierte und „die Notwendigkeit“ einer „rassischen Erneuerung unseres Volkes“ propagierte (Griesinger 1934, S. 3358f.). In diesem Zusammenhang befürwortete er den „Ruf nach restloser Beseitigung aller unproduktiven Ausgaben und Maßnahmen für die Förderung der Minderwertigen.“ (ebd., S. 3359) Er stellte fest, dass die Vertreter der Hilfsschule „nicht allein pflichtmäßig, sondern aus innerster Überzeugung alle Maßnahmen negativer und positiver Rassenpflege“ unterstützen und „auch in Zukunft ihren hohen Aufgaben als Volksgenossen und Heilpädagogen im Dienste der Volkserneuerung gewissenhaft nachkommen“ würden (ebd.).

Schule" auf ein möglichst anregungsreiches Schulleben und verfocht didaktische Prinzipien wie „Selbsttätigkeit", „Ganzheitlichkeit" und „Entwicklungsgemäßheit",[661] diese Ansprüche stießen in der Realität jedoch auf die Tatsache, dass das vertikal aufgebaute Schulsystem nach der Grundschule weiter erhalten geblieben war und die ersten vier Jahre der Volksschule nun, sehr viel stärker als noch im Kaiserreich, die Funktion der Auslese und Vorbereitung auf die weiterführenden mittleren und höheren Schulen erfüllen mussten. In einer zunehmend auf Leistung und Konkurrenz eingestellten Grundschule hatten die Kinder mit Lern- und Verhaltensproblemen verstärkt mit Anforderungen zu rechnen, denen sie kaum gewachsen sein konnten. Eine Situation, die sich in steigenden Zahlen von Hilfsschulüberweisungen deutlich niederschlug.[662]

Angesichts dieser Grundkonstellation im Regelschulwesen blieben Versuche eines Gemeinsamen Unterrichts auf einige wenige Reformprojekte beschränkt, denen als sog. „Gemeinschaftsschulen" nach 1918 vor allem unter sozialdemokratisch geführten Landesregierungen (wie in Hamburg, Thüringen und unter ähnlichen strukturellen Voraussetzungen auch in der österreichischen Hauptstadt Wien) allerdings erhebliche Erprobungsspielräume zugestanden wurden.

Diese Freiheiten nutzten die Schulen in sehr unterschiedlicher Weise. An der Hamburger Gemeinschaftsschule am Berliner Tor verfolgte eine kleine Gruppe hoch engagierter Volksschullehrerinnen und -lehrer das bemerkenswerte Ziel einer Schule ohne Aussonderung und Leistungszwang. Wesentliche Grundlage ihres Schulversuchs waren der ausdrückliche Verzicht auf Hilfsschulüberweisungen und der Gemeinsame Unterricht in heterogenen Lerngruppen. Die Unterschiedlichkeit der Schülerinnen und Schüler wurde positiv bewertet und als Lernchance wahrgenommen. In der Hoffnung, eine Pädagogik „vom Kinde" und „von der Gemeinschaft" aus realisieren zu können, wurden die Zwänge der autoritären Schule des Kaiserreichs abgestreift und der Versuch unternommen, Unterricht und Schulleben nicht nur anders zu denken, sondern als gelebte Alternative radikal neu zu gestalten. Die weitgehende Mitbestimmung der Schüler_innen bei der Wahl der Unterrichtsgegenstände, die Betonung erfahrungs- und handlungsorientierter Arbeitsformen, welche die Eigentätigkeit und die Ausdrucksfähigkeit der Kinder fördern sollten, der Verzicht auf Stundenplan

---

661 Vgl. dazu die einschlägigen kritischen Übersichtsbeiträge in Keim/Schwerdt (2013).

662 Titze (2016, S. 178) formuliert in diesem Zusammenhang sogar die zugespitzte These, dass die Annäherung von höherem und niederem Schulwesen in der Grundschulreform „um den Preis verschärfter Ausgrenzung" von leistungsschwächeren Kindern „allgemeine Zustimmung" gefunden habe. Ein quellenbasierter Nachweis steht allerdings noch aus.

und Notengebung sind hier nur einige Stichworte. Offensichtliche Defizite im Hinblick auf die schul- und bildungstheoretische Durchdringung des eigenen Reformversuchs und das Fehlen von Erfahrungen in Schulentwicklungsprozessen schlugen auf die Schule jedoch sehr bald massiv zurück.[663] Vor allem die Absicht, sich ganz den Funktionsmechanismen eines modernen Bildungssystems zu entziehen, musste scheitern, sobald die beteiligten Eltern ihr Recht auf freie Schulwahl konsequent im eigenen Interesse nutzten, indem sie Kinder mit Lernschwierigkeiten am Berliner Tor anmeldeten, während leistungsstarke Schüler_innen die Schule in großer Zahl verließen. Eine alternative Insel der schulischen Integration von Kindern mit und ohne Behinderungen erwies sich in einem weitgehend unverändert gebliebenen hierarchisch strukturierten gesellschaftlichen und schulischen Umfeld schnell als nicht überlebensfähig.

Die Erfahrungen aus Hamburg, aber auch aus zahlreichen weiteren reformpädagogischen Schul- und Unterrichtsversuchen im In- und Ausland nutzte der Jenaer Erziehungswissenschaftler Peter Petersen in seiner Universitätsschule, um ab 1923 ein theoretisch deutlich gründlicher fundiertes Versuchsschulkonzept in die Praxis umzusetzen. Wie die Hamburger Lehrer_innen am Berliner Tor ging auch der Jena-Plan von einer möglichst heterogenen („lebenswahren") Lerngruppe aus, in der potenzielle Hilfsschulkinder selbstverständlich ihren Platz finden sollten. Das Konzept blieb aber prinzipiell adaptionsfähig für die Regelschule, da es von seinem Ansatz her als Schulentwicklungsmodell angelegt war, das stufenweise und unter Berücksichtigung lokaler und situativer Verhältnisse angewendet werden konnte. Es kennzeichnet das Konzept Petersens, dass pädagogische Zielvorstellungen („Erziehung zur Gemeinschaft"), organisatorische Rahmungen (Zusammensetzung der Lerngruppe, Zeitstruktur, Raumgestaltung) sowie pädagogische und didaktische Settings („Grundformen der Bildung": Arbeit, Spiel, Gespräch, Feier) eng aufeinander bezogen wurden. Seine Nähe zum aktuell häufig genutzten „Index für Inklusion"[664] mit seiner Unterscheidung von „Kulturen", „Strukturen" und „Praktiken" ist dabei frappierend. Auch in einer zweiten Hinsicht steht der Ansatz Petersens einem aktuellen, weit gefassten Inklusionsverständnis nahe: Zwar bildete die Kritik an der zeitgenössischen Hilfsschule einen wesentlichen Ansatzpunkt des Jena-Plans, die Polarität von behinderten und nichtbehinderten Kindern aber spielte bei Petersen keine Rolle; Unterricht und Schule wurden vielmehr von der erwünschten Unterschiedlichkeit aller Schülerinnen und Schüler her gedacht und in strukturelle

663 Vgl. Benner/Kemper (2003, S. 150–164).
664 Booth/Ainscow (2017).

Arrangements überführt, die gehaltvolle Entwicklungs- und Lernprozesse möglich machen sollten.

Demgegenüber nahm die Individualpsychologische Versuchsschule in Wien ihren konzeptionellen Ausgangspunkt bei Schülerinnen und Schülern mit Verhaltens- und Lernproblemen. Während die Gemeinschaftsschulen in Deutschland ihre pädagogische Arbeit als Weiterentwicklung der traditionellen Volksschullehrertätigkeit begriffen, integrierte der Ansatz der Wiener Versuchsschule therapeutische Elemente im Anschluss an die Individualpsychologie Alfred Adlers im Rahmen von Beratungs- und speziellen pädagogischen Förderungsprozessen in die Schulpraxis. Die Einsicht in die Notwendigkeit spezieller Fördermaßnahmen für Kinder mit Beeinträchtigungen und in das Zusammenwirken pädagogischer und psychologischer Fachkompetenzen hebt die Wiener Versuchsschule denn auch von den übrigen Gemeinschaftsschulen ab, während sie im Hinblick auf organisatorische und didaktische Neuerungen hinter der Jena-Plan-Schule deutlich zurückblieb.

Eine wesentliche Gemeinsamkeit aller drei Gemeinschaftsschulen ist, dass sich das Bild, das sie von den Kindern mit Lern- und Verhaltensproblemen in ihren Schulen zeichneten, deutlich von der defizitorientierten Wahrnehmung abhob, die die zeitgenössische Hilfsschulpädagogik prägte.[665] Auch diese Schülerinnen und Schüler wurden als motiviert, kreativ und sozial engagiert beschrieben, obwohl sie langsamer lernten, nicht die gleichen Leistungen erbringen konnten wie ihre Klassenkamerad_innen oder andere Lernzugänge und weitergehende Hilfen benötigten – Ausdruck einer positiven, reformpädagogisch geprägten Anthropologie des Kindes, in welcher die Heranwachsenden als schöpferische und auf Kooperation angelegte Individuen verstanden wurden. Im Gegensatz zu heutigen Ansätzen von Integration und Inklusion zogen jedoch alle drei Schulen den Kreis derjenigen Kinder, die sie als geeignet für den Gemeinsamen Unterricht ansahen, ausgesprochen eng. Das „pathologische" Kind gehörte auch nach dem Verständnis der Gemeinschaftsschulen in eine Sondereinrichtung. Die Grenze, an der dies als gegeben angesehen wurde, zog man zwar deutlich später als in der Hilfsschulpädagogik der 1920er Jahre, aber wie diese waren auch die reformpädagogischen Versuchsschulen nicht zu einer präzisen Bestimmung in der Lage. Kinder, die – mit heutiger Terminologie – einen Förderbedarf im Bereich der geistigen Entwicklung besaßen, blieben in allen drei Konzepten ausdrücklich ausgeschlossen.

665 Für die Schule am Berliner Tor gilt dies vor allem für die Anfangszeit.

Eine zweite zentrale Gemeinsamkeit der drei Schulen ist die Ausrichtung ihres pädagogischen Konzepts an dem Gedanken der Gemeinschaft. In ihm kam auf einer pragmatischen ersten Ebene zum Ausdruck, dass schulisches Zusammenleben mehr sein sollte als das Nebeneinander möglichst effektiver individueller Lernprozesse, sondern dass diese Lernvorgänge aufeinander bezogen sein mussten und man gerade in der sozialen Interaktion unverzichtbare, pädagogisch wertvolle Erfahrungen aufgehoben sah. In den kooperativ angelegten „Gemeinschaftsformen" von Unterricht und Schulleben, die sich dem unmittelbar steuernden Einfluss der Lehrperson entzogen, sah man den entscheidenden Qualitätssprung gegenüber der „alten Schule". Im reformpädagogischen Diskurs besaß der Gemeinschaftsbegriff jedoch noch eine zweite Funktion. Normativ hoch aufgeladen, bündelten sich in ihm Leitvorstellungen gesellschaftlichen Zusammenlebens.[666] Anders als die Hamburger Volksschullehrer_innen um William Lottig waren Petersen und Adler in der Lage, diese Begründungszusammenhänge für ihre pädagogischen und psychologischen Konzepte umfassend zu entfalten. Für Petersen sind diese Begründungen von der historischen Bildungsforschung inzwischen systematisch analysiert worden – mit dem Ergebnis, dass die antiaufklärerische Tendenz seines Gemeinschaftsverständnisses, das Differenz im Wesentlichen in Naturkategorien fasst, heutigen demokratischen Grundvorstellungen zuwiderläuft. Für Adler, dem Gedanken der psychotherapeutisch vermittelten Anpassung an die Gemeinschaft und ihre Anforderungen nicht fremd sind, den aber zweifellos Welten von der rückwärtsgewandten Gemeinschaftsmetaphysik Petersens trennen, steht eine solche kritische Aufarbeitung noch aus. Dennoch kann festgehalten werden, dass die theoretische Rahmung beider Gemeinschaftsschulkonzepte stark in ihren historischen Kontexten verhaftet ist und – zumindest was Petersen betrifft – nicht mit heutigen macht- und herrschaftskritischen Differenzvorstellungen vereinbar ist.

Betrachtet man die zeitgenössischen Debatten um die Integrationsversuche der Gemeinschaftsschulen, dann ist gerade im Vergleich zu den heftigen Kontroversen, die um die Ansätze Grasers und Sickingers entbrannt waren, ein bemerkenswertes Desinteresse kennzeichnend. Selbst innerhalb der großen Gruppe der reformpädagogisch orientierten Versuchsschulen, die zwischen 1919 und 1933 einen ausgesprochen regen publizistischen Austausch pflegten, spielte die Aufnahme potenzieller Hilfsschüler_innen am Berliner Tor, in Jena und in Wien eine völlig untergeordnete Rolle. Die Tatsache, dass Kinder, die andernorts die Hilfsschule hätten besuchen müssen, hier in der gemeinsamen Volksschule

666 Vgl. den instruktiven Überblick bei Rülcker (2013).

verblieben, erschien offenbar als Marginalie – gleichgültig, ob man den ansonsten vieldiskutierten Schulkonzepten insgesamt positiv oder kritisch gegenüberstand. Die wenigen Stimmen, die sich zu Wort meldeten, waren in ihrer Haupttendenz geprägt durch neugierige Distanz, vereinzelt aber auch durch scharfe Ablehnung. Als konstruktive Herausforderung für die eigenen Versuchsschulkonzepte oder gar die Regelschule wurden sie nicht begriffen.

Die akademische Pädagogik und die in der Sickinger-Debatte noch ungewöhnlich aktiven Volksschullehrerverbände bezogen in der Diskussion keine Position. Über die Gründe für diese Abstinenz kann nur spekuliert werden. Viel spricht allerdings für die Annahme, dass man sich angesichts des Ausbaus der Hilfsschule und weiterer Sondereinrichtungen sowie des beginnenden Aufbaus sonderpädagogischer Ausbildungsinstitutionen schlicht nicht mehr für zuständig hielt.

Umso heftiger reagierte die Hilfsschullehrerschaft. Es dominierte eine ungewöhnlich scharf vorgetragene Ablehnung, bei der, so die gut begründete Einschätzung Clemens Hillenbrands, vor allem der Jena-Plan „als Konkurrenz zur Hilfsschule erkannt und desavouiert" wurde.[667] Die argumentative Auseinandersetzung mit den alternativen Ansätzen der Förderung potenzieller Hilfsschüler_innen blieb eine rare Ausnahme.

---

667 HILLENBRAND (2001, S. 133).

V. Schluss

1. Zentrale Befunde

Die vorliegende Darstellung hat meiner Einschätzung nach deutlich gemacht, dass in der Schulgeschichte des 19. und frühen 20. Jahrhunderts schwerlich Vorbilder zu entdecken sind, denen heutige Schulen auf ihrem Weg in die Inklusion nacheifern können. Eine solche Erwartung würde die Funktion einer bildungshistorischen Studie wohl auch grundsätzlich verkennen. Dennoch meine ich, dass die Auseinandersetzung mit historischen Versuchen der pädagogischen Förderung von Kindern mit Behinderungen in der Regelschule lohnenswert ist. Dies gilt natürlich zunächst insofern, als das Wissen um diese historischen Alternativen zur gesonderten Beschulung behinderter Kinder und Jugendlicher bereits einen Wert an sich darstellt, will man nicht dem – allerdings recht verbreiteten – Vorurteil unterliegen, ihre Geschichte beginne erst mit den Integrationsversuchen der 1970er und 80er Jahre oder gar mit der 2006 verabschiedeten UN-Behindertenrechtskonvention. In der Absicht, zentrale Charakteristika der historischen Kontroversen um das Für und Wider der Integration bewusst zu machen und grundlegende Problemstellungen zu identifizieren, die mit dem gemeinsamen Lernen von Kindern mit ohne Behinderungen in der Regelschule verbunden sind, möchte ich abschließend einige besonders bedeutsam erscheinende Gesichtspunkte vorliegender Untersuchung noch einmal systematisch zusammenfassen.

1.) Betrachtet man die historischen Ansätze des Gemeinsamen Unterrichts im Zusammenhang, dann zeigt sich, dass sich zahlreiche Argumente der *Kritik, die seine Befürworter an der Regelschule, aber auch an den Sondereinrichtungen für Schülerinnen und Schüler mit Behinderungen* vorbringen, als ausgesprochen treffend und weitsichtig erweisen. Schon die Verallgemeinerungsbewegung entwickelt in der bildungspolitischen Auseinandersetzung der 1820er und 30er Jahre einen erstaunlich präzisen Blick für die Probleme eigenständiger Gehörloseninstitute, wenn sie den Verlust lebensweltlicher sozialer Zusammenhänge, die Gefahr der „Besonderung" der behinderten Kinder und die Verselbstständigung der Taubstummenpädagogik beklagt. Mit der Volksschule, in der Zeit der Verallgemeinerung noch im Aufbau, wird die Hoffnung verbunden, den Bildungsanspruch der gehörlosen Kinder einzulösen. Schon früh zeigt sich jedoch, dass die Regelschule dieser Erwartung angesichts völlig unzureichender Rahmenbedingungen in keiner Weise gerecht werden kann. Das Pendel der Kritik schlägt nun gegen die Verallgemeinerung in der Volksschule zurück, während die

Gehörloseneinrichtungen nach mehreren Jahrzehnten des Streits mit den Integrationsbefürwortern gestärkt aus der Kontroverse hervorgehen.

Am Ende des Jahrhunderts hat sich die Volksschule als zentrale Bildungseinrichtung für die große Mehrheit der Bevölkerung etabliert und zu festen Strukturen gefunden. Schulbesuchs- und Alphabetisierungsrate liegen nahe bei 100%. Die Vertreter integrativer Ansätze können jedoch zeigen, dass mehr als zwei Drittel der Jugendlichen die Volksschule vor der Abschlussklasse 8 verlassen; viele von ihnen, ohne das Ziel der 5. oder 6. Jahrgangsstufe erreicht zu haben. Seit den 1880er Jahren wird darüber hinaus eine ständig wachsende Zahl von Kindern, die im Regelunterricht nicht zurechtkommen, an die Hilfsschule überwiesen. Die Befürworter_innen des Mannheimer Schulsystems und etwas später auch der reformpädagogisch inspirierten Gemeinschaftsschulpädagogik halten der Volksschule vor, das Scheitern großer Teile der Schülerschaft aufgrund verfehlter Organisationsformen sowie unzureichender pädagogischer und didaktischer Konzepte selbst zu produzieren. Insbesondere gelinge es der Regelschule nicht, ihre Anforderungen an den Lernvoraussetzungen der Schülerinnen und Schüler auszurichten. Vor allem die Gemeinschaftsschulen nach dem Ersten Weltkrieg sehen sehr deutlich, wie massiv die Erfahrungen der Ausgrenzung und Stigmatisierung von Hilfsschulkindern erlebt werden. Die Schwäche ihrer Kritik liegt darin, dass die Probleme, die mit der Versetzung an die Hilfsschule verbunden sind, nur von einer kleinen Minderheit betroffener Familien und engagierter Pädagog_innen ernst genommen werden, während die große Mehrheit der Lehrerinnen und Lehrer (und, so ist zu vermuten, wohl auch der Eltern) die Abschulung der langsam lernenden und in ihrem Verhalten auffallenden Kinder als Entlastung der Regelklassen wahrnimmt. Eine Stimme, die in der Lage ist, die Bedürfnisse der betroffenen Kinder und ihrer Familien in der Öffentlichkeit zu artikulieren, gibt es vor 1933 nicht.

2.) Erstaunlich aktuell erscheinen eine Reihe von Vorstellungen, die von Befürwortern des Gemeinsamen Unterrichts in Bezug auf Fragen der *Unterrichtsgestaltung und der Didaktik* entwickelt werden. Auch hier sind es schon die Vertreter der Verallgemeinerung, die im ersten Drittel des 19. Jahrhunderts Ideen propagieren, die auf Selbsttätigkeit und wechselseitige Hilfeleistung zielen. Heinrich Stephani und Johann Baptist Graser, die beide im zeitgenössischen pädagogischen Diskurs auch als prominente Didaktiker hervortreten, ist sehr bewusst, dass die Berücksichtigung der unterschiedlichen Lernvoraussetzungen von hörenden und gehörlosen Kindern für das gemeinsame Lernen unverzichtbar ist. Die Herausforderung der Heterogenität in der Leistungsfähigkeit der Schülerinnen und Schüler steht vor dem Ersten Weltkrieg auch im Mittelpunkt des Ansatzes von Anton Sickinger. Er löst sie durch ein System der konsequenten äußeren Differenzierung. Nach 1918 beziehen die Vertreter der Gemeinschaftsschulpädagogik die Gegenposition, allerdings mit je eigenen Akzentuierungen. Während am Berliner Tor in Hamburg radikal mit Ansätzen experimentiert wird, die wir heute als schüler- und lebensweltorientiert charakterisieren würden, betont die Individualpsychologische Versuchsschule in Wien den Gedanken der Wechselseitigkeit von individueller, z.T. auch therapeutischer Förderung und unterschiedlichen, auf Kooperation angelegten „Gemeinschaftsformen". Das differenzierteste und in seiner Komplexität sicherlich elaborierteste Konzept legt Peter Petersen Mitte der 1920er Jahre mit seinem Jena-Plan vor, der zahlreiche Elemente reformpädagogischer Ansätze des In- und Auslandes verarbeitet. Im Jena-Plan finden sich Arrangements eines Unterrichts, den man in der aktuellen didaktischen Diskussion als offen und zieldifferent bezeichnen würde. Kennzeichnend aber ist vor allem das Zusammendenken von strukturellen Bedingungsfaktoren (bewusst heterogen zusammengesetzte Lerngruppe, veränderte Raum- und Zeitgestaltung), die über den kognitiven Bereich hinausgehende Lern- bzw. Erfahrungsprozesse auf Seiten der Schülerinnen und Schüler ermöglichen sollen, zu denen die Aktivitäten der Lehrperson erst als etwas Sekundäres hinzutreten.

3.) Die *spezifischen sonderpädagogischen Kompetenzen* markieren für die Taubstummen- und Hilfsschullehrerschaft den Kern eines eigenständigen beruflichen Selbstverständnisses. Die Betonung ihrer Besonderheit aber befördert im Verlauf des 19. und frühen 20. Jahrhunderts die Isolierung der Gehörlosen- und Hilfsschulen gegenüber der Allgemeinen Pädagogik. In der Verallgemeinerungsbewegung wird die Frage der speziellen Kompetenzen für die Arbeit mit Kindern, die besonderer Unterstützung bedürfen, intensiv unter methodischen Aspekten thematisiert. Graser geht es in seinen Publikationen vor allem um die Vermittlung von Lehrtechniken zur Sprachbildung der taubstummen Kinder. Am Ende ihrer Zusatzqualifikation sollen die voll ausgebildeten Volksschullehrer auch die notwendigen Fähigkeiten zur Förderung der Gehörlosen besitzen – allgemeine und spezielle Pädagogik sollen in eine Balance gebracht werden. Allerdings ist in der historischen Rückschau unübersehbar, dass diese Idealvorstellung in der Praxis weit verfehlt wird und das Niveau der Ausbildung wie der speziellen Förderung in den Volksschulen gegenüber den Gehörlosenanstalten deutlich zurückbleibt. Ähnlich wie in der eigenständigen Hilfsschule kennzeichnen spezifische methodische Kompetenzen auch die Lehrtätigkeit in den Hilfs- und Förderschulkursen des Mannheimer Schulsystems. Aufgrund der in Sickingers Konzept vorgesehenen engen fachlichen Verknüpfung und der

Kooperation des Lehrpersonals der verschiedenen Niveaukurse ist die Gefahr der Isolierung jedoch weniger groß als in der Hilfsschule. Ob sich diese Hoffnung in der Realität bestätigte, muss an dieser Stelle allerdings offen bleiben. In den deutschen Gemeinschaftsschulen der 1920er Jahre wird die Möglichkeit, sonderpädagogische Fachkompetenz auch in der Volksschule zu nutzen, dagegen nicht bedacht. Der Umgang mit heterogenen Lerngruppen wird als zentrale professionelle Fähigkeit der Volksschulpädagog_innen angesehen, so dass die Unterstützung durch speziell ausgebildetes Personal unnötig erscheint. Anders in der Wiener Versuchsschule, die in gewisser Weise auf den Gedanken der Doppelqualifikation aus der Verallgemeinerung zurückkommt – nun allerdings bezogen auf spezifische psychologische bzw. therapeutische Kompetenzen.

4.) Sehr viel komplexer als die Entwicklung von didaktischen Überlegungen und die Erprobung von innerschulischen Organisationskonzepten einschließlich der Frage der sonderpädagogischen Kompetenzen stellt sich für die Vertreter des Gemeinsamen Unterrichts der *Umgang mit strukturellen Widersprüchen* dar, die *im niederen Schulwesen des 19. und frühen 20. Jahrhunderts* grundsätzlich angelegt sind. Die Tatsache, dass sich sämtliche Integrationsversuche auf die Eingliederung von Kindern mit Behinderungen in die Volksschule beziehen und das mittlere und höhere Schulwesen unberücksichtigt lassen, ist kennzeichnend dafür, dass es auch diesen Ansätzen nicht gelingt, den hierarchischen Aufbau des Schulsystems zu überwinden. Wenn Kinder, die weniger leistungsfähig als andere sind, diese – so die dominierende Wahrnehmung – in ihrem Lernfortschritt sogar behindern, schon in der Volksschule als Belastung empfunden werden, dann gilt dies erst recht für die Schulen, in denen über die Vergabe von Zertifikaten und damit über Lebenschancen entschieden wird.[668] Innerhalb des niederen Schulwesens sind sie mit Bedingungen der Ressourcenverknappung, der sozialen Disziplinierung und der Bildungsbegrenzung konfrontiert. So bleibt ihnen die Möglichkeit, sich diesen Bedingungen zu stellen oder alternative Modelle außerhalb des Systems zu erproben.

Die Verallgemeinerungsbewegung, getragen von der staatlichen Bildungspolitik und einigen ihrer prominenten Protagonisten, ist als Versuch, den ersten Weg zu gehen, zu interpretieren. In der historischen Rückschau ist zunächst

668 In ihrem Lernen eingeschränkte oder in ihrem Verhalten auffällige Kinder der gesellschaftlichen Oberschichten des Kaiserreichs und der Weimarer Republik dürften ihren Weg eher in einschlägige private Bildungseinrichtungen gefunden haben, wo sie deutlich günstigere Lernbedingungen vorfanden. Eine Untersuchung dieses Aspekts in der Geschichte des nichtstaatlichen Schulwesens steht aber bisher noch aus.

festzuhalten, dass der Anspruch, gehörlosen Kindern aus allen sozialen Milieus erstmals überhaupt Bildungsmöglichkeiten im Rahmen des staatlichen Schulwesens zu eröffnen, einen erheblichen Zugewinn an Bildungs- und Lebenschancen für eine große Gruppe von Menschen darstellt. Angesichts der Bedingungen, unter denen die Verallgemeinerung antritt – Klassengrößen von bis zu 100 Kindern, völlig unzureichende Lehrerqualifikation, fehlende Lehr- und Lernmittel – muss sie jedoch unweigerlich scheitern. Unübersehbar ist aber auch, dass die Konzepte, die die Verallgemeinerer selbst entwickeln, von vornherein reduktionistisch angelegt sind. Schon für Heinrich Stephanis erste Skizze eines Volksschulunterrichts mit gehörlosen Kindern ist die Spannung zwischen pädagogischen und bildungsökonomischen Argumenten charakteristisch. Noch stärker und grundsätzlicher wird die Tendenz, die Gehörlosenbildung in der Volksschule als „Billigmodell" einzuführen, bei den führenden Vertretern der bayerischen und preußischen Verallgemeinerung, Johann Baptist Graser und Wilhelm Harnisch. Ihre dezidierte Ablehnung der Gebärdensprache im Sprachenstreit der Taubstummenpädagogik wird von der kritischen historischen Forschung heute zurecht als Beschneidung der Selbstbestimmungsmöglichkeiten der Gehörlosen und als Forderung nach Anpassung an das Normalitätsmodell der Hörenden verstanden.[669]

Auch das Mannheimer Schulsystem bleibt auf die Neustrukturierung des niederen Schulwesens begrenzt, zielt jedoch auf dessen Modernisierung im Sinne einer zunehmenden Leistungsorientierung. Das Konzept wird den Ansprüchen, welche die moderne industrielle Arbeitsgesellschaft um 1900 an eine zunehmend besser zu qualifizierende Facharbeiterschaft richtet, gerecht, fordert aber auch einen deutlich höheren Ressourceneinsatz als die traditionelle Volksschule. Anders als das bestehende viergliedrige System und andere zeitgenössische Reformkonzepte integriert das Mannheimer Modell die leistungsschwächeren Kinder in ein prinzipiell durchlässiges Kurssystem. Darüber hinaus schafft es für die betroffenen Kinder deutlich verbesserte Lernbedingungen (kleinere Klassen, angepasste Lerngegenstände, speziell geschultes Personal, soziale Unterstützungsmaßnahmen). Letztlich zielen die Maßnahmen jedoch darauf, auch die potenziellen Hilfsschüler_innen auf den Konkurrenzkampf in einer am Leistungsprinzip ausgerichteten Gesellschaft vorzubereiten und im Rahmen einer streng markierten Leistungshierarchie zu sozialisieren.

Selbst ein Kind der Novemberrevolution von 1918, sperrt sich die Hamburger Versuchsschule am Berliner Tor dagegen vehement gegen die Vereinnahmung durch die Zwänge eines hierarchisch aufgebauten Bildungswesens und eines

669 Vgl. Wolff (2013) und List (1991).

kapitalistischen Gesellschaftssystems. Sie bemüht sich darum, für alle Kinder (jenseits von sozialer Herkunft und Leistungsfähigkeit) selbstbestimmte und solidarische Lern- und Bildungserfahrungen zu ermöglichen, und lehnt die Aussonderung langsam und schwer lernender Kinder zunächst ebenso prinzipiell ab wie die Vorbereitung auf die weiterführenden Schulen. Am Ende aber scheitert sie, da sie sich als einzelne Schule den Funktionsprinzipien des Bildungssystems nicht entgegenstellen kann – bildungsbewusste Eltern melden ihre Kinder ab, die Zahl der Kinder mit erheblichen Lernschwierigkeiten wächst, so dass die Schule selbst zunehmend den Charakter einer Hilfsschule annimmt und aufgrund zu geringer Anmeldezahlen den Versuchsschulstatus aufgeben muss. Anders als das Hamburger Experiment einer radikalen Antithese zur bestehenden Regelschule erproben die Gemeinschaftsschulen in Jena und Wien Organisationsmodelle und pädagogische Settings, die darauf angelegt sind, innerhalb des bestehenden Systems den Auslese- und Leistungsdruck zu reduzieren. Zwar handelt es sich auch bei ihnen um Versuchsschulen mit einem weitreichenden Sonderstatus. Sie bemühen sich jedoch darum, Konzepte für eine Erweiterung pädagogischer Handlungsspielräume zu entwickeln, die für die allgemeine Volksschule anschlussfähig bleiben. Freiräume für unterschiedlich verlaufende Lern- und Entwicklungsprozesse ergeben sich im Jena-Plan besonders durch die Altersmischung und die Flexibilisierung des Übergangs in die nächste höhere Lerngruppe, an der Individualpsychologischen Versuchsschule in Wien durch Formen individueller Lern- und Entwicklungsförderung, durch Beratung und Therapie. Beiden Schulen gelingt es, Kinder erfolgreich zu integrieren, die ansonsten an die Hilfsschule überwiesen worden wären, aber auch sie nehmen Grenzziehungen vor und schließen ganze Gruppen von behinderten Kindern und Jugendlichen aus.

5.) Das Bewusstsein für das grundsätzliche *Spannungsverhältnis zwischen universellem Bildungsanspruch und spezieller pädagogischer Förderung von Kindern mit Behinderungen* ist den Pädagogen der Verallgemeinerung vor allem in ihrer Kritik an der Wahrnehmung der Gehörlosen durch die zeitgenössische Taubstummenpädagogik präsent. So etwa, wenn Johann Baptist Graser den Gehörlosenpädagogen seiner Zeit vorwirft, sie betrachteten die nicht hörenden Kinder als „besondere Menschenclasse“ und würden daher nur die Taubstummen und eine „Taubstummenunterrichtsmethode“ kennen, nicht aber den „Menschen in dem Taubstummen“.[670] Eine systematische Bearbeitung dieses Grundsatzproblems für die Regelschule aber bleibt in den

670 Graser (1831a, S. 108). Vgl. zum zeitgenössischen Differenzdiskurs Tenorth (2001).

Schriften der Verallgemeinerer aus. Ganz neu stellt sich die Frage nach Deutungs- und Bewertungsmustern im Hinblick auf das „besondere" Kind am Ende des 19. Jahrhunderts. Das Problem der negativen Qualifizierung von Abweichung und Differenz spitzt sich mit dem Wirksam-Werden medizinischer Defizitdiagnosen radikal zu und bestimmt die pädagogischen Debatten in der Frage der angemessenen Schule für „schwachsinnige" und „schwererziehbare" Kinder und Jugendliche in den folgenden Jahrzehnten maßgeblich. Die Protagonisten der reformpädagogischen Gemeinschaftsschulen plädieren für ein Normalitätsverständnis, das auch schwerer lernende und im Verhalten auffällige Schüler_innen einbezieht, und begreifen diese im Sinne einer positiven reformpädagogischen Anthropologie des Kindes als eigentätig, kreativ und kooperationsfähig. Am Ende bleiben aber auch sie in der medizinischen Logik von Auslese und Sonderbehandlung gefangen, wenn sie zum „kranken" Kind eine scharfe Grenze ziehen.[671]

Ein zentraler Aspekt, in dem sich die historischen Positionen zum Gemeinsamen Unterricht vom aktuellen Diskurs dann auch deutlich unterscheiden, ist die Frage, welche Kinder in die Regelschule aufgenommen werden sollen und welche nicht. Die in dieser Studie dargestellten Befürworter des gemeinsamen Lernens beziehen ihre Integrationsforderung durchweg auf ausgewählte Gruppen von Schülerinnen und Schülern. Zu Beginn des 19. Jahrhunderts wird die Forderung, dem Bildungsanspruch gehörloser Kinder gerecht zu werden, mit dem allgemeinen Menschenrecht auf Bildung (Stephani) und der Gottesebenbildlichkeit jedes Menschen (Graser) vor dem Hintergrund universalistischer Ansprüche formuliert. Die Konsequenz, tatsächlich *alle* Heranwachsenden in die allgemeine Schule zu integrieren, folgt jedoch nicht. Offensichtlich erscheint der Ausschluss von Menschen mit schwerwiegenden kognitiven Einschränkungen noch als so selbstverständlich, dass er, soweit die Quellen das bisher zeigen, keiner ausdrücklichen Begründung bedarf. Hundert Jahre später wird die entscheidende Grenze dagegen mit vollem Bewusstsein dort gezogen, wo die „krankhafte Veranlagung" beginnt. Was ein „pathologisches" Kind ist, wie groß der Kreis der betroffenen Schüler_innen ist, darüber streiten sich Hilfsschullehrerschaft und Vertreter der Gemeinschaftsschulen heftig; dass „kranke Kinder" nicht in die allgemeine Schule gehören, darin sind sie sich am Ende einig. Die Probleme von Partikularisierung und Segregation werden in den Gemeinschaftsschulen wahrgenommen, die Grenzen der Aussonderung

671 Vgl. zur möglichen Wechselwirkung der Wahrnehmungsmuster von Hilfsschul- und Reformpädagogik Schwerdt (2016).

hinausgeschoben. Eine grundsätzlich angelegte Bearbeitung der Frage des Bildungsanspruchs von Menschen mit Behinderungen sowie des Ortes und des Stellenwerts spezieller pädagogischer Förderung findet jedoch auch hier nicht statt.

6.) Jenseits grundsätzlicher bildungstheoretischer, schulpädagogischer und didaktischer Probleme zeigt die *Analyse der historischen Kontroversen* über den gesamten Untersuchungszeitraum hinweg, wie stark auf allen Seiten der Lehrerschaft die pädagogische Argumentation von professionspolitischen Interessen überlagert wird. Die pädagogische Herausforderung durch die Integrationsversuche wird nur in wenigen Fällen als Anlass genutzt, über den geeigneten Förderort für Kinder mit Behinderungen sachlich zu reflektieren. Insbesondere mit der Etablierung unterschiedlicher Verbände der Lehrerschaft seit Mitte des 19. Jahrhunderts werden Stellungnahmen zu Fragen der institutionellen Weiterentwicklung des Schulsystems immer auch als Konflikt um die Sicherung bzw. den Ausbau der je eigenen Schulform ausgetragen. Ein Befund, der in besonderer Weise für die Vertretung der Hilfsschullehrerschaft in der Weimarer Republik gültig ist, aber auch für Vertreter der Einheitsschule zutrifft, von denen einige bereits vor dem Ersten Weltkrieg ein integriertes Schulsystem einschließlich der höheren Schule einfordern, die gesonderte Hilfsschule aber weiterhin für unverzichtbar halten.

Interessant im Hinblick auf das Profil der historischen Kontroversen ist darüber hinaus, welche Gruppen sich an ihnen beteiligen. Die Tatsache, dass ab der Mitte des 19. Jahrhunderts die Taubstummenlehrer die Debatte um den angemessenen Ort der Förderung gehörloser Kinder unangefochten dominieren können, ist nicht zuletzt auf den Rückzug der Volksschullehrerschaft aus einer Diskussion zurückzuführen, an der sie 25 Jahre zuvor noch intensiv mitgewirkt hatten. Ähnlich sieht es einige Jahrzehnte darauf in der Frage der Hilfsschule aus: Steht das Mannheimer System, das die potenziellen Hilfsschulkinder ausdrücklich einbezieht, vor dem Ersten Weltkrieg noch im Mittelpunkt strittiger Auseinandersetzungen innerhalb der Volksschullehrerschaft, so nimmt diese an der Kontroverse um die integrativen Modelle der Gemeinschaftsschulen in den 1920er Jahren nicht mehr teil.

Eine durchaus fragwürdige Rolle spielt in den historischen Debatten über die Modelle von Integration und Gemeinsamem Unterricht aber auch die Wissenschaft. Die Ende des 19. Jahrhunderts noch jungen wissenschaftlichen Disziplinen der experimentellen Pädagogik und der Kinder- und Jugendpsychiatrie nehmen erstmals in der Kontroverse um das Mannheimer Schulsystem Stellung. Die große Mehrheit ihrer Repräsentanten vertritt mit Nachdruck die

These vermeintlich „natürlicher psycho-physischer Unterschiede“[672] als Ursache für das Schulversagen eines Teils der Schülerschaft und stützt damit, getragen von der Autorität empirischer Forschung, die von der Hilfsschullehrerschaft vertretene Annahme eines „angeborenen Schwachsinns“. Besonders die in der Öffentlichkeit einflussreiche medizinische Forschung prägt damit die historische Debatte entscheidend – bis hinein in die Positionierungen der Befürworter des Gemeinsamen Unterrichts. Vorsichtig-abwägende Wortmeldungen aus der Wissenschaft, wie etwa die des Unterrichtsforschers Wilhelm August Lay, der die Voraussetzungen für tragfähige empirische Aussagen zu Problemen von „Befähigung“ und „Leistungsfähigkeit“ für nicht gegeben hält und wissenschaftliche Empfehlungen zu Fragen der Schulorganisation als ausgesprochen fragwürdig erachtet, sind dagegen die Ausnahme. Als problematisch erweisen sich aus heutiger Sicht aber auch wissenschaftliche Bemühungen einer philosophisch fundierten Auseinandersetzung mit Fragen der Gemeinschaftserziehung. So vor allem der von Peter Petersen entwickelte Ansatz, der eine volksmetaphysisch aufgeladene Gemeinschaftsidee mit einer nativistischen Anthropologie verbindet.

7.) Auch wenn die Wortmeldungen aus den verschiedenen Gruppen der Lehrerschaft in der Geschichte der Debatten über die Integration von Kindern mit Behinderungen in die Regelschule besonders vielstimmig sind, dürfte die Tatsache des *Scheiterns der historischen Integrationsversuche* aber nur zu einem geringen Teil auf die Durchsetzung von Partikularinteressen der Lehrerverbände zurückzuführen sein.[673] Bedeutsamer erscheint demgegenüber, dass die Ansätze Gemeinsamen Unterrichts quer zur Entwicklungslogik eines Schulsystems liegen, das sich im Verlauf des 19. und frühen 20. Jahrhunderts zunehmend hierarchisch ausdifferenziert und sich dabei, trotz einiger erstaunlich hartnäckiger, überkommener Traditionsbestände vor allem im höheren Schulwesen, zunehmend an den Bedürfnissen einer modernen, arbeitsteilig geprägten Marktgesellschaft ausrichtet. Insofern ist verständlich, dass in die um 1820 fast durchweg ein- bis zweiklassige, in erster Linie auf soziale Disziplinierung zielende Elementarschule noch eine rudimentäre Taubstummenbildung implementiert werden kann, ohne auf nennenswerte Widerstände zu stoßen. Sobald seit den 1850er und 60er Jahren im niederen städtischen Schulwesen durch die zunehmende Realisierung der Jahrgangsklassen die Qualifizierungs- und Allokationsfunktion der Schule an Bedeutung gewinnt, wird die Integration von

672 In dieser Formulierung der experimentelle Pädagoge Gustav DEUCHLER (1908, S. 421).

673 Vgl. zu dieser Frage schon früh sehr aspektreich BLEIDICK (1988).

Schülergruppen, die der Leistungslogik widersprechen, immer schwieriger.[674] Ein Prozess, der sich im deutschen Kaiserreich nach 1871 mit der zunehmenden Verfachlichung des Volksschulunterrichts im Zuge der zweiten industriellen Revolution weiter beschleunigt und durch die Einführung der obligatorischen vierjährigen Grundschule zu Beginn der Weimarer Republik noch einmal eine neue Dynamik erfährt, da nun auch die zuvor noch bestehende Grenze zum höheren Schulwesen aufgeweicht wird und das Leistungs- und Konkurrenzprinzip die ersten Klassen der Volksschule wesentlich mitbestimmt. Das Mannheimer Schulsystem, das das niedere Schulwesen einschließlich der Hilfs- und Förderkurse unterhalb des normalen Volksschulniveaus systematisch unter dem Primat der Leistungsgerechtigkeit neu organisiert, scheint daher für eine gewisse Zeit vor und unmittelbar nach dem Ersten Weltkrieg eine echte Alternative zur traditionellen Volksschule werden zu können. Seine Einführung scheitert aber – abgesehen vom durchgängig wirksamen Kostenargument – letztlich wohl daran, dass die vierjährige Grundschule (ergänzt durch die immer wichtiger werdende Hilfsschule) nach 1920 eine vergleichbare Steuerungsfunktion erfüllt und zudem Aufstiegserwartungen des Kleinbürgertums und von Teilen der Arbeiterschaft durch die Aussicht auf den Besuch einer höheren Schule noch wirkungsvoller absorbieren kann. Demgegenüber erhalten die wenigen Gemeinschaftsschulprojekte aufgrund ihres Bruchs mit den traditionellen autoritären Formen des Unterrichts zwar die Aufmerksamkeit einer reformpädagogisch interessierten Öffentlichkeit, werden in ihrem bildungspolitisch weitreichenden Anspruch, potenzielle Hilfsschulkinder zu integrieren, aber beinahe vollkommen übersehen. Mit der Machtübernahme des Nationalsozialismus in Deutschland und des ständestaatlichen Regimes in Österreich enden in den 1930er Jahren dann die Möglichkeiten, die selektive Logik der modernen Schule auf dem Weg der praktischen Erprobung alternativer Konzepte in Frage zu stellen. Stattdessen wird das gesamte Schulwesen in ein System völkischer „Auslese" und „Ausmerze" eingebunden, an dessen Ende die Sterilisation und Tötung von Kindern und Jugendlichen steht, denen eine Behinderung zugeschrieben wird.

2. Forschungsperspektiven

Zu Beginn dieser Studie wurde ausdrücklich betont, dass die historische Bildungsforschung Ansätze, Kinder mit Behinderungen in die Regelschule zu integrieren, bisher kaum in den Blick genommen hat. Aus diesem Grund konnte es zunächst nur das Ziel der vorliegenden Untersuchung sein, einige wichtige

674 Vgl. für die ganz ähnlich verlaufende Entwicklung in der Schweiz Hofmann (2017).

Konzepte der schulischen Integration und des Gemeinsamen Unterrichts von Kindern mit und ohne Behinderungen in der Geschichte des 19. und frühen 20. Jahrhunderts vorzustellen sowie die um sie geführten zeitgenössischen Kontroversen im deutschsprachigen Raum zu konturieren und in ausgewählte historische Kontexte einzuordnen. Angesichts der Begrenztheit des eigenen Zugriffs möchte ich abschließend noch auf einige Forschungsperspektiven hinweisen, die mir für die weitere Bearbeitung des Gegenstandsfeldes als besonders wichtig erscheinen:

Im unmittelbaren Anschluss an diese Studie halte ich es vor allem für interessant, der Frage nach den Ursachen für das Scheitern der beschriebenen Reformansätze durch die differenzierte Untersuchung politischer Entscheidungsprozesse noch intensiver nachzugehen. Grundlage müsste hier die Auswertung historischer Archivbestände sein, mit Hilfe derer man in der Lage wäre, die vorliegende Analyse einschlägiger Publikationen zu vertiefen und die in dieser Arbeit formulierten Hypothesen zu überprüfen. Die Erschließung neuer historischer Quellenbestände (Verwaltungs- und Schulakten, Unterrichtsmaterialien, biografische Dokumente) wäre auch im Hinblick auf die Erforschung der Praxis der vorgestellten Modelle wertvoll. Darüber hinaus wäre es natürlich zu begrüßen, wenn die pädagogische Institutionengeschichte auf weitere Alternativen zu sonderpädagogischen Einrichtungen hin untersucht werden würde. Erste Ansätze hierzu gibt es bereits, auch mit Blick auf Initiativen außerhalb der Schule,[675] wobei die Entwicklung transnationaler bzw. international vergleichender Fragestellungen ausgesprochen wünschenswert ist.

Intersektional angelegte Studien wären in der Lage, den Horizont der historischen Forschung unter inklusiven Perspektiven deutlich zu erweitern.[676] Die von Günther List aufgezeigten Verbindungen in der Behandlung der Minderheiten der polnisch sprechenden Bevölkerung und der Gehörlosen in der preußischen Sprachenpolitik der ersten Hälfte des 19. Jahrhunderts machen deutlich, wie aufschlussreich eine solche Erweiterung sein könnte.[677] Ein dringendes Desiderat ist

---

675 Erinnert sei an die oben bereits erwähnten Versuche der Integration blinder, sprach- und hörgeschädigter Kinder in die Volksschule, an die Heilpflege- und Erziehungsanstalt Levana in Baden bei Wien und an Siegfried Bernfelds Kinderhaus Baumgarten. Interessant erscheint aber auch eine vertiefte Untersuchung der Nachhilfeeinrichtungen (u.a. in Zeitz, Halle/S., Chemnitz, Dresden) und der sog. „Nebenklassen“ (in Berlin von 1898 bis 1911), die zeitweise als Alternative zur gesonderten Hilfsschule innerhalb der Volksschulen eingerichtet wurden (vgl. SPECK 1973).

676 Vgl. GROPPE u.a. (2016).

677 Vgl. LIST (2004).

darüber hinaus eine quellennahe Überprüfung der zuletzt mehrfach vorgetragenen Forschungshypothese, die Entstehung der Hilfsschule seit den 1880er Jahren sei weniger als Reaktion auf die pädagogischen Herausforderungen innerhalb einer zunehmend leistungsorientiert ausgerichteten Volksschule zu verstehen, denn als Versuch der Bearbeitung der sozialen Frage über Strategien der Kontrolle und Steuerung abweichenden Verhaltens Heranwachsender in Fürsorgeerziehung, Jugendstrafrecht, Psychiatrie und Schule.[678] Für die Analyse und die Einordnung der konkurrierenden integrativen Konzepte ließen sich hieraus sicherlich wichtige Anregungen ableiten.

Eine wesentliche Vertiefung des Verständnisses der historischen Kontroversen ist schließlich von diskursanalytisch angelegten Arbeiten zu erwarten, welche die diskursiven Muster des Umgangs mit Differenz in Konzepten von Integration und Gemeinsamem Unterricht noch systematischer unter der Perspektive von Normierungs- und Normalisierungsprozessen untersuchen könnten, als das im Rahmen dieser Studie möglich war.[679]

678 So schon Hänsel/Schwager (2004), mit veränderten Akzentuierungen zuletzt Moser (2016).

679 Vgl. Moser (2013), Werner (2016a), Gross/Söderfeldt (2017).

VI. Literaturverzeichnis

Im Literaturverzeichnis wird zwischen Quellen aus den drei in der Studie beschriebenen historischen Phasen und Sekundarliteratur unterschieden. In einigen Einzelfällen, in denen eine eindeutige Unterscheidung nicht möglich war, wurden Titel in mehrere Kapitel aufgenommen.

1. Quellen zu Kapitel II: Die Verallgemeinerungsbewegung

A. D. (1832), Die Erziehung der Taubstummen, In: *Allgemeine Schulzeitung* 9(139), S. 1105–1112.

Alle, J. L. (1820), Anleitung taubstumme Kinder im Schreiben, Lesen, Rechnen und Reden zu unterrichten und sie moralisch-gut und bürgerlich brauchbar zu bilden, Gmünd.

Allgemeine Literaturzeitung (1802), Schöne Künste, 2(114), S. 135f.

Arrowsmith, J. P. (1820), Die Kunst, Taubstumme nach einer neuen auf Erfahrung begründeten Methode gemeinschaftlich in öffentlichen Schulen auf eine einfache Weise zu unterrichten. Nach dem Englischen, Leipzig.

Beiträge zur Geschichte und Statistik des Taubstummen-Bildungswesens in Preußen (1884), In: *Centralblatt für die gesamte Unterrichtsverwaltung in Preußen*, S. 523–800.

Bericht über die mit den Schullehrer-Seminaren der Rheinprovinz verbundenen Taubstummen-Anstalten von ihrer Einrichtung an bis Ende 1859 (1861), Coblenz.

Bormann, K. (1855), Schulkunde für evangelische Volksschullehrer auf Grund der Preußischen Regulative vom 1., 2. und 3. Oktober 1854 über Einrichtung des evangelischen Seminar-, Präparanden- und Elementarschul-Unterrichts, Bd. 1, Berlin.

Brauckmann, K. (1909), Taubstumm, Taubstummheit, In: Rein, W. (Hg.), Encyklopädisches Handbuch der Pädagogik, Bd. 9, 2. Aufl., Langensalza, S. 122–129.

Brauckmann, K. (1909a), Taubstummenbildung, In: Rein, W. (Hg.), Encyklopädisches Handbuch der Pädagogik, Bd. 9, 2. Aufl., Langensalza, S. 129–151.

C., St. (1875), Der Unterricht der blinden und taubstummen Kinder im preußischen Staate, In: *Allgemeine Schulzeitung* 52(37), S. 283f.

Czech, F. H. (1836), Versinnlichte Denk- und Sprachlehre, mit Anwendung auf die Religions- und Sittenlehre und auf das Leben, Wien.

Czech, F. H. (1837), Nothwendigkeit der allgemein einzuführenden Elementar-Bildung der Taubstummen. Aus den Verhältnissen derselben zum Staate und zur Kirche hergeleitet und dargestellt, Wien.

Daniel, W. F. (1824), Die Hauptgegenstände des Volksschulen-Unterrichts: gemustert in einer Reihe von Schullehrer-Conferenzen, 2 Bde., Stuttgart.

Daniel, W. F. (1824a), Kann nicht jeder Taubstumme und Blinde seine Ausbildung erhalten, und zwar auch in seiner Familie und seiner Ortsschule? An Regierungen, Eltern und Lehrer zur Ankündigung eines Werkes für allgemeinen Taubstummen- und Blindenunterricht, Stuttgart.

Daniel, W. F. (1825), Allgemeine Taubstummen- und Blindenbildung besonders in Familien und Volksschulen. Ein Handbuch zum ersten wissenschaftlichen Unterricht für taubstumme und blinde Kinder, sowie zu einem Sprachbegriffs-Unterricht für Kinder überhaupt, 4 Bde., Stuttgart.

Daniel, W. F. (1829), Über Taubstummen-Unterricht außer Instituten, In: *J. P. Rossel's allgemeine Monatsschrift für Erziehung und Unterricht* 6(11/1), S. 31–48.

Degenhardt, S./Rath, W. (Hg.) (2001), Blinden- und Sehbehindertenpädagogik, Bd. 2 der „Studientexte zur Geschichte der Behindertenpädagogik", Neuwied/Berlin.

Der erste deutsche Taubstummen-Lehrer-Kongreß (1884), In: *Organ der Taubstummen-Anstalten in Deutschland und den deutschredenden Nachbarländern* 30, S. 168–173.

Die Taubstummenschule in Bayreuth (1836), In: *Allgemeine Schulzeitung* 13(145, 146), S. 1161–1165, 1169–1172.

Diesterweg, F. A. W. (Hg.) (1838), Wegweiser für deutsche Lehrer, 2. Aufl., Bd. 2, Essen.

Diesterweg, F. A. W. (Hg.) (1844), Wegweiser zur Bildung für deutsche Lehrer, 3., fortgef. und verm. Auflage, Bd. 2, Essen.

Diesterweg, F. A. W. (1990), Sämtliche Werke, 1. Abt.: Zeitschriftenbeiträge. 1, 17. Aus den ‚Rheinischen Blättern für Erziehung und Unterricht' 1865 und 1866. Aus dem ‚Jahrbuch für Lehrer und Schulfreunde' 1866. Aus dem Preussischen Abgeordnetenhause 1865/1866, Berlin.

Dilthey, K./Zimmermann, E. (1824), [Ohne Titel], In: *Allgemeine Schulzeitung* 1(1), S. 1–6.

Donauer, G. F. (1796), Versuch über die im fränkischen Kreis bekannte sog. Fingersprache, Nürnberg.

Dritter Jahres-Bericht des Verwaltungs-Ausschusses des Vereins zur Beförderung des Taubstummen-Unterrichts zu Köln (Hg.) (1835), Das Schuljahr von Pfingsten 1834 bis Pfingsten 1835 umfassend, Köln.

Ein Wort im Interesse der Taubstummenbildung (1844), In: *Allgemeine Schulzeitung* 21(47), S. 1195–1198.

Ernsdorfer, B. v. (1818), Beleuchtung eines Aufsatzes des kön. baier. Kreis-Schulrathes in Ansbach Herrn Dr. Stephani über die einfachste und natürlichste Weise, Taubstumme zu unterrichten, München.

Esquirol, É. (1838), Des maladies mentales, 2 Bde. (dt. Erstaufl. 1838), Paris.

Gesetz-Sammlung für die Königlichen Preußischen Staaten: Gesetz, betreffend die Ausführung der §§. 5 und 6 des Gesetzes vom 30. April 1873. wegen der Dotation der Provinzial- und Kreisverbände. Vom 8. Juli 1875, [online: http://www.lwl.org/westfaelische-geschichte/que/normal/que1452.pdf].

Gösch (1886), Der Blinde in der Volksschule, In: *Der Blindenfreund* 7(1886), S. 81–83, neu abgedruckt In: Degenhardt, S./Rath, W. (Hg.), Blinden- und Sehbehindertenpädagogik, Bd. 2 der „Studientexte zur Geschichte der Behindertenpädagogik", Neuwied/Berlin, S. 72–75.

Graser, J. B. (1813), Divinität oder das Prinzip der einzig wahren Menschenerziehung mit besonderer Anwendung auf eine neue daraus hervorgehende Elementar-Unterrichts-Methode, Bayreuth.

Graser, J. B. (1817), Die Elementarschule für's Leben in ihrer Grundlage, Baireuth.

Graser, J. B. (1827), Die Elementar-Schule für's Leben in der Grundlage zur Reform des Unterrichts, Bayreuth u.a.

Graser, J. B. (1829), Der durch Gesicht- und Tonsprache der Menschheit wiedergegebene Taubstumme, Bayreuth.

Graser, J. B. (1830), Divinität oder das Prinzip der einzig wahren Menschenerziehung: zur festeren Begründung der Erziehungs- und Unterrichts-Wissenschaft, 2 Bde., 3. ganz frei bearb. Aufl., Bayreuth.

Graser, J. B. (1830a), Dringender Nachruf an väterlich gesinnte Regierungen und einsichtsvolle Schulmänner um baldige Einführung des Taubstummenunterrichts in Schulen. Nebst einer besonderen Anweisung für Lehrer zur Benützung der Schrift: „Der durch Gesicht- und Tonsprache der Menschheit wiedergegebene Taubstumme", Bayreuth.

Graser, J. B. (1830b), Über meine Idee des allgemein einzuführenden Taubstummenunterrichtes, veranlaßt durch die gegentheiligen Bemerkungen des Taubstummeninstitutsvorstehers, Herrn Jäger, In: *Allgemeine Schulzeitung* 7(61, 62, 63), S. 481–486, 489–496, 497–500.

Graser, J. B. (1831), Beseitigung eines Mißverständnisses in dem Eingange der Vorrede zur 3. Auflage der Divinität, In: *Allgemeine Schulzeitung* 8(119), S. 948–950.

Graser, J. B. (1831a), Über den in den Elementarschulen allgemein einzuführenden Taubstummenunterricht auf dem Grunde der Ton- und Gesichtssprache, mit besonderer Beziehung auf die Recension meines Werkes, diesen Gegenstand betreffend, In: *Allgemeine Schulzeitung* 8(14, 15), S. 105–111, 113–119.

Graser, J. B. (1834), Der durch Gesicht- und Tonsprache der Menschheit wiedergegebene Taubstumme, 2. verm. u. verb. Aufl., Bayreuth.

Graser, J. B. (1843), Die Erziehung der Taubstummen in der Kindheit. Nach dem Tode des Verfassers mit Schluß und Biographie desselben versehen von Cantor Ludwig, Nürnberg.

Graser, J. B. (1844), Dr. Grasers Taubstummenwerk, Neue Auflage, Nürnberg.

Harnisch, W. (1829), Handbuch für das deutsche Volksschulwesen. Den Vorstehern, Aufsehern und Lehrern bei den Volksschulen gewidmet, 2. ganz umgearb. Aufl., Breslau.

Harnisch, W. (1832), Aus dem Reisetagebuche des Seminardirektors Harnisch, auf seiner Reise in Norddeutschland im August 1831 geführt, In: *Rheinische Blätter* 5(2), S. 253–318.

Harnisch, W. (1839), Handbuch für das deutsche Volksschulwesen. Den Vorstehern, Aufsehern und Lehrern bei den Volksschulen gewidmet, 3. ganz umgearb. Aufl., Breslau.

Hauer, H. (1821), Elementar-Unterricht für taubstumme Kinder, Quedlinburg/Leipzig.

Heil, J. D. (1880), Der Taubstumme und seine Bildung: sowie auch eine kurze Anleitung zur Erziehung und zum Unterricht der Blinden und Blödsinnigen und zur Heilung des Stotterns; ein Leitfaden für Seminaristen, Volksschullehrer und angehende Speciallehrer der genannten abnormen Kinder, 3. verm. u. verb. Aufl., Hildburghausen.

Hentschel (1858), Die Verbindung von Taubstummen-Anstalten mit Schullehrer-Seminarien, In: *Schulblatt für die Provinz Brandenburg* 23(7/8), S. 426–463.

Herbart, J. F. (1887), Sämtliche Werke in chronologischer Reihenfolge, Bd. 2., Langensalza.

Hill, M. (1838), Der Unterricht der Taubstummen, In: Diesterweg, F. A. W. (Hg.), Wegweiser für deutsche Lehrer, 2. Aufl., Bd. 2., Essen, S. 344–395.

Hill, [F.] M. (1841), Über die Ausbildung der Seminaristen in Weißenfels für den Taubstummenunterricht, In: *Allgemeine Schulzeitung* 18(177, 178), S. 1481–1487, 1489–1495.

Hill, M. (1844), Der Unterricht der Taubstummen, In: Diesterweg, F. A. W. (Hg.), Wegweiser zur Bildung für deutsche Lehrer, 3., fortgef. und verm. Auflage, Bd. 2., Essen, S. 465–532.

Hill, M. (1847), Ein Wort über die im Oktober 1846 in Eßlingen stattgefundene Versammlung deutscher Taubstummenlehrer an solche Amtsgenossen, welche derselben nicht beigewohnt haben [ab 2. Teil unter dem Titel: Die Versammlung der Taubstummenlehrer in Eßlingen], In: *Allgemeine Schulzeitung* 24(81, 99, 201, 202, 203), Sp. 649–654, 801–806, 1633–1640, 1641–1647, 1649–1653.

Hill, M. (1856), Das preußische Regulativ vom 3.10.1854 für die evangelischen Elementarschulen und seine Bedeutung für die Taubstummen-Anstalten, In: *Organ der Taubstummen- und Blinden-Anstalten in Deutschland und den deutschredenden Nachbarländern* 2, S. 22–46.

Hill, [F.] M. (1866), Der gegenwärtige Zustand des Taubstummen-Bildungswesens in Deutschland. Eine Mahnung an die Taubstummen-Lehrer und ihre Vorgesetzten, die Communal- und Kreis-Schulbehörden, die Geistlichen und Ärzte, die Staatsregierungen und Landesvertreter, Weimar.

Hill, M. (1871), Die Geistlichen und Schullehrer im Dienste der Taubstummen. Ratschläge für diesen Dienst, Weimar.

Humboldt, W. v. (1964), Der Königsberger und der Litauische Schulplan (1809), In: Schriften zur Politik und zum Bildungswesen, hg. von A. Flitner und K. Giel, Werke in fünf Bänden, Bd. 4.2., durchges. Aufl., Darmstadt.

Jäger, V. A. (1829), Allgemeine Taubstummen- und Blinden-Bildung, besonders in Familien und Volksschulen, In: *Freimüthige Jahrbücher der allgemeinen deutschen Volksschulen* 9(1), S. 77–94.

Jäger, V. A. (1830), Über eine vermeintliche Ursache der Taubstummheit, In: *Freimüthige Jahrbücher der allgemeinen deutschen Volksschulen* 10(3), S. 247–250.

Jäger, V. A. (1831), Über die Idee des allgemein einzuführenden Taubstummenunterrichts. Antwort des Stadtpfarrers Jäger, Vorsteher des königl. würtembergischen Taubstummen- und Blindeninstituts zu Gemünd, auf den gegen ihn von Herrn Graser in dieser Zeitung (1830, Nr. 61, 62, 63) gerichteten Aufsatz, In: *Allgemeine Schulzeitung* 8(36, 37), S. 281–287, 289–294.

Jäger, V. A. (1837), Taubstummen- und Blindenbildung betreffend, In: *Allgemeine Schulzeitung* 14(157), S. 1265–1266.

Jäger, V. A. (1850), Ist es zweckmäßig, alle Taubstummenanstalten eines Landes in Taubstummenschulen zu verwandeln? In: *Allgemeine Schulzeitung* 27(14, 15), S. 113–119, 121–124.

Jäger, V. A./Riecke, G. A. (1832), Anleitung zum Unterricht taubstummer Kinder in der Sprache und anderen Schullehrgegenständen nebst Vorlageblättern, einer Bildersammlung und einem Lese- und Wörter-Buche, 4 Bde., Stuttgart.

Klein, J. W. (1836), Anleitung zur zweckmäßigen Behandlung blinder Kinder. Von der frühesten Jugend an in dem Kreise ihrer Familien und in den Schulen ihrer Wohnorte; mit einem fühlbaren Alphabet, Wien.

Klein, J. W. (1846), Anleitung blinden Kindern die nöthige Bildung in den Schulen ihres Wohnorts und in dem Kreise ihrer Familien zu verschaffen, Wien.

Knie, J. G. (1837), Pädagogische Reise durch Deutschland im Sommer 1835: auf der ich elf Blinden-, verschiedene Taubstummen-, Armen-, Straf- und Waisenanstalten als Blinder besucht und in den nachfolgenden Blättern beschrieben habe, Stuttgart/Tübingen, [Nachdruck Würzburg 1994].

Knie, J. G. (1851), Anleitung zur zweckmäßigen Behandlung blinder Kinder, für deren erste Jugendbildung und Erziehung in ihren Familien, in öffentlichen Volksschulen und durch zu ertheilende Privat-Unterweisung, 4. verb. Aufl., Breslau.

Knoll, P. R. (1788), Katholische Normalschule für die Taubstummen, die Kinder, und andere Einfältigen, zum gründlichen sowohl als leichten Unterricht in dem Christenthume, durch vierzig Kupferstiche; nebst einem dreyfachen Anhange, besonders der Anweisung zur praktischen Beicht. Allen Seelsorgern und Hausvätern gewidmet von einem Priester, Augsburg.

Kruse, O. F. (1831), Bemerkungen, die Aufhebung der Taubstummeninstitute betreffend, In: *Allgemeine Schulzeitung* 8(90), S. 713–719.

Kruse, O. F. (1832), Der Taubstumme im uncultivierten Zustande nebst Blicken in das Leben merkwürdiger Taubstummen, Bremen.

Kruse, O. F. (1850), Ob und inwiefern denn geschlossene Institute oder bloße Schulen für die taubstummen Kinder vorzuziehen wären? In: *Allgemeine Schulzeitung* 27(61, 62), S. 493–504.

Kruse, O. F. (1853), Über Taubstumme, Taubstummen-Bildung und Taubstummen-Anstalten. Nebst Notizen aus meinem Reisetagebuche, Schleswig.

Kruse, O. F. (1872), Bilder aus dem Leben eines Taubstummen, Altona.

Ludwig, J. L. (1840), Vollständig praktische Bearbeitung der sechs ersten Lebensverhältnisse nach Graser. Ein nothwendiges Hand- und Hülfsbuch für alle Lehrerin den teutschen Schulen, welche einen angenehmen und geistigen Unterricht ihren Schülern erteilen wollen, 6 Bde., Hof/Wunsiedel.

Matthies, J. (1904), Das Blindenunterrichtswesen im Deutschen Reich, In: Giżycki, P. v., Das Volksschulwesen und das Lehrerbildungswesen im Deutschen Reich, Berlin, S. 391–442.

Neumann, F. (1827), Die Taubstummenanstalt zu Paris im Jahre 1822, eine historisch-pädagogische Skizze, als Beitrag zur Kenntnis und Würdigung der französischen Methoden des Taubstummenunterrichts, In: Wollermann, R. u.a. (Hg.), Quellenbuch zur Geschichte und Methodik des Taubstummenunterrichts, 4 Bde., Stettin, Bd. 2, S. 349–378.

O. G. (1830), Der durch Gesicht- und Tonsprache der Menschheit wiedergegebene Taubstumme vom Dr. Graser, königl. bair. Regierungs- und Kreisschulrathe, Baireuth, bei Grau. 1829, In: *Allgemeine Schulzeitung* 7(94), S. 737–751.

Otto, Ch. T. (1831), Über Taubstumme im Allgemeinen und über die mit zweien dieser Unglücklichen angestellten pädagogischen Versuche im Schullehrer-Seminar zu Friedrichstadt-Dresden, In: *Sächsischer Schulfreund* 7(1), S. 21–61.

Poßekart (1816), Über den pantomimischen Unterricht der Taubstummen, In: *Der baierische Schulfreund* 6(9), S. 64–75.

Reimer, L./Wilke, C. H. (1837), Methodische Bildertafeln zum Gebrauch beim Anschauungsunterricht in Elementar- und Kleinkinderschulen, besonders bei Taubstummen-Unterricht, Berlin.

Renz, C. (1880), Verdanken wir Deutsche Frankreich die Artikulationsmethode? In: *Organ der Taubstummen- und Blinden-Anstalten in Deutschland und den deutschredenden Nachbarländern* 26, S. 192–198.

Riecke, G. A. (1827), Über den Unterricht der Taubstummen ohne besondere Institute, In: *Württembergisches Correspondenzblatt für Erziehung und Unterricht*, S. 225–229.

Roeßler, e. (1858), Die Taubstummen in der Volksschule, In: *Organ der Taubstummen- und Blinden-Anstalten in Deutschland und den deutschredenden Nachbarländern* 4, S. 100–103.

Rossel, J. P. (1824), Zweck und Plan der Niederrheinisch-westfälischen Monatsschrift für Erziehung und Volksunterricht, In: *Rheinisch-westfälische Monatsschrift für Erziehung und Volksunterricht* 1(1), S. 1.

Sadalitschka, P. (1821), Lehrreiche Unterhaltungen für Lehrer. Der Taubstummen-Lehrer an der öffentlichen Elementarschule – nach den erprobten Grundsätzen der graser'schen Unterrichsmethode, In: *Allgemeine Zeitung für Deutschlands Volksschullehrer* 5(41–44), S. 346–352.

Sadalitschka, P. (1821a), Lehrreiche Unterhaltungen für Lehrer. Der Taubstumme an der öffentlichen Elementarschule – Fortsetzung, In: *Allgemeine Zeitung für Deutschlands Volksschullehrer* 5(45–52), S. 375–377.

Sadalitschka, P. (1822), Der Taubstummen-Lehrer an der öffentlichen Elementarschule. Nach den erprobten Grundsätzen der graser'schen

Unterrichtsmethode, In: *Allgemeine Zeitung für Deutschlands Volksschullehrer* 6(3), S. 233–241.

Sadalitschka, P. (1822a), Lehrreiche Unterhaltungen für Lehrer. Der Taubstummenunterricht an der öffentlichen Elementarschule – Fortsetzung, In: *Allgemeine Zeitung für Deutschlands Volksschullehrer* 6(2), S. 129–147.

Sadalitschka, P. (1823), Der Taubstummenlehrer an der öffentlichen Elementarschule, In: *Allgemeine Zeitung für Deutschlands Volksschullehrer* 7(1), S. 19–26.

Saegert, C. W. (1840), Anleitung zum Sprech- und Sprachunterricht der taubstummen Kinder für Volksschullehrer. Erster (einziger) Kursus nebst Materialien und Sprechtafeln, Magdeburg.

Saegert, C. W. (1840a), Die Königliche Taubstummen-Anstalt zu Berlin in ihrer Wirksamkeit zur Vorbereitung der Methode des Taubstummen-Unterrichts, In: *Schulblatt für die Provinz Brandenburg* 5(3), S. 308–319.

Saegert, C. W. (1845), Über die Heilung des Blödsinns auf intellectuellem Wege, Bd. 1. Berlin.

Saegert, C. W. (1846), Über die Heilung des Blödsinns auf intellectuellem Wege, Bd. 2: Psychische Anthropologie mit Beispielen, Berlin.

Saegert, C. W. (1847), Das Taubstummenwesen in Preußen und die Königl. Taubstummen-Anstalt zu Berlin, In: *Schulblatt für die Provinz Brandenburg* 12(6/7), S. 428–433.

Saegert, C. W. (1849), Das Taubstummenwesen in Preußen, In: *Schulblatt für die Provinz Brandenburg* 14(6), S. 313–318.

Saegert, C. W. (1856), Das Taubstummenbildungswesen in Preußen, In: *Schulblatt für die Provinz Brandenburg* 21(9/10), S. 515–527.

Saegert, C. W. (1858), Die Heil- und Bildungs-Anstalt für Blödsinnige zu Berlin, Berlin.

Saegert, C. W. (1875), Das Taubstummen-Bildungswesen in Preußen. Separatabdruck aus dem Taubstummenfreund von 1874 und 1875, Berlin.

Saegert, C. W. (1878), Das Taubstummenbildungswesen in Preußen, Berlin.

Scherr, I. T. (1825), Genaue Anleitung, taubstummen Kindern ohne künstliche Mimik Fertigkeiten im Verstehen und Anwenden der Schriftsprache beizubringen. Für Elementarlehrer bearbeitet, Gmünd.

Schorsch, E. (1919), Das Sprachheilwesen an den Berliner Volksschulen, Berlin.

Schulz, O. (1836), Bericht über den im Sommer 1836 in der Taubstummen-Anstalt zu Berlin gehaltenen Lehrcursus über Methode des Taubstummen-Unterrichts, In: *Schulblatt für die Provinz Brandenburg* 1(4), S. 457–464.

Schulz, O. (1836a), Was hat der Preußische Staat für die Verallgemeinerung des Taubstummen-Unterrichts gethan, und was geschieht zu diesem Zweck in den Provinzen Sachsen und Brandenburg? In: *Schulblatt für die Provinz Brandenburg* 1(4), S. 437–445.

Schulz, O. (1843), Taubstummenunterricht in der Provinz Brandenburg, In: *Schulblatt für die Provinz Brandenburg* 8(4), S. 489–497.

Schwarz, F. H. Ch. (1819), Zweck und Plan, In: *Freimüthige Jahrbücher der allgemeinen deutschen Volksschulen* 1(1), S. 3–8.

Schwarz, F. H. Ch. (1829), Erziehungslehre. Dritter Bd.: Unterricht der Erziehung, 2. Aufl., Leipzig.

Schwarzer, A. (1828), Lehrmethode zum Unterrichte der Taubstummen in der Tonsprache für Lehrer, Ofen.

Sorge für das Taubstummen-Bildungswesen (1872), In: *Centralblatt für die gesamte Unterrichtsverwaltung in Preußen* 14(4), S. 221–223.

Stephani, H. (1797), Grundriß der Staatserziehungswissenschaft, Weißenfels/Leipzig.

Stephani, H. (1805), System der öffentlichen Erziehung, Berlin.

Stephani, H. (1815), Über die einfachste und natürlichste Weise, Taubstumme zu unterrichten, In: *Der baierische Schulfreund* 5(8), S. 1–15.

Stephani, H. (1829), Lebensbeschreibung des Königl. Bayer'ischen Kirchenrathes Dr. Heinrich Stephani. Vorzüglich in pädagogischer Rücksicht [anonym veröffentlicht, Stephanis Autorenschaft gilt jedoch als gesichert], In: *J. P. Rossel's allgemeine Monatsschrift für Erziehung und Unterricht* 6(Bd. 12, H. 11, 12), S. 449–465, 593–601.

Stephani, H. (1834), Was kann ein Lehrer für die Bildung einzelner taubstummer Schüler leisten? In: *Neuer Schulfreund* 2(4), S. 17–29.

Stiehl, F. (1854), Die drei Preußischen Regulative vom 1., 2. und 3. Oktober 1854 über Errichtung des evangelischen Seminar-, Präparanden- und Elementarschulunterrichts, Berlin.

Stoy, K. V. (1878), Encyklopädie, Methodologie und Litteratur der Pädagogik, 2. Aufl., Leipzig.

Taubstumme, Taubstummen-Anstalten und Taubstummen-Unterricht (1826), In: *Jahrbücher des preußischen Volks-Schul-Wesens* 2(Bd. 3, H. 2), S. 81–115.

Taubstummenlehrer-Versammlung zu Eßlingen a. N. im October 1846 (1847), In: *Allgemeine Schulzeitung* 24(124, 125, 126, 127), S. 1009–1024, 1025–1032, 1033–1036, 1041–1048.

Thomas, F. K. (1848), Die Bildung unserer deutschen Volksschullehrer. Ein Gutachten von einem Freunde und ehemaligen Genossen derselben, Schweinfurt.

Treibel, E. (1881), Der zweite internationale Taubstummenlehrer-Kongress in Mailand, Berlin.

Vollrath, F. Ch. (1833), Der Sprechfreund oder erstes Schulbuch für Taubstumme und Vollsinnige, Weimar.

Vom Taubstummenunterricht überhaupt (1821), In: *Allgemeine Zeitung für Deutschlands Volksschullehrer* 5(45–52), S. 377–384.

Walther, E. (1881), Anleitung für Volksschullehrer zur Behandlung taubstummer Kinder vor deren Eintritt in eine Taubstummenanstalt. Berlin.

Walther, E. (1881a), Die Bestrebungen der Neuzeit auf dem Gebiete des Taubstummenbildungswesens, In: *Organ der Taubstummen-Anstalten in Deutschland und den deutschredenden Nachbarländern* 27, S. 3–14.

Walther, E. (1882), Geschichte des Taubstummen-Bildungswesens. Unter besonderer Berücksichtigung des deutschen Taubstummen-Unterrichts, Bielefeld/ Leipzig.

Walther, E. (Hg.) (1888), Die Königliche Taubstummenanstalt zu Berlin in ihrer geschichtlichen Entwickelung und gegenwärtigen Verfassung. Ein Beitrag zur Geschichte des Taubstummen-Bildungswesens in Preussen – Festschrift zur Feier des 100jährigen Bestehens der Königlichen Taubstummenanstalt zu Berlin, Berlin.

Walther, E. (1891), Die Taubstummen als Unterrichtsmethodiker, In: *Blätter für Taubstummenbildung* 4(22), S. 337–346.

Walther, E. (1895), Handbuch der Taubstummenbildung, Berlin.

Weiller von, C. (1824), Dritter Bericht über die Arbeiten der königl. bayerischen Akademie der Wissenschaften, In: *Hesperus* (179), S. 712f.

Wieck, H. (1891), Johann Baptist Graser. Werke, 2 Bde., Langensalza.

Wilke, K. (1830), Methodisches Bilderbuch. Deutsch und Französisch – ein Wörterbuch für Taubstumme und zur zweckmäßigen Unterhaltung für hörende Kinder, Berlin.

Wirsel, C. W. (1850), Anweisung für Elementarlehrer zur Leitung des ersten Unterrichts taubstummer Kinder, Büren.

Wirsel, C. W. (1850a), Uebungsbuch für taubstumme Kinder beim ersten Unterrichte. So wie auch A-B-C- und erstes Lesebuch für die untere Klasse der Elementarschule, Büren.

Wirsel, C. W. (1860), Erstes Lesebuch für die Unterklasse der Elementarschule im Anschlusse an das Bilderwerk von Wilke und Reimer, 2. Aufl., Paderborn.

Wolke, Ch. H. (1804), Anweisung wie Kinder und Stumme ohne Zeitverlust und auf naturgemäße Weise zum Verstehen und Sprechen zum Lesen und Schreiben oder zu Sprachkenntnissen und Begriffen zu bringen sind. Mit Hilfsmitteln für Taubstumme, Schwerhörige und Blinde nebst einigen Sprach-Aufsätzen, Leipzig.

Wollermann, R. u.a. (Hg.) (1912), Quellenbuch zur Geschichte und Methodik des Taubstummenunterrichts, 4 Bde., Stettin.

X. (1830), Einige Bemerkungen über des Kön. Bayer. Regierungs- und Kreis-Schul-Rathes Dr. Graser's Schrift: „Der durch Gesicht- und Tonsprache der Menschheit widergegebene Taubstumme. Bayreuth 1829", In: *J. P. Rossel's allgemeine Monatsschrift für Erziehung und Unterricht* 7(Bd. 13, H. 4), S. 433–435.

Zur Schulfrage der Gegenwart (1848), In: *Schulblatt für die Provinz Brandenburg* 13(7/8), S. 383–415.

2. Quellen zu Kapitel III: Das Mannheimer Schulsystem

Alfeis, M. (1890), Gedenket der Kinder, die da krank und schwach im Geiste sind! In: *Die Lehrerin in Schule und Haus* 7(9), S. 265–271.

Allgemeine Bestimmungen des königl. Preuß. Ministers der geistlichen, Unterrichts- und Medicinalangelegenheiten vom 15. October 1872, betreffend das Volksschul- Präparanden- und Seminarwesen (1872), In: *Centralblatt für die gesamte Unterrichtsverwaltung in Preußen* 14(10), S. 585–646.

Brandt, F. (1910), Mannheimer Schulorganisation, In: *Hamburgische Schulzeitung: Eine Wochenschrift für pädagogische Theorie, Kunst und Erfahrung* 18(8), S. 60.

Cassel, J. (1901), Was lehrt die Untersuchung der geistig minderwertigen Schulkinder im IX. Berliner Schulkreise, Berlin.

Deuchler, G. (1908/1909), Über das Mannheimer Schulsystem, In: *Zeitschrift für pädagogische Psychologie und Jugendkunde* 10(6), S. 384–421.

Deuchler, G. (1911), Intelligenz und Schule. Zur Theorie des differenzierten Schulsystems (Mannheimer System), In: *Deutscher Kongress für Jugendbildung und Jugendkunde* 1, S. 48–68.

Deuchler, G. (1926), Möglichkeiten und Grenzen der experimentellen Pädagogik, Langensalza.

Die Hilfsschule (1928), Mitteilungen, In: *Die Hilfsschule* 21(9), S. 441–445.

Die Verhandlungen der XXVII. Allgemeinen Deutschen Lehrerversammlung in Gotha (1887), In: *Allgemeine deutsche Lehrerzeitung* 39(32), S. 307–313.

Ellger-Rüttgardt, S. (Hg.) (2003), Lernbehindertenpädagogik, Bd. 5 der „Studientexte zur Geschichte der Behindertenpädagogik", Weinheim u.a.

Frenzel, F. (1904), I. Internationaler Kongress für Schulhygiene zu Nürnberg vom 4.-9. April 1904, In: *Zeitschrift für Kinderforschung* 9(5), S. 221–230.

Fuchs, A. (1899), Schwachsinnige Kinder, ihre sittliche und intellektuelle Rettung. Eine Analyse und Charakteristik, nebst theoretischer und praktischer Anleitung zum Unterricht und zur Erziehung schwachsinniger Naturen – für Lehrer und gebildete Eltern, Gütersloh.

Fuchs, A. (1927), Das Sonderschulwesen in Berlin, Berlin.

Funke, A. (1911), Was lehrt und der Hülfsschultag in Lübeck? In: *Pädagogische Reform. Zugleich Zeitschrift der Hamburger Lehrmittelausstellung* 35(28, Beilage).

Gärtner, K. (1886), Über Geisteskrankheiten mit besonderer Berücksichtigung des Schwachsinns in der Schule, In: *Pädagogische Reform. Zugleich Zeitschrift der Hamburger Lehrmittelausstellung* 10(2 und Beilage zu 3), S. 7–9, 17f.

Gottschalk, R. (1910), Das Mannheimer Schulsystem, In: *Die Deutsche Schule* 14(12), S. 760–762.

Hagmann, J. G. (1905), Sonderklassen? In: *Der Säemann. Monatsschrift für pädagogische Reform* 1(10), S. 378–382.

Heinecker, W. (1913), Das Problem der Schulorganisation auf Grund der Begabung der Kinder, Langensalza.

Heinecker, W. (1924), Das Problem der Schulorganisation auf Grund der Begabung der Kinder, 2. Aufl., Langensalza.

Henze, A. (1928), Das Förderklassensystem, In: Nohl, H./Pallat, L. (Hg.), Handbuch der Pädagogik, Vierter Bd.: Die Theorie der Schule und der Schulaufbau, Langensalza, S. 157–167.

Henze, A. (1928a), Gehobene Klassen für leistungsfähigere Kinder, In: Nohl, H./Pallat, L. (Hg.), Handbuch der Pädagogik, Vierter Bd.: Die Theorie der Schule und der Schulaufbau, Langensalza, S. 168–171.

Henze, A. (1928b), Hilfsschulen für geistesschwache Kinder, In: Nohl, H./Pallat, L. (Hg.), Handbuch der Pädagogik, Vierter Bd.: Die Theorie der Schule und der Schulaufbau, Langensalza, S. 145–156.

Henze, A. (1930), Grundlagen der Geistesschwachenfürsorge, In: *Zeitschrift für Kinderforschung* 36(4), S. 546–576.

Henze, A. (1933), Gedanken zur künftigen Geistesschwachenfürsorge und das Sterilisierungsgesetz, In: *Die Hilfsschule* 26(9), S. 532–541.

Henze, A. (1934), Grote, Julius, In: Dannemann, A. u.a. (Hg.), Enzyklopädisches Handbuch der Heilpädagogik, 2. völlig neub. Aufl., Halle a.S., Bd. 2, Sp. 3355f.

I. Internationaler Kongreß für Schulhygiene (1904). Nürnberg, 4. bis 9. April 1904, Nürnberg.

Junge, H. (1904), Die allgemeine Volksschule und die Mannheimer Schulreform, In: *Pädagogische Reform. Zugleich Zeitschrift der Hamburger Lehrmittelausstellung* 28(45), S. 399.

Junge, H. (1904a), Kurze Antwort auf Herrn Witthöfts Verteidigung, In: *Pädagogische Reform. Zugleich Zeitschrift der Hamburger Lehrmittelausstellung* 18(48), S. 425.

Kielhorn, H. (1907), Geistige Minderwertigkeit vor Gericht, In: *Monatsschrift für Kriminalpsychologie und Strafrechtsreform* 4(3), S. 165–176.

Kielhorn, H. (1910), Straffälligkeit der geistig Minderwertigen, In: *Monatsschrift für Kriminalpsychologie und Strafrechtsreform* 7(2), S. 106–109.

Koch, J. L. A. (1901), Die psychopathischen Minderwertigkeiten, Ravensburg.

Krafft-Ebing von, R. (1879), Lehrbuch der Psychiatrie, Stuttgart.

Kuntz, O. (1904), Das Mannheimer Sonderklassensystem, In: *Die Lehrerin in Schule und Haus* 21(5), S. 111–119.

Lämmermann, H. (1927), Das Mannheimer kombinierte Verfahren der Begabtenauslese, In: *Zeitschrift für angewandte Psychologie* (40. Beiheft).

Lämmermann. H. (1936), Hilfsschul-Entlaßniveau und Sterilisierung, In: *Die deutsche Sonderschule* 3(6), S. 92–104.

Lay, W. A. (1903), Experimentelle Didaktik, Wiesbaden.

Lay, W. A. (1904), Unser Schulunterricht im Lichte der Hygiene. Ein Mahnruf des 1. internationalen Kongresses für Schulhygiene zur Errichtung pädagogischer Lehrstühle und pädagogische Laboratorien, Wiesbaden.

Lay, W. A. (1920), Experimentelle Didaktik. Allgemeiner Teil, 4. verb. Aufl., Leipzig.

Lay, W. A. (1921), Die Tatschule als natur- und kulturgemäße Schulreform. Zugleich Anklage und Mahnruf, 2. verb. Aufl., Osterwieck H.

Lesemann, G. (1931), Die Grundmauern wanken! In: *Preußische Lehrerzeitung* (132).

Lesemann, G. (1931a), Sind Hilfsschulen pädagogisch notwendig und wirtschaftlich tragbar? In: *Die Hilfsschule* 24(11), S. 712–728.

Lesemann, G. (1933), Hilfsschulpädagogische Gegenwartsaufgaben, In: *Die Hilfsschule* 26(12), S. 712–733.

Liermann, M. (1904), Die Bedeutung der Mannheimer Sonderklassen, In: *Die Lehrerin in Schule und Haus* 21(30), S. 802–805.

Lohmann, R. (1921), Das Schulprogramm der Sozialdemokratie und ihre Schulpolitik, Stuttgart/Berlin.

Ministerium des Kultus, des Unterrichts und der Justiz (Hg.) (1934), Gesetz über die Grund- und Hauptschule vom 29. Januar 1934, in: *Amtsblatt des Badischen Ministeriums des Kultus, des Unterrichts und der Justiz, Abteilung Kultus und Unterricht*, 72(3), S. 5–16.

Mittenzwey, L. (1904), Internationaler Kongreß für Schulhygiene, In: *Deutsche Lehrerzeitung* 56(16), S. 181–185.

Moses, J. (1897), Zur Pathogenese der Launenhaftigkeit im Kindesalter, In: *Die Kinderfehler: Zeitschrift für Kinderforschung mit besonderer Berücksichtigung der pädagogischen Pathologie* 2(6), S. 161–166.

Moses, J. (1899), Die Neuorganisation der Volksschule in Mannheim, In: *Zeitschrift für Schulgesundheitspflege* (12), S. 478–485.

Moses, J. (1902), Schulhygienische Betrachtungen über Gliederung und Organisation der deutschen Volksschule, In: *Zeitschrift für Schulgesundheitspflege* (15), S. 427–434.

Moses, J. (1904), Das Sonderklassensystem der Mannheimer Volksschule. Ein Beitrag zur Hygiene des Unterrichts, Mannheim.

Moses, J. (1906), Die Abartungen des kindlichen Phantasielebens in ihrer Bedeutung für die pädagogische Pathologie, Langensalza.

Moses, J. (1910), Die sozialen und psychologischen Probleme der jugendlichen Verwahrlosung, Langensalza.

Moses, J. (1922), Gesundheitspflege der arbeitenden Jugend, Berlin.

Moses, J. (1924), Vom Seelenbinnenleben der Kinder, 2. umgearb. Aufl., Langensalza.

Muus, F. (1910), „Das Mannheimer Schulsystem in hamburgischer Beleuchtung“, In: *Hamburgische Schulzeitung: Eine Wochenschrift für pädagogische Theorie, Kunst und Erfahrung* 18(19), 147f.

Muus, F. (1910a), Die Hamburger Volksschule und das Mannheimer Schulsystem, In: *Hamburgische Schulzeitung: Eine Wochenschrift für pädagogische Theorie, Kunst und Erfahrung* 18(8), S. 57–60.

Ockelmann, H. (1904), Bericht über den am 29. Oktober 1904 in der Aula des Johanneums gehaltenen Vortrag des Stadtschulrats Dr. Sickinger aus Mannheim: „Zur Frage eines naturgemäßen Unterrichtsbetriebes in größeren Volksschulkörpern mit besonderer Berücksichtigung der Mannheimer Schulorganisation“, In: *Jahresbericht des Schulwissenschaftlichen Bildungsvereins Hamburg* (Anhang), S. 1–16.

Paulsen, W. (1904), Die Ursachen der Misserfolge unserer heutigen Schule und ihre Bekämpfung, In: *Pädagogische Reform. Zugleich Zeitschrift der Hamburger Lehrmittelausstellung* 28(10/11), S. 91–93, 101–104.

Paulsen, W. (1904a), Individuelle Erziehung und die Mannheimer Schulbewegung, In: *Pädagogische Reform. Eine Vierteljahresschrift* 1(4), S. 19–27.

Paulsen, W. (1904b), Zur Orientierung, In: *Pädagogische Reform. Zugleich Zeitschrift der Hamburger Lehrmittelausstellung* 28(46), S. 407.

Paulsen, W. (1905), Mehr Licht und Wärme den Sorgenkindern unserer Volksschule, In: *Pädagogische Reform. Zugleich Zeitschrift der Hamburger Lehrmittelausstellung* 29(26), 221f.

Peeper, W. (1898), Die wissenschaftliche und praktische Bedeutung der pädagogischen Pathologie für die Volksschulpädagogik, In: *Hamburgische Schulzeitung: Eine Wochenschrift für pädagogische Theorie, Kunst und Erfahrung* 6(7), S. 56.

Piper, H. (1897), Die Fürsorge für die schwachsinnigen Kinder, In: *Die Deutsche Schule* 1(3), S. 129–138.

Pretzel, C. L. A. (1904), Gegen die Mannheimer Schulorganisation, In: *Die Deutsche Schule* 8(10), S. 603–618.

Pretzel, C. L. A. (1905), Gegen die Mannheimer Schulorganisation, In: *Pädagogische Reform. Zugleich Zeitschrift der Hamburger Lehrmittelausstellung* 29(2/3), S. 13f., 18–20.

Pretzel, C. L. A. (1905a), Zur Frage der Organisation der Berliner Gemeindeschulen unter Berücksichtigung des Mannheimer Systems, In: *Pädagogische Zeitung* 34(4), S. 67.

Rosenthal, B. (1912), Zur Frage der Förderklassen, In: *Pädagogische Zeitung* 41(30), S. 603–605.

Rühle, O. (1911), Das proletarische Kind, München.

Rühle, O. (1922), Das proletarische Kind. Eine Monographie, völlig neu bearb. und erweit. Aufl., München.

Rühle, O./Rühle, A. (Hg.) (2001), Schwererziehbare Kinder. Eine Schriftenfolge, neu hg. u. eingel. von G. Lehmkuhl u. H. Gröner, Gotha.

Sander, M. (1907), Apologie der Mannheimer Schulorganisation im Anschluß an das Mainzer Korreferat, In: *Die Lehrerin in Schule und Haus* 24(15/16), S. 420–429, 455–461.

Schlesinger, E. (1907), Schwachbegabte Schulkinder, In: Ellger-Rüttgardt, S. (Hg.), Lernbehindertenpädagogik, Bd. 5 der „Studientexte zur Geschichte der Behindertenpädagogik", Weinheim u.a. (2003), S. 83–89.

Scholz, E. (1904), Darstellung und Beurteilung des Mannheimer Schulsystems, In: *Deutsche Blätter für erziehenden Unterricht* 32(21–27), S. 168–170, 176–179, 186–188, 196–198, 206f., 224–226.

Schulz, H. (1907), Sozialdemokratie und Schule, Berlin.

Schumann, H. (1908), Die Propaganda für das Mannheimer Schulsystem in Hamburg, In: *Pädagogische Reform. Zugleich Zeitschrift der Hamburger Lehrmittelausstellung* 33(43), S. 536–538.

Sickinger, A. (1903), Preußisches oder Badisches Schulturnen? Eine Klarstellung, Karlsruhe.

Sickinger, A. (1904), Der Unterrichtsbetrieb in grossen Volksschulkörpern sei nicht schematisch-einheitlich sondern differenziert-einheitlich. Zusammenfassende Darstellung der Mannheimer Volksschulreform, Mannheim.

Sickinger, A. (1904a), Organisation grosser Volksschulkörper nach der natürlichen Leistungsfähigkeit der Kinder. Vortrag gehalten auf dem I. internationalen Kongress für Schulhygiene in Nürnberg am 7. April 1904, Mannheim.

Sickinger, A. (1905), Mehr Licht und Wärme den Sorgenkindern unserer Volksschule! Ein Vermächtnis Heinrich Pestalozzis. Vortrag, gehalten bei der von der Pestalozzigesellschaft und dem Lehrerverein Zürich am 8. Januar 1905 in der St. Peterskirche in Zürich veranstalteten Pestalozzifeier (Separat-Abdruck aus: Schweizerische Lehrerzeitung 1905), Zürich.

Sickinger, A. (1905a), Naturgemässe Klassenorganisation grösserer Volksschulkörper im allgemeinen und die Mannheimer Volksschulreform im besonderen. Nach einem in der 6. Generalversammlung des Preussischen Rektorenvereins am 14. Juni 1905 in Berlin gehaltenen Vortrag, In: *Die Schulpflege* Neue Folge XI (14, 15), S. 107–114, 119–123.

Sickinger, A. (1906), Die Einwendungen gegen das Mannheimer Schulsystem, In: *Neue Bahnen* 18(8, 9), S. 337–349, 385–404.

Sickinger, A. (1908), Schulsystem, Mannheimer, In: Rein, W. (Hg.), Encyklopädisches Handbuch der Pädagogik, 2. Aufl., Langensalza, S. 324–336.

Sickinger, A. (1910), Das Mannheimer Schulsystem in Hamburgischer Beleuchtung. Eine Klarstellung, Mannheim/Leipzig.

Sickinger, A. (1913), Über naturgemäße Organisation des großstädtischen Volksschulwesens im allgemeinen und über das Mannheimer Volksschulsystem im besonderen. Ein Beitrag zur Lösung des Problems der „allgemeinen Volksschule“, [o. O.].

Sickinger, A. (1913a), Ueber naturgemäße Organisation des großstädtischen Volksschulwesens im allgemeinen und über das Mannheimer Volksschulsystem im besonderen. Ein Beitrag zur Lösung des Problems der „Allgemeinen Volksschule“, In: *Der Volksschullehrer* 7(35–37), S. 560–563, 577–581, 593–597.

Sickinger, A. (1913b), Mannheim und die allgemeine Volksschule, In: *Der Volksschullehrer* 7(28), S. 441–443.

Sickinger, A. (1916), Das Mannheimer Schulsystem und der Aufbau des Gesamtschulwesens der Stadt Mannheim, In: Petersen, P. (Hg.), Der Aufstieg der Begabten, Leipzig/Berlin, S. 148–165.

Sickinger, A. (1920), Arbeitsunterricht, Einheitsschule, Mannheimer Schulsystem im Lichte der Reichverfassung, Leipzig.

Sickinger, A. (1925), Der Schulpsychologische Berater, Wien u.a.

Sickinger, A. (1925a), Körperzucht in der Schul- und Volkserziehung, Mannheim.

Sickinger, A. (1926), Zur Geschichte der Förderklassen. 25 Jahre Mannheimer Schulsystem, In: *Zeitschrift für gemeindliche Schulverwaltung* (1), S. 8–20.

Sickinger contra Ahlburg und Fricke (1910), In: *Pädagogische Reform. Zugleich Zeitschrift der Hamburger Lehrmittelausstellung* 34(14), S. 169–171.

Spitzner, A. (1898), Die wissenschaftliche und praktische Bedeutung der pädagogischen Pathologie für die Volksschulpädagogik, In: *Die Deutsche Schule* 2(1–4), S. 27–37, 83–91, 141–149, 200–211.

Swet, K. (1899), Über die pädagogische Pathologie, In: *Pädagogische Reform. Zugleich Zeitschrift der Hamburger Lehrmittelausstellung* 23(46), S. 365–368.

Tappe, F. (1908), Bilanzverschleierung und Gefahren des Mannheimer Systems, In: *Pädagogische Zeitung* 37(38), S. 849–853.

Tews, J. (1900), Trennung der Schüler nach Begabung, In: *Pädagogische Zeitung* (29), S. 190–193.

Tews, J. (1916), Die deutsche Einheitsschule. Freie Bahn jedem Tüchtigen, 2. Aufl., Leipzig.

Trüper, J. (1900), Zur Litteratur, In: *Zeitschrift für Kinderforschung* 5(5), S. 229–240.

Trüper, J. (1902), Allerlei Sonderklassen, In: *Zeitschrift für Kinderforschung* 7(2), S. 90f.

Ufer, Ch. (1892), Das Wesen des Schwachsinns, In: *Deutsche Blätter für erziehenden Unterricht* 19(4, 5), S. 29–32, 38–42.

van den Wyenbergh, J. (1918), Die Organisation des Volksschulwesens auf differentiell-psychologischer Grundlage mit besonderer Berücksichtigung der Begabungsforschung und moderner Schulreformen deutscher Großstädte, Leipzig.

W. D. (1891), „Gedenket Derer, die da krank und schwach im Geiste sind", In: *Die Lehrerin in Schule und Haus* 8(5), S. 136–141.

Wagner, M. (1904), Die „Mannheimer Schulorganisation" im Leipziger Lehrerverein, In: *Allgemeine deutsche Lehrerzeitung* 56(10), S. 112.

Wendling (1906), Die Möglichkeit einer Schulorganisation nach Fähigkeitsklassen, In: *Die Lehrerin in Schule und Haus* 23(44), S. 1209–1216.

Weygandt, W. (1901), Zur Hilfsschulfrage, In: *Psychiatrische Wochenschrift* 2, S. 498–502.

Weygandt, W. (1905), Leicht abnorme Kinder, Halle a.S.

Witthöft, H. W. (1904), Die einheitliche und gegliederte Volksschule: Hamburg und Mannheim, In: *Pädagogische Reform. Zugleich Zeitschrift der Hamburger Lehrmittelausstellung* 28(43/44), S. 377f., 389f.

Witthöft, H. W. (1904a), Die Mannheimer Organisation und die allgemeine Volksschule, In: *Pädagogische Reform. Zugleich Zeitschrift der Hamburger Lehrmittelausstellung* 28(47), S. 413f.

Witthöft, H. W. (1904b), Herr Junge und die Mannheimer Organisation, In: *Pädagogische Reform. Zugleich Zeitschrift der Hamburger Lehrmittelausstellung* 28(51), S. 459.

Witthöft, H. W. (1904c), Material für die Organisation grosser Volksschulen nach der natürlichen Leistungsfähigkeit der Kinder, In: *Pädagogische Reform. Zugleich Zeitschrift der Hamburger Lehrmittelausstellung* 28(16), S. 151–153.

Witthöft, H. W. (1904d), Zur Organisation der Volksschule, In: *Pädagogische Reform. Zugleich Zeitschrift der Hamburger Lehrmittelausstellung* 28(12/13), S. 111f., 120f.

Witthöft, H. W. (1905), Der Umfang der Mannheimer Bewegung, In: *Pädagogische Reform. Zugleich Zeitschrift der Hamburger Lehrmittelausstellung* 29(21), S. 177.

Witthöft, H. W. (1905a), Ein Bericht über Mannheim, In: *Pädagogische Reform. Zugleich Zeitschrift der Hamburger Lehrmittelausstellung* 29(39), S. 232f.

Zentmayer, M. (1906/1907), Die Möglichkeit einer Schulorganisation nach Fähigkeitsklassen, In: *Die Lehrerin in Schule und Haus* 23(43), S. 1181–1189.

Zur Frage der Volksschulreform (1904), In: *Die Lehrerin in Schule und Haus* 21(5), S. 119–121.

Zur Kritik des Mannheimer Schulsystems (1909), In: *Pädagogische Reform. Zugleich Zeitschrift der Hamburger Lehrmittelausstellung* 33(51), S. 648–650.

3. Quellen zu Kapitel IV: Reformpädagogische Gemeinschaftsschulen der 1920 und 30er Jahre

Adler, A. (1973), Individualpsychologie und Schule. Vorlesungen für Lehrer und Erzieher [Erstdruck 1929], Frankfurt a.M.

Adler, A. (2010), Kurze Bemerkungen über Vernunft, Intelligenz und Schwachsinn [Erstdruck 1928], In: A. Adler, Persönlichkeitstheorie, Psychopathologie, Psychotherapie (1913–1937), hg. v. G. Eife, Göttingen, S. 314–320.

Aufbau (1930), Erziehungswissenschaftliche Zeitschrift, hg. vom Bund der Freien Schulgesellschaften Deutschlands, Themenheft Individualpsychologie und proletarische Erziehung 3(9).

Berg, W. (1932), Jena-Plan und Jena-Schule, In: *Schulreform. Pädagogische Monatsschrift* 11(12), S. 619–627.

Bericht (1922), In: *Unsere Schule* 2(3).

Birnbaum, F. (1932), Die individualpsychologische Versuchsschule in Wien, In: *Internationale Zeitschrift für Individualpsychologie* 10, S. 176–183.

Böttger, R. (1954), Mannheimer Frauen, In: *Mannheimer Hefte*, 3, S. 6–11.

Buchholz, F. (1939), Das brauchbare Hilfsschulkind – ein Normalkind, Weimar.

Dannemann, A. u.a. (Hg.) (1934), Enzyklopädisches Handbuch der Heilpädagogik, 2. völlig neub. Aufl., Halle a.S.

Die Berthold-Otto-Schule (1908), Flugblatt zur Eröffnung, In: Barth, G./ Henseler, J. (Hg.), Berthold Otto. Pädagogische, psychologische und politische Schriften, Baltmannsweiler, S. 139–145.

Die Hilfsschule (1928), Mitteilungen, In: *Die Hilfsschule* 21(9), S. 441–445.

Die Hilfsschule (1930), Die Stellung der Heilpädagogik in der Lehrerbildung (Bericht über einen Vortrag Aloys Fischers), In: *Die Hilfsschule* 23(1), S. 43f.

Die Hilfsschule (1930), Mitteilungen, In: *Die Hilfsschule* 23(1), S. 36–53.

Die Reichsschulkonferenz (1920). Ihre Vorgeschichte und Vorbereitung und ihre Verhandlungen [unver. Nachdruck der Erstauflage von 1921], Glashütten i.T.

Emmerig, E. (1927), Bilderatlas zur Geschichte der Taubstummenbildung, München.

Enderlin, M. (1928), Der Jena-Plan. Eine kritische Würdigung, In: *Die neue deutsche Schule. Monatsschrift für alle Fragen der Volksschule* 2, S. 125–139.

Engel, E. (1922), Die Gemeinschaftsschulen (Hamburg und Berlin). Ein Bild aus der Gegenwartspädagogik, Prag u.a.

Erziehungswissenschaftliche Anstalt der Thüringischen Landesuniversität (1925), Mitteilungen aus der Erziehungswissenschaftlichen Anstalt der Thüringischen Landesbibliothek zu Jena. 1. Die akademische Lehrerbildung an der Universität Jena: Verordnungen, Einrichtungen, Ratschläge, hg. von Peter Petersen, Jena.

Eyferth, H. (1930), Heilpädagogik, In: Nohl, H./Pallat, L. (Hg.), Handbuch der Pädagogik. Dritter Bd.: Allgemeine Didaktik und Erziehungslehre, Berlin/ Leipzig, S. 498–512.

Fadrus, V. (1928), Der Jena-Plan, In: *Schulreform. Pädagogische Monatsschrift* 7, S. 12–15.

Flitner, W. (1929), Zur Frage der Heilpädagogik in der neuen Lehrerbildung, In: *Zeitschrift für Kinderforschung* 35(2), S. 406–411.

Franz, K. (1996), Meine Schulzeit in der Universitätsschule Jena. Persönliche Aufzeichnungen (1984), In: Retter, H. (Hg.), Peter Petersen und der Jena-Plan. Von der Weimarer Republik bis zur Nachkriegszeit, Weinheim, S. 132–146.

Frenzel, F. (1925), Geschichte und Literatur des Hilfsschulwesens, 3. Aufl., Halle.

Frenzel, F. (1930), Die Erziehung, Bildung und Versorgung anormaler Kinder nach den gesetzlichen Bestimmungen usw. in Deutschland und anderen europäischen Ländern (Hilfsschulgesetze), 2. völlig umgearb. Aufl., Halle/S.

Fuchs, A. (1899), Schwachsinnige Kinder, ihre sittliche und intellektuelle Rettung. Eine Analyse und Charakteristik, nebst theoretischer und praktischer Anleitung zum Unterricht und zur Erziehung schwachsinniger Naturen – für Lehrer und gebildete Eltern, Gütersloh.

Fuchs, A. (1927), Das Sonderschulwesen in Berlin, Berlin.

Fuchs, A. (1930), Erziehungsklassen (E-Klassen) für schwererziehbare Kinder der Volksschule, Halle.

Fuchs, A. (Hg.) (o.J.), Die Heilpädagogische Woche in Berlin. Vom 15. bis 22. Mai 1927 in Berlin. Ausführlicher Bericht, Berlin.

Fuchs, A. (o.J.a), Schwererziehbare Kinder in der Normalschule, In: Fuchs, A. (Hg.), Die Heilpädagogische Woche in Berlin. Vom 15. bis 22. Mai 1927 in Berlin. Ausführlicher Bericht, Berlin, S. 28–39.

Fuhrmann (1923), Unsere Einheitsschule, In: *Unsere Schule* 2(8).

Giesen, J. M. (1930), Jena-Plan, In: *Lehrer und Volk* 3, S. 380–384.

Gottschalk, R. (1929), Die Universitätsschule in Jena, In: *Preußische Lehrerzeitung* 56(69. Beilage).

Griesinger, A. (1934), Die Hilfsschule im neuen Reich, In: Dannemann, A. u.a. (Hg.), Enzyklopädisches Handbuch der Heilpädagogik, 2. völlig neub. Aufl., Halle a.S., Sp. 3357–3369.

Griesinger, A. (1934a), Versuchsschulen, In: Dannemann, A. u.a. (Hg.), Enzyklopädisches Handbuch der Heilpädagogik, 2. völlig neub. Aufl., Bd. 2. Halle a.S., Sp. 3144–3149.

Hamaide, A. (1928), Die Methode Decroly, Weimar.

Heller, T. (1929), Schwachsinnige, In: Nohl, H./Pallat, L. (Hg.), Handbuch der Pädagogik. Zweiter Bd.: Die biologischen, psychologischen und soziologischen Grundlagen der Pädagogik, Langensalza, S. 216–218.

Henze, A. (1928), Das Förderklassensystem, In: Nohl, H./Pallat, L. (Hg.), Handbuch der Pädagogik, Vierter Bd.: Die Theorie der Schule und der Schulaufbau, Langensalza, S. 157–167.

Henze, A. (1928a), Gehobene Klassen für leistungsfähigere Kinder, In: Nohl, H./Pallat, L. (Hg.), Handbuch der Pädagogik, Vierter Bd.: Die Theorie der Schule und der Schulaufbau, Langensalza, S. 168–171.

Henze, A. (1928b), Hilfsschulen für geistesschwache Kinder, In: Nohl, H./Pallat, L. (Hg.), Handbuch der Pädagogik. Vierter Bd.: Die Theorie der Schule und der Schulaufbau, Langensalza, S. 145–156.

Henze, A. (1930), Grundlagen der Geistesschwachenfürsorge, In: *Zeitschrift für Kinderforschung* 36(4), S. 546–576.

Henze, A. (1933), Gedanken zur künftigen Geistesschwachenfürsorge und das Sterilisierungsgesetz, In: *Die Hilfsschule* 26(9), S. 532–541.

Henze, A. (1934), Grote, Julius, In: Dannemann, A. u.a. (Hg.), Enzyklopädisches Handbuch der Heilpädagogik, 2. völlig neub. Aufl., Halle a.S., Bd. 2, Sp. 3355f.

Hilker, F. (Hg.) (1924), Deutsche Schulversuche, Berlin.

Hilscher, K. (1930), Geschichte der Schwachsinnigenfürsorge, des Schwachsinnigenbildungswesens und der Hilfsschule, Wien/Leipzig.

Hoffmann, K. (1922), Unsere Schule und die Einheitsschule, In: *Unsere Schule* 2(2).

Hoffmann, K. (1927), Das Wirklichkeitsbild der neuen Schule, In: *Das werdende Zeitalter. Eine Zeitschrift für Erneuerung der Erziehung* 6, S. 149–158.

Hylla, E. (1928), Die Schule der Demokratie. Ein Aufriß des Bildungswesens der Vereinigten Staaten, Langensalza u.a.

Karsen, F. (1923), Deutsche Versuchsschulen der Gegenwart und ihre Probleme, Leipzig.

Karsen, F. (1925), Aus der Bewegung, In: *Lebensgemeinschaftsschule* 1(6), S. 93–96.

Karsen, F. (1925a), Unsere Osterzusammenkunft, In: *Lebensgemeinschaftsschule* 1(5), S. 65–71.

Karsen, F. (1926), Vorbereitung für Bremen, In: *Lebensgemeinschaftsschule* 2(7), S. 97–99.

Karsen, F. (1928), Rundschau, In: *Aufbau. Erziehungswissenschaftliche Zeitschrift* 1(1), S. 30–32.

Karsen, F. (Hg.) (o.J. [1924]), Die neuen Schulen in Deutschland, Langensalza.

Karstädt, O. (1928), Versuchsschulen und Schulversuche, In: Nohl, H./Pallat, L. (Hg.), Handbuch der Pädagogik, Vierter Bd.: Die Theorie der Schule und der Schulaufbau, Langensalza, S. 333–364.

Koch, H. (1934), Ausbildung der Sonderschullehrer und -lehrerinnen, In: Dannemann, A. u.a. (Hg.), Enzyklopädisches Handbuch der Heilpädagogik, 2. völlig neub. Aufl., Halle a.S., Sp. 294–309.

Koch, H. (o.J.), Die Ausbildung der Sonderschullehrer, In: Fuchs, A. (Hg.), Die Heilpädagogische Woche in Berlin. Vom 15. bis 22. Mai 1927 in Berlin. Ausführlicher Bericht, Berlin, S. 49–64.

Köhler, E. (1930), Erziehungswissenschaft, In: *Schulreform. Pädagogische Monatsschrift* 9, S. 670–675.

Künkel, F. (1926), Entwurf eines Lehrplans für die individualpsychologische Ausbildung der Lehrer und Sozialbeamten, In: *Internationale Zeitschrift für Individualpsychologie* 4, S. 57–68.

Lamszus, W. (1925), Probleme und Problematik der neuen Schulversuche, In: *Das werdende Zeitalter. Eine Zeitschrift für Erneuerung der Erziehung* 4(4), S. 145–148.

Lay, W. A. (1927), Die Lebensgemeinschaftsschule, Osterwieck H.

Lebensgemeinschaftsschule: Mitteilungsblatt der neuen Schulen in Deutschland 1(1925)1–2(1926)11/12.

Lesemann, G. (1931a), Sind Hilfsschulen pädagogisch notwendig und wirtschaftlich tragbar? In: *Die Hilfsschule* 24(11), S. 712–728.

Lewin, V. (1928), Untersuchungen über das Arbeitserlebnis und die Leistung von Hilfsschulkindern im Rahmen der Schularbeit, Diss., Jena.

Leyen, R. von der (1929), Heilpädagogische Anstalten, In: Nohl, H./Pallat, L. (Hg.), Handbuch der Pädagogik, Fünfter Bd.: Sozialpädagogik, Berlin/Leipzig, S. 165–174.

Lietz, H. (Hg.) (1913), Das fünfzehnte Jahr in Deutschen Land-Erziehungs-Heimen. Beiträge zur Schulreform, Leipzig.

Lietz, H. (1913a), Deutsche Land-Erziehungs-Heime. Grundsätze und Einrichtungen, Leipzig.

Lohmann, R. (1921), Das Schulprogramm der Sozialdemokratie und ihre Schulpolitik, Stuttgart/Berlin.

Lottig, W. [Willi] (1922), An die Eltern, die ihr Kind in unsere Schule geben wollen, In: *Unsere Schule* 1(7).

Lottig, W. [Willi] (1927), Das Zerrbild der neuen Schule, In: *Das werdende Zeitalter. Eine Zeitschrift für Erneuerung der Erziehung* 6, S. 141–148.

Lottig, W. [William] (1908), Zum Lehrplanentwurf für das erste Schuljahr. Alle Kräfte des Kindes werden gelöst, gepflegt und entwickelt, In: *Pädagogische Reform. Zugleich Zeitschrift der Hamburger Lehrmittelausstellung* 32(25), S. 291f.

Lottig, W. [William] (1909), Alle Kräfte werden gelöst, gepflegt und entwickelt! In: *Pädagogische Reform. Zugleich Zeitschrift der Hamburger Lehrmittelausstellung* 33(46, 47), S. 576–578, 590–592.

Müller-Petersen, E. (1934), Führung im Rechenunterricht, In: Petersen, P. (Hg.), Die Praxis der Schulen nach dem Jena-Plan, Weimar, S. 41–66.

Nohl, H. (1933), Die pädagogische Bewegung in Deutschland, In: Nohl, H./ Pallat, L. (Hg.), Handbuch der Pädagogik, Erster Bd.: Die Theorie und die Entwicklung des Bildungswesens, Berlin/Leipzig, S. 302–374.

Nohl, H./Pallat, L. (Hg.) (1928), Handbuch der Pädagogik, Vierter Bd.: Die Theorie der Schule und der Schulaufbau, Langensalza.

Nohl, H./Pallat, L. (Hg.) (1929), Handbuch der Pädagogik, Zweiter Bd.: Die biologischen, psychologischen und soziologischen Grundlagen der Pädagogik, Langensalza.

Nohl, H./Pallat, L. (Hg.) (1929a), Handbuch der Pädagogik, Fünfter Bd.: Sozialpädagogik, Berlin/Leipzig.

Nohl, H./Pallat, L. (Hg.) (1930), Handbuch der Pädagogik, Dritter Bd.: Allgemeine Didaktik und Erziehungslehre, Berlin/Leipzig.

Nohl, H./Pallat, L. (Hg.) (1933), Handbuch der Pädagogik, Erster Bd.: Die Theorie und die Entwicklung des Bildungswesens, Berlin/Leipzig.

Paulsen, W. (1904), Die Ursachen der Misserfolge unserer heutigen Schule und ihre Bekämpfung, In: *Pädagogische Reform. Zugleich Zeitschrift der Hamburger Lehrmittelausstellung* 28(10, 11), S. 91–93, 101–104.

Paulsen, W. (1904a), Individuelle Erziehung und die Mannheimer Schulbewegung, In: *Pädagogische Reform. Eine Vierteljahresschrift* 1(4), S. 19–27.

Paulsen, W. (1904b), Zur Orientierung, In: *Pädagogische Reform. Zugleich Zeitschrift der Hamburger Lehrmittelausstellung* 28(46), S. 407.

Paulsen, W. (1905), Mehr Licht und Wärme den Sorgenkindern unserer Volksschule, In: *Pädagogische Reform. Zugleich Zeitschrift der Hamburger Lehrmittelausstellung* 29(26), 221f.

Paulsen, W. (1920), Zur Schulengemeinschaft Hamburgs, In: Pädagogische Reform. *Zugleich Zeitschrift der Hamburger Lehrmittelausstellung* 44(34), S. 217f.

Paulsen, W. (1926), Die soziale Schule und die Individualpsychologie, In: *Sozialistische Monatshefte* 32(4), S. 227–230.

Paulsen, W. (1926a), Die Überwindung der Schule. Begründung und Darstellung der Gemeinschaftsschule, Leipzig.

Paulsen, W. (1930), Das neue Schul- und Bildungsprogramm. Grundsätze und Richtlinien für den Ausbau des Schulwesens, Osterwieck H.

Paulsen, W. (1933), Lösung der heutigen Bildungskrise. Stimmen aus der Öffentlichkeit, Langensalza u.a.

Peters, E. (1923), Auslese, In: *Unsere Schule* 2(8).

Peters, W. (1927), Neue Literatur zur Heilpädagogik, In: *Zeitschrift für pädagogische Psychologie und Jugendkunde* 28(9), S. 526–528.

Petersen, P. (Hg.) (1916), Der Aufstieg der Begabten, Leipzig/Berlin.

Petersen, P. (1919), Gemeinschaft und freies Menschentum: Die Zielforderungen der neuen Schule. Eine Kritik der Begabungsschulen, Gotha.

Petersen, P. (1922), Die Hamburger Gemeinschaftsschulen, In: *Allgemeine deutsche Lehrerzeitung* (5), S. 55–57.

Petersen, P. (1924), Allgemeine Erziehungswissenschaft, Berlin.

Petersen, P. (1926), Die neueuropäische Erziehungsbewegung, Weimar.

Petersen, P. (1927), Der Jena-Plan einer freien allgemeinen Volksschule, Langensalza.

Petersen, P. (1928), Ein paar Ergänzungen zur kritischen Würdigung des „Jena-Plans" von Max Enderlin, In: *Die neue deutsche Schule. Monatsschrift für alle Fragen der Volksschule* 2, S. 750f.

Petersen, P. (1929), Der Jena-Plan einer freien allgemeinen Volksschule, 2. erw. Aufl., Langensalza u.a.

Petersen, P. (1930), Jena-Plan I. Schulleben und Unterricht einer freien allgemeinen Volksschule nach den Grundsätzen neuer Erziehung, Weimar.

Petersen, P. (1933/34), Der Jena-Plan einer freien allgemeinen Volksschule. Kleine Ausgabe, 5./6. neu durchges. u. erw. Aufl., Langensalza.

Petersen, P. (Hg.) (1934), Die Praxis der Schulen nach dem Jena-Plan, Weimar.

Petersen, P. (1936), Der Jena-Plan einer freien allgemeinen Volksschule. Kleiner Jena-Plan, 7./8. neu durchges. u. erw. Aufl., Langensalza u.a.

Petersen, P. (1937), Führungslehre des Unterrichts, Langensalza u.a.

Petersen, P. (2001), Der Kleine Jena-Plan einer freien allgemeinen Volksschule, 62. neu durchges. Aufl., Weinheim/Basel.

Petersen, P./Förtsch, A. (1930), Das Gestaltende Schaffen im Schulversuch der Jenaer Übungsschule. 1925–1930, Weimar.

Petersen, P./Wolff, H. (1925), Eine Grundschule nach den Grundsätzen der Arbeits- und Lebensgemeinschaftsschulen, Weimar.

Raatz, W. (1919), Unsere Stellung zum Schulprogramm der Deutschen Lehrervereine, In: *Die Hilfsschule* 12, S. 122–124.

Raatz, W. (1931), Möllenbeck, F. K.: Hilfsschule und Individualpsychologie, In: *Zeitschrift für Kinderforschung* 38(Referate), S. 227f.

Raatz, W. (1931a), Wegner-Etzrodt, Will: Das Hilfsschulkind in der Normalschulklasse, In: *Zeitschrift für Kinderforschung* 38(Referate), S. 227.

Richtlinien über die Aufnahme von Schülern der Grundschule in die mittlere und höhere Schule (1924), In: *Zentralblatt für die gesamte Unterrichtsverwaltung in Preußen* 66(7), S. 101f.

Richtlinien zur Aufstellung von Lehrplänen für die Grundschule (1921), In: *Zentralblatt für die gesamte Unterrichtsverwaltung in Preußen* 63(9), S. 185–188.

Rössel, F. (1912), Das Milieu einer Hilfsschule, In: *Pädagogische Reform. Zugleich Zeitschrift der Hamburger Lehrmittelausstellung* 36(21).

Rössel, F. (1922), Das geistig schwache Kind und die neue Schule, In: *Hamburger Lehrerzeitung* 1, S. 234f.

Rössel, F. (1925), Das Hilfsschulkind. Versuch einer Charakteristik nach seinen Verhaltensweisen und Betätigungsformen, Halle a.S.

Rössel, F. [im Original: Dr. F. R.] (1928), Jena-Plan und Hilfsschule, In: *Die Hilfsschule* 21(2), S. 90f.

Rössel, F. (1931), Der Ursprung der Pädagogik (Rezension), In: *Die Hilfsschule* 24(10), S. 631f.

Rössel, F. [im Original: Dr. F. R.] (1931a), Die neueuropäische Erziehungsbewegung, In: *Die Hilfsschule* 24(6), S. 378f.

Rotten, E. (1922), Die Hamburger Gemeinschaftsschule, In: *Das werdende Zeitalter. Eine Zeitschrift für Erneuerung der Erziehung* 1(2), S. 38–42.

Rude, A. (Hg.) (1930–1932), Die Neue Schule und ihre Unterrichtslehre, 2./3. verb. und verm. Aufl., 3 Bde., Osterwieck H./Leipzig.

Rühle, O./Rühle, A. (Hg.) (2001), Schwererziehbare Kinder. Eine Schriftenfolge, neu hg. u. eingel. von G. Lehmkuhl u. H. Gröner, Gotha.

Saupe, E. (1927), Deutsche Pädagogen der Neuzeit. Ein Beitrag zur Geschichte der Erziehungswissenschaft zu Beginn des 20. Jahrhunderts, Osterwieck H.

Saupe, E. (1929), Deutsche Pädagogen der Neuzeit. Ein Beitrag zur Geschichte der Erziehungswissenschaft zu Beginn des 20. Jahrhunderts, Osterwieck H.

Schneider, F. (1930), Pädagogik und Individualität, Erfurt.

Schneider, I. (1933), Der Bildungsgedanke im Jena-Plan, In: *Schulreform. Pädagogische Monatsschrift* 12(12), S. 585–596.

Schoenberner (o.J.), Die schulrechtliche Stellung der Sonderschule, In: Fuchs, A. (Hg.), Die Heilpädagogische Woche in Berlin. Vom 15. bis 22. Mai 1927 in Berlin. Ausführlicher Bericht, Berlin, S. 39–49.

Schulverein der Gemeinschaftsschule Gera e.V. (Hg.) (1925), Die Geraer Gemeinschaftsschule: Skizzen aus ihrem Leben. Gezeichnet von einem Kreis ihrer Angehörigen und Freunde, Gera.

Schulz, E. (1927), Der Jena-Plan einer freien allgemeinen Volksschule, In: *Wochenschrift für katholische Lehrerinnen: Organ des Vereins Katholischer Deutscher Lehrerinnen* 66/67, S. 452–454.

Schwerdt, T. (1933), Neuzeitlicher Unterricht. Analytische Didaktik in klassischen Unterrichtsbeispielen, Paderborn.

Seelmann, K. (1924), Ein Beitrag zur Erziehung nervöser Kinder in der Schule, In: *Internationale Zeitschrift für Individualpsychologie* 2, S. 9–13.

Seelmann, K. (1927), Verhütung von Schwererziehbarkeit in der Volksschule, In: *Internationale Zeitschrift für Individualpsychologie* 5, S. 169–180.

Seelmann, K. (1931), Ein Fall von Schwachsinn und seine Behandlung in der Volksschule, In: *Internationale Zeitschrift für Individualpsychologie* 9, S. 192–199.

Simon, A. (1931), Volksschule oder Hilfsschule, In: *Internationale Zeitschrift für Individualpsychologie* 9, S. 199–206.

Simon, A./Seelmann, K. (1925), Schulkinderpsychologie, In: *Internationale Zeitschrift für Individualpsychologie* 3, S. 146–194.

Spiel, O. (1947), Am Schaltbrett der Erziehung, Wien.

Spiel, O./Birnbaum, F. (1929), Schule und Erziehungsberatung, In: *Internationale Zeitschrift für Individualpsychologie* 7, S. 184–190.

Spiel, O./Scharmer, F. (1928), Die Schulklasse. Eine Arbeits- und Lebensgemeinschaft, In: *Internationale Zeitschrift für Individualpsychologie* 6, S. 236–251.

Spieler, J. (1932), Petersen, Peter, In: Spieler, J. (Hg.), Lexikon der Pädagogik der Gegenwart, Freiburg, S. 558f.

Spranger, E. (1909), Wilhelm von Humboldt und die Humanitätsidee, Berlin.

Spranger, E. (1914), Lebensformen. Ein Entwurf, Halle/S.

Spranger, E. (o.J.), Die Heilpädagogik im Rahmen der Normalschulpädagogik, In: Fuchs, A. (Hg.), Die Heilpädagogische Woche in Berlin. Vom 15. bis 22. Mai 1927 in Berlin. Ausführlicher Bericht, Berlin, S. 8–26.

Stern, E. (1930), Die Stellung der Heilpädagogik in der Lehrerausbildung, In: *Zeitschrift für Kinderforschung* 36(2), S. 170–177.

Stoppenbrink-Buchholz, F. (1965), Jenaplan und Hilfsschule, In: Mieskes, H. (Hg.), Jenaplan. Anruf und Antwort, Oberursel/Ts., S. 227–239.

Stricker, H. (1932), Eine Volksschule nach Grundsätzen der neuen Erziehung. Universitätsschule Jena, In: *Schweizer Erziehungs-Rundschau* 5(8), S. 195–197.

Sturm, K. F. (1930), Die pädagogische Reformbewegung der jüngsten deutschen Vergangenheit ihr Ursprung und Verlauf, Sinn und Ertrag, Osterwieck H.

Thomaschewski, E. (1934), Hilfsschule und Jena-Plan. Versuch nach den Grundsätzen des Jena-Plans mit 20 Kindern der einklassigen Hilfsschule in

Zielenzig, Nm. Oktober 1931 bis April 1932, In: Petersen, P. (Hg.), Die Praxis der Schulen nach dem Jena-Plan, Weimar, S. 167–176.

Thomaschewski, E. (1934a), Hilfsschule und Jena-Plan. Versuch nach den Grundsätzen des Jena-Plans mit 20 Kindern der einklassigen Hilfsschule in Zielenzig, Nm. Oktober 1931 bis April 1932, In: *Die Volksschule* 29, S. 964–969.

Thomaschewski, E. (1934b), Versuch im Sinne des Jena-Plans mit 35 Knaben des 2. Schuljahres an der 17klassigen Volksschule in Zielenzig-Neumark Juli 1930 bis Juli 1931, In: Petersen, P. (Hg.), Die Praxis der Schulen nach dem Jena-Plan, Weimar, S. 157–166.

Uhlig, M. (1926), Die Humboldtschule in Chemnitz, In: *Lebensgemeinschaftsschule* 2(11/12), S. 161–165.

Vorbrodt, W./Karl, H. (1930), Handwörterbuch des gesamten Schulrechts und der Schul- und Unterrichtsverwaltung in Preußen, Leipzig.

Wegner-Etzrodt, W. (1930), Das Hilfsschulkind in der Normalklasse, In: *Die Hilfsschule* 23(11), S. 652–655.

Wiegmann, O. (1950), Bemerkungen zum „Kleinen Jena-Plan", In: *Heilpädagogische Blätter. Organ des Verbandes Deutscher Hilfsschulen* 2(10), S. 20–22.

Witte, K. H., (Hg.) (2007–2010), Alfred Adler Studienausgabe, 7 Bde., Göttingen.

Wolff, H. (1929), Die Kinderzeichnung nach Inhalt, Form und Farbe. Ein Beitrag zur Individualpädagogik, Weimar.

Wolgast, H. (1923), Umschulungen in die Hilfsschule, In: *Unsere Schule* 2(8).

Zeidler, K. (1926), Die Wiederentdeckung der Grenze. Beiträge zur Formgebung der werdenden Schule. Neu hg. mit Kommentar und pragmat. Bibliographie von U. Sandfuchs, Hildesheim/New York 1985.

Zeidler, K. (1974), Pädagogischer Reisebericht durch acht Jahrzehnte, Hamburg.

Zulliger, H. (1921), Psychoanalytische Erfahrungen aus der Volksschulpraxis, Bern/Leipzig.

Zulliger, H. (1927), Gelöste Fesseln. Studien, Erlebnisse und Erfahrungen, Dresden.

4. Sekundärliteratur

Ackerknecht, E. H. (1985), Kurze Geschichte der Psychiatrie, Stuttgart.

Albisetti, J. C./Lundgreen, P. (1991), Höhere Knabenschulen, In: Berg, Ch. (Hg.), Handbuch der deutschen Bildungsgeschichte, Bd. IV: 1870–1918. Von der Reichsgründung bis zum Ende des Ersten Weltkrieges, München, S. 228–278.

Alt, R. (1971), Bilderatlas zur Schul- und Erziehungsgeschichte, Bd. 2: Von der französischen Revolution bis zur großen sozialistischen Oktoberrevolution, Berlin.

Altstaedt, I. (1977), Lernbehinderte. Kritische Entwicklungsgeschichte eines Notstands: Sonderpädagogik in Deutschland und Schweden, Reinbek.

Amlung, U. u.a. (Hg.) (1993), Die Alte Schule überwinden. Reformpädagogische Versuchsschulen zwischen Kaiserreich und Nationalsozialismus, Frankfurt a.M.

Andresen, S./Tröhler, D. (Hg.) (2002), Gesellschaftlicher Wandel und Pädagogik. Studien zur historischen Sozialpädagogik, Zürich.

Bagchi, B. u.a. (Ed.) (2014), Connecting histories of education. Transnational and cross-cultural exchanges in (post-)colonial education, New York.

Balcar, N. (2017), „Psychopathische" Schuljugend in Deutschland. Eine Debatte zwischen Psychiatern und Pädagogen im späten Kaiserreich, In: *Bildungsgeschichte. International Journal for the Historiography of Education* 7(2), S. 157–172.

Bast, R. (1996), Kulturkritik und Erziehung. Anspruch und Grenzen der Reformpädagogik, Dortmund.

Baumann, R. u.a. (Hg.) (1994), Arbeitsfähig oder unbrauchbar? Die Geschichte der Kinder- und Jugendpsychiatrie seit 1933 am Beispiel Hamburgs, Frankfurt a.M.

Beck, H. (1933), Johann Baptist Grasers „Wissenschaftliche Pädagogik", Scheinfeld.

Becker, H./Kluchert, G. (1993), Die Bildung der Nation. Schule, Gesellschaft und Politik vom Kaiserreich zur Weimarer Republik, Stuttgart.

Benner, D./Brüggen, F. (2004), Bildsamkeit/Bildung, In: Benner, D./Oelkers, J. (Hg.), Historisches Wörterbuch der Pädagogik. Weinheim u.a., S. 174–215.

Benner, D./Kemper, H. (Hg.) (2001), Die pädagogische Bewegung von der Jahrhundertwende bis zum Ende der Weimarer Republik. Quellentexte zur Theorie und Geschichte der Reformpädagogik, Teil 2, Weinheim.

Benner, D./Kemper, H. (2003), Theorie und Geschichte der Reformpädagogik, Teil 2: Die Pädagogische Bewegung von der Jahrhundertwende bis zum Ende der Weimarer Republik, Weinheim/Basel.

Berg, Ch. (Hg.) (1991), Handbuch der deutschen Bildungsgeschichte, Bd. IV: 1870–1918. Von der Reichsgründung bis zum Ende des Ersten Weltkrieges, München.

Berg, Ch. u.a. (Hg.) (1987–2005), Handbuch der deutschen Bildungsgeschichte, München.

Berger, M. (1998), Seelmann, Kurt, In: Maier, H. (Hg.), Who is who der sozialen Arbeit. Freiburg, S. 544–546.

Biewer, G. (1996), Reformpädagogische Entwürfe zur Integration behinderter Kinder in die Allgemeine Schule, In: *Zeitschrift für Heilpädagogik* 47(3), S. 96–101.

Blankertz, H. (1982), Die Geschichte der Pädagogik. Von der Aufklärung bis zur Gegenwart, Wetzlar.

Blasius, D. (1994), „Einfache Seelenstörung“. Geschichte der deutschen Psychiatrie 1800–1945, Frankfurt a.M.

Blättner, F. (1951), Geschichte der Pädagogik. Heidelberg.

Blau, A. (1966), Gehörlosenschule, In: Lesemann, G. (Hg.), Beiträge zur Geschichte und Entwicklung des deutschen Sonderschulwesens, Berlin-Charlottenburg, S. 19–55.

Blau, A. (1969), Geschichte des Gehörlosenbildungswesens, In: Heese, G./ Wegener, H. (Hg.), Enzyklopädisches Handbuch der Sonderpädagogik und ihrer Grenzgebiete, Bd. 1: Abartung – Hemiplegie, Berlin-Charlottenburg, Sp. 1067–1074.

Bleidick, U. (1973), Die Entwicklung und Differenzierung des Sonderschulwesens von 1898 bis 1973 im Spiegel des Verbandes Deutscher Sonderschulen, In: *Zeitschrift für Heilpädagogik* 24(10), S. 824–845.

Bleidick, U. (1988), Betrifft Integration. Behinderte Schüler in allgemeinen Schulen. Konzepte der Integration: Darstellung und Ideologiekritik, Berlin

Böhm, W. (2012), Die Reformpädagogik. Montessori, Waldorf und andere Lehren, München.

Bölling, R. (1983), Sozialgeschichte der deutschen Lehrer. Ein Überblick von 1800 bis zur Gegenwart, Göttingen.

Booth, T./Ainscow, M. (2017), Index für Inklusion. Ein Leitfaden für Schulentwicklung, hg. u. adaptiert von B. Ackermann u.a., Weinheim.

Brand-Claussen, B. (2001), Häßlich, falsch, krank. „Irrenkunst“ und „irre“ Kunst zwischen Wilhelm Weygandt und Carl Schneider, In: Mundt, Ch. u.a. (Hg.), Psychiatrische Forschung und NS-„Euthanasie“. Beiträge zu einer Gedenkveranstaltung an der Psychiatrischen Universitätsklinik Heidelberg, Heidelberg, S. 265–320.

Brauer, J., Zwischen Bildungsauftrag und Standesinteresse. Eine bildungshistorische Studie über die Institutionalisierung der Taubstummenbildung und die Professionalisierung der Taubstummenlehrer in Preußen von 1788 bis 1911. Arbeitsmaterialien des Fachbereichs Sozialwesen der Fachhochschule Potsdam 2001, Potsdam.

Brill, W. (1994), Pädagogik im Spannungsfeld von Eugenik und Euthanasie. Die „Euthanasie“-Diskussion in der Weimarer Republik und zu Beginn der neunziger Jahre. Ein Beitrag zur Faschismusforschung und zur Historiographie der Behindertenpädagogik, St. Ingbert.

Brill, W. (2011), Pädagogik der Abgrenzung. Die Implementierung der Rassenhygiene im Nationalsozialismus durch die Sonderpädagogik, Bad Heilbrunn.

Bruder-Bezzel, A. (1999), Geschichte der Individualpsychologie, 2. neu bearb. Aufl., Göttingen.

Bühler, P. (2017), Wolfgang Rose/Petra Fuchs/Thomas Beddies: Diagnose „Psychopathie", In: *Bildungsgeschichte. International Journal for the Historiography of Education* 7(1), S. 112–114.

Burger, A. (1992), Der Lehrer als Erzieher. Hans Zulliger und Oskar Spiel: Aktualität und Bedeutung ihrer Schulpraxis für die heutige Pädagogik, Zürich.

Caruso, M. (2003), Biopolitik im Klassenzimmer. Zur Ordnung der Führungspraktiken in den Bayerischen Volksschulen (1869–1918), Weinheim u.a.

Dederich, M. (2009), Behinderung als sozial- und kulturwissenschaftliche Kategorie, In: Dederich, M./Janzen, W. (Hg.), Behinderung und Anerkennung, Stuttgart, S. 15–39.

Depaepe, M. (1993), Zum Wohl des Kindes? Pädologie, pädagogische Psychologie und experimentelle Pädagogik in Europa und den USA, 1890–1940, Weinheim/Leuven.

Depaepe, M. (2006), Jenseits der Grenzen einer „neuen" Kulturgeschichte der Erziehung. Über die Paradoxien der Pädagogisierung, In: Casale, R./Tröhler, D./Oelkers, J. (Hg.), Methoden und Kontexte. Historiographische Probleme der Bildungsforschung, Göttingen, S. 241–261.

Depaepe, M. u.a. (Red.) (2006), Paradoxen van pedagogisering. Handboek pedagogische historiografie, Leuven.

Döpp, R. (2003), Jenaplan-Pädagogik im Nationalsozialismus. Ein Beitrag zum Ende der Eindeutigkeit, Münster.

Dörner, K. (1975), Diagnosen der Psychiatrie, Frankfurt a.M.

Düppe, I. (2001), Heinrich Stephani (1761–1850). Ein christlicher Schulpädagoge mit demokratischen Bildungsvorstellungen, Neuried.

Eberle, G. (2015), Hundert Jahre „VDS – Landesverband Baden-Württemberg", Teil II: Vom Beginn des NS-Regimes 1933 und der Gleichschaltung des Südwestdeutschen Hilfsschulverbands bis zu dessen „Wiederaufleben" nach 1945,[online: http://www.vds-baden-wuerttemberg.de/index.php/download/100-jahre-vds-baden-wuerttemberg-fachartikelserie-von-prof-dr-gerhard-eberle/98-teil-ii-vom-beginn-des-ns-regimes-1933-und-der-gleichschaltung-des-suedwestdeutschen-hilfsschulverbands-bis-zu-dessen-wiederaufleben-nach-1945/file].

Ebner, R. (1997), Leben und Wirken Johann Baptist Grasers (1766–1841). Ein Pädagoge mit „religionspädagogischem“ Engagement, In: *Archiv für Geschichte in Oberfranken* 77, S. 449–462.

Ebner, R. (2001), Die pädagogische Konzeption Johann Baptist Grasers. Einflussfaktoren und inhaltliche Elemente, In: Mendl, H. (Hg.), Tradition, Korrelation, Innovation. Trends der Religionsdidaktik in Vergangenheit und Gegenwart. Festschrift für Fritz Weidmann zum 65. Geburtstag, Donauwörth, S. 24–37.

Ebner, R. (2003), Johann Baptist Graser. Erziehung zur „Divinität“, In: Koch, L. (Hg.), Bayreuther Pädagogen, Würzburg, S. 35–53.

Ebner, R. (2008), Johann Baptist Graser (1766–1841). Sein Leben und Wirken als „Religionspädagoge“, Dettelbach.

Einsiedler, W. (2015), Geschichte der Grundschulpädagogik. Entwicklungen in Westdeutschland und in der DDR, Bad Heilbrunn.

Ellger-Rüttgardt, S. (1980), Der Hilfsschullehrer. Sozialgeschichte einer Lehrergruppe (1890–1933), Weinheim.

Ellger-Rüttgardt, S. (1981), Widerstände gegen die Braunschweiger Hilfsschule, In: Bleidick, U. (Bearb.), Heinrich Kielhorn und der Weg der Sonderschulen. 100 Jahre Hilfsschulen in Braunschweig, Braunschweig, S. 69–91.

Ellger-Rüttgardt, S. (1987), „Die Kinder, die waren alle so lieb …“. Frieda Stoppenbrink-Buchholz: Hilfsschulpädagogin, Anwältin der Schwachen, Soziale Demokratin, Weinheim.

Ellger-Rüttgardt, S. (1990), Kritiker der Hilfsschule als Vorläufer der Integrationsbewegung, In: Eberwein, H. (Hg.), Behinderte und Nichtbehinderte lernen gemeinsam. Handbuch der Integrationspädagogik, Weinheim/Basel, S. 38–44.

Ellger-Rüttgardt, S. (1991), Historische Wegmarken des behindertenpädagogischen Selbstverständnisses, In: *Zeitschrift für Heilpädagogik* 42(2), S. 76–91.

Ellger-Rüttgardt, S. (1995), Historische Aspekte der gemeinsamen Bildung behinderter und nichtbehinderter Kinder und Jugendlicher, In: *Zeitschrift für Heilpädagogik* 46(10), S. 477–484.

Ellger-Rüttgardt, S. (1997), Geschichte der sonderpädagogischen Institutionen, In: Harney, K./Krüger, H.-H. (Hg.), Einführung in die Geschichte von Erziehungswissenschaft und Erziehungswirklichkeit, Opladen, S. 247–269.

Ellger-Rüttgardt, S. (1998), Der Verband der Hilfsschulen Deutschlands auf dem Weg von der Weimarer Republik in das „Dritte Reich“, In: Möckel, A. (Hg.), Erfolg, Niedergang, Neuanfang. 100 Jahre Verband Deutscher Sonderschulen – Fachverband für Behindertenpädagogik, München/Basel, S. 50–95.

Ellger-Rüttgardt, S. (2000), Geschichte der Heil- und Sonderpädagogik unter integrativen Aspekten. Texte und Dokumente. 1. Doppelkurseinheit, 4. Aufl., Hagen.

Ellger-Rüttgardt, S. (Hg.) (2003), Lernbehindertenpädagogik, Bd. 5 der „Studientexte zur Geschichte der Behindertenpädagogik", Weinheim u.a.

Ellger-Rüttgardt, S. (2004), Sonderpädagogik - ein blinder Fleck der Allgemeinen Pädagogik. Eine Replik auf den Aufsatz von Dagmar Hänsel, In: *Zeitschrift für Pädagogik* 50(3), S. 416–429.

Ellger-Rüttgardt, S. L. (2008), Geschichte der Sonderpädagogik. Eine Einführung, München/Basel.

Ellger-Rüttgardt, S. L. (2010), Historiographie der Behindertenpädagogik, In: Horster, D./Jantzen, W. (Hg.), Wissenschaftstheorie, Stuttgart, S. 65–95.

Ellger-Rüttgardt, S. (2011), Sonderpädagogische Professionalität in einer inklusiven Schule - Historische Ankerpunkte und Stolpersteine und ihre Bedeutung für die Gegenwart, In: *Zeitschrift für Heilpädagogik* 62(2), S. 55–60.

Ellger-Rüttgardt, S. L. (2014), Historische Aspekte der rechtlichen Ordnung einer Pädagogik für behinderte Schüler und Schülerinnen. Geschichte des Rechts der Sonderschule, In: Reh, S./Füssel, H.-P. (Hg.), Recht und moderne Schule. Beiträge zu ihrer Geschichte, Bad Heilbrunn, S. 275–304.

Ellger-Rüttgardt, S. L. (2016), Historischer Überblick, In: Hedderich, I. u.a. (Hg.), Handbuch Inklusion und Sonderpädagogik, Bad Heilbrunn, S. 17–27.

Ellger-Rüttgardt, S. L. (2016a), Inklusion. Vision und Wirklichkeit, Stuttgart.

Ellger-Rüttgardt, S./Tenorth, H.-E. (1998), Die Erweiterung von Idee und Praxis der Bildsamkeit durch die Entdeckung der Bildbarkeit Behinderter, In: *Zeitschrift für Heilpädagogik* 49(10), S. 438–441.

Ellger-Rüttgardt, S. L./Wachtel, G. (Hg.) (2010), Pädagogische Professionalität und Behinderung. Herausforderungen aus historischer, nationaler und internationaler Perspektive, Stuttgart.

Emmerig, E. (1927), Bilderatlas zur Geschichte der Taubstummenbildung, München.

Engelbrecht, H. (1986), Geschichte des österreichischen Bildungswesens. Erziehung und Unterricht auf dem Boden Österreichs, Bd. 4: Von 1848 bis zum Ende der Monarchie, Wien.

Eulner, H.-H. (1970), Die Entwicklung der medizinischen Spezialfächer an den Universitäten des deutschen Sprachgebietes. Kinderheilkunde, Stuttgart.

Fauser, P. (2012), Eine demokratische Schule? Die Universitätsschule Jena in ihrer Weimarer Gründungszeit. Versuch einer demokratiepädagogischen Qualitätsanalyse ihrer Praxis, In: Fauser, P./John, J./Stutz, R. (Hg.), Peter

Petersen und die Jenaplan-Pädagogik. Historische und aktuelle Perspektiven, Stuttgart, S. 161–226.

Fauser, P./John, J./Stutz, R. (Hg.) (2012), Peter Petersen und die Jenaplan-Pädagogik. Historische und aktuelle Perspektiven, Stuttgart.

Fend, H. (2006), Geschichte des Bildungswesens. Der Sonderweg im europäischen Kulturraum, Wiesbaden.

Foucault, M. (2015), Überwachen und Strafen. Die Geburt des Gefängnisses, 14. Aufl., Frankfurt a.M.

Friedeburg, L. v. (1992), Bildungsreform in Deutschland. Geschichte und gesellschaftlicher Widerspruch, Frankfurt a.M.

Friederich, G. (1987), Das niedere Schulwesen, In: Jeismann, K.-E./Lundgreen, P. (Hg.), Handbuch der deutschen Bildungsgeschichte, Bd. III: 1800–1870. Von der Neuordnung Deutschlands bis zur Gründung des Deutschen Reichs, München, S. 123–152.

Fuchs, E. (2004), Educational Sciences, Morality and Politics. International Educational Congresses in the Early Twentieth Century, In: *Paedagogica Historica* 40(5/6), S. 757–784.

Fuchs, E. (Hg.) (2006), Bildung international. Historische Perspektiven und aktuelle Entwicklungen, Würzburg.

Fuchs, E. (2010), Historische Bildungsforschung in internationaler Perspektive. Geschichte – Stand – Perspektiven, In: *Zeitschrift für Pädagogik* 56(5), S. 703–724.

Geißler, G. (2011), Schulgeschichte in Deutschland. Von den Anfängen bis in die Gegenwart, Frankfurt a.M.

Gessinger, J. (1994), Auge & Ohr. Studien zur Erforschung der Sprache am Menschen 1700–1850, Berlin/New York.

Graumann, O. (2002), Gemeinsamer Unterricht in heterogenen Gruppen. Von lernbehindert bis hochbegabt, Bad Heilbrunn.

Grone, C. (2007), Schulen der Nation? Nationale Bildung und Erziehung an höheren Schulen des Deutschen Kaiserreichs von 1871 bis 1914, Bielefeld, Univ. Diss., 2008, [online: https://pub.uni-bielefeld.de/publication/2306162].

Groppe, C. (2013), Erziehungsräume, In: Nohl, A.-M./Wulf, Ch. (Hg.), Mensch und Ding. Die Materialität pädagogischer Prozesse, *Zeitschrift für Erziehungswissenschaft* (Sonderheft 25), Wiesbaden, S. 59–74.

Groppe, C. u.a. (Hg.) (2016), Bildung und Differenz. Historische Analysen zu einem aktuellen Problem, Wiesbaden.

Groß, D./Söderfeldt, Y. (Hg.) (2017), „Disability Studies" meets „History of Science". Körperliche Differenz und soziokulturelle Konstruktion von Behinderung aus der Perspektive der Medizin-, Technik- und Wissenschaftsgeschichte, Kassel.

Große, K.-D. (1992), Zur Aktualität der pädagogischen Bestrebungen von Johann Baptist Graser, In: *Hörgeschädigtenpädagogik* (Beiheft 29), S. 50–56.

Grunder, H.-U. (2014), Kämpfen gegen Windmühlen und reale Mächte. William Lottigs Tagebuch (1919–1921) als Ausdruck der politischen, pädagogischen und schulinternen Machverhältnisse in einer Hamburger Gemeinschaftsschule zu Beginn der 1920er Jahre, In: *Paedagogica Historica* 50(5), S. 571–579.

Gstach, J. (2005), Birnbaum, Ferdinand, In: Stumm, G. u.a (Hg.), Personenlexikon der Psychotherapie, Wien, S. 52f.

Gstach, J. (2005a), Spiel, Oskar, In: Stumm, G. u.a (Hg.), Personenlexikon der Psychotherapie, Wien, S. 449f.

Günther, K.-H. u.a. (1987), Geschichte der Erziehung, 15. Aufl., Berlin.

Günzel, S. (2001), Die geschichtliche Entwicklung des Jugendstrafrechts und des Erziehungsgedankens, Marburg.

Hänsel, D. (2003), Die Sonderschule – ein blinder Fleck in der Schulsystemforschung, In: *Zeitschrift für Pädagogik* 48(4), S. 591–609.

Hänsel, D. (2014), Sonderschullehrerausbildung im Nationalsozialismus, Bad Heilbrunn.

Hänsel, D./Schwager, H.-J. (2004), Die Sonderschule als Armenschule. Vom gemeinsamen Unterricht zur Sondererziehung nach Braunschweiger Muster. Bern.

Hahn, S. (2006), Der Berliner Julius Moses (1868–1942) und der Mannheimer Julius Moses (1869–1945). Parallelen und Besonderheiten im Leben und Werk, In: Heidel, C.-P. (Hg.), Der Einfluss des Zionismus aus Medizin und Gesundheitswesen, Frankfurt a.M., S. 171–182.

Hau, J. (1930), Die Philosophischen Grundanschauungen des Pädagogen Dr. J. B. Graser in ideengeschichtlicher Entwicklung, Erlangen.

Haubfleisch, D. (2001), Schulfarm Insel Scharfenberg. Mikroanalyse der reformpädagogischen Unterrichts- und Erziehungsrealität einer demokratischen Versuchsschule im Berlin der Weimarer Republik, Frankfurt a.M. u.a.

Heese, G. (1954), Über Verallgemeinerungsbestrebungen in der Geschichte der Schwerhörigenbildung, In: *Neue Blätter für Taubstummenunterricht*, S. 341–345.

Herrlitz, H.-G. u.a. (1981), Deutsche Schulgeschichte von 1800 bis zur Gegenwart. Eine Einführung, Königstein.

Herzog, W. (2013), Psychologie, In: Keim, W./Schwerdt, U. (Hg.), Handbuch der Reformpädagogik in Deutschland (1890–1933). Teil 1: Gesellschaftliche Kontexte, Leitideen und Diskurse, Frankfurt a.M., S. 327–359.

Hesse, A. (1995), Die Professoren und Dozenten der preußischen pädagogischen Akademien (1926–1933) und Hochschulen für Lehrerbildung (1933–1941), Weinheim.

Hillenbrand, C. (1994), Reformpädagogik und Heilpädagogik unter besonderer Berücksichtigung der Hilfsschule, Bad Heilbrunn.

Hillenbrand, C. (2001), Lernförderung in Reformschulen – Zur Geschichte der „Integration", In: Wachtel, G./Dietze, S. (Hg.), Heil- und Sonderpädagogik – auch im 21. Jahrhundert eine Herausforderung. Aktuelle Denkansätze in der Heilpädagogik und ihre historischen Wurzeln, Weinheim/Basel, S. 118–141.

Himmelstein, K. (2013), Das Konzept Deutschheit. Studien über Eduard Spranger. Frankfurt a.M. u.a.

Hinz, A. (2006), Inklusion, In: Antor, G./Bleidick, U. (Hg.), Handlexikon der Behindertenpädagogik. Schlüsselbegriffe aus Theorie und Praxis, 2. überarb. und erw. Aufl., Stuttgart, S. 97–99.

Historische Kommission der DGfE (Hg.) (1993), Jahrbuch für Historische Bildungsforschung, Bd. 1, Weinheim/München.

Hofer-Sieber, U. (2000), Bildbar und verwertbar. Utilitätsdenken und Vorstellungen der Bildbarkeit behinderter Menschen Ende 18. und Anfang 19. Jahrhundert in Frankreich, Würzburg.

Hofmann, M. (2017), Schwachbegabt, schwachsinnig, blödsinnig. Kategorisierung geistig beeinträchtigter Kinder um 1900, In: *Bildungsgeschichte. International Journal for the Historiography of Education* 7(2), S. 142–156.

Holtz, B./Rathgeber, Ch. (2010), Zwischen Bildungskonzept und Bildungsweg – Lokale Schulhoheit und Intensivierung des Staatsdurchgriffs (1818 bis 1866), In: Berlin-Brandenburgische Akademie der Wissenschaften (Hg.), Acta Borussia. Neue Folge, 2. Reihe: Preussen als Kulturstaat. Abteilung I: Das preußische Kultusministerium als Staatsbehörde und gesellschaftliche Agentur (1817–1934), Bd. 2.1 Das Kultusministerium auf seinen Wirkungsfeldern Schule, Wissenschaft, Kirchen, Künste und Medizinalwesen – Darstellung, Berlin, S. 5–55.

Holzapfel, W.: Peters, Wilhelm, In: Neue Deutsche Biographie 20(2001), S. 249 [Onlinefassung].

Hopf, C. (2004), Die experimentelle Pädagogik. Empirische Erziehungswissenschaft in Deutschland am Anfang des 20. Jahrhunderts, Bad Heilbrunn.

Horn, K.-P. (2003), Erziehungswissenschaft in Deutschland im 20. Jahrhundert. Zur Entwicklung der sozialen und fachlichen Struktur der Disziplin von der Erstinstitutionalisierung bis zur Expansion, Bad Heilbrunn.

Imelman, J. D. u.a. (1996), Jena-Plan. Eine begriffsanalytische Kritik, Weinheim.

Jäger, R. (1932), Johann Baptist Graser als Volksschulpädagoge, Würzburg.

Schumann, J. (1902), Das Taubstummenbildungswesen im XIX. Jahrhundert, Breslau.

Kehr, C. (1877–1882), Geschichte der Methodik des deutschen Volksschulunterrichtes, Gotha.

Keim, W. (1984), Die Wiener Schulreform der Ersten Republik – ein vergessenes Kapitel der europäischen Reformpädagogik, In: *Die Deutsche Schule* 76(4), S. 267–282.

Keim, W. (1990), Peter Petersen und sein Jena-Plan – wenig geeignet zur Demokratisierung von Schule und Erziehung. Kritische Anmerkungen zu einigen Petersen-Beiträgen aus dem Jahre 1990, In: *Pädagogik und Schulalltag* 45(12), S. 928–935.

Keim, W. (2009), Chancengleichheit im Bildungswesen. Ideal der Weimarer Verfassung – politischer Auftrag heute, In: Friedrich Ebert Stiftung Thüringen (Hg.), Die Weimarer Verfassung. Wert und Wirkung für die Demokratie, Berlin, S. 119–143.

Keim, W. (2016), 100 Jahre Reformpädagogik-Rezeption in Deutschland im Spannungsfeld von Konstruktion, De-Konstruktion und Re-Konstruktion – Versuch einer Bilanzierung, In: Keim, W./Schwerdt, U./Reh, S. (Hg.), Reformpädagogik und Reformpädagogik-Rezeption in neuer Sicht. Perspektiven und Impulse, Bad Heilbrunn, S. 19–69.

Keim, W./Schwerdt, U. (Hg.) (2013), Handbuch der Reformpädagogik in Deutschland (1890–1933). Teil 1: Gesellschaftliche Kontexte, Leitideen und Diskurse, Frankfurt a.M. u.a.

Keim, W./Schwerdt, U. (Hg.) (2013a), Handbuch der Reformpädagogik in Deutschland (1890–1933). Teil 2: Praxisfelder und pädagogische Handlungssituationen, Frankfurt a.M. u.a.

Keim, W./Schwerdt, U. (2013b), Schule, In: Keim, W./Schwerdt, U. (Hg.), Handbuch der Reformpädagogik in Deutschland (1890–1933). Teil 2: Praxisfelder und pädagogische Handlungssituationen, Frankfurt a.M. u.a., S. 657–775.

Kessler, H. (1995), Versuchsschule Feudenheim 1922–1933. Die vergessene Reformpädagogik Enderlins und Lays, Mannheim-Feudenheim.

Klauer, K. J./Mitter, W. (Hg.) (1987), Vergleichende Sonderpädagogik, Berlin.

Kleinau, E./Opitz, C. (Hg.) (1996), Geschichte der Mädchen- und Frauenbildung. 2. Vom Vormärz bis zur Gegenwart, Frankfurt a.M. u.a.

Kleinespel, K. (2001), Das pädagogische Experiment. Oder: „Wie entsteht Erkenntnis von einer besseren Pädagogik?“, In: Koerrenz, R./Lütgert, W. (Hg.), Jena-Plan – über die Schulpädagogik hinaus, Weinheim/Basel, S. 27–41.

Kluge, B. (1992), Peter Petersen: Lebenslauf und Lebensgeschichte. Auf dem Weg zu einer Biographie, Heinsberg.

Kluge, S. (2009), Individualpsychologie, Reformpädagogik und Sozialkritik. Impulse für eine emanzipatorische Bildungstheorie aus dem Spektrum der tiefenpsychologisch fundierten Reformpädagogik, In: Kluge, S. u.a. (Hg.), Entdemokratisierung und Gegenaufklärung. Jahrbuch für Pädagogik 2009, Frankfurt a.M. u.a., S. 295–320.

Kluge, S. (2016), Alfred Adler als Wegbereiter einer modernen Tiefenpädagogik? Exemplarische Analysen des Einflusses der Individualpsychologie auf reformpädagogische Konzepte der Zwischenkriegszeit, In: Keim, W./Schwerdt, U./Reh, S. (Hg.), Reformpädagogik und Reformpädagogik-Rezeption in neuer Sicht. Perspektiven und Impulse, Bad Heilbrunn, S. 241–268.

Koerrenz, R. (2012), Schulmodell: Jena-Plan. Grundlagen eines reformpädagogischen Programms, Paderborn/München.

Koerrenz, R. (2014), Reformpädagogik. Eine Einführung, Paderborn.

Kölch, M. G. (2002), Theorie und Praxis der Kinder- und Jugendpsychiatrie in Berlin 1920–1935. Die Diagnose „Psychopathie“ im Spannungsfeld von Psychiatrie, Individualpsychologie und Politik, Diss. Berlin, [online: http://www.diss.fu-berlin.de/diss/servlets/MCRFileNodeServlet/FUDISS_derivate_000000002422/00_mkdissTitel.pdf].

König, H. (1960), Zur Geschichte der Nationalerziehung in Deutschland, Berlin (Ost).

König, K. (1985), Zur Reform der Lehrlingsausbildung im Handwerk von den Anfängen bis zum Jahre 1806. Schulpläne, Reformkonzepte, Wirklichkeit, Alsbach.

Kraft, B. (2004), Tendenzen in der Entwicklung des Jugendstrafrechts seit der Jugendgerichtsbewegung, Frankfurt a.M. u.a.

Kraul, M. (1991), Höhere Mädchenschulen, In: Berg, Ch. (Hg.), Handbuch der deutschen Bildungsgeschichte, Bd. IV: 1870–1918. Von der Reichsgründung bis zum Ende des Ersten Weltkrieges, München, S. 279–303.

Kröhnert O. (1966), Die sprachliche Bildung der Gehörlosen. Geschichtliche Entwicklung und gegenwärtige Problematik, Weinheim.

Kröhnert, O. (1982), Geschichte, In: Jussen, H./Kröhnert, O. (Hg.), Pädagogik der Gehörlosen und Schwerhörigen. Handbuch der Sonderpädagogik, Bd. 3., Berlin, S. 47–77.

Kronabel, Ch. (Hg.) (1992), Zur Geschichte des katholischen Schulwesens, Köln.

Kuhlemann, F.-M. (1991), Niedere Schulen, In: Berg, Ch. (Hg.), Handbuch der deutschen Bildungsgeschichte, Bd. IV: 1870–1918. Von der Reichsgründung bis zum Ende des Ersten Weltkrieges, München, S. 179–227.

Kuhlemann, F.-M. (1992), Modernisierung und Disziplinierung. Sozialgeschichte des preußischen Volksschulwesens 1794–1872. Göttingen.

Labisch, A./Spree, R. (Hg.) (1989), Medizinische Deutungsmacht im sozialen Wandel des 19. und 20. Jahrhunderts, Bonn.

Lange, I. (2005), Auf der Suche nach dem „Neuen Menschen". Die Heimvolkshochschule Tinz und die Geraer Gemeinschaftsschule, In: Jäger, Ch./Heckmann, U. (Hg.), Stromauf. Das moderne Gera zwischen 1900 und 1930, Gera, S. 121–126.

Langewiesche, D./Tenorth, H.-E. (Hg.) (1989), Handbuch der deutschen Bildungsgeschichte, Bd. V: Die Weimarer Republik und die nationalsozialistische Diktatur, München.

Lehberger, R. (1993), „Schule als Lebensstätte der Jugend". Die Hamburger Versuchs- und Gemeinschaftsschulen in der Weimarer Republik, In: Amlung, U. u.a. (Hg.), Die Alte Schule überwinden. Reformpädagogische Versuchsschulen zwischen Kaiserreich und Nationalsozialismus, Frankfurt a.M., S. 32–64.

Lehberger, R. (1993a), Wilhelm Paulsen. Von der „Pädagogischen Reform" zur „Überwindung der Schule", In: Schernikau, H. (Hg.), Reformpädagogik und Gesellschaftskritik. Was bleibt vom (freiheitlichen) Sozialismus? Hamburg, S. 207–230.

Lehberger, R. (2001), Wilhelm Paulsen, In: Kopitzsch, F./Brietzke, D. (Hg.), Hamburgische Biografie. Personenlexikon, Bd. 1, Hamburg, S. 231f.

Lehberger, R. (2003), William Lottig, In: Kopitzsch, F./Brietzke, D. (Hg.), Hamburgische Biografie. Personenlexikon, Bd. 2, Hamburg, S. 263f.

Lehberger, R./Schmidt, L. (2002), Früchte der Reformpädagogik. Bilder einer neuen Schule, Hamburg.

Leonhardt, A. (2009), Von der Verallgemeinerungsbewegung zur Gegenwart schulischer Integration, In: Leonhardt, A. (Hg.), Hörgeschädigte Schüler in der allgemeinen Schule. Theorie und Praxis der Integration, Stuttgart, S. 9–21.

Leonhardt, A. (2010), Einführung in die Hörgeschädigtenpädagogik, 3. überarb. u. erw. Aufl., München/Basel.

Leschinsky, A./Roeder, P. M. (1976), Schule im historischen Prozeß. Zum Wechselverhältnis von institutioneller Erziehung und gesellschaftlicher Entwicklung, Stuttgart.

Liebermeister, K./Hochhuth, M. (1999), Separation und Integration. Die Geschichte des Unterrichts für behinderte Kinder, Weinheim/München.

Liedtke, M. (1986), Heinrich Stephani (1761–1850). Fränkische Lebensbilder, 12. Bd., Neustadt/Aisch.

Liedtke, M. (Hg.) (1991–1997), Handbuch der Geschichte des bayerischen Bildungswesens, 4 Bde., Bad Heilbrunn.

Liedtke, M. (Hg.) (1993), Geschichte der Schule in Bayern von 1800 bis 1918, 2. Bd., Bad Heilbrunn.

Ligges, K. (1966), Karl Brauckmann (geb. 1862 in Hengsen, Kreis Unna). Gründer der ersten deutschen Schwerhörigenschule, Altena.

Lindmeier, Ch. (2001), Fritz Rössels Versuch einer erziehungswissenschaftlichen Grundlegung heilpädagogischer Theoriebildung auf phänomenologischer Grundlage, In: *Zeitschrift für Heilpädagogik* 52(2), S. 62–68.

List, G. (1991), Vom Triumph der „deutschen Methode" über die Gebärdensprache. Problemskizze zur Pädagogisierung der Gehörlosigkeit im 19. Jahrhundert, In: *Zeitschrift für Pädagogik* 37(2), S. 245–266.

List, G. (2000), Nationale Inklusion und die Gebärdensprache der Taubstummen, In: *Das Zeichen: Vierteljahresschrift zum Thema Gebärdensprache und Kommunikation Gehörloser* 14(52), S. 186–196.

List, G. (2000a), Pädagogische Inklusion und die „Bildbarkeit" der Taubstummen, In: *Das Zeichen: Vierteljahresschrift zum Thema Gebärdensprache und Kommunikation Gehörloser* 14(51), S. 8–18.

List, G. (2004), Assimilation durch Zweisprachigkeit. Die preußisch-deutschen Projekte Taubstummenbildung und Polenpolitik im 19. Jahrhundert, In: *Das Zeichen: Vierteljahresschrift zum Thema Gebärdensprache und Kommunikation Gehörloser* 18(68), S. 338–347.

Literaturdokumentation Peter Petersen und der Jenaplan (o.J.), [online: https://www.jenaplan-archiv.de/literatur.html].

Lowe, A. (1983), Gehörlosenpädagogik, In: Solarová, S. (Hg.), Geschichte der Sonderpädagogik, Stuttgart, S. 12–48.

Lundgreen, P. (1991), Schulsystem, Bildungschancen und städtische Gesellschaft, In: Berg, Ch. (Hg.), Handbuch der deutschen Bildungsgeschichte, Bd. IV: 1870–1918. Von der Reichsgründung bis zum Ende des Ersten Weltkrieges, München, S. 304–313.

Lütgert, W. (2001), Die Permanenz des Jena-Plans, In: Koerrenz, R./Lütgert, W. (Hg.), Jena-Plan – über die Schulpädagogik hinaus, Weinheim/Basel, S. 145–158.

Lutz, H./Wenning, N. (Hg.) (2001), Unterschiedlich verschieden. Differenz in der Erziehungswissenschaft, Opladen.

Mayer, Ch. (2014), Circulation and internationalisation of pedagogical concepts and practices in the discourse of education. The Hamburg school reform experiment (1919–1933), In: *Paedagogica Historica* 50(5), S. 580–598.

Mayer, Ch. (2014a), The experimental and community schools in Hamburg (1919–1933). An introduction, In: *Paedagogica Historica* 50(5), S. 561–570.

Menze, C. (1986), Institution und Bildung. Entwürfe zur Organisation des Bildungswesens im frühen 19. Jahrhundert, In: Regenbrecht, A. (Hg.), Bildungstheorie und Schulstruktur, Münster, S. 5–34.

Menze, C. (1994), Erziehung zur Divinität. Die Begründung des Endzwecks der Erziehung durch Johann Baptist Graser (1766–1841), In: Heitger, M. (Hg.), Kanzel und Katheder. Zum Verhältnis von Religion und Pädagogik seit der Aufklärung, Paderborn u.a., S. 175–205.

Merkens, L. (1988), Einführung in die historische Entwicklung der Behindertenpädagogik in Deutschland unter integrativen Aspekten, München/Basel.

Meyer-Willner, G. (Hg.) (2001), Eduard Spranger, Bad Heilbrunn.

Michael, B./Schepp, H.-H. (1993), Die Schule in Staat und Gesellschaft. Dokumente zur deutschen Schulgeschichte im 19. und 20. Jahrhundert, Göttingen/Zürich.

Möckel, A. (1975), Das Mannheimer Schulsystem und die Hilfsschule, In: Baier, H./Klein, G. (Hg.), Aspekte der Lernbehindertenpädagogik. Einführende Texte, 2. unver. Aufl., Berlin, S. 120–132.

Möckel, A. (1988), Geschichte der Heilpädagogik, Stuttgart.

Möckel, A. (1990), Die Funktion der Sonderschulen und die Forderung der Integration, In: Eberwein, H. (Hg.), Behinderte und Nichtbehinderte lernen gemeinsam. Handbuch der Integrationspädagogik, Weinheim/Basel, S. 30–37.

Möckel, A. (2001), Geschichte der besonderen Grund- und Hauptschule, 4. erw. Aufl., Heidelberg.

Möckel, A. (2004), „Die Sonderschule – ein blinder Fleck in der Schulsystemforschung“? Zum Artikel von Dagmar Hänsel in der Zeitschrift für Pädagogik, In: *Zeitschrift für Pädagogik* 50(3), S. 406–415.

Möckel, A. (2007) Geschichte der Heilpädagogik oder Macht und Grenzen der Erziehung, 2. völlig überarb. Neuaufl., Stuttgart.

Moser, V. (1995), Die Ordnung des Schicksals. Zur ideengeschichtlichen Tradition der Sonderpädagogik, Butzbach-Griedel.

Moser, V. (2010), Perfektibilität – Verbesonderung – Förderung – Teilhabe/Inklusion. Eine Paradigmengeschichte der Behindertenpädagogik, In: Nóbik, A./Pukánszky, B. (Hg.), Normalität, Abnormalität und Devianz. Gesellschaftliche Konstruktionsprozesse und ihre Umwälzungen in der Moderne, Frankfurt a.M., S. 75–86.

Moser, V. (2013), Die Hilfsschule als Wegbereiter einer besonderen Pädagogik zur pädagogischen Sonderbehandlung „besonderer“ Schülerinnen und Schüler in besonderen Schulen, In: Rohrmann, E. (Hg.), Aus der Geschichte lernen, Zukunft zu gestalten. Inklusive Bildung und Erziehung in Vergangenheit, Gegenwart und Zukunft, Marburg, S. 75–91.

Moser, V. (2016), Die Konstruktion des Hilfsschulkindes – ein modernes Symbol zur Regulation des Sozialen? In: Groppe, C. u.a. (Hg.), Bildung und Differenz. Historische Analysen zu einem aktuellen Problem, Wiesbaden, S. 255–276.

Müller, D. K./Zymek, B. (Hg.) (1987), Datenhandbuch zur deutschen Bildungsgeschichte, 2. Höhere und mittlere Schulen: 1. Sozialgeschichte und Statistik des Schulsystems in den Staaten des Deutschen Reiches 1800–1945, Göttingen.

Musenberg, O. (2012), Zur Methodologie sonderpädagogischer Historiografie, In: *Sonderpädagogische Förderung heute* 57(1), S. 45–60.

Myschker, N. (1983), Lernbehindertenpädagogik, In: Solarová, S. (Hg.), Geschichte der Sonderpädagogik, Stuttgart, S. 120–166.

Myschker, N. (1998), Von der Gründung des Verbandes bis zum ersten Weltkrieg, In: Möckel, A. (Hg.), Erfolg, Niedergang, Neuanfang. 100 Jahre Verband Deutscher Sonderschulen – Fachverband für Behindertenpädagogik, München/Basel, S. 20–49.

Nath, A. (2016), Zur Entwicklung des Schulsystems im Bildungswachstum (Analyseteil), In: Nath, A./Titze, H. (Hg.), Datenhandbuch zur deutschen Bildungsgeschichte, Bd. III: Differenzierung und Integration der niederen Schulen in Deutschland 1800–1945, Göttingen, S. 81–136.

Nath, A./Titze, H. (Hg.) (2016), Datenhandbuch zur deutschen Bildungsgeschichte, Bd. III: Differenzierung und Integration der niederen Schulen in Deutschland 1800–1945, Göttingen.

Nave, K.-H. (1980), Die allgemeine deutsche Grundschule. Ideengeschichtliche Grundlegung und Verwirklichung in der Weimarer Republik, 2. unver. Aufl., Frankfurt a.M.

Nipperdey, T. (1984), Deutsche Geschichte 1800–1866. Bürgerwelt und starker Staat, 2. unver. Aufl., München.

Nissen, G. (2005), Kulturgeschichte seelischer Störungen bei Kindern und Jugendlichen, Stuttgart.

Noll, A. (1985), Sickingers System der Klassen für förderungsbedürftige Schüler in der Schweiz. Eine schulhistorische Studie, Berlin.

Oelkers, J. (1989), Reformpädagogik. Eine kritische Dogmengeschichte, Weinheim u.a.

Oelkers, J. (2000), Anmerkungen zur Reflexion von „Unterricht" in der deutschsprachigen Pädagogik des 20. Jahrhunderts, In: *Zeitschrift für Pädagogik* (42. Beiheft), S. 166–185.

Oppermann, D. (1982), Gesellschaftsreform und Einheitsschulgedanke. In den Wechselwirkungen politischer Motivation und pädagogischer Zielsetzung in der Geschichte des Einheitsschulgedankens, Frankfurt a.M.

Ortmeyer, B. (2010), Mythos und Pathos statt Logos und Ethos. Zu den Publikationen führender Erziehungswissenschaftler in der NS-Zeit: Eduard Spranger, Herman Nohl, Erich Weniger und Peter Petersen, 2. durchges. Aufl., Weinheim u.a.

Osterhammel, J. (2011), Die Verwandlung der Welt. Eine Geschichte des 19. Jahrhunderts, München.

Papanek, E. (1978), The Austrian school reform, its bases, principles, and development. The twenty years between the two World Wars, Westport/Conn.

Pehnke, A. (1998), Sächsische Reformpädagogik. Traditionen und Perspektiven, Leipzig.

Petersen, U.-K. (1991), Der kleine Jena-Plan. Die integrative Schulwirklichkeit im Bilde von Briefen und Dokumenten aus dem Nachlaß Peter Petersens, Frankfurt a.M. u.a.

Popp, S. (1995), Der Daltonplan in Theorie und Praxis, Ein aktuelles reformpädagogisches Modell zur Förderung selbständigen Lernens in der Sekundarstufe, Bad Heilbrunn.

Poste, B. (1993), Schulreform in Sachsen 1918–1923. Eine vergessene Tradition deutscher Schulgeschichte, Frankfurt a.M.

Prengel, A. (1995), Pädagogik der Vielfalt. Verschiedenheit und Gleichberechtigung in Interkultureller, Feministischer und Integrativer Pädagogik, 2. Aufl., Opladen.

Radde, G. (1993), Lebensstätten der Schüler – Neuköllner Lebensgemeinschaftsschulen als Beispiel der Berliner Schulreform, In: Radde, G. (Hg.), Schulreform – Kontinuitäten und Brüche. Das Versuchsfeld Berlin-Neukölln, Bd. 1., Opladen, S. 93–101.

Radde, G. (1999), Fritz Karsen. Ein Berliner Schulreformer der Weimarer Zeit, Frankfurt a.M. u.a.

Reh, S. u.a. (Hg.) (2015), Aufmerksamkeit. Geschichte – Theorie – Empirie, Wiesbaden.

Retter, H. (Hg.) (1996), Peter Petersen und der Jena-Plan. Von der Weimarer Republik bis zur Nachkriegszeit, Weinheim.

Retter, H. (1999), Der Jenaplan Peter Petersens. Perspektiven der Integrationspädagogik, In: Keck, R. W. (Hg.), Didaktik im Zeichen der Ost-West-Annäherung. Zur Didaktik im Kontext (post-)moderner Pädagogik und Konzeptionen zur Humanisierung der Bildung, Münster, S. 176–196.

Retter, H. (2007), Reformpädagogik und Protestantismus im Übergang zur Demokratie. Studien zur Pädagogik Peter Petersens, Frankfurt a.M. u.a.

Retter, H. (2010), Bedrohte Kinder aus jüdischen und sozialdemokratischen Familien in der Universitätsschule Jena 1933–45. Vortrag an der Volkshochschule Jena, am 23. Februar 2010, [online: https://www.jena.de/fm/1727/VortragRetter23022010.pdf].

Retter, H. (2010a), Warum ich Benjamin Ortmeyer widerspreche. Neue Befunde zu Peter Petersen, [online: https://www.yumpu.com/de/document/view/8932756/warum-ich-benjamin-ortmeyer-widerspreche-neue-befunde-jena].

Richter, W. (1981), Berliner Schulgeschichte. Von den mittelalterlichen Anfängen bis zum Ende der Weimarer Republik, Berlin.

Rödler, K. (1987), Vergessene Alternativschulen. Geschichte und Praxis der Hamburger Gemeinschaftsschulen 1919–1933, Weinheim.

Rödler, K. (1996), Schulleben – Lebensgemeinschaftsschule. Die Hamburger Gemeinschaftsschule 1919–1933, In: Seyfarth-Stubenrauch, M./Skiera, E. (Hg.), Reformpädagogik und Schulreform in Europa. Grundlagen, Geschichte, Aktualität, Bd. 1: Historisch-systematische Grundlagen, Baltmannsweiler, S. 171–177.

Rohr, E./Weiser, M. (1999), Historische Versuche für eine nicht-aussondernde schulische Bildung, In: *Behindertenpädagogik* 38(4), S. 369–380.

Rohrmann, E. (Hg.) (2013), Aus der Geschichte lernen, Zukunft zu gestalten. Inklusive Bildung und Erziehung in Vergangenheit, Gegenwart und Zukunft, Marburg.

Röhrs, H. (1980), Die Reformpädagogik als internationale Bewegung, Bd. 1: Die Reformpädagogik. Ursprung und Verlauf in Europa, Hannover.

Rose, W./Fuchs, P./Beddies, T. (2016), Diagnose „Psychopathie". Die urbane Moderne und das schwierige Kind, Berlin 1918–1933, Wien u.a.

Rüedi, J. (1988), Die Bedeutung Alfred Adlers für die Pädagogik. Eine historische Aufarbeitung der Individualpsychologie aus pädagogischer Perspektive, Bern.

Rülcker, T. (2002), Zur erziehungswissenschaftlichen Auseinandersetzung mit Peter Petersen und seinem Werk, In: Hansen-Schaberg, I./Schonig, B. (Hg.), Jenaplan-Pädagogik, Baltmannsweiler, S. 131–165.

Rülcker, T. (2013), Gemeinschaft und Gesellschaft, In: Keim, W./Schwerdt, U. (Hg.), Handbuch der Reformpädagogik in Deutschland (1890–1933), Teil 1: Gesellschaftliche Kontexte, Leitideen und Diskurse, Frankfurt a.M., S. 533–558.

Rülcker, T./Kassner, P. (Hg.) (1992), Peter Petersen: Antimoderne als Fortschritt? Erziehungswissenschaftliche Theorie und pädagogische Praxis vor den Herausforderungen ihrer Zeit, Frankfurt a.M. u.a.

Sammet, K. (2006), Weygandt, Wilhelm, In: Kopitzsch, F./Brietzke, D. (Hg.), Hamburgische Biografie. Personenlexikon, Bd. 3, Göttingen, S. 406–408.

Sammet, K. (2007), „Vollwertige Norm", „Krüppel an Geist" und Selbstversicherung des wilhelminischen Mannes. Wilhelm Weygandt (1870–1939) und der „jugendliche Schwachsinn" 1898–1939, In: G. Wolfschmidt (Hg.), Hamburgs Geschichte einmal anders. Entwicklung der Naturwissenschaften, Medizin und Technik, Teil 1, Norderstedt, S. 302–317.

Sauer, M. (1987), Volksschullehrerbildung in Preußen. Die Seminare und Präparandenanstalten vom 18. Jahrhundert bis zur Weimarer Republik, Köln/Wien.

Saupe, E. (1927), Deutsche Pädagogen der Neuzeit. Ein Beitrag zur Ge-schichte der Erziehungswissenschaft zu Beginn des 20. Jahrhunderts, Osterwieck H.

Saupe, E. (1929), Deutsche Pädagogen der Neuzeit. Ein Beitrag zur Ge-schichte der Erziehungswissenschaft zu Beginn des 20. Jahrhunderts, Osterwieck H.

Saul K. (1991), Lehrerausbildung in Demokratie und Diktatur. Zum Hamburger Reformmodell einer universitären Lehrerausbildung, In: Krause, E. u.a. (Hg.), Hochschulalltag im „Dritten Reich". Die Hamburger Universität 1933–1945, Berlin/Hamburg, Bd. 3, Teil I, S. 367–408.

Scheibe, W. (1969), Die reformpädagogische Bewegung 1900–1932. Eine einführende Darstellung, Weinheim u.a.

Scheuerl, H. (1991), Zur Geschichte des Seminars für Erziehungswissenschaft, In: Krause, E. u.a. (Hg.), Hochschulalltag im „Dritten Reich". Die Hamburger Universität 1933–1945, Berlin/Hamburg, Bd. 3, Teil II, S. 519–535.

Schlömerkemper, J. (1989), Pädagogische Integration. Über einen schwierigen Leitbegriff pädagogischen Handelns, In: *Die deutsche Schule* 81(3), S. 316–329.

Schmidt, Gustav (1996), Dr. Johann Baptist Graser: Leben und Werk. Zum 230. Geburtstag des hervorragenden oberfränkischen Pädagogen, In: *Amtlicher Schulanzeiger des Regierungsbezirks Oberfranken – Heimatbeilage.*

Schmitt, H. (1993), Topographie der Reformschulen in der Weimarer Republik. Perspektiven ihrer Erforschung, In: Amlung, U. u.a. (Hg.), Die Alte Schule überwinden. Reformpädagogische Versuchsschulen zwischen Kaiserreich und Nationalsozialismus, Frankfurt a.M., S. 9–31.

Schneider, K. (2013), Arnold Ruges doppeltes Spiel. Zu Möglichkeiten und Grenzen der Methode Quentin Skinners in der Analyse zensurflüchtiger Schriften, In: Bunsen, A./Weiß, A. (Hg.), Ansätze und Methoden zur Erforschung politischen Denkens, Baden-Baden, S. 63–80.

Schnell, I. (2003), Geschichte schulischer Integration. Gemeinsames Lernen von SchülerInnen mit und ohne Behinderung in der BRD seit 1970, Weinheim.

Schön, B. (1955), Menschenbild und Menschenbildung nach Johann Baptist Graser, München.

Schuch, J. u.a. (2010), Historische Bildungsforschung – Innovation und Selbstreflexion. Einführung in den Thementeil, In: *Zeitschrift für Pädagogik* 56(5), S. 643–647.

Schumann, P. (1940), Geschichte des Taubstummenwesens vom deutschen Standpunkt aus dargestellt, Frankfurt a.M.

Schwan, T. (2000), Die Petersen-Rezeption in der Bundesrepublik Deutschland 1948 bis 1960. Die Darstellung und Resonanz Peter Petersens und des Jenaplans im Spannungsfeld von Pädagogik und Schulreform, Univ., Diss., Braunschweig.

Schwan, T. (2007), Die Petersen-Rezeption in der Bundesrepublik Deutschland 1960 bis 1984. Die Jenaplan-Pädagogik zwischen „defensiver Rezeption" und einsetzender „Petersen-Kritik", Frankfurt a.M. u.a.

Schwan, T. (2010), „Ich werde rücksichtslos gegen den Liberalismus, Demokratie und das Judentum schreiben und reden". Zum Rassismus und Antisemitismus in der Jenaplan-Pädagogik nach 1933, In: *Zeitschrift für Pädagogik* 56(3), S. 414–436.

Schwerdt, U. (2012), Landerziehungsheime – Modelle einer „neuen Erziehung", In: Hansen-Schaberg, I. (Hg.), Reformpädagogische Schulkonzepte, Bd. 2: Landerziehungsheim-Pädagogik, Baltmannsweiler, S. 54–111.

Schwerdt, U. (2013), Heilpädagogik, In: Keim, W./Schwerdt, U. (Hg.), Handbuch der Reformpädagogik in Deutschland (1890–1933), Teil 2: Praxisfelder und pädagogische Handlungssituationen, Frankfurt a.M. u.a., S. 801–834.

Schwerdt, U. (2013a), Unterricht, In: Keim, W./Schwerdt, U. (Hg.), Handbuch der Reformpädagogik in Deutschland (1890–1933), Teil 2: Praxisfelder und pädagogische Handlungssituationen, Frankfurt a.M. u.a., S. 949–1009.

Schwerdt, U. (2016), Reformpädagogik und Behinderung. Überlegungen zu einem kaum beachteten Forschungsfeld, In: Keim, W./Schwerdt, U./Reh, S. (Hg.), Reformpädagogik und Reformpädagogik-Rezeption in neuer Sicht. Perspektiven und Impulse, Bad Heilbrunn, S. 97–126.

Senatskommission zur Aufarbeitung der Jenaer Universitätsgeschichte im 20. Jahrhundert (Hg.) (2009), Traditionen – Umbrüche – Wandlungen. Die Universität Jena 1859–1995, Köln.

Shakespeare, T. (2006), Disability Rights and Wrongs, London/New York.

Sehrbrock, P./Erdélyi, A./Gand, S. (Hg.) (2013), Internationale und Vergleichende Heil- und Sonderpädagogik und Inklusion. Individualität und Gemeinschaft als Prinzipien Internationaler Heil- und Sonderpädagogik, Bad Heilbrunn.

Sienknecht, H. (1968), Der Einheitsschulgedanke. Geschichtliche Entwicklung und gegenwärtige Problematik, Weinheim/Berlin.

Skiera, E. (2003), Reformpädagogik in Geschichte und Gegenwart. Eine kritische Einführung, München

Solarová, S.(Hg.) (1983), Geschichte der Sonderpädagogik, Stuttgart.

Soukup, U. (2003), Ich bin nun mal Deutscher – Sebastian Haffner, Frankfurt a.M.

Speck, O. (1973), Innerschulische Nachhilfe und eigenständige Sonderschulen gestern und heute. Pädagogische Konzeptionen in der Sonderschulpädagogik, ihre historische Begründung und neuzeitliche Entwicklung, In: *Zeitschrift für Heilpädagogik* 24(10), S. 846–857.

Spiel, W./Datler, W. (1987), Von der gezielten Förderung der gemeinschaftlichen Kooperation zwischen Schülern, Lehrern und Eltern. Nachbemerkungen zu einem individualpsychologischen Schulversuch in Wien und dessen Konsequenzen, In: Datler, W. (Hg), Verhaltensauffälligkeit in der Schule. Konsequenzen von Schulversuchen für die Pädagogik der „Verhaltensgestörten", Frankfurt a.M. u.a., S. 172–192.

Stach, F. (1950), Johannes Tews. Sein Leben und Wirken, Berlin.

Stoppenbrink-Buchholz, F. (1965), Jenaplan und Hilfsschule, In: Mieskes, H. (Hg.), Jenaplan. Anruf und Antwort, Oberursel/Ts., S. 227–239.

Stroß, A. M. (2000), Pädagogik und Medizin. Ihre Beziehungen in „Gesundheitserziehung" und wissenschaftlicher Pädagogik 1779–1933, Weinheim.

Stübig, H., Schneider, Friedrich Karl Wilhelm, In: Neue Deutsche Biographie, 23(2007), S. 219f. [Onlinefassung].

Stübig, H. (1999), Nationalerziehung und Pestalozzi-Rezeption. Das Beispiel Wilhelm Harnisch, In: Schmitt, H. (Hg.), Erziehungsreform und Gesellschaftsinitiative in Preussen 1798–1840, Berlin, S. 135–153.

Sünkel, H. (1991), Heinrich Stephani (1761–1850), In: Böhm, W. (Hg.), Große bayerische Schulpädagogen, Bad Heilbrunn, S. 81–85.

Synwoldt, J. (1991), Arno Fuchs. Von der Nebenklasse zum differenzierten Sonderschulwesen, In: Schmoldt, B. (Hg.), Pädagogen in Berlin. Auswahl von Biographien zwischen Aufklärung und Gegenwart, Baltmannsweiler, S. 145–169.

Tenorth, H.-E. (1987), Lehrerberuf und Lehrerbildung, In: Jeismann, K.-E./ Lundgreen, P. (Hg.), Handbuch der deutschen Bildungsgeschichte, Bd. III: 1800–1870. Von der Neuordnung Deutschlands bis zur Gründung des Deutschen Reichs, München, S. 250–270.

Tenorth, H.-E. (1988), Geschichte der Erziehung. Einführung in die Grundzüge ihrer neuzeitlichen Entwicklung, Weinheim/München.

Tenorth, H.-E. (2001), in Zusammenarbeit mit Ute Keller, Monika Sonke und Sylvia Wolff, Bildsamkeit und Behinderung – Operativ-professionelle

Konsequenzen eines pädagogischen Grundbegriffs, In: Wachtel, G./Dietze, S. (Hg.), Heil- und Sonderpädagogik – auch im 21. Jahrhundert eine Herausforderung. Aktuelle Denkansätze in der Heilpädagogik und ihre historischen Wurzeln, Weinheim/Basel, S. 51–63.

Tenorth, H.-E. (2003), Schulmänner, Volkslehrer und Unterrichtsbeamte. Friedrich Adolph Diesterweg, Friedrich Wilhelm Dörpfeld, Friedrich Dittes, In: Tenorth, H.-E. (Hg.), Klassiker der Pädagogik. Erster Bd.: Von Erasmus bis Helene Lange, München, S. 224–245.

Tenorth, H.-E. (2006), Bildsamkeit und Behinderung. Anspruch, Wirksamkeit und Selbstdestruktion einer Idee, In: Raphael, L./Tenorth, H.-E. (Hg.), Ideen als gesellschaftliche Gestaltungskraft im Europa der Neuzeit. Beiträge für eine erneuerte Geistesgeschichte, München, S. 497–520.

Tenorth, H.-E. (2010), Historische Bildungsforschung, In: Tippelt, R./Schmidt, B. (Hg.), Handbuch Bildungsforschung, 3. durchges. Aufl., Wiesbaden, S. 135–153.

Tenorth, H.-E. (2010a), Sonderpädagogische Professionalität – zur Geschichte ihrer Entwicklung, In: Ellger-Rüttgardt, S./Wachtel, G. (Hg.), Pädagogische Professionalität und Behinderung. Herausforderungen aus historischer, nationaler und internationaler Perspektive, Stuttgart, S. 13–27.

Tenorth, H.-E. (2013), Natur, In: Keim, W./Schwerdt, U. (Hg.), Handbuch der Reformpädagogik in Deutschland (1890–1933), Teil 1: Gesellschaftliche Kontexte, Leitideen und Diskurse, Frankfurt a.M., S. 425–448.

Textor, A. (2015), Einführung in die Inklusionspädagogik, Bad Heilbrunn.

Titze, H. (2016), Zur Steuerung und Eigendynamik der Aussonderung. Die „Hilfsschulen", In: Nath, A./Titze, H. (Hg.), Datenhandbuch zur deutschen Bildungsgeschichte, Bd. III: Differenzierung und Integration der niederen Schulen in Deutschland 1800–1945, Göttingen, S. 165–179.

Tosch, F. (2003), Spiegelungen pädagogischer Reformen am Schulbau der Weimarer Republik, In: Jelich, F.-J. (Hg.), Die pädagogische Gestaltung des Raums. Geschichte und Modernität, Bad Heilbrunn, S. 231–247.

Transnational circulation of reform ideas and practices (2014). The example of the experimental and community schools (Versuchs- und Gemeinschaftsschulen) in Hamburg (1919–1933), In: *Paedagogica Historica* 50(5).

Trenckmann, U. (1988), Mit Leib und Seele. Ein Wegweiser durch Konzepte der Psychiatrie, Bonn.

Tröhler, D. (2001), Pädagogische Historiographie und Kontext, In: *Zeitschrift für pädagogische Historiographie* 7(1), S. 26–34.

Uhlig, Ch. (1992), Der Berliner Lehrerverein 1880–1933. Auswahlbestandsverzeichnis und Aspekte seiner Entwicklung, Berlin.

Uhlig, Ch. (1997), Der Berliner Lehrerverein: Gründung und Etablierung. 1880 bis 1902, Berlin.

Uhlig, Ch. (2013), Pädagogische Berufsverbände, In: Keim, W./Schwerdt, U. (Hg.), Handbuch der Reformpädagogik in Deutschland (1890–1933), Teil 1: Gesellschaftliche Kontexte, Leitideen und Diskurse, Frankfurt a.M., S. 257–291.

Ulbricht, G. (1998), Heinrich Stephani (1761–1850) – ein großer Pädagoge der Aufklärung in Bayern, Aachen.

van Cleve, J. V. (1993), Die schulische Integration gehörloser Kinder. Ein historischer Abriß, In: Fischer, R./Lane, H. (Hg.), Blick zurück. Ein Reader zur Geschichte von Gehörlosengemeinschaften und ihren Gebärdensprachen, Hamburg, S. 393–411.

Vogel, H. (2001), Otto Friedrich Kruse (1801–1880). Gehörloser Lehrer und Publizist, In: *Das Zeichen: Vierteljahresschrift zum Thema Gebärdensprache und Kommunikation Gehörloser* 15(56), S. 198–207.

Vogel, H. (2001a), Otto Friedrich Kruse (1801–1880). Mahner gegen die Unterdrückung der Gebärdensprache, In: *Das Zeichen: Vierteljahresschrift zum Thema Gebärdensprache und Kommunikation Gehörloser 15*(57), S. 370–376.

von den Driesch, J./Esterhues, J. (1950/52), Geschichte der Erziehung und Bildung. 2 Bde., Paderborn.

Walz, G. (2006), Der Brockhaus Mannheim, Leipzig/Mannheim.

Watzinger, K. O. (1996), Moses, Julius, In: Ottnad, B. (Hg.), Badische Biographien, Stuttgart, S. 217f.

Weber-Jasper, E. (1996), Wilhelm Weygandt (1870–1939). Psychiatrie zwischen erkenntnistheoretischem Idealismus und Rassenhygiene, Husum.

Wehler, H.-U. (1987), Deutsche Gesellschaftsgeschichte, Erster Bd.: Vom Feudalismus des Alten Reiches bis zur Defensiven Modernisierung der Reformära 1700–1815, München.

Wehler, H.-U. (1987a), Deutsche Gesellschaftsgeschichte, Zweiter Bd.: Von der Reformära bis zur industriellen und politischen „Deutschen Doppelrevolution“ 1815–1845/49, München.

Wehler, H.-U. (1995), Deutsche Gesellschaftsgeschichte, Dritter Bd.: Von der „Deutschen Doppelrevolution“ bis zum Beginn des Ersten Weltkrieges, München.

Wehler, H.-U. (2003), Deutsche Gesellschaftsgeschichte, Vierter Bd.: Vom Beginn des Ersten Weltkriegs bis zur Gründung der beiden deutschen Staaten 1914–1949, Frankfurt a.M.

Weindling, P. (1988), The medical profession, social hygiene and the birth rate in Germany 1914–1918, In: Wall, R./Winter, J. (Ed.), The upheaval of war. Family, work and welfare in europe 1914–1918, Cambridge, S. 417–437.

Weindling, P. (1989), Hygienepolitik als sozialintegrative Strategie im späten deutschen Kaiserreich, In: Labisch, A./Spree, R. (Hg.), Medizinische Deutungsmacht im sozialen Wandel des 19. und 20. Jahrhunderts, Bonn, S. 37–55.

Wenning, N. (1999), Vereinheitlichung und Differenzierung. Zu den „wirklichen“ gesellschaftlichen Funktionen des Bildungswesens im Umgang mit Gleichheit und Verschiedenheit, Opladen.

Werner, A. (2016), Der Spracherwerb gehörloser Menschen im pädagogischen Diskurs, 1778–2002, In: Reh, S./Wilde, D. (Hg.), Die Materialität des Schreiben- und Lesenlernens. Zur Geschichte schulischer Unterweisungspraktiken seit der Mitte des 18. Jahrhunderts, Bad Heilbrunn, S. 191–205.

Werner, S. (2016a), Zum Zusammenhang zwischen institutioneller Innovation und dem Umgang mit Differenz am Beispiel der ‚Krüppelfürsorge‘, In: Groppe, C. u.a. (Hg.), Bildung und Differenz. Historische Analysen zu einem aktuellen Problem, Wiesbaden, S. 231–253.

Wiegmann, U. u.a. (Hg.) (2008), Pädagogikgeschichtliche Gesamtdarstellungen, Quellenbände und Periodika, Berlin.

Winkler, M. (1991), Johann Baptist Graser (1766–1841), In: Böhm, W. (Hg.), Große bayerische Schulpädagogen, Bad Heilbrunn, S. 101–116.

Wintermantel, E. (1932), Sickinger, Josef Anton, In: Spieler, J. (Hg.), Lexikon der Pädagogik der Gegenwart, Freiburg, S. 956–958.

Wittenberg, L. (2002), Geschichte der individualpsychologischen Versuchsschule in Wien. Eine Synthese aus Reformpädagogik und Individualpsychologie, Wien.

Wolff, S. (2001), Die Idee der Verallgemeinerung. Taubstummenunterricht in Österreich im 19. Jahrhundert, In: *Das Zeichen: Vierteljahresschrift zum Thema Gebärdensprache und Kommunikation Gehörloser* 15(56), S. 208–215.

Wolff, S. (2004), Die Lehren des „Philothee“ von Peter Villaume – eine Gefahr für die „Taubstummen“? In: *Mitteilungsblatt des Förderkreises Bibliothek für Bildungsgeschichtliche Forschung e.V.* 15(2), S. 13–23.

Wolff, S. (2005), Carl Wilhelm Sägert und die „Heilanstalt für Blödsinnige in Berlin“. Eine seltene bildliche Quelle aus der Geschichte der Sonderpädagogik, In: *Mitteilungsblatt des Förderkreises Bibliothek für Bildungsgeschichtliche Forschung e.V.* 16(1), S. 24–33.

Wolff, S. (2013), Elementarunterricht und Sprachbildung unter besonderer Berücksichtigung der Unterrichtspraxis am Berliner Königlichen Taubstummeninstitut zwischen Aufklärung und Frühmoderne, Humboldt

Universität zu Berlin, Diss., 2012 [online: https://edoc.hu-berlin.de/bitstream/handle/18452/17453/wolff.pdf?sequence=1].

Wyrsch-Ineichen, G. (1986), Ignaz Scherr (1801–70) und das Normal-, Taubstummen- und Blindenschulwesen seiner Zeit bis 1832, Freienbach.

Zeidler, K. (1974), Pädagogischer Reisebericht durch acht Jahrzehnte, Hamburg.

Zymek, B. (1989), Schulen, In: Langewiesche, D./Tenorth, H.-E. (Hg.), Handbuch der deutschen Bildungsgeschichte, Bd. V: Die Weimarer Republik und die nationalsozialistische Diktatur, München, S. 155–208.

Zymek, B. (2006), Neue Politikgeschichte und Sozialgeschichte des Bildungswesens, In: Miller-Kipp, G./Zymek, B. (Hg.), Politik in der Bildungsgeschichte. Befunde, Prozesse, Diskurse, Bad Heilbrunn, S. 35–51.

Zymek, B./Neghabian, G. (Hg.) (2005), Datenhandbuch zur deutschen Bildungsgeschichte, 2. Höhere und mittlere Schulen: 3. Sozialgeschichte und Statistik des Mädchenschulwesens in den deutschen Staaten 1800–1945, Göttingen.

Alle Online-Dokumente zuletzt geprüft am 30.1.2019

VII. Verzeichnis der Abbildungen und Tabellen

1. Abbildungen

2. Tabellen

Dank

Das vorliegende Buch hätte ohne die Unterstützung zahlreicher Personen nicht entstehen können. Dies gilt zunächst für die Bibliotheksmitarbeiterinnen der Universität Paderborn, die bei der Beschaffung der zum Teil entlegenen Quellen aus dem 18. und frühen 19. Jahrhundert eine unschätzbare Hilfe waren. Für die immer zuverlässige Bearbeitung der großen Zahl von Literaturbestellungen, die kenntnisreiche Unterstützung bei technischen Fragen und die gründliche Abschlussredaktion danke ich den studentischen Mitarbeiterinnen und Mitarbeitern Eva Borowicz, Laura Seifert und Nicolas Kirchner. Mein Dank gilt auch Dr. Susanne Schlösser (Stadtarchiv Mannheim) und Stefanie Begerow (Hamburger Schulmuseum) für die Recherche nach einschlägigem Fotomaterial in ihren Archiven sowie die Gewährung der Rechte an den für die Publikation genutzten Bilddokumenten, zu der sich auch Dr. Peter Remmert vom Peter-Petersen-Archiv (Vechta) freundlicherweise sofort bereit erklärt hat. Für die Erstellung des Layouts zeichnet Sandra Bennua verantwortlich, für die Manuskriptprüfung Sonja Peschutter vom Peter Lang Verlag, dessen Lektor Benjamin Kloss die Veröffentlichung dieses Bandes mit viel Verständnis und einem stets offenen Ohr für die Anliegen des Autors begleitet hat.
Für ihr Interesse an meiner Arbeit und die wohlwollend-kritischen Anmerkungen zum Manuskript danke ich den Paderborner Kolleginnen Prof. Petra Büker, Prof. Christine Freitag und Anna-Maria Piossek. Ohne die beharrliche freundschaftliche Ermutigung durch Prof. Wolfgang Keim hätte ich wohl nicht die Kraft aufgebracht, in die Wissenschaft zurückzukehren und diese Untersuchung anzugehen. Über viele Jahre war er mir ein immer aufmerksamer, impulsgebender Gesprächspartner und Mentor. Auch wenn sie es selbst nie für sich in Anspruch nehmen würde – den größten und bei weitem wertvollsten Anteil am Entstehen dieses Buches hat meine Frau Gabi Köchling.

Dass die Motivation für diese Arbeit nie nachgelassen hat, verdanke ich vor allem der lebendigen Erinnerung an meine ehemaligen Schüler_innen und Kolleg_innen in den I-Klassen der Gesamtschule Paderborn-Elsen. Stefanie und Frederic, Doro und Petra möchte ich – stellvertretend für alle anderen – dieses Buch widmen.

Leopoldshöhe, im März 2019
Ulrich Schwerdt

www.ingramcontent.com/pod-product-compliance
Ingram Content Group UK Ltd.
Pitfield, Milton Keynes, MK11 3LW, UK
UKHW041824290926
8980IPUK00002B/57

9 783631 796481